JN409630

Computational Thinking

컴퓨팅 사고력

한치근 지음

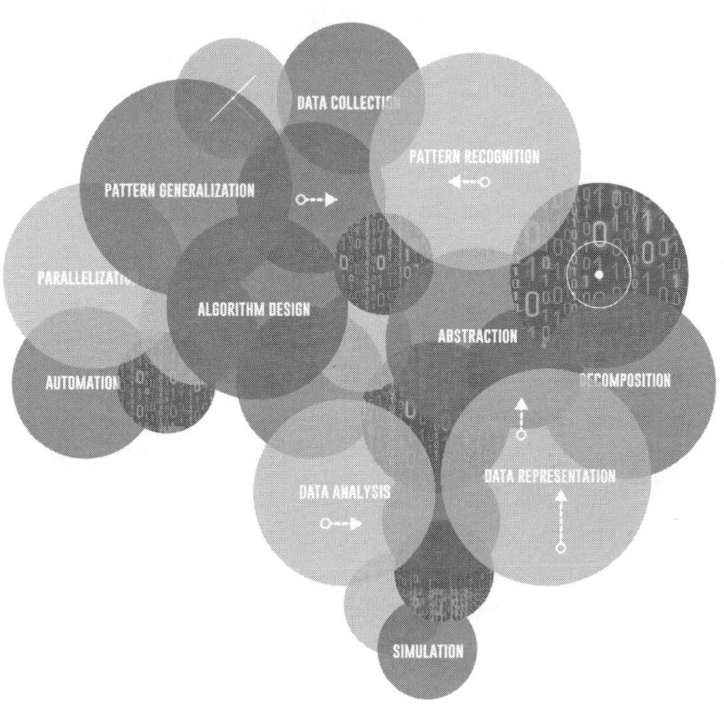

배움터

저자 소개

한치근

경력

1992년~현재 경희대학교 컴퓨터공학과 교수

학력

1991년 Ph.D. of Computer Science
Computer Science Department, The Pennsylvania State University

1988년 Master of Science
Computer Science Department, The Pennsylvania State University

1983년 서울대학교 공과대학 산업공학과 학사

컴퓨팅 사고력

초판인쇄 2018년 1월 31일
초판발행 2018년 2월 8일

지은이 한치근
펴낸이 김민수
펴낸곳 (도서출판)배움터 / **주소** 경기도 파주시 광인사길 143
출판사 등록일 2005년 1월 31일 / **신고번호** 제406-4060000251002005000003호
대표전화 (031)955-7990 / **팩스** (031)955-0768

책임편집 손정희 / **편집** 신성민, 김민보, 정하승 / **디자인** 유준범
마케팅 백승욱, 최복락, 최일연, 심수경, 차종필, 백수정, 최태웅, 김범용, 김민정
인쇄 새한문화사 / **제본** 은정문화사

ISBN 978-89-89383-69-7 93000
정가 20,000원

- 이 도서의 국립중앙도서관 출판예정도서목록(CIP)은 서지정보유통지원시스템 홈페이지(http://seoji.nl.go.kr)와 국가자료공동목록시스템(http://www.nl.go.kr/kolisnet)에서 이용하실 수 있습니다. (CIP제어번호: 2018001849)

머리말

책의 목적

현대 사회는 컴퓨터를 기반으로 하여 운영된다고 해도 지나친 표현은 아니다. 컴퓨터는 인간 활동의 대부분의 영역에서 사용되고 있다. 과거에는 수작업으로 하던 일들을 컴퓨터를 사용해 더 효과적으로 처리하고 있으며 더 나아가 컴퓨터를 이용한 새로운 서비스 및 업무가 만들어지고 있다. 지금까지는 컴퓨터 관련 전공 학생만이 컴퓨터를 이용하여 문제를 해결하는 원리를 배워왔다. 그러나 컴퓨터를 이용하는 영역이 광범위해지면서 이제는 대부분의 학생들이 사회에 진출하여 자신이 속한 영역에서 컴퓨터를 이용하여 새로운 업무를 만들 수 있는 가능성이 있게 되었다. 따라서 대부분의 학생들이 전공에 무관하게 대학에서 컴퓨터를 이용하여 문제를 해결하는 방법을 배워야 할 필요성이 대두되었다.

본 책은 컴퓨팅 사고력(computational thinking)의 기본적인 개념을 배워서 학생들의 컴퓨팅 사고력을 발전시킬 수 있도록 구성되었다. 책 전체는 컴퓨터공학 비전공자들이 컴퓨터 과학자처럼 생각하는 것을 배우도록 설계되었다. 컴퓨터 과학자처럼 생각하는 것을 배우는 것은 매우 어렵고 시간이 많이 필요한 일이다. 이 책을 통해 적어도 컴퓨팅 사고력에는 어떤 내용이 있는지를 배우고, 더 자세한 사항에 관심이 있는 학생들은 추가적인 과목을 들을 수도 있다.

컴퓨터 과학의 가장 기본적인 내용은 자료구조와 알고리즘이다. 본 책은 두 주제를 컴퓨터공학 비전공자들에게 쉽게 설명하여 기본적인 내용을 이해시키고자 한다. 가능한 많은 그림을 소개하여 내용을 쉽게 이해하도록 작성하였다.

책의 구성

본 책은 크게 네 개의 부분으로 나누어져 있다. 1부에서는 컴퓨팅 사고력을 소개하고 2부에서는 소프트웨어에 대해 설명한다. 여기서 프로그램의 원리를 설명한 후 프로그래밍 언어의 일종인 파이썬을 통해 실제 프로그램의 실습이 가능하도록 구성하였다. 3부에서는 컴퓨팅 사고력의 활용을 통하여 컴퓨터는 어떻게 문제를 해결하는지 데이터의 표현부터 설명한다. 4부에서는 주변에서 쉽게 발견할 수 있는 문제이지만 컴퓨팅 사고력이 응용되는 보다 어려운 문제들을 다룬다. 책에서 다루는 전체 내용은 다음과 같다.

1부 컴퓨팅 사고력

1장 컴퓨팅 사고력의 소개 / 2장 문제해결 방법

2부 소프트웨어

3장 컴퓨터 / 4장 알고리즘 / 5장 프로그램 / 6장 파이썬

3부 컴퓨팅 사고력 활용하기

7장 데이터의 표현 / 8장 데이터의 저장과 검색

9장 알고리즘 설계 / 10장 논리적 사고

4부 흥미 있는 컴퓨팅 사고력

11장 풀기 어려운 문제 / 12장 컴퓨터 보안

문제해결의 경우 컴퓨팅 사고력의 어느 개념에 해당하는지, 그리고 문제를 해결하기 위해 어느 전략을 사용하였는지 해당 절의 마지막에 표시하였다. 또한 컴퓨터 과학에서 이론적인 측면도 별도로 표시하여 흥미로운 학생들에게 추가 내용을 확인할 수 있도록 표시하였다.

2부 6장 파이썬에 대한 내용은 학생들이 직접 실습해 보는 것이 중요하다. 만일 실습하기 어려운 여건이라면 2부의 6장은 진행하지 않아도 컴퓨팅 사고력을 공부하는 데 지장은 없다.

이 책을 공부하는데 선수과목은 없다. 어떠한 전공의 학생이라고 하더라도 내용을 처음부터 따라가다 보면 컴퓨팅 사고력이란 무엇인지, 어떻게 그 내용을 활용할 수 있는지를 알 수 있다. 다만 4부 흥미 있는 컴퓨팅 사고력에 있는 11장, 12장은 난이도가 다른 주제보다 높으므로 과목을 배우는 학생들의 전공에 따라 선택적으로 진행할 수 있다.

이 책은 저자가 두 학기에 걸쳐 학생들에게 강의한 내용을 중심으로 구성하였다. 일부 학생들은 생소한 주제이지만 흥미로운 내용이었다고 하였고, 일부 학생들은 강의 내용이 어렵다고 하였다. 학생들의 전공에 따라 컴퓨팅 사고력에 대한 흥미가 다를 것이라고 생각한다. 이 책을 공부한 학생들이 향후 사회에 진출하여 자신이 속한 분야에서 컴퓨터를 잘 활용하여 지금까지 존재하지 않았던 새로운 서비스가 창조되기를 기대해본다. 저자의 원고를 책으로 훌륭히 제작해 주신 (도서출판)배움터의 관계자분들께 감사의 말씀을 드린다. 그리고 책의 개선방향을 제시해 주신 무명의 전문가들께도 감사의 인사를 전한다.

2018년 1월

한치근

강의계획안

다음은 한 학기에 진행하는 강의 계획안이다.

주차	파이썬 강의가 포함될 경우	파이썬 강의가 포함되지 않을 경우
1	과목의 소개, 1.1, 1.2, 1.3 일부	과목의 소개, 1.1, 1.2, 1.3 일부
2	1.3~1.5, 2장 문제해결 방법	1.3~1.5, 2장 문제해결 방법
3	3장 컴퓨터	3장 컴퓨터
4	4장 알고리즘	4장 알고리즘
5	5장 프로그램	5장 프로그램
6	6장 파이썬 6.1~6.4	7장 데이터의 표현 7.1~7.4
7	6.5~6.8	7.5~7.6
8	7장 데이터의 표현 7.1~7.4	8장 데이터의 저장과 검색 8.1~8.5
9	7.5~7.6	8.6~8.7
10	8장 데이터의 저장과 검색 8.1~8.5	9장 알고리즘 설계 9.1~9.3
11	8.6~8.7	9.4~9.6
12	9장 알고리즘 설계 9.1~9.3	9.7~9.9
13	9.4~9.6	10장 논리적 사고, 11장 풀기 어려운 문제 11.1~11.2
14	9.7~9.9	11.3~11.6
15	10장 논리적 사고, 11장 풀기 어려운 문제의 소개	12장 컴퓨터 보안

차례

PART 01 컴퓨팅 사고력

CHAPTER 01 컴퓨팅 사고력의 소개

CHAPTER 02 문제해결 방법

PART 02 소프트웨어

CHAPTER 03 컴퓨터

CHAPTER 04 알고리즘

컴퓨팅 사고력

>>>
컴퓨팅 사고력의 소개

1장에서는 컴퓨팅 사고력을 소개한다. 컴퓨팅 사고력의 정의 및 목표를 설명하고, 개념, 효과 등 컴퓨팅 사고력을 다양한 측면에서 설명한다. 또한 주위에서 볼 수 있는 컴퓨팅 사고력 예를 설명한다.

1.1 컴퓨팅 사고력

1.1.1 소개

현대 사회에서 이루어지는 많은 활동들은 점점 더 컴퓨터에 의존적이 되고 있다. 인간의 능력을 넘어서는 뛰어난 컴퓨터의 능력을 기반으로 하여, 컴퓨터를 활용하는 기술적 방법(알고리즘: 문제를 해결하는 계산적 절차)을 접목하여 컴퓨터는 인간의 활동에 필요한 작업들을 인간을 대신하여 수행하고 있다. 예를 들어, 전 국민의 소득 자료를 취합하여 국민 1인당 평균 소득을 계산하는 작업을 생각해보자. 사람이 하게 되면 몇 달이 걸릴 수 있는 이 작업을 컴퓨터의 대용량 저장 공간과 고속 연산처리 능력을 활용하면 단 몇 초 만에 작업을 마칠 수 있다. 더 이상 사람의 수작업으로 대규모의 작업을 한다는 것을 상상할 수 없는 사회가 되었다고 할 수 있다.

대부분의 사람들이 컴퓨터가 무엇인지는 알고 있고, 컴퓨터를 이용하면 어떤 일을 할 수 있는지 알고 있다. 인터넷에 연결하여 쇼핑을 하거나, 뉴스를 볼 수 있고, 영화 감상을 할 수 있고, 보고서 작성을 할 수 있다. 또한 SNS에 연결하여 지구의 반대쪽에 있는 사람과 교류도 할 수 있다.

그리고 사람들은 컴퓨터 내부에 어떤 장치가 있는지도 알고 있다. 일반적으로 사람들은 컴퓨터 내부를 보면서 컴퓨터는 CPU, 하드디스크, 메인메모리, 그래픽카드, 전원장치, USB 포트 등으로 구성되어 있는 것을 쉽게 확인할 수 있다. 그러나 컴퓨터가 어떠한 원리를 이용하여 인터넷쇼핑을 가능하게 하는지, 영화를 모니터에 보이게 하는지, 보고서 등을 작성하는 문서편집기를 작동하게 하는지를 아는 사람은 그리 많지 않다.

컴퓨터가 어떤 원리를 이용하여 다양한 작업을 하는지를 아는 것은 지금까지는 소수의 컴퓨터공학을 배우는 사람이 알아야 할 지식으로 생각해왔다. 예를 들어, 문자는 어떻게 저장되었다가 보이게 하는지, 색깔은 어떻게 나타내는지, 여러 개의 데이터 중에서 가장 큰 수는 어떻게 찾는지, 멀리 떨어져 있는 컴퓨터에게 어떻게 정보를 전달하는지, 컴퓨터의 보안은 어떻게 유지할 수 있는지, 데이터는 어떤 구조로 저장되는지, 어떤 방법으로 더하기, 곱하기 연산이 수행되는지 등은 컴퓨터공학을 전공하는 사람들이 주로 배우는 내용들이다.

컴퓨터의 활용 원리도 물론 인간이 만든 내용들이다. 예를 들어, 도서관의 책꽂이 선반에 부착되어 있는 색인(인덱스)은 그 책꽂이에 정리되어 있는 책들의 범위를 알게 해준다. 이것은 컴퓨터 내에서 활용되는 색인과 같은 기능을 갖고 있다. 이와 같이 현실 세계에 존재하는 정보의 표현, 검색 등의 원리가 컴퓨터에서 사용되고 있는 것이다.

[그림 1-1] 도서관의 색인

지금까지 컴퓨터공학자의 전유물로 여겨왔던 컴퓨터 활용 원리를 컴퓨터공학을 전공하지 않는 일반인들도 이해해야 할 필요성이 대두 되었다. 그 이유는 크게 두 가지를 생각할 수 있다.

첫째, 컴퓨터의 활용을 위해 컴퓨터 공학자들이 컴퓨터에 적용한 다양한 원리들을 이제는 일반 사람들이 배워서 실제 생활에 접목할 필요가 있게 되었다. 컴퓨터로 문제를 해결하는 분야뿐만 아니라, 일상생활 속에서 컴퓨터의 활용 원리를 응용할 수 있는 문제가 있다. 예를 들어, 개인적인 메모를 정리한다든지(데이터의 저장), 하루 일정을 정한다든지(병렬처리 고려), 2박 3일 간의 여러 군데의 지방 출장 계획(최단경로 문제, 외판원 문제)에 컴퓨터에서 활용되는 이론들을 이용하여 효율적인 의사결정을 할 수 있게 된다.

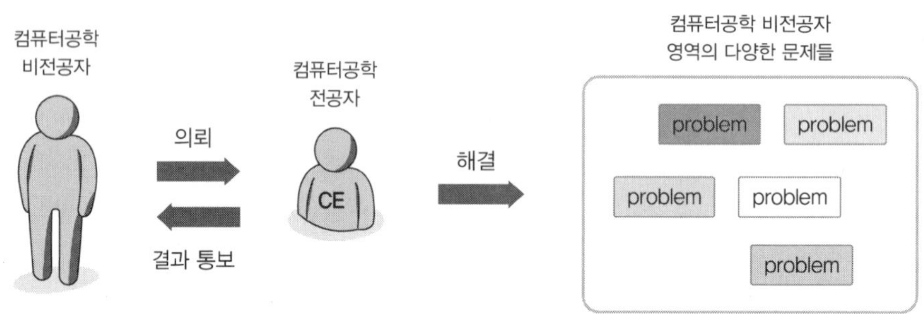

[그림 1-2] 현재의 문제 해결 처리 방식

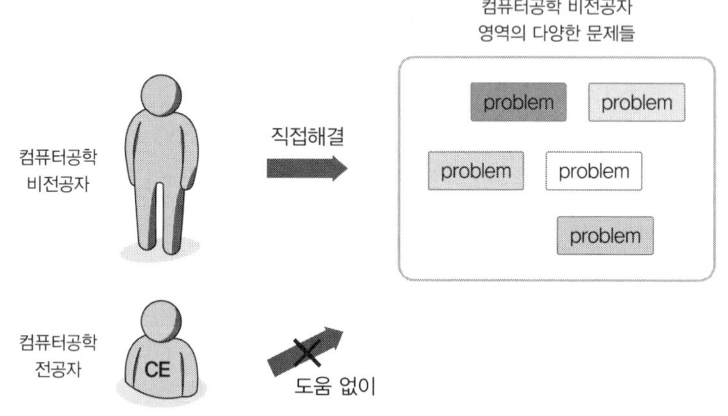

[그림 1-3] 컴퓨팅 사고력을 통해 컴퓨터공학 비전공자들이 문제를 직접 해결하는 방식

둘째, 일반인들이 컴퓨터를 이용해 자신의 문제를 해결하기 위해 직접 알고리즘을 만들 수 있다. 설계한 알고리즘을 더 발전시켜 직접 컴퓨터 프로그램을 작성하여 문제를 해결할 수

도 있다. 즉, 컴퓨터공학 비전공자들이 컴퓨터의 활용방안에 대한 보다 깊은 이해를 하게 된다면, 자신의 영역에 존재하는 문제를 해결하기 위해서 컴퓨터를 직접 활용하게 될 것이다. 지금까지는 자신의 문제를 컴퓨터를 이용해서 해결하려면 문제를 컴퓨터 전공자에게 가져가서, 컴퓨터 전공자에게 설명한 후 컴퓨터 전공자가 해결한 결과를 기다려야 했다. 이 과정에서 소통의 오류가 발생할 수 있고, 시간적, 경제적으로 많은 비용이 들게 된다. 그러나 컴퓨터 비전공자가 직접 컴퓨터를 이용하여 문제를 해결한다면 보다 효율적으로 문제를 해결할 수 있을 것이다.

1.1.2 본 교재의 목표

컴퓨터 활용 원리를 자세히 배우기 위해서는 긴 시간 동안 컴퓨터공학을 배워야 한다. 컴퓨터공학을 배우기 위해서는 컴퓨터공학입문 과목을 시작으로 하드웨어 구성요소, 하드웨어 동작 원리, 소프트웨어 종류, 프로그래밍 언어, 프로그래밍 기법, 자료구조, 알고리즘, 운영체제 등 다양한 과목들을 배워야 한다. 때문에 짧은 시간 내에 모든 사람들이 컴퓨터공학을 배울 수는 없다. 또한 초보자들을 위한 컴퓨터공학입문 과목들마저 컴퓨터공학의 전반적인 내용을 광범위하게 다루고 있기 때문에, 비전공자가 접근하기에 어려움을 느낄 수도 있다. 따라서 이 책은 컴퓨터가 문제를 해결하는 방식의 기본 원리를 설명하여, 컴퓨터공학 비전공자가 쉽게 컴퓨터 활용 원리를 배우도록 하는 목표를 갖고 있다. 컴퓨터 활용 원리는 컴퓨팅 사고력(computational thinking)이라는 틀을 이용하여 설명한다. 결론적으로 본 교재의 목표는 일반인이 컴퓨터 과학자처럼 생각하여 문제를 해결하는 방법을 익히는 데 있다.

이러한 목표를 달성하기 위해 본 교재는 컴퓨터공학 비전공자들이 컴퓨터, 알고리즘, 프로그램, 파이썬 설명을 통해 쉽게 소프트웨어에 대한 개념을 갖도록 한다. 또한 데이터의 표현, 데이터의 저장과 검색, 알고리즘의 설계, 논리적 사고를 배운 후 주위의 풀기 어려운 문제와 보안에 대해 배워서 컴퓨터공학 비전공자가 컴퓨터가 문제를 해결하는 원리를 쉽게 배울 수 있도록 한다.

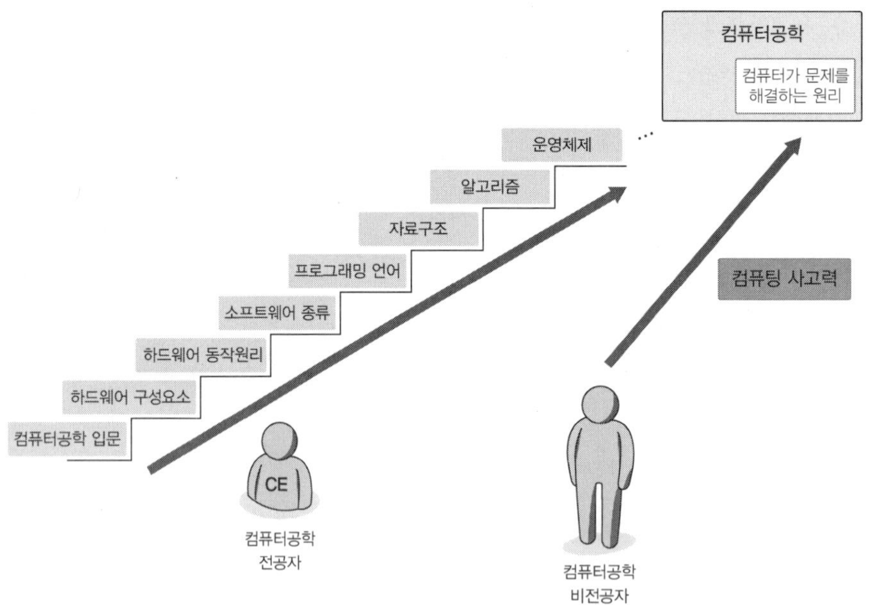

[그림 1-4] 컴퓨터공학 비전공자의 컴퓨팅 사고력의 목표

1.2 컴퓨팅 사고력의 정의 및 목표

1.2.1 컴퓨팅 사고력의 정의

컴퓨팅 사고력이라는 개념은 지넷 윙(Jeannette Wing)이 2006년 처음으로 제안한 개념이다. 그러나 컴퓨팅 사고력에 대한 내용은 새로운 것들이 아니다. 일상생활에서 또는 컴퓨터를 이용한 작업에서 볼 수 있는 문제해결 원리들을 모아 놓은 것으로, 기존에 존재하던 내용들이다. 다만, 이러한 원리들을 컴퓨터공학 비전공자들이 어린 시절부터 익숙해지는 것이 중요하므로, 유치원, 초등학교, 중학교, 고등학교, 대학교를 거치면서 이러한 내용을 배워야 한다는 것이 컴퓨팅 사고력의 중요한 주장이라고 할 수 있다.

지넷 윙은 컴퓨팅 사고력은 21세기 중반이 되면 모든 사람들이(컴퓨터 과학자뿐만 아니라) 사용하는 기본적인 기술이 될 것이라고 했다. 지금까지는 인간이 사회에서 살기 위한 필수 교육으로 읽기, 쓰기, 계산하기를 배워야 했으나, 이제는 여기에 추가하여 컴퓨팅 사고력을 배워야 한다는 것이다.

Viewpoint | Jeannette M. Wing

Computational Thinking

It represents a universally applicable attitude and skill set everyone, not just computer scientists, would be eager to learn and use.

Computational thinking builds on the power and limits of computing processes, whether they are executed by a human or by a machine. Computational methods and models give us the courage to solve problems and design systems that no one of us would be capable of tackling alone. Computational thinking confronts the riddle of machine intelligence: What can humans do better than computers? and What can computers do better than humans? Most fundamentally it addresses the question: What is computable? Today, we know only parts of the answers to such questions.

cisely. Stating the difficulty of a problem accounts for the underlying power of the machine—the computing device that will run the solution. We must consider the machine's instruction set, its resource constraints, and its operating environment.

In solving a problem efficiently, we might further ask whether an approximate solution is good enough, whether we can use randomization to our advantage, and whether false positives or false negatives are allowed. Computational thinking is reformulating a seemingly difficult problem into one we know how to solve, perhaps by reduction, embedding, transformation, or simulation.

[그림 1-5] 컴퓨팅 사고력이 소개된 논문, CACM vol. 49, no. 3, March 2006, pp. 33-35.

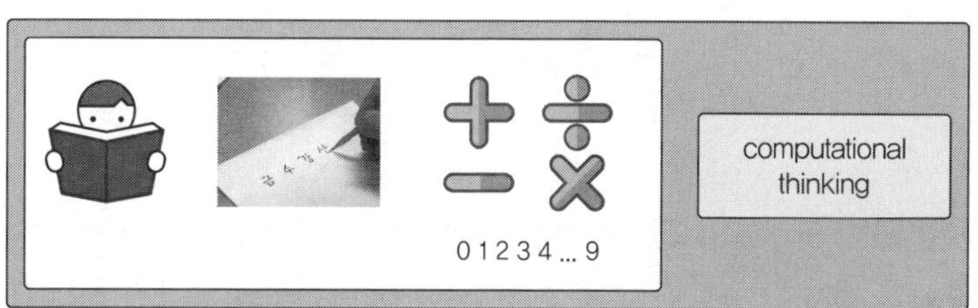

[그림 1-6] 세상을 살아가는 데 필요한 기본적인 기술

공식적인 정의는 아니지만, 컴퓨팅 사고력은 다음과 같이 정의될 수 있다.

"컴퓨팅 사고력은 계산적인 해를 만들도록 문제를 정형화하는 정신적인 활동(mental activity)을 나타낸다. 그 해는 인간 또는 기계, 또는 더 일반적으로 인간과 기계의 결합에 의해 수행된다."
"Informally, computational thinking describes the **mental activity** in formulating a problem to admit a **computational solution**. The solution can be carried out by a human or machine, or more generally, by combinations of humans and machines."

– 지넷 윙, "The Link" CMU Newsletter, 2011.

"컴퓨팅 사고력은 문제를 정형화하는 과정과 문제의 해에 포함된 사고과정이다. 그 풀이 과정은 정보처리장치에 의해 효과적으로 수행될 수 있는 형태로 묘사된다."

"Computational thinking is the thought processes involved in formulating problems and their solutions so that the solutions are represented in a form that can be effectively carried out by an information-processing agent."

– 잰 커리, 래리 스나이더, 지넷 윙,

"Demystifying Computational Thinking for Non-Computer Scientists," 2010.

컴퓨팅 사고력은 기본적으로 소프트웨어의 설계를 목표로 갖고 있다. 마크 앤드리슨(Marc Andreessen)은 월 스트리트 저널(Wall Street Journal, 2011. 8. 20)에 다음과 같은 글을 작성하였다.

"소프트웨어가 모든 세상을 정복하는 이유"

"Why software is eating the world"

데이비드 커크패트릭(David Kirkpatrick)은 http://www.forbes.com/에 실린 글(2011. 11. 30)에서 다음과 같이 이야기 하였다.

"이제 모든 회사는 소프트웨어 회사다."

"Now every company is a software company."

이상의 두 말은 모든 세상은 소프트웨어를 기반으로 움직인다는 것을 주장하고 있다. 운송회사로 생각되는 회사도 사실은 운송을 효과적으로 하기 위한 강력한 소프트웨어를 기반으로 회사가 운영되고 있다는 뜻이다. 사용하고 있는 소프트웨어가 좋지 않을 때는 회사의 실적도 좋지 않게 된다. 소프트웨어가 사회의 중요한 역할을 수행한다는 사실에는 이의가 있을 수 없다. 컴퓨팅 사고력을 기반으로 하여 소프트웨어의 설계가 이루어질 때 보다 더 효율적인 소프트웨어의 구축이 가능할 것이다.

컴퓨팅 사고력 ➡ 소프트웨어의 설계

[그림 1-7] 컴퓨팅 사고력을 기반으로 하여 소프트웨어 설계

1.2.2 컴퓨팅 사고력의 목표

컴퓨팅 사고력의 학습 목표를 다음과 같이 요약할 수 있다.

- 문제의 해결방법을 정확히 기술할 수 있어야 한다.
- 문제의 해결방법의 적절성, 효과를 판단할 수 있어야 한다. 하나의 문제에 여러 개의 해결방법이 있을 때, 어느 방법이 더 적절한지 판단할 수 있어야 하고, 그 근거를 제시할 수 있어야 한다.
- 사람이 컴퓨터가 작업을 수행하는 방식으로 문제를 해결할 수 있어야 한다. 그렇게 하기 위해서 문제에 직면한 사람은 문제 해결을 컴퓨터처럼 절차적으로 생각해야 한다. 컴퓨터는 모든 작업을 절차적으로 진행한다.
- 병렬처리를 이해한다. 물론 서로 간섭하지 않은 작업에 대해서는 작업을 병렬적으로 수행할 수도 있다. 따라서 인간은 병렬적으로 사고하는 방식도 배워야 한다.
- 문제를 해결하기 위한 초기 단계에서는 문제의 핵심을 파악하는 것이 중요하다. 이것은 문제의 지엽적인 또는 부수적인 사항은 무시하고, 본질을 단순화 시켜서 이해하는 과정을 포함한다. 이러한 것을 문제의 추상화 과정이라고 하며, 인간은 추상적으로 생각하는 능력을 가져야 한다.
- 모든 문제의 해결단계는 논리적인 판단으로 진행해야 하며, 그 판단의 근거를 제시할 수 있어야 한다.
- 문제의 속성에 따라 문제 내에 자신의 문제 형태를 갖고 있는 경우가 있다. 이러한 상황을 재귀(recursion)라고 한다. 상황에 따라 인간은 재귀적으로 생각할 필요가 있다.
- 인간은 미래를 예측하거나 상상하는 능력을 갖고 있다. 예상되는 문제를 회피하기 위해 미리 생각하면서, 예상되는 문제를 미리 해결하는 능력을 갖고 있어야 한다.

1.3 컴퓨팅 사고력의 개념

친구와 놀이공원에 가는 것을 생각해보자. 놀이공원에 가기 전 미리 계획을 세워야 한다. 어느 곳에 갈지, 언제 갈지, 어떻게 그 곳으로 갈지를 결정하게 된다. 이 단계가 바로 컴퓨팅 사고력을 진행하는 과정이 된다. 또한 그 계획에 따라 친구와 놀이공원에 가는 것은 프로그래밍을 하는 것과 같은 개념이 된다. 이전의 [그림 1-7]에서 설명한 바와 같이 컴퓨팅 사고력의 결과로 소프트웨어를 설계할 수 있는 것이다.

본 절에서는 컴퓨팅 사고력에 포함되어 있는 구체적인 개념이 무엇인지를 설명한다. 컴퓨팅 사고력은 다양한 개념들을 포함하고 있다. 본 절에서는 google에서 설명하고 있는 컴퓨팅 사고력의 키워드를 먼저 알아본 후, 각 개념별로 설명한다. 이 중 처음의 분해, 패턴 확인, 추상화, 알고리즘 설계가 중요한 4가지 개념이다.

(1) 분해(decomposition) : 하나의 큰 문제나 절차, 데이터 모음, 상황, 조건을 다루기 쉬운 작고 단순한 단위로 나누는 과정
(2) 패턴 확인(pattern recognition) : 데이터나 문제 내에 있는 패턴, 반복형태, 추세(trend), 규칙성을 도출한다.
(3) 추상화(abstraction) : 문제나 상황에서 중요한 요소만을 추출한다. 이 때 자세한 사항은 무시한다.
(4) 알고리즘 설계(algorithm design) : 문제를 해결하는 방법이나 작업을 수행하는 절차를 정의한다.
(5) 데이터 표현(data representation) : 문제를 해결하는 데 필요한 데이터를 적절한 형식으로 표현한다.
(6) 데이터 모음(data collection) : 이후의 활용을 위해 정보를 모으는 과정과 저장된 형태를 포함한다.
(7) 데이터 분석(data analysis) : 모인 데이터로부터 필요한 결과를 도출하기 위해 데이터를 분석하는 과정을 포함한다.
(8) 모의실험(simulation) : 현실적인 제약에 의해 실제의 상황을 축소 또는 다른 방법으로 모방하는 모델을 구축한다.
(9) 자동화(automation) : 중간단계에서 인간이 간섭하지 않는 상태로, 컴퓨터나 기계로 하여금 반복적인 작업을 하도록 한다.
(10) 병렬화(parallelization) : 서로 간섭하지 않거나, 선후 관계가 없는 작업을 동시에 수행한다.
(11) 패턴 일반화(pattern generalization) : 도출된 패턴, 모델, 공식을 다른 데이터에 대해 일반화시켜 확장한다.

위의 11가지 개념을 자세히 설명한다.

(1) 분해(decomposition) : 하나의 큰 문제나 절차, 데이터 모음, 상황, 조건을 다루기 쉬운 작고 단순한 단위로 나누는 과정

현대의 많은 문제들은 복잡성을 갖고 있고, 하나의 복잡한 문제를 직접 해결하는 것은 어려

울 수 있다. 그런데 하나의 복잡한 문제를 분석해보면, 여러 개의 작은 문제들로 구성되어 있는 경우가 있다. 이 경우, 각각의 작은 문제들을 해결하여, 전체 문제를 해결할 수 있다. 또한 큰 문제를 작은 문제들로 구분하여 문제의 속성을 면밀히 파악할 수도 있다. 이 때, 큰 문제를 각각의 작은 문제들로 나누는 과정을 문제의 분해 과정이라고 한다. [그림 1-8]은 문제의 분해를 나타내는 그림이다. 복잡한 형태를 갖는 하나의 큰 문제는 삼각형, 사각형, 원의 형태로 나타낸 작은 문제들로 구성되어 있다는 것을 보여주고 있고, 이러한 작은 문제들을 해결함으로써 큰 문제가 해결될 수 있다는 것을 개념적으로 보여주고 있다.

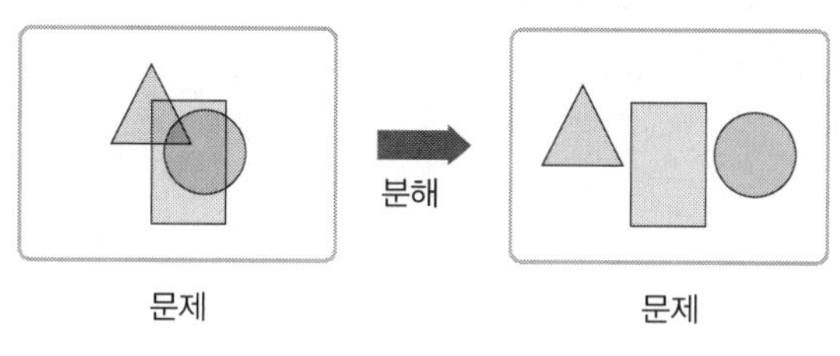

[그림 1-8] 문제의 분해

[그림 1-9]는 문제의 계층적 구분을 보여주고 있다. 문제는 문제 1과 문제 2로 나누어지고, 문제 1은 다시 문제 1.1, 문제 1.2로 나누어지는 과정을 보여주고 있다. 일반적으로 많은 문제들이 계층적으로 나누어질 수 있다.

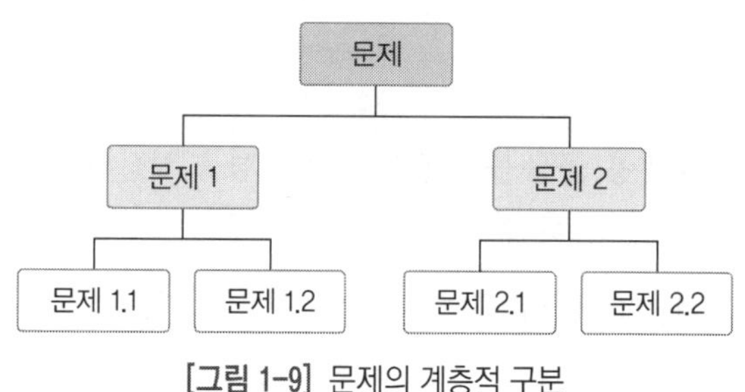

[그림 1-9] 문제의 계층적 구분

분해과정을 설명하기 위해 실제적인 문제를 이용해서 설명한다.

예 **냉장고를 교체하려고 한다. 교체하는 방법을 결정하는 것은 다음의 작은 문제들로 나뉜다.**

● **제품 선정 방법**

- 어느 회사의 제품을 살 것인가?
- 냉장고의 용량은 어느 정도로 할 것인가?
- 일반 냉장고 또는 김치 냉장고?
- 필요한 냉장고의 기능은 무엇인가? 얼음 생성, 냉·온수, 인터넷 연결
- 전기 소모의 효율성은 어느 정도가 되어야 하는가?
- 냉장고의 크기는?
- 냉장고의 색깔은?

● **구매 방법**

- 어느 곳에서 살 것인가? 매장 또는 인터넷
- 현금 결제 또는 카드 결제

● **기타**

- 이전 냉장고의 처리는 어떻게 할 것인가?

예 **아파트 단지에서 재활용 물품을 모으는 프로그램을 시작하려고 한다. 이 때 해결해야 할 작은 문제들은 다음과 같다.**

- 프로그램의 진행 주체는 누가 될 것인가?
- 재활용 물품의 정의는 무엇인가?
- 프로그램의 진행 기간은 언제로 할 것인가?
- 재활용 물품 모으는 장소는 어디로?
- 완료 후 수익 배분은 어떻게?
- 재활용 수거 업체 선정 방법은?
- 프로그램 홍보 방안은?

예 **버스 정류장에서 승객대기자 분리**

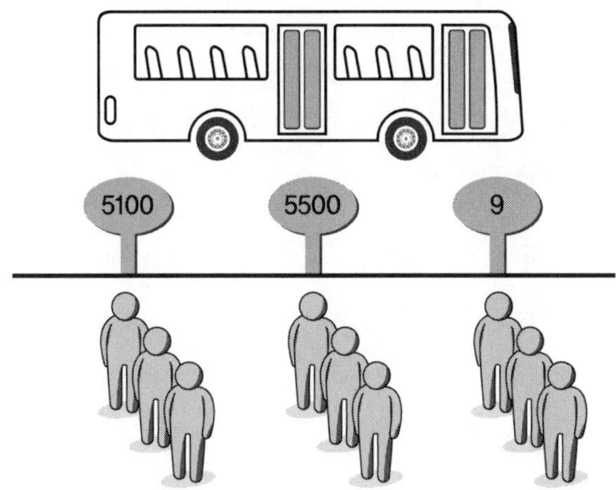

[그림 1-10] 노선별 버스 승차 대기열

[그림 1-10]은 버스승차 대기자들을 어떻게 대기 열로 만들 것인가라는 문제를 노선별로 문제를 분해하여 해결한 것을 보여주고 있다.

(2) 패턴 확인(pattern recognition) : 데이터나 문제 내에 있는 패턴, 반복형태, 추세(trend), 규칙성을 도출한다.

하나의 문제는 다른 작은 문제들로 구성될 수 있다는 것을 설명했다. 그런데 문제 내에서 반복적으로 나타나는 패턴을 다음 그림처럼 찾을 수도 있다.

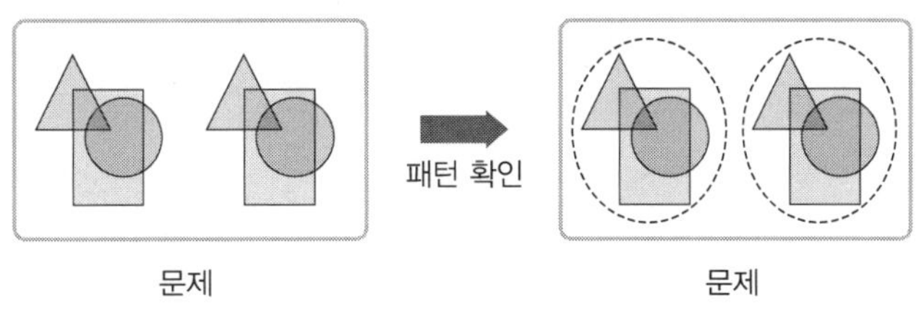

[그림 1-11] 패턴 확인 과정

비록 복잡한 형태이기는 하지만 그 안에서 반복적인 패턴을 찾을 수 있다면, 문제를 단순화할 수 있는 단서를 갖게 된다. 위의 그림에서 문제는 삼각형, 사각형, 원형으로 얽혀있지만, 그 안에서 동일한 형태의 문제가 반복되고 있다는 것을 알 수 있다. 두 번 반복된 형태를 전체적으로 해결하기보다는, 하나의 패턴에 집중하여 문제를 해결하는 시도를 할 수 있다.

[그림 1-12]는 몸무게와 키의 상관관계를 보여주고 있다. 점선으로 표시된 상관관계는 몸무게와 키의 추세선을 나타낸다.

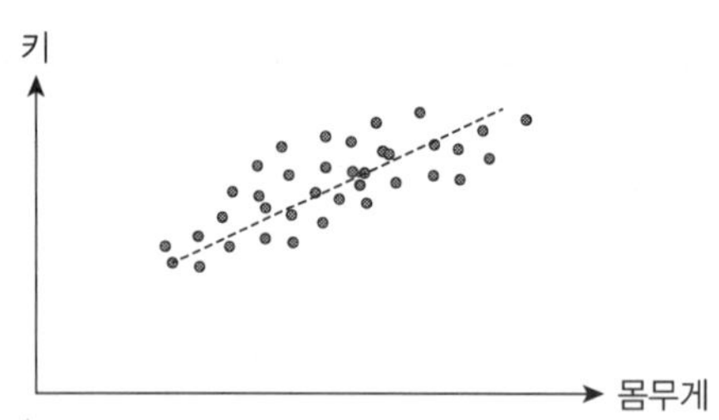

[그림 1-12] 몸무게와 키의 관계. 점선은 몸무게와 키의 상관관계를 보여준다.

[그림 1-13]은 다양한 자동차의 모습을 보여주고 있다. 모양은 서로 다르지만, 이들 자동차는 전조등, 몸체, 4개의 바퀴, 핸들, 문을 공통적으로 갖고 있다. 따라서 이들 자동차는 공통적으로 갖고 있는 패턴이 있다는 것을 쉽게 알 수 있다. 이외에 색깔, 바퀴모양 등은 서로 다를 수 있다.

[그림 1-13] 다양한 자동차 모양

문제들을 해결하기 위해서는 먼저 문제들이 공유하는 패턴을 찾는 것이 중요하다. 패턴을 공유하는 문제들은 하나의 문제를 해결한 방법을 다른 문제에 적용하는 방식으로 다른 문제들을 쉽게 해결할 수 있다. 예를 들어, 자동차의 설계에서 바퀴의 개수 및 배치에 관한 문제는 대부분의 자동차 설계문제에 공통적으로 존재하는 패턴이므로, 하나의 자동차 설계에서 해결한 방법이 다른 자동차의 설계에 사용될 수 있다. 따라서 문제에 존재하는 패턴을 많이 찾을수록 문제를 쉽게 해결할 수 있다. 예를 들어, 자동차를 묘사하는데 패턴이 존재하지 않거나, 패턴을 파악하지 못하면 하나의 자동차를 그리는데 많은 시간 소요된다. 반대로 많은 패턴이 공유된다면, 하나의 자동차를 묘사한 방법을 이용해서 쉽게 다른 자동차를 묘사할 수 있다.

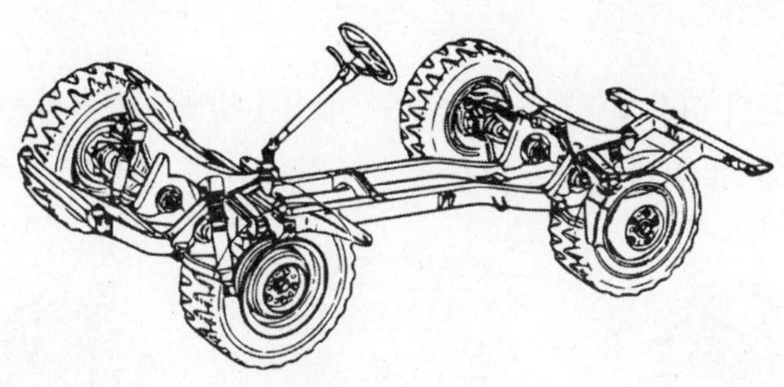

[그림 1-14] 각 자동차 설계 내에는 타이어와 축의 위치 결정이라는 문제가 있다.

패턴은 서로 다른 문제 간에 존재할 수도 있고, 각 문제 내에 존재할 수도 있다. 예를 들어, 타이어와 축의 위치 결정이라는 문제는 자동차 간에 존재하는 패턴이 된다. 그리고 하나의 자동차 내에는 몸체와 바퀴 연결 장치가 네 개를 설계하는 패턴이 존재한다. 또한 서로 다른 형태의 물체 간에도 패턴이 존재할 수 있다. 다음 그림은 우주정거장과 우주선이라는 서로 다른 기계를 보여주고 있다. 그러나 두 장치는 기압유지장치를 필요로 하고 있다. 따라서 두 장치 간에는 패턴이 존재한다고 할 수 있다.

[그림 1-15] 우주정거장과 우주선

집을 짓는 것에 대한 패턴을 이해해보자. 집을 지을 때 다음과 같은 문제들을 해결해야 한다.

- 필요한 집은 무엇인가?
- 집 설계를 어떻게 하는가?
- 땅을 어떻게 구입할 것인가?
- 허가는 어떻게 받는가?

- 건설업체와 계약을 어떻게 하는가?
- 기초공사는 어떻게 하는가?
- 마감공사는 어떻게 하는가?

위의 문제는 대부분의 집짓기에 필요한 문제로, 집짓기 방법에 존재하는 패턴이다. 이 들 문제를 하나의 집짓기에서 해결하면, 다른 종류의 집짓기에도 적용할 수 있다.

[그림 1-16] 여러 종류의 집이라도 건설공정의 패턴을 공유한다.

따라서 한 종류의 집을 짓는다면, 다른 종류의 집도 쉽게 지을 수 있게 된다. 집 건설은 다음의 과정을 거치게 되는데, 이들도 하나의 패턴이라고 할 수 있다.

① 설계도 작성, ② 허가, ③ 기초 공사, ④ 마감 공사

다음의 라면, 칼국수, 짜장면 조리법을 통해 패턴을 확인해보자.

신라면

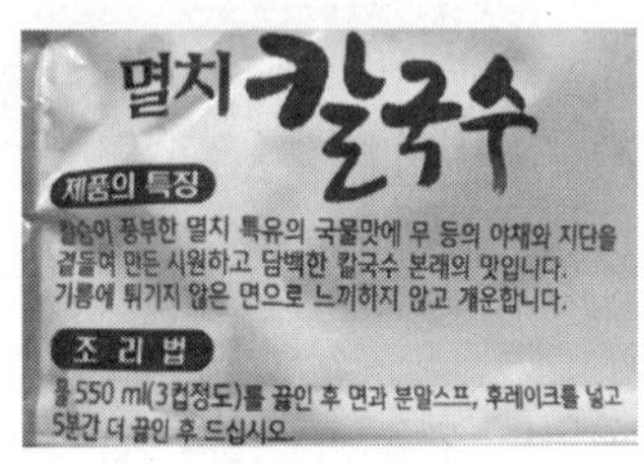

멸치칼국수

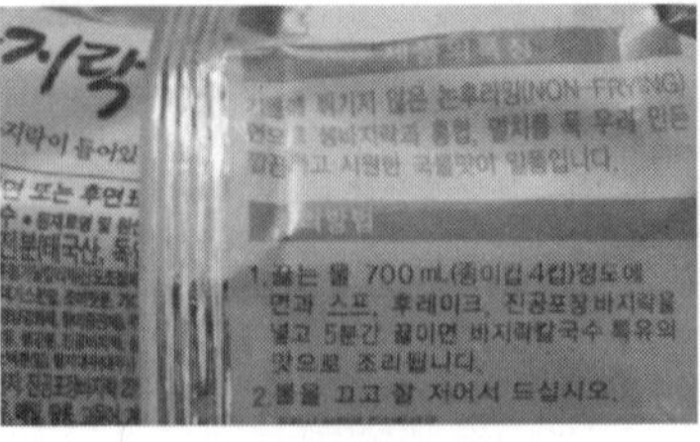

바지락칼국수

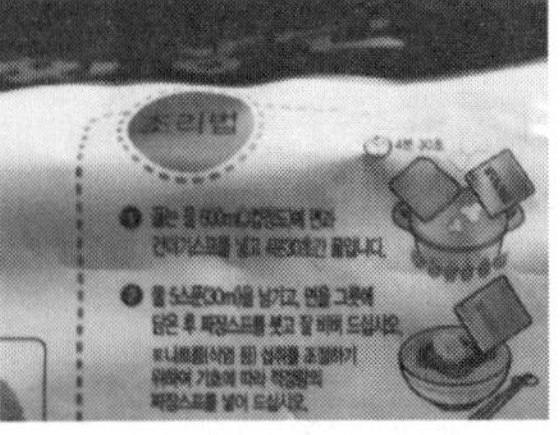

팔도짜장면

[그림 1-17] 다양한 라면, 짜장면, 칼국수

자세한 조리법은 다음과 같다.

- 신라면 : 물 550ml(3컵 정도)를 끓인 후, 면과 분말스프, 후레이크를 같이 넣고 4분 30초간 더 끓이면 얼큰한 소고기 국물 맛의 신라면이 됩니다.
- 멸치칼국수 : 물 550ml(3컵 정도)를 끓인 후, 면과 분말스프, 후레이크를 같이 넣고 5분간 더 끓인 후 드십시오.
- 바지락칼국수 : 끓는 물 700ml(종이컵 4컵)정도에 면과 스프, 후레이크, 진공포장 바지락을 넣고 5분간 끓이면 바지락칼국수 특유의 맛으로 조리됩니다.
- 팔도짜장면 : 끓는 물 600ml(3컵 정도)에 면과 건더기스프를 넣고 4분 30초간 더 끓입니다. 물 5스푼(30ml)을 남기고, 면을 그릇에 담은 후 짜장스프를 붓고 잘 비벼 드십시오.

이 들 조리법을 분석해보면, 이 네 종류의 조리법은 크게 두 가지로 구분되고, 각각 패턴이 존재한다는 것을 알 수 있다.

라면, 칼국수	짜장면
① 물을 끓인다. ② 면, 스프, 후레이크 등을 넣는다. ③ 수 분 더 끓인다.	① 물을 끓인다. ② 면, 건더기스프를 넣는다. ③ 수 분 더 끓인다. ④ 물을 적당량 남기고 짜장스프를 넣는다.

(3) 추상화(abstraction) : 문제나 상황에서 중요한 요소만을 추출한다. 이 때 자세한 사항은 무시한다.

추상화는 해결하려는 문제에 존재하는 부수적인(중요하지 않은) 사항들을 제거하는 과정이다. 문제의 일반적인 특징(general characteristics)을 도출하고, 개별적인(specific) 특징은 제거하는 과정을 거치게 된다.

[그림 1-18]은 링컨 대통령의 초상화를 보고, 추상화를 거쳐서 사람을 표시하는 아이콘을 그린 것을 보여주고 있다. 링컨 대통령이 사람이므로 이 과정은 정상적인 추상화 과정이다. 우측의 아이콘을 본 사람들은 누구든지 이것이 사람을 나타낸다는 것을 알 수 있다. 어떻게 사람이라는 것을 알 수 있을까? 우리는 사물을 볼 때 그 사물의 특징을 우선적으

로 파악하려는 경향이 있다. 손·발·얼굴·머리카락 등을 정확히 묘사하지 않더라도 우리는 머리·몸통·두 팔과 두 다리를 보고 사람임이 틀림없다고 생각하게 된다.

[그림 1-18] 링컨 대통령의 추상화

[그림 1-19]는 다양한 비행기의 모습을 추상화 과정을 거쳐 우측의 그림처럼 단순화시킬 수 있다는 것을 보여주고 있다. 누가 보더라도 우측의 그림이 비행기인지 쉽게 알 수 있다는 것은 추상화 과정이 적절했다는 것을 의미한다.

[그림 1-19] 비행기의 추상화

자동차의 경우도 다양한 모델이 존재한다. 그러나 추상화 과정을 거치면 [그림 1-20]의 우측처럼 단순화시킨 그림을 생성할 수 있다.

[그림 1-20] 자동차의 추상화

자동차를 추상화하는 과정을 좀 더 자세히 설명해보자. 자동차를 의미하는 그림으로 몸체, 4개의 바퀴, 전조등, 유리창을 그리면 대부분의 사람은 그림을 보고 자동차라는 것을 알게 된다. 이 들은 일반적인 특징에 속하게 되는데, 사물의 일반적인 특징만을 이용해 사물을 묘사할 수 있다. 이외에 개별적인 특징으로는 엔진크기, 바퀴 재질, 자동차 색, 문의 개수, 바퀴 모양, 전조등 모양, 차 높이 등이 있다. 이것들은 자동차를 묘사하는 데 꼭 필요한 요소는 아니다.

[표 1-1] 자동차의 일반적인 특징과 개별적인 특징

일반적인 특징	개별적인 특징
자동차는 타이어가 있다.	타이어의 크기, 재료는 알 필요 없다.
자동차는 엔진을 갖고 있다.	엔진의 크기는 알 필요 없다.
자동차는 유리창을 갖고 있다.	유리창의 크기는 알 필요 없다.

문제의 추상화를 통해 문제가 무엇인지, 문제를 어떻게 해결해야 하는지의 일반적인 생각을 도출할 수 있다. 문제를 해결하는 데 도움이 되지 않는 사항들을 배제할수록, 문제는 단순화될 수 있다. 이러한 과정을 거쳐 문제의 모델을 정립할 수 있다.

다음의 고양이 모델은 고양이를 추상화시켜 만들어진 결과로, 고양이를 대표해서 나타낼 수 있는 묘사다.

[그림 1-21] 고양이 추상화

마찬가지로, 집을 짓는 모델이란 집 건설 과정을 추상화시켜 만들어진 것으로, 모든 집을 만들 수 있는 모델이 된다.

(4) 알고리즘 설계(algorithm design) : 문제를 해결하는 방법이나 작업을 수행하는 절차를 정의한다.

알고리즘에 대한 설명은 2부에서 자세히 하도록 한다. 여기서는 개략적인 개념만을 설명한다.

알고리즘이란 문제를 해결하기 위한 계획(plan)으로 일련의 단계적인 명령으로 구성된다. 예를 들어, 음식 준비하는 순서, 자동차 바퀴 교환 작업, 여행 가방 준비, 페인트 작업, 생일 파티 준비 등 이미 일상생활에서 어떤 일을 할 때 수행하는 절차가 알고리즘이다. 이 작업들을 어떤 순서로 진행해야 하는지 이미 아는 것도 있고, 매뉴얼을 보고 진행하는 경우도 있다. 이와 같이 사람들은 일상생활의 많은 일들을 알고리즘에 따라 수행하고 있다.

문제를 해결하는 계획은 구체적이면서도 정확하게 기술하기 위해 알고리즘으로 표현된다. 즉, 알고리즘은 문제를 해결하는 절차이다. 컴퓨터는 주어진 프로그램(알고리즘)에 따라 작업을 수행하도록 되어 있다. 수행해야 할 작업을 프로그램으로 만들기 위해서 먼저 의사코드(pseudocode) 또는 흐름도(flowchart)를 만들어야 한다.

- **의사코드(pseudocode)**

의사(疑似)란 실제와 비슷하다는 사전적인 의미를 갖고 있으므로, 의사코드란 실제와 비슷한 코드를 말한다. 의사코드는 알고리즘을 표현하는 하나의 방법이다. 그러나 컴퓨터에서 수행되는 프로그램을 작성하는 프로그래밍 언어로 기술되지는 않는다. 의사코드는 프로그래밍 언어와 유사한 문법을 가진 언어로 표현되는데, 가능한 한 쉽게 사람들이 그 내용을 이해할 수 있도록 구성하고, 또한 쉽게 프로그램으로 바꿀 수 있을 정도로 정확하게 기술되어야 한다. 다음의 두 예는 간단한 의사코드를 보여주고 있다. 첫 번째 예는 나이를 입력하게 한 후, 나이를 출력하는 작업을 기술하고 있다. 두 번째 예는 나이가 60보다 크면, old라고 출력하고, 그렇지 않으면 young이라고 출력하는 작업을 수행하는 의사코드를 나타낸다.

```
type "your age ?"
input k
type "you are " k " years old"
```

```
if k > 60
    type "old"
else
    type "young"
```

[그림 1-22] 의사코드 예

이 두 예는 프로그램 언어로 기술된 것처럼 보이지만, 어느 특정한 프로그램 언어로 기술된 것은 아니다. 사람들이 쉽게 이해할 수 있고, 작업을 정확하게 기술하는 방법을 이용하여 표현된 것이다. 의사코드에 대해 CHAPTER 4의 4.4절에서 보다 상세히 설명한다.

● **흐름도**(flowchart)

알고리즘을 기술하는 또 다른 방법은 흐름도를 이용하는 방법이다. 흐름도는 수행해야 할 일들을 다이아그램으로 표현한 것이다. [그림 1-23]은 TV를 시청할 때 해야 할 일에 대한 흐름도이다.

흐름도에서는 다양한 도형이 사용되고, 각 도형마다 나타내는 특정한 의미가 있다. 흐름도는 도형, 화살표, 도형 내의 설명을 통해 수행해야 할 작업을 설명한다. 흐름도는 한 눈에 전체적인 작업의 내용을 알 수 있는 장점이 있다. 흐름도에 대해서 CHAPTER 4의 4.5절에서 보다 상세히 설명한다.

알고리즘을 기술하여 문제에 대한 해결방법을 설계한 후 알고리즘을 평가하는 과정이 필요하다. 이 과정을 dry run이라고 하는데, 펜과 종이를 이용하여 알고리즘이 올바르게 작동하는지 확인하는 작업이다. 평가는 우리가 설계한 알고리즘이 문제의 해를 제대로 찾는지, 그리고 해를 찾는 과정이 효과적인지를 확인하는 절차이다. 또는 예상할 수 있는 모든 경우의 문제에 대해서도 의도한 대로 알고리즘이 동작하는지 확인해야 한다. 평가 없이 알고리즘을 바로 프로그램하여 실제의 문제에 적용할 경우에는 결과로 나온 해가 문제에서

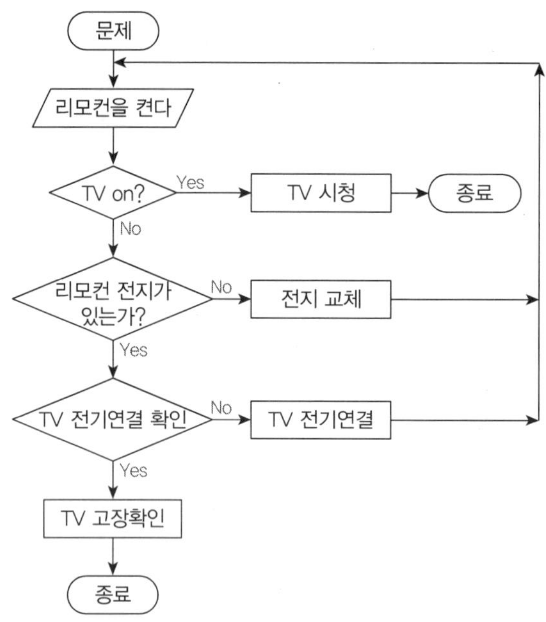

[그림 1-23] TV를 시청할 때 해야 할 일에 대한 흐름도

요구한 해인지를 확신할 수 없게 되거나, 해에 도달하는 과정이 비효율적이 될 수 있다. 또한 실제 문제에 대해 예상하지 못한 결과를 만들어낼 수 있다. 알고리즘이 작성 된 후 다음을 확인한다.

- 알고리즘이 정확히 기술되었는지?
- 알고리즘이 충분히 단순화 되었는가? 불필요한 복잡한 구성을 제거하여야 한다.
- 알고리즘이 충분히 분해되어 모듈화 되었는가?
- 다양한 경우의 문제에 대해 답이 맞는가?
- 알고리즘이 효율적인지
  - 가능한 한 문제를 빨리 해결하도록 설계 되었는가?
  - 가능한 한 변수들의 개수가 적도록 설계 되었는가?

(5) 데이터 표현(data representation) : 문제를 해결하는 데 필요한 데이터를 적절한 형식으로 표현한다.

컴퓨터에서 활용되는 데이터는 모두 이진수로 표현된다. 그리고 컴퓨터에서는 숫자, 영문 알파벳을 포함한 다양한 문화의 문자를 표현하여야 한다. 우리가 키보드에서 K를 입력했을 때, 모니터 화면에 K가 보이고, 다른 사람에게 K문자를 전송할 때, 그 사람의 모니터에 K가 보이게 된다는 것을 알고 있다. 컴퓨터에서 문자는 아스키(ascii) 코드 또는 유니코드(unicode)로 표현된다.

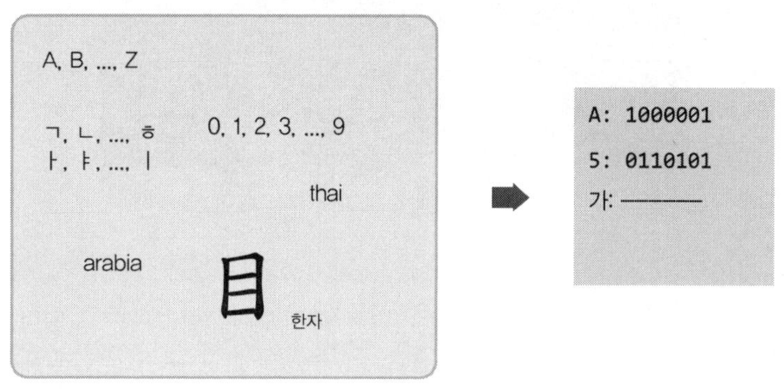

[그림 1-24] 문자의 표현

컴퓨터를 사용해서 홈페이지를 보면 다양한 색깔이 사용되고 있다는 것을 알 수 있다. 컴퓨터에서 색깔은 어떻게 표현되는 것일까? 무수히 많은 색깔을 모두 표현하려면 어마어마한 정보량이 필요할 텐데, 한정된 자원을 사용하여 색깔을 어떻게 나타낼 수 있을까? 색깔 이외에도 소리, 동영상 등도 디지털 정보를 이용하여 모두 표현해야 한다.

일반적으로 문제에서 사용되는 데이터를 어떻게 표현하느냐에 따라 문제가 쉽게 해결될 수도 있고, 어렵게 해결될 수도 있다. 따라서 문제의 성격에 맞는 적절한 데이터 표현방법을 찾는 것이 중요하다. 데이터의 표현에 대한 자세한 내용은 CHAPTER 7에서 다룬다.

(6) 데이터 모음(data collection) : 이후의 활용을 위해 정보를 모으는 과정과 저장된 형태를 포함한다.

우리는 특정 목적을 갖고 데이터를 수집·저장한다. 수집·저장된 데이터는 이후의 검색, 활용을 목표로 하고 있다. 여기에서 검색과 활용을 목표로 한 데이터들을 어떻게 모으고 저장해야 할 것인지에 대한 문제가 발생한다.

체계적으로 저장되지 않은 데이터는 폐차장에 아무렇게나 쌓여 있는 쓰레기 더미와 같다. 특정한 부품을 찾는 데 많은 시간이 소요되고, 부품의 상태가 좋지 않아 재활용이 어렵게 된다.

[그림 1-25] 폐차장의 폐차 부품 더미

[그림 1-26]은 정리되지 않은 레고 부품과 정리된 레고 부품을 보여주고 있다. 특정 크기, 색깔의 레고 부품을 찾을 때 정리된 상태에서 찾는 것이 훨씬 효과적이라는 것은 쉽게 알 수 있다. 마찬가지로 데이터를 쉽게 저장하고 검색할 수 있는 방법이 가능하도록 데이터를 모아야 한다.

[그림 1-26] 정리되지 않은 레고 부품과 정리된 레고 부품

[그림 1-27]은 1950년대의 데이터 저장 창고이다. 펀치카드를 이용해 데이터를 저장했으며, 하나의 박스에는 펀치카드 200장이 보관되었다(왼쪽사진). 펀치카드 한 장의 모습은 [그림 1-27]의 오른쪽 사진과 같다. 방대한 정보를 저장하기 위해서는 큰 공간이 필요했었다는 것을 알 수 있다.

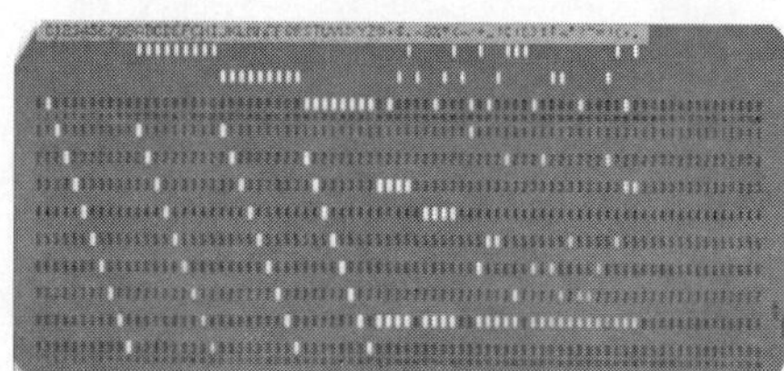

[그림 1-27] 펀치카드를 이용한 데이터의 저장

이 후 마그네틱테이프를 이용한 대용량 데이터의 저장방법을 사용하다가, 현대에는 하드디스크의 가격이 저렴해지면서, 대용량의 데이터 저장방법으로 하드디스크를 사용하고 있다. 회사들은 자신들의 데이터를 저장하거나, 다른 사용자들에게 데이터 저장공간을 제공하기 위해 데이터 센터를 운영하고 있다.

[그림 1-28] 데이터 센터 내의 테이프 스토리지와 하드디스크

데이터의 규모가 커질수록 데이터를 효과적으로 저장하는 방법이 필요하다. 현대는 빅데이터의 시대이므로, 대규모의 데이터 분석을 위해 데이터를 효과적으로 저장하는 방법에 대해 많은 연구를 수행하고 있다. 데이터를 체계적으로 저장하는 가장 기본적인 방법 중의 하나는 이진검색트리를 사용하는 것이다. 이진검색트리는 왼쪽 하위트리에 자신보다 작은 값이 저장되고, 오른쪽 하위트리에는 자신보다 큰 값이 저장되는 방법을 각 노드마다 재귀적으로 적용하여 생성되는 트리다. [그림 1-29]는 이진검색트리의 예이다. 자세한 사항은 CHAPETR 8에서 설명한다.

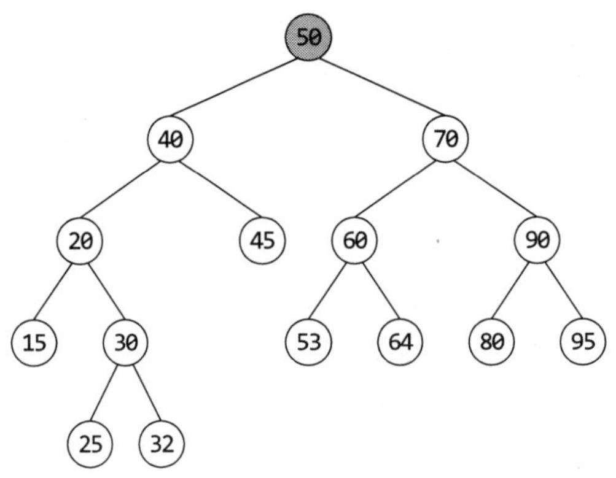

[그림 1-29] 이진검색트리 예

(7) 데이터 분석(data analysis) : 모인 데이터로부터 필요한 결과를 도출하기 위해 데이터를 분석하는 과정을 포함한다.

데이터는 미래에 사용하기 위해 저장된다고 했다. 단순히 저장된 데이터를 검색하여 정보를 확인하는 것 외에, 데이터를 이용하여 새로운 결론을 유추해낼 수 있다. 이러한 분야를 데이터과학이라고 한다. 다음 그림은 데이터 분석의 흐름도이다.

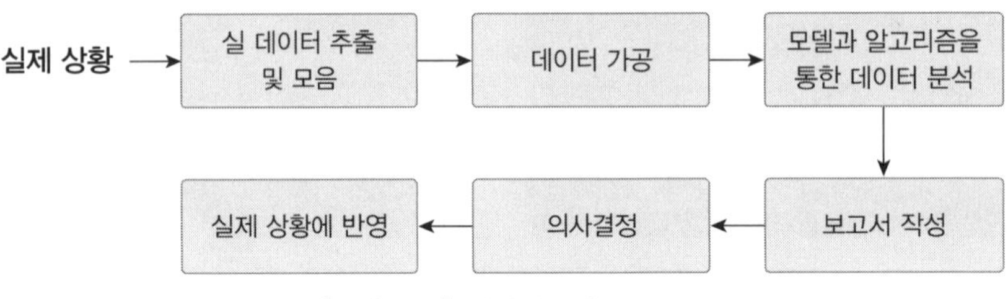

[그림 1-30] 데이터 분석 흐름도

데이터과학은 데이터에 대한 분석을 수행하고 모델을 수립하여 새로운 결과를 유추해 나가는 과정을 연구하는 분야이다. 최근에는 빅데이터의 출현으로 대규모 데이터를 가공, 분석하는 분야가 주목을 받고 있다. 데이터의 분석은 데이터에 포함된 의미를 분석해내는 과정인데, 데이터의 평균, 중앙값 등의 통계학기법을 사용하기도 한다. 결과를 보여주기 위해 데이터 시각화(visualization) 방법을 사용하기도 한다. 시각화 방법을 통해 결과를 한 눈에 볼 수 있게 되어 결과에 대한 이해와 분석을 쉽게 도와준다.

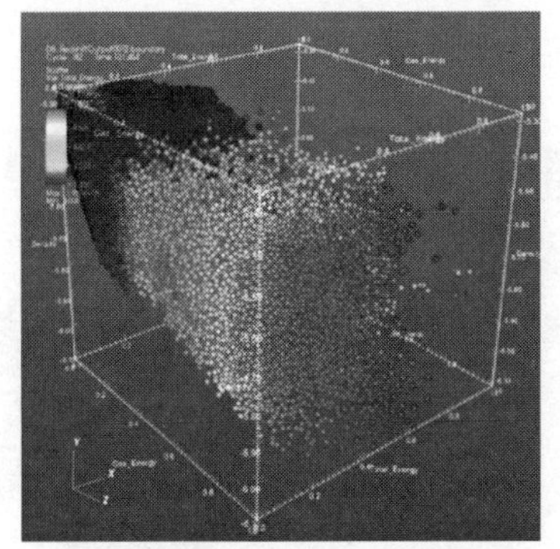

[그림 1-31] 데이터의 시각화

(8) 모의실험(simulation) : 현실적인 제약에 의해 실제의 상황을 축소 또는 다른 방법으로 모방하는 모델을 구축한다.

모의실험은 실제 행하기 어려운 상황을 인공적인 상황으로 만들어 테스트해보는 과정이다. 실제상황을 재현하는 것이 매우 위험하다거나, 비용이 많이 소요될 경우에 사용한다. 실세계의 작업 또는 시스템을 흉내 내어 반복적으로 시도하는 작업에 대해 수행할 수 있다. 실생활의 거의 모든 분야에서 시도할 수 있다. 특히 비행·자동차·경제학·재정학·기후학·군사·로봇·통신·인공위성·우주개발·스포츠·은행·기계장치·도시개발 등에서 다룬다. 다음 그림은 1차 세계대전 때 군인이 승마훈련을 위해 모의실험하는 것을 보여주고 있다.

[그림 1-32] 승마 모의실험

승마초보인 군인이 실제 말을 이용해서 승마훈련을 하기에는 너무 위험하므로, 일단 기본훈련을 기계장치를 통해 실시한 후 어느 정도 숙달된 후 실제 말에 대해 승마훈련을 받게 된다. 다음 그림은 자동차 운전 모의실험을 보여주고 있다.

[그림 1-33] 자동차 운전 모의실험

최근에는 가상현실(virtual reality)에 모의실험기법이 적용되고 있다. 실제 인간이 경험하기 어려운 상황을 재현하기 위해 가상현실을 이용한다. 예를 들어, 우주선이 날아간다거나, 심해탐사의 경험 등에 사용되고 있다. [그림 1-34]는 가상현실에 사용되는 장치를 보여주고 있다.

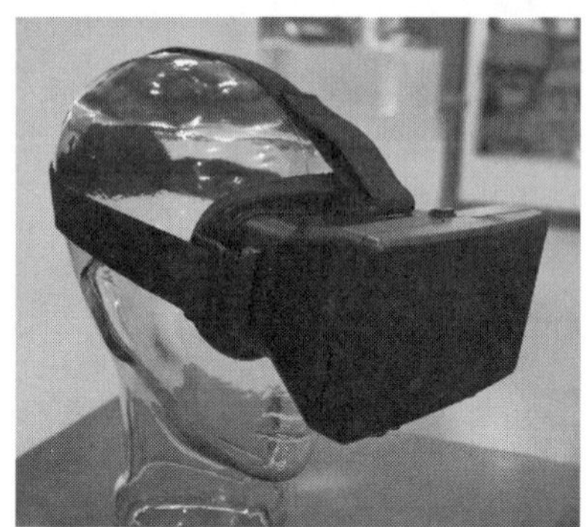

[그림 1-34] 가상현실

이 외에도 항공기 조정 모의실험, 물결의 모의실험, 기상의 모의실험 등에도 사용되고 있다.

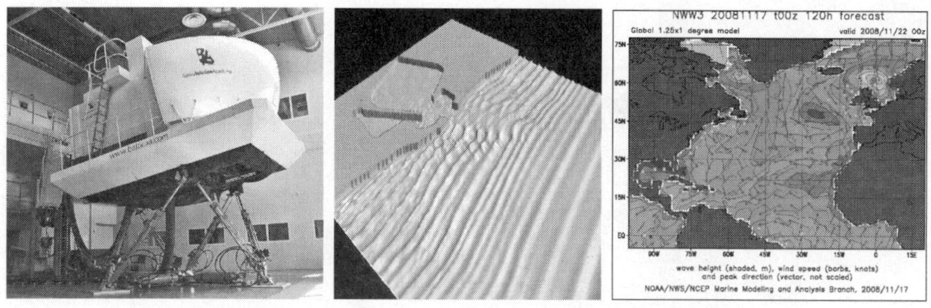

[그림 1-35] 항공기 조정 모의실험장치, 물결의 모의실험, 기상의 모의실험

(9) 자동화(automation) : 작업의 중간단계에서 인간이 간섭하지 않는 상태로, 컴퓨터나 기계로 하여금 반복적인 작업을 하도록 한다.

자동화를 설명하기 위해 먼저 컴퓨팅의 정의를 설명한다. 지넷 윙은 컴퓨팅(computing)은 추상화(abstraction)의 자동화를 의미한다고 하였다(computational thinking and thinking about computing, 2008). 자동화는 컴퓨터 장치에 의해 수행되거나, 사람의 도움으로 진행되기도 한다. 수행되는 절차는 알고리즘에 의해 정의된다. [그림 1-36]은 컴퓨팅과 추상화, 자동화의 관계를 설명하고 있다.

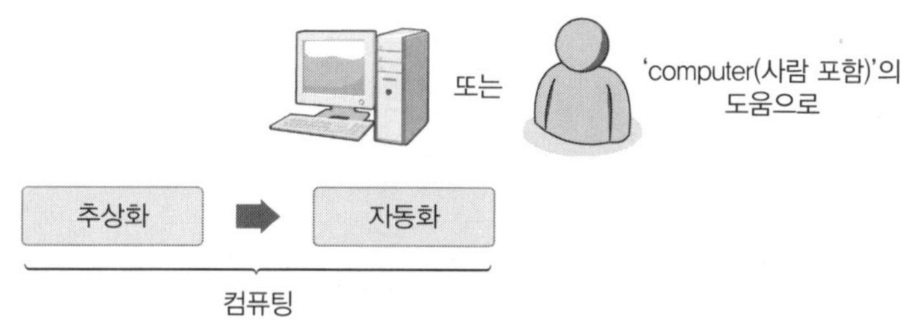

[그림 1-36] 컴퓨팅과 추상화, 자동화의 관계

[그림 1-37]은 대포를 이용해서 추상화와 자동화를 설명한다. 대포는 폭약의 폭발력에 의해 포탄이 날아간다. 추진력은 폭약의 폭발에 의해 발생하지만, 포탄이 날아가는 방향은 포신에 의해 결정된다. 즉, 추상화된 개념은 자동화의 도구를 이용해서 실제적인 작업, 컴퓨팅을 수행하는 것이다. 어떤 자동화 도구를 사용하느냐에 따라 수행하는 작업이 달라진다.

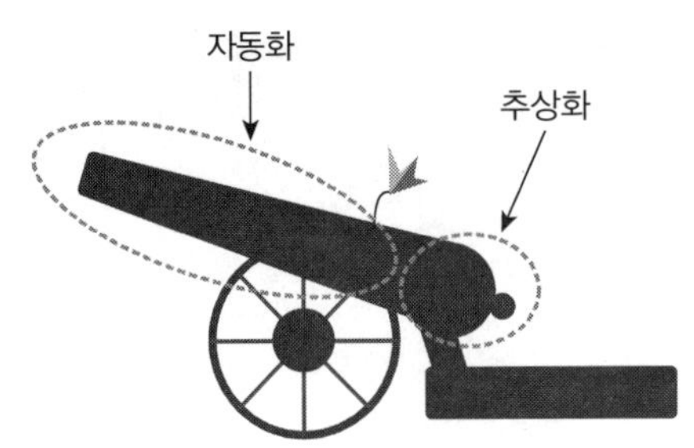

[그림 1-37] 추상화와 자동화의 관계

또한 지넷 윙은 같은 자료에서 추상화는 인간이 할 수 있는 정신적인(mental) 도구라고 이야기 했다. 사물을 관찰하거나 문제를 정의하는 과정에서 추상화가 진행된다. 추상화된 개념은 컴퓨터에 의해 자동화되어 반복적으로 수행될 수 있다. 추상화된 개념이 의사코드를 거쳐 알고리즘으로 개발된 후, 다시 컴퓨터 프로그램으로 만들어져서 컴퓨터에 의해 반복적으로 수행될 수도 있다. 이 전체 과정이 컴퓨팅이 된다.

(10) 병렬화(parallelization) : 서로 간섭하지 않거나, 선후관계가 없는 작업을 동시에 수행한다.

병렬화는 서로 작업의 선후관계가 없는 작업들을 병렬적으로 수행하는 것을 의미한다. 우리는 일상생활에서 이와 같은 개념을 실천하고 있다. 예를 들어, 커피물을 올려놓은 상태에서 신문을 읽는 것은 병렬적으로 일을 처리하는 것이다. 다음 그림은 작업의 병렬화의 개념을 보여주고 있다.

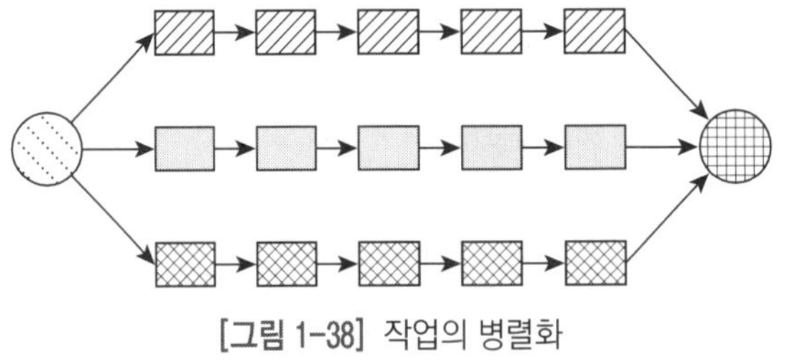

[그림 1-38] 작업의 병렬화

작업의 병렬화를 통해 총 작업시간을 줄일 수 있다. 그러나 병렬처리에 의해 작업의 복잡도가 증가할 수 있다. 이러한 일들은 컴퓨터 내부에서도 쉽게 발견할 수 있다.

(11) 패턴 일반화(pattern generalization) : 도출된 패턴, 모델, 공식을 다른 데이터에 대해 일반화시켜 확장한다.

예를 들어 다양한 자동차를 하나의 단순한 그림으로 표현이 가능하다. 단순한 모델을 만들기 때문에 가능한 일이다. 이 그림을 일반화시켜 다른 자동차에게도 적용할 수 있다.

[그림 1-39] 자동차의 모델과 특징

몇 종류에서 만들어진 라면 조리방법의 패턴은 많은 종류의 라면조리에 적용할 수 있다. 많은 종류의 라면에는 물을 끓인 후, 국수를 넣고 조리한다는 단순 패턴이 존재한다. 새로 출시된 라면을 끓일 때 우리가 조리법을 자세히 읽어보지 않아도 쉽게 조리할 수 있는 것은 라면 조리 방법의 패턴을 일반화시킨 결과이다.

[그림 1-40]은 Mandelbrot set의 이미지를 보여주고 있다. 이미지는 단순한 규칙을 적용하여 생성된다.

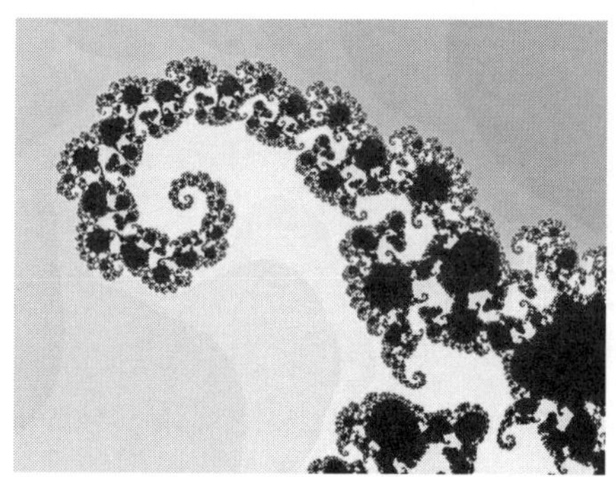

[그림 1-40] Mandelbrot set의 이미지

1.4 컴퓨팅 사고력의 효과

컴퓨팅 사고력을 통해 다음과 같은 효과를 가져올 수 있다.

- 컴퓨터가 문제를 해결하는 방식을 적용하여 문제를 해결한다. 컴퓨터가 행하는 방식은 결국 인간의 사고방식을 반영한 것이다.
- 문제의 해결에 대한 보다 효과적인 방법을 고안할 수 있다.
- 컴퓨터(계산 도구)의 적극적인 활용방안을 고안할 수 있다.
- 문제의 어느 부분이 컴퓨터(계산 도구)로 해결가능한지 파악할 수 있다.
- 컴퓨팅의 한계를 이해할 수 있다.
- 문제 해결에 다양한 알고리즘 방법(분할정복 방법(CHAPTER 9의 9.2절), 탐욕적인 방법(CHAPTER 9의 9.3절) 등)을 적용할 수 있다.

이외에도 컴퓨팅 사고력을 배우게 되면, 새로 접하는 문제를 해결하는 체계적인 방법론을 익히게 된다. 이것은 새로운 문제에 도전하고자 하는 의지를 갖게 해준다. 현대 사회에서는 답이 존재하는 문제를 해결하는 것보다는, 처음으로 만들어진 문제를 접하는 경우가 많다. 처음으로 만들어진 문제이므로, 당연히 답이 무엇인지, 답이 존재하는지조차 알 수 없다. 체계적인 문제 해결 방법론을 익혀서 최적의 답이 아니더라도 지금 상태보다 향상시킬 수 있는 답을 찾게 해준다.

1.5 주위에서 볼 수 있는 컴퓨팅 사고력

본 절에서는 우리의 일상생활에서 쉽게 볼 수 있는 컴퓨팅 사고력의 예를 살펴본다.

(1) 버스 정류장

1.3절의 (1) 분해에서 설명한 내용 중 여러 버스를 기다리는 다양한 승객들을 각 버스별로 대기열을 별도로 구분하여 질서 있게 승차할 수 있도록 유도하는 사례를 볼 수 있다. 복잡한 문제를 분해하여 단순한 문제로 나눈 예에 속한다.

(2) 인터넷지도의 최단경로 찾기

인터넷포털 서비스에는 두 지점 간의 최단경로를 찾는 서비스가 있다. 잘 모르는 장소에 갈 때는 어느 길을 선택할지 불분명할 때가 있다. 이 때 우리는 지도서비스를 이용하는데, 지도서비스는 내부에 최단경로를 구하는 알고리즘을 포함하고 있다. 최단경로를 구하는 대표적인 알고리즘으로는 다익스트라(Dijkstra) 알고리즘이 있다. 우리가 흔히 사용하고 있는 자동차 내비게이션도 최단경로를 구하는 알고리즘을 이용한 소프트웨어로 구동되고 있다. 추가적으로 현재의 교통상황을 고려하여 최적의 길을 안내하기도 한다. 또한 지하철에서 최단경로를 찾는 문제는 단순 거리 또는 역의 개수뿐만 아니라, 환승 시의 이동 거리 또는 시간까지 고려하고 있다.

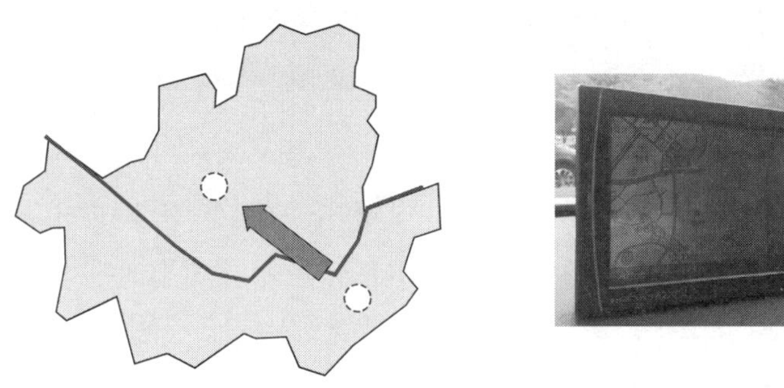

[그림 1-41] 내비게이션과 지도에서 최단경로 찾기

(3) 은행, 슈퍼마켓, 입장권 구입 대기열

은행 업무를 예로 들어보자. 우리는 은행에 들어가자마자 작은 기계로부터 대기순번표를 받는다. 그 순서에 따라 여러 명의 은행원들은 자신이 처리하던 일이 종료될 때에 다음의 대기번호를 받은 사람들을 차례대로 호출하여 대기번호 받은 순서대로 서비스를 받을 수 있도록 한다. 이렇게 할 경우 서비스 순서는 대기번호를 뽑은 순서대로 진행하여 모든 사람이 만족스럽게 된다. 이러한 상황에는 큐(queue)라는 컴퓨터 알고리즘에서 사용하는 자료구조가 작동하게 된다. 큐의 특징은 먼저 들어온 자료가 먼저 빠져나가게 된다는 것이다. 이를 선입선출(first-in first-out)이라고 한다.

은행 외에도 병원, 공항에서의 비행기탑승권 발권, 학교 식당에서 줄서기 등 많은 상황에서 대기열을 볼 수 있다.

[그림 1-42] 대기열

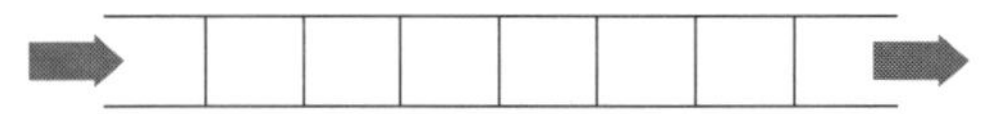

[그림 1-43] 대기열의 자료구조인 큐

(4) 우선순위를 고려한 서비스

일반적으로 우리는 일정한 순서대로 서비스가 진행되는 것을 원한다. 그러나 특정한 상황에서는 그 순서가 달라지는 것을 용인할 때가 있다. 예를 들어, 응급실에서 매우 위급한 환자와 위급하지 않은 환자(생명에 지장이 없는)를 구분하는 경우가 있다. 위급하지 않은 환자들을 병원에 도착한 순서대로 응급실에서 의사가 진료를 하다가, 교통사고로 생명이 위중한 환자가 응급실에 도착하게 되면 의사는 현재 진료대기 중인 환자들을 기다리게 한 상태로, 위중한 환자를 진료하게 된다. 이는 위중한 환자가 일반적인 환자들보다 우선순위가 높기 때문이다.

비슷한 예로 공항에서 1등석 탑승권을 구매한 승객과 일반석 탑승권을 구매한 승객을 구분하여, 1등석 탑승권을 구매한 탑승객을 먼저 비행기에 탑승시키는 상황에서도 관찰할 수 있다. 이러한 상황은 컴퓨터 내부에서도 발생한다. 큰 규모의 컴퓨터(메인프레임 급)는 여러 명의 사용자가 동시에 컴퓨터를 사용할 수 있도록 환경이 구성되어 있다. 만일 동일한 자원을 서로 다른 사용자가 요청할 경우, 우선순위가 높은 사용자에게 자원을 먼저 할당하는 알고리즘에 의해 서비스가 진행된다. 프로그램에서는 우선순위 큐(priority queue)라는 자료구조를 이용하여 구현한다.

(5) 최단거리 일주

전자제품회사의 영업담당 임원이 열 군데의 지역 대리점을 순회하며 대리점의 영업을 점검하는 상황을 가정해보자. 그 임원은 지도를 펴놓고, 어떤 방법으로 열 군데의 대리점을 순회하는 게 좋을지 생각해야 한다. 가능하면 총 거리가 가장 짧은 방법을 찾으려고 할 것이다. 그리고 한 번 방문한 대리점은 또 방문하고 싶지 않을 것이다. 임원은 모든 대리점을 한 번씩 방문하고, 총거리를 최소로 하면서 다시 출발지점으로 오는 경로를 찾으려고 한다. 그런데 이 문제는 매우 풀기 어려운 문제가 된다. 이 문제는 외판원 문제(traveling salesperson problem)로 오래 전부터 많은 연구가 진행되어 왔는데, 방문 지점수가 늘어날수록, 복잡도가 지수적(exponentially)으로 증가하는 매우 어려운 문제로 분류된다. 다음 그림은 지점의 수가 16개일 때의 외판원 문제의 최적경로를 보여주고 있다.

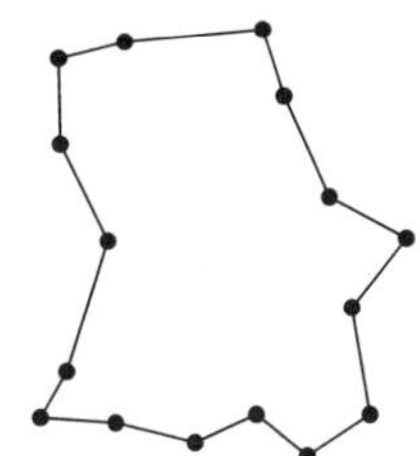

[그림 1-44] 외판원 문제의 최적경로

(6) 특정 물건 또는 정보 찾기

우리가 도서관에 가서 책을 찾을 경우 서가의 옆에 붙어 있는 안내판(색인)을 보면서, 책을 찾는다. 해당 책꽂이에 정리되어 있는 책의 분류번호 범위를 표시하여, 도서관 사용자가 찾는 책이 해당 책꽂이에 있는지 쉽게 확인할 수 있도록 한다. 이것은 컴퓨터에서 사용하는 인덱스(index)와 같은 개념이다. 컴퓨터에 저장된 데이터는 추후의 사용을 위해 체계적으로 정리, 보관되어야 하며 책꽂이의 안내판과 같은 인덱스를 이용하여 저장하게 된다.

찾는 책이 있는 책꽂이가 확인되었다면, 다음으로 해야 할 일은 책의 위치를 찾는 것이다. 만일 책이 어떤 규칙 없이 꽂혀있다고 한다면, 그 책꽂이의 모든 곳을 찾아봐야 할 것이다. 그러나 다행스럽게도 책은 분류번호의 순서대로 정리되어 있다. 따라서 책의 분류번호를 이용하여 쉽게 책을 찾을 수 있는 것이다. 이러한 방법은 선형검색(순차검색)이라고 한다. 이 방법도 컴퓨터에서 데이터를 찾는 방법으로 활용되고 있다. 현재 우리가 사용하고 있는 길 이름을 이용한 주소체계도 인덱스를 이용하고, 선형검색이 가능하도록 설계되어 있다.

[그림 1-45] 도서관의 책꽂이와 안내판

[그림 1-46] 주소 안내판

또한 단어사전에서는 단어의 최초 알파벳을 이용하여 인덱스를 만들어, 쉽게 해당 위치로 이동할 수 있게 하고, 그 다음 순차적인 검색을 통해 단어를 찾을 수 있도록 해준다.

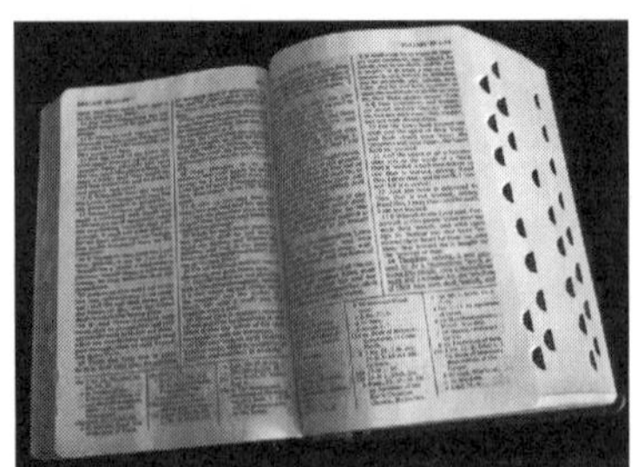
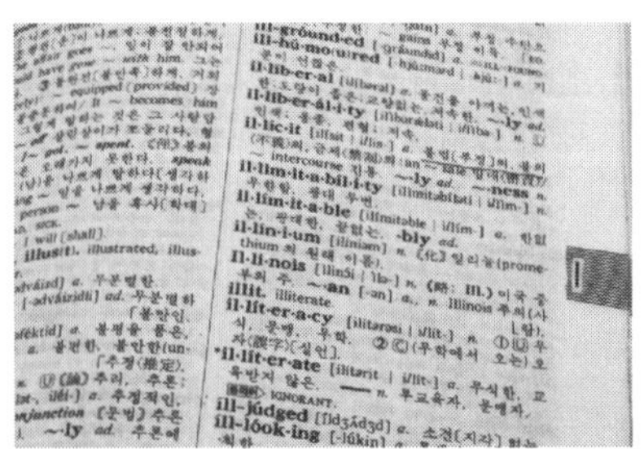

[그림 1-47] 단어사전

인덱스를 먼저 확인하여 해당 위치로 이동한 후, 순차적으로 정보를 찾는 방법을 색인순차 검색(indexed sequential search)이라고 한다. 컴퓨터 내에서도 데이터를 저장하고 찾을 때 이와 같은 원리가 적용된다.

(7) 여행 가방 준비하기

장기간의 여행을 준비하는 상황을 가정한다. 장기간의 여행을 위해 준비해야 할 물건들이 많아 여러 개의 가방을 준비하고 있다.

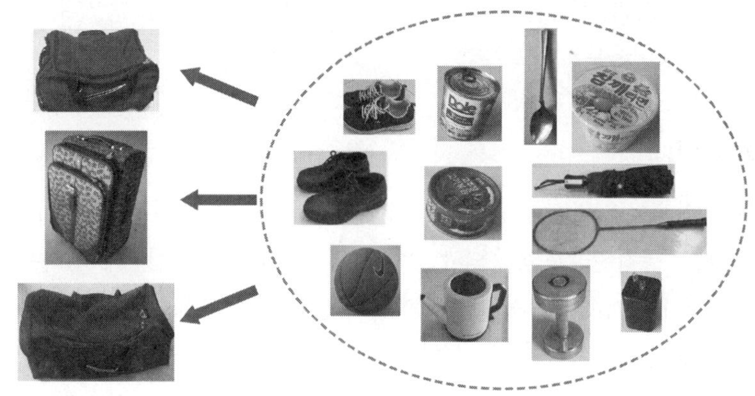

[그림 1-48] 여행 가방 준비하기

[그림 1-48]은 여러 개의 물건들을 세 개의 가방에 넣는 과정을 보여주고 있다. 각 물건은 고유한 무게와 가치가 있다고 가정한다. 그리고 각 가방에 넣을 수 있는 무게에도 한도가 있다고 가정한다. 또한 여행자가 가져가는 세 개의 가방무게의 합에도 한도가 있다고 가정한다. 예를 들어, 비행기를 탈 때 한 명의 탑승객이 가져갈 수 있는 가방무게의 총합에 한도가 있는 것을 생각할 수 있다. 즉, 여행자는 각 가방의 무게가 한도를 넘지 않고, 모든 가방의 총 무게가 한도를 넘지 않으며, 가져가는 물건들의 총 효용을 최대로 하는 문제를 해결해야 한다. 이 문제는 배낭(knapsack) 문제가 되며, 매우 풀기 어려운 문제가 된다.

(8) 트럭에 짐 박스 싣기

트럭에 다양한 모양을 갖고 있는 박스를 여러 개 싣는 상황을 가정해보자. 박스의 무게 보다는 부피에 의해 트럭에 싣는 박스의 한도가 결정된다고 가정하자. 박스를 싣는 사람은 가능한 한 많은 수의 박스를 넣기 위해 가장 좋은 방법을 강구해야 한다. 박스를 가로 또는 세로 방향으로 실을 것인지, 층으로 실을 때 어떤 방법으로 실을지 결정해야 한다.

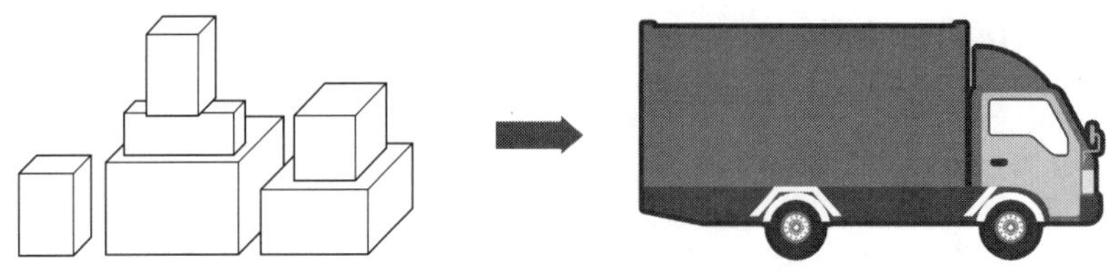

[그림 1-49] 트럭에 박스 싣기

박스를 싣는 방법에 따라 트럭에 실을 수 있는 박스의 개수가 달라질 수 있다. 이러한 문제를 삼차원 bin packing 문제라고 한다.

(9) ARS 자동응답기

은행 등에 전화를 걸어 서비스를 받을 때, 일반적으로 ARS가 먼저 응대를 하게 된다. 이 ARS에도 컴퓨터의 동작원리가 응용되고 있다. ARS는 전화 건 사람에게 원하는 서비스를 선택하게 하고, 하나의 서비스를 선택하게 되면, 다음 단계의 서비스를 물어 보는 방식으로 진행한다. 예를 들어, 예금서비스를 요청하면 다음 단계로 입금, 출금 서비스 중 선택하라는 방식으로 진행하게 된다. 컴퓨터에서 동작하는 소프트웨어는 유한상태기계(finite-state machine)의 동작원리를 응용하여 구동된다. 컴퓨터의 하나의 상태는 다음의 입력 또는 연산결과에 따라 진행하게 된다. 이것은 윷놀이에서 윷을 던졌을 때 나오는 숫자에 의해 말이 움직이는 것과 같은 원리이다. 이 원리는 자동판매기, 엘리베이터 등에서도 응용된다.

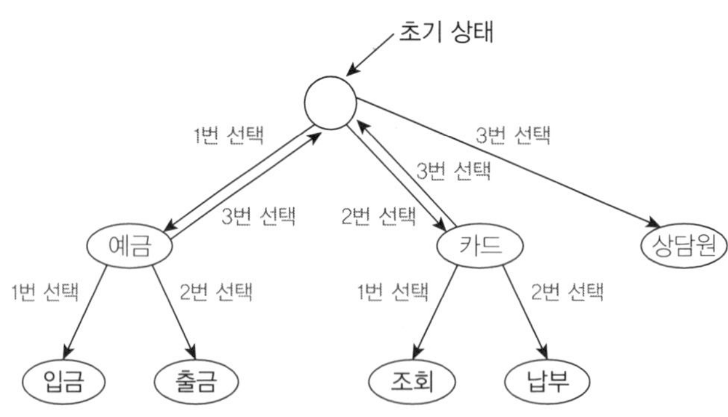

[그림 1-50] ARS 응대 방식

(10) 병렬 처리

서로 간섭하지 않는 작업을 J1, J2를 수행한다고 가정한다. 각각의 작업은 T1, T2의 시간이 걸린다고 가정한다. 작업 J1을 마치고, 작업 J2를 하게 되면 두 작업을 완료하는데, T1+T2 시간이 걸리게 된다. 그런데 두 작업이 서로 간섭하지 않는다면, 즉 두 작업을 동시에 수행할 수 있다면 병렬처리가 가능하다. J1을 시작한 후, J2를 바로 시작한다면, 총 작업시간은 T1+T2보다 짧은 시간이 소요될 것이다. 예를 들어, 세탁작업과 청소작업을 가정해보자. 빨래를 세탁기에 넣고 세탁기를 구동시킨 후, 집안 청소를 한다면 두 가지 일을 빨리 종료할 수 있게 된다. 이러한 방식은 컴퓨터 내부에서도 일어난다.

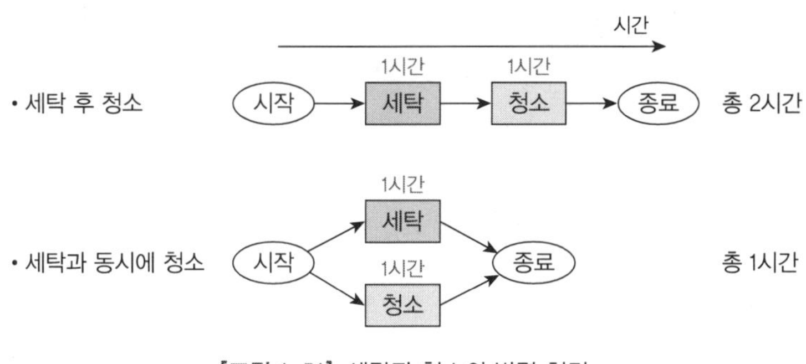

[그림 1-51] 세탁과 청소의 병렬 처리

(11) 북마크

북마크란 책을 읽어 나가다가 중단한 후 이후에 책을 읽을 때 그 위치를 쉽게 찾기 위해 사용하는 것을 말한다. 북마크를 사용하지 않으면, 읽었던 위치를 찾는 데 시간이 걸리고 위치를 혼돈할 수 있게 된다.

[그림 1-52] 북마크

컴퓨터를 사용하는 환경에서도 이와 같은 개념이 사용되고 있다. 인터넷을 통해 사이트들을 방문하여 내용을 보다가 이후에 재차 방문해야 할 필요가 있을 때 우리는 인터넷 브라우저의 북마크 기능을 사용하여 그 위치를 저장할 수 있다. 다음은 크롬의 북마크 메뉴를 보여주고 있다.

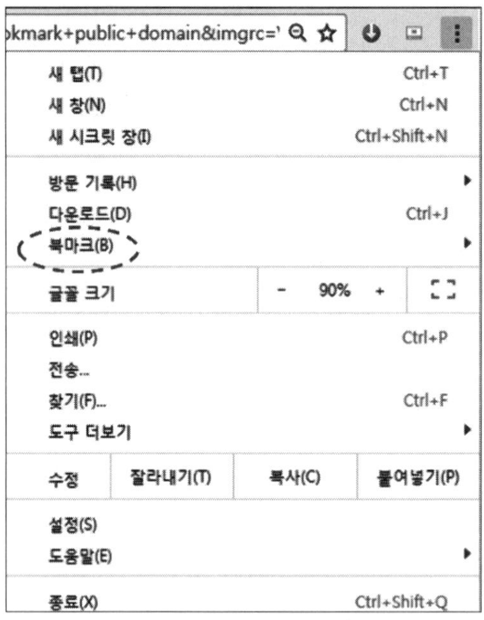

[그림 1-53] 크롬의 북마크 메뉴

다음은 파워포인트에서 이전에 읽었던 위치를 보여주고 있는 북마크 기능이다.

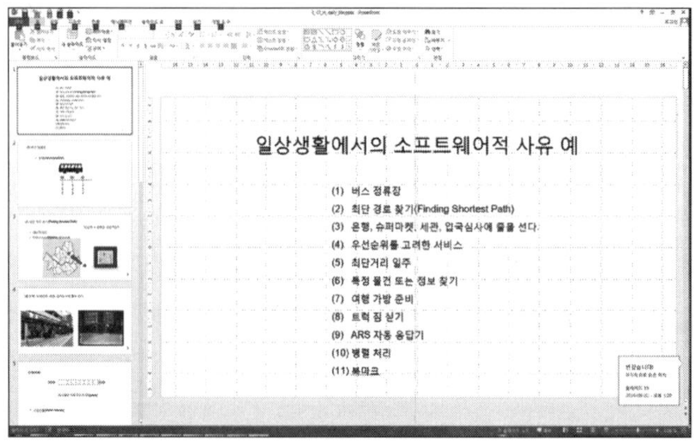

[그림 1-54] 파워포인트의 북마크 기능

연습문제

01 현재 집에서 사용하고 있는 자동차가 노후하여 새 자동자로 바꾸려고 한다. 자동차를 새 자동차로 바꾸는 문제를 컴퓨팅 사고력의 분해 측면에서 기술하라.

02 만화를 보면 추상화를 이용하여 사물의 모양을 묘사하고 있다. 추상화의 예를 두 가지를 들어 보라.

03 친구들과 1박 2일 간의 주말여행을 가려고 한다. 주말여행의 계획을 알고리즘 측면에서 기술하라.

04 물건을 인터넷을 통해 쉽게 구매할 수 있는 다양한 인터넷 쇼핑 사이트들이 있다. 이 사이트들에서 물건을 구매할 때 나타나는 패턴을 기술하라.

05 오프라인의 은행을 방문하여 예금을 하는 절차를 알고리즘으로 기술하라.

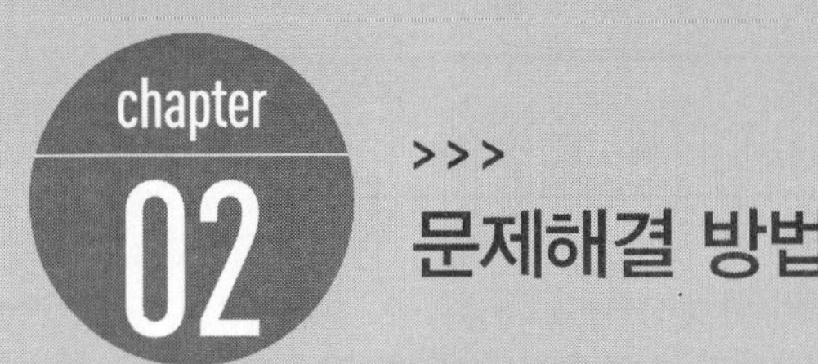

문제해결 방법

2장에서는 새로운 문제가 생겼을 때 문제해결을 어떤 방식으로 진행하는 것이 바람직한지를 설명한다. 일반적인 접근법을 배워서 새로운 문제가 있을 때 문제해결 방법에 따라 효과적으로 문제를 해결할 수 있도록 한다. 실제 문제를 예로 들어 어떻게 문제를 해결하는지 설명한다. 또한 문제해결을 위한 소프트웨어 설계 사상을 설명한다.

2.1 문제해결 방법

조지 폴리야(George Polya)는 『*How to solve it*(1945)』에서 일반적인 문제해결 방법을 설명하였다. 수학적인 방법을 이용하여 문제를 해결하는 데 적용되는 방법이기는 하지만, 일반적인 문제의 해결을 위한 지침서로도 사용되고 있다. 본 절에서는 폴리야가 설명한 내용을 기반으로 하여 설명한다.

폴리야는 문제해결 과정을 크게 네 단계로 구분하였다.

- 단계 1 : 문제를 이해한다.
- 단계 2 : 문제해결 계획을 세운다.
- 단계 3 : 계획을 실행한다.
- 단계 4 : 문제해결 과정을 재점검한다.

새로운 문제를 접하게 되면 먼저 문제를 이해하는 것이 급선무이다. 문제를 기술한 문장을 세밀하게 읽어서 문제점을 파악해야 한다. 문제를 이해하게 되면 문제를 해결하는 계획을 세워야 한다. 그림이나 차트를 이용하여 해결 방법, 절차를 정의해야 한다. 계획이 완성되면 해결 계획에 따라 문제해결을 수행한다. 문제가 해결된 후, 계획한대로 정확하게 해결되었는지 점검하는 단계를 수행한다.

(1) 단계 1 : 문제를 이해한다.

문제를 정확하게 이해하지 못한다면 문제를 해결할 가능성이 매우 적어진다. 먼저 문제의 이해가 문제의 올바른 해결의 시작점이 된다. 문제를 다음의 질문을 통해 스스로 정확하게 이해하고 있는지 확인해야 한다.

- 문제에서 아는 사실은 무엇이고, 무엇이 모르는 것인가?
- 무엇을 물어 보고 있는가?
- 문제에 사용되고 있는 단어들을 정확하게 이해하고 있는가?
- 문제를 자신의 말로 바꾸어서 표현할 수 있는가?
- 문제를 해결할 수 있을 정도로 충분한 정보를 갖고 있는가?
- 문제를 설명할 수 있는 그림이나 다이아그램을 그릴 수 있는가?
- 문제를 이해하기 위해 필요한 추가적인 정보가 있는가?

(2) 단계 2 : 문제해결 계획을 세운다.

문제에 따라 적용해야 하는 문제해결 전략이 달라질 수 있다. 그런데 문제해결 전략은 많은 문제를 해결하는 과정에서 습득할 수 있는 기술이다. 따라서 많은 유형의 문제를 직접 해결해봐야 새로운 문제를 접했을 때 효과적인 해결 전략을 선택할 수 있는 능력이 생기게 된다. 문제를 해결하는 기본적인 전략은 다음과 같다.

- 추정과 확인
- 순서 리스트 작성
- 가능성들을 제거
- 대칭 성질을 이용
- 특별한 경우를 고려
- 직접 추론(direct reasoning) 사용
  – 직접 추론 : p → q: p가 true 이면 q가 true이다.

- 방정식을 푼다.
- 패턴을 찾는다.
- 그림을 그린다.
- 단순한 문제해결 시도
- 모델 사용
- 역방향으로 해결 시도
- 공식 사용
- 창조적인 생각을 통해 해결
- 잔꾀를 사용

한 문제를 해결하기 위해서는 한 가지만의 문제해결 전략이 사용되는 것이 아니다. 여러 개의 문제해결 전략이 사용되어 문제를 해결할 수 있다. 한 가지 문제해결 전략을 사용하여 문제해결을 시도하였으나 실패할 수도 있다. 그렇다면 다음의 전략을 생각하여 문제를 해결할 수 있도록 노력해야 한다.

(3) 단계 3 : 계획을 실행한다.

전 단계에서 수립된 계획을 실행하는 단계다. 문제해결 전략에 따라 문제해결을 시도하면서 문제해결 과정을 살펴볼 수 있다. 선택한 전략이 올바르다는 가정 하에 꾸준히 문제해결을 진행해야 한다. 문제가 제대로 해결되어가는 과정이 아니라면 전략을 수정해야 한다.

(4) 단계 4 : 문제해결 과정을 재점검한다.

문제해결 과정에서 무엇이 효과적이었고, 무엇이 잘못되었는지 되돌아볼 필요가 있다. 이러한 재점검 과정을 통해 유사한 새로운 문제를 접하게 되었을 때 효과적인 문제해결 전략을 선택할 수 있는 능력을 키울 수 있다.

2.2 문제의 이해 예

세상에는 다양한 문제가 존재한다. 따라서 미리 모든 문제를 해결하는 방법을 배울 수는 없다. 문제해결 능력을 키우기 위해 다양한 기존 문제를 풀어보는 경험을 통해서 문제해결 전략을 직접 경험해보는 것이 필요하다. 새로운 문제에 대한 문제의 이해, 해결전략 수립, 해결방안 설계를 통해 직접 문제를 해결해본 후, 그 과정을 평가해보는 것이 필요하다. 본 교재에서는 컴퓨터공학에 관련하여 중요하게 생각되는 다양한 문제를 제시하고, 그 문제에 대한 해결방법을 설명한다. 문제에 대한 해결방법을 바로 익히기보다는, 각자 문제를 해결하는 과정을 연구해보고, 책에서 제시한 해결방법과 비교해보는 것이 문제해결 능력을 키우는데 도움이 될 것이다.

특정한 문제에 대한 해(solution)가 무엇인지보다는 해결해나가는 과정을 배워야 한다. 현대의 복잡한 문제는 문제해결을 위한 하나의 전략을 이용한 하나의 해만 존재하는 것이 아니다. 다양한 전략을 통해 다양한 해를 도출해내고, 각 해의 효용성을 비교할 수 있어야 한다. 주어진 문제에 대한 해를 배우는 과정이 아니므로, 학생이 직접 해를 찾아가는 과정을 경험해야 한다. 스스로 배우려는 적극적인 자세가 필요하다.

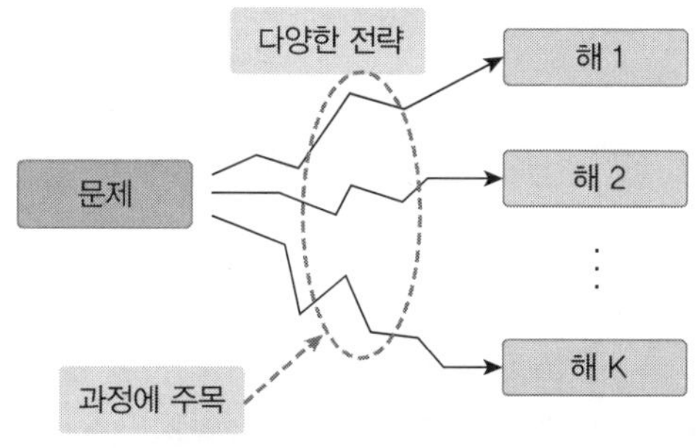

[그림 2-1] 문제해결 과정이 중요

다음 두 가지 생소한 문제를 보면서 문제에 대한 기본 지식이 없을 경우, 문제를 어떻게 이해해야 하는지 확인해보자.

> **문제 1** 대 도시에 50층 건물을 건설하기 위한 건물의 설계도 작성 작업을 수행하고 있다. 그 프로젝트 중에 당신은 건물의 냉방시스템을 위해 가능한 최소의 에너지를 사용하는 냉각탑을 설계하고자 한다. 냉각탑의 에너지 효율은 x% 이상이 되어야 한다. 또한 냉각탑에서 발생하는 소음은 y dB 이하가 되어야 하며 총 무게는 z ton을 초과할 수 없다. 적당한 냉각탑을 설계하라.

- 문제에서 아는 사실은 무엇이고, 무엇이 모르는 것인가?
  - 아는 사실 : 50층 건물, 에너지 효율 x%, 소음은 y dB 이하, 총 무게는 z ton 이하
  - 모르는 사실 : 에너지 효율의 정의, 해당 지역의 기후, 건물의 용도, 건물 내의 상주 인원 수, 건물의 외장 등
- 무엇을 물어보고 있는가?
  - 냉각탑의 설계
- 문제에서 사용된 모든 단어들을 이해할 수 있는가?
  - 그렇지 않다.
- 문제를 자신의 말로 바꾸어 말할 수 있는가?
  - 그렇지 않다.
- 문제의 해를 찾을 수 있을 정도로 충분한 정보가 있는가?
  - 그렇지 않다.
- 문제를 이해하는 데 도움을 주는 그림이나 다이아그램을 그릴 수 있겠는가?
  - 그렇지 않다.
- 문제의 해를 찾기 위한 추가적인 질문이 있는가?
  - 많이 있다.

문제 2 7년 전에 기대수명이 10년인 자동차를 2,000만원을 주고 구매하였다. 이 자동차에 대해 정액감가상각과 정률감가상각(18%)을 적용하였을 때, 현 시점의 가치를 각각 계산하라.

- 문제에서 아는 사실은 무엇이고, 무엇이 모르는 것인가?
  - 아는 사실 : 7년 전 2,000만원 주고 구매, 기대수명 10년, 정률감가상각률 18%
  - 모르는 사실 : 정액감가상각, 정률감가상각 정의
- 무엇을 물어보고 있는가?
  - 두 감가상각방법에 따른 현 가치

다음 질문들에 대해 답변을 할 수 있는지 생각해보자.

- 문제에서 사용된 모든 단어들을 이해할 수 있는가?
- 문제를 자신의 말로 바꾸어 말할 수 있는가?

- 문제의 해를 찾을 수 있을 정도로 충분한 정보가 있는가?
- 문제를 이해하는 데 도움을 주는 그림이나 다이아그램을 그릴 수 있겠는가?
- 문제의 해를 찾기 위해 추가적인 질문이 있는가?

2.3 문제해결 과정 예

2.3.1 파라미드의 돌 개수 추정 문제

이집트 고대문명의 Khafre 피라미드를 구성하는 돌의 개수를 추정하는 문제를 이용하여 문제해결의 기본전략을 어떻게 적용하는지 설명한다.

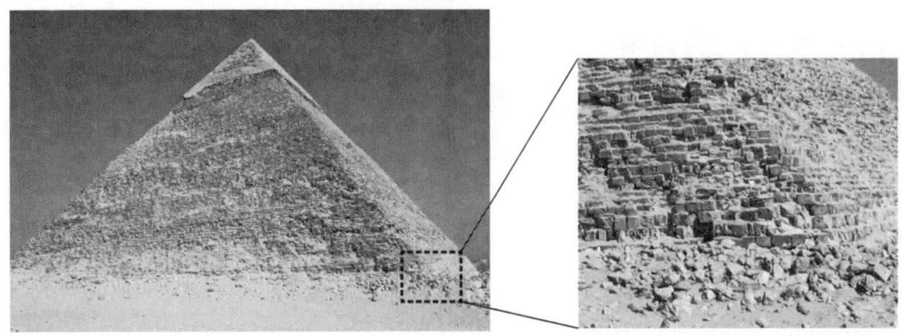

[그림 2-2] 이집트의 Khafre 피라미드

단계 1 : 문제를 이해한다.

- 문제에서 아는 사실은 무엇이고, 무엇이 모르는 것인가?
  - 아는 사실
    - 피라미드는 직육면체의 돌로 구성되어 있다는 사실
  - 모르는 사항
    - 피라미드의 크기 - 가로, 세로, 높이, 대략적인 돌 하나의 크기
    - 피라미드를 구성하는 돌의 개수
- 무엇을 물어보고 있는가?
  - 피라미드를 구성하는 돌의 개수
- 문제에 사용되고 있는 단어들을 정확하게 이해하고 있는가?

- 이집트 고대문명에는 여러 개의 피라미드가 있다. 문제에서는 이 중 Khafre 피라미드를 말한다.
- 돌, 크기 등을 정확히 이해한다.

• 문제를 자신의 말로 바꾸어서 표현할 수 있는가?
  - Khafre 피라미드는 직육면체의 돌들로 건축되었다. 평균적인 돌의 크기 정보를 이용하여, 이 피라미드를 구성하는 돌의 개수를 추정하시오.
• 문제를 해결할 수 있을 정도로 충분한 정보를 갖고 있는가?

다음과 같은 정보가 필요하다.

- 내부 빈 공간에 대한 정보가 필요하다. 빈 공간이 있다면 그 크기를 모르고 있다. 내부 빈 공간이 없다고 가정하여 추정한 후, 그 사실을 표시할 수 있다.
- 돌과 피라미드의 구체적인 크기를 모르므로, 정보를 모아야 한다.

• 문제를 설명할 수 있는 그림이나 다이아그램을 그릴 수 있는가?
  - 피라미드를 하나의 사각뿔 형태로 표현하여 그릴 수 있다. 그 사각뿔의 비례에 맞추어, 작은 돌을 그린 후 작은 돌의 개수를 추정하는 문제가 된다.

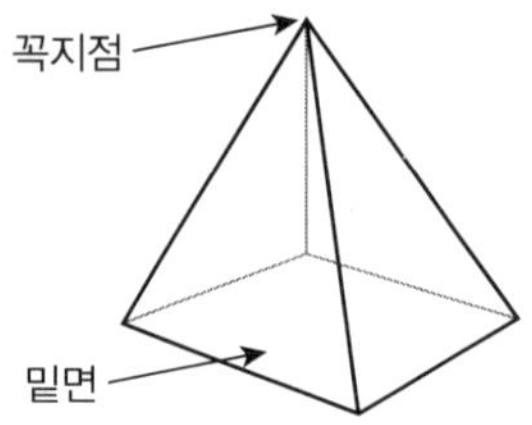

[그림 2-3] 사각뿔 형태

• 문제를 이해하기 위해 필요한 추가적인 정보가 있는가?
  - 추가적인 정보는 필요하지 않다.

단계 2 : 문제해결 계획을 세운다.

• 추정과 확인
  - 100만 개로 추정한다. 그러나 답의 근거가 빈약하다.
• 순서 리스트 작성
  ① 돌 하나의 평균 크기를 측정한다.

② 피라미드의 밑변, 높이의 정보를 얻는다.

③ 전체 부피를 계산한다.

④ 돌의 개수를 추정한다.

- 가능성들을 제거
  - 수천 개는 아닐 것이다.
- 대칭 성질을 이용
  - 다음 그림에서 보는 바와 같이 대칭축이 존재한다. 대칭축 정보를 이용하여 피라미드의 일부분에 해당하는 돌의 개수를 계산한 후, 전체 개수를 계산한다.

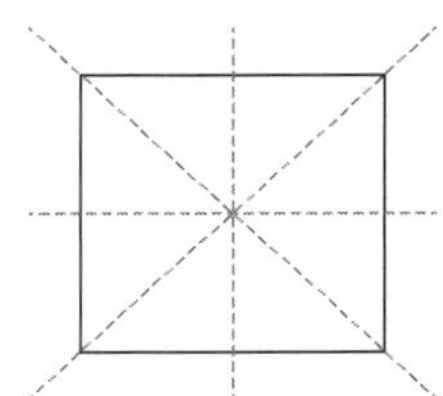

[그림 2-4] 피라미드를 위에서 본 그림

- 특별한 경우를 고려
  - 피라미드가 한 층의 돌로 구성되었을 때
- 직접 추론(direct reasoning) 사용
  - 직접 추론은 "A이면 B이다."와 같이 추론하는 방식이다.
  - 예를 들어, "비슷한 규모의 피라미드가 100만 개의 돌로 구성되어 있다. 따라서 이 피라미드는 백만 개의 돌로 구성되어 있을 것이다"라고 추론하는 것이다.
- 방정식을 푼다.
  - 다음과 같은 공식을 사용한다.
  - $V=a^2 \times h/3$, $n=V/k$, a: 피라미드 한 변 길이. h: 피라미드 높이. k: 돌 하나의 부피 n: 돌의 개수
- 패턴을 찾는다.
  - 돌 쌓은 방식을 확인한다. 패턴을 이용하여 돌의 개수를 추정한다.
- 그림을 그린다([그림 2-3]과 같이 그린다).
- 단순한 문제해결 시도
  - 모든 돌의 크기는 동일하다고 가정한다.
- 모델 사용

– 사각뿔의 도형 모델을 사용한다.

- 역방향으로 해결 시도
  – 역방향 해결은 가능하지 않다.
- 공식 사용
  – 다음과 같은 공식을 사용한다.
  – $V=a^2 \times h/3$, $n=V/k$, a: 피라미드 한 변 길이. h: 피라미드 높이. k: 돌 하나의 부피 n: 돌의 개수
- 창조적인 생각을 통해 해결
  – 각자 시도해보자.
- 잔꾀를 사용
  – 각자 시도해보자.

단계 3 : 계획을 실행한다.

사용한 문제해결 계획에 따라 계획을 실행한다.

단계 4 : 문제해결 과정을 재점검한다.

실행한 문제해결 과정을 재점검한다.

2.3.2 n명이 줄을 서는 경우의 수

문제 2 **10명의 사람들이 한 줄로 서 있다. 사람들이 위치를 바꾸어 만들 수 있는 서로 다른 순서는 몇 가지인가?**

[그림 2-5] 한 줄로 서 있는 10명의 사람

단계 1 : 문제를 이해한다.

- 문제에서 아는 사실은 무엇이고, 무엇이 모르는 것인가?
  - 아는 사실 : 10명의 사람
- 무엇을 물어보고 있는가?
  - 자리를 바꾸어 만들 수 있는 서로 다른 순서의 개수
- 문제에서 사용된 모든 단어들을 이해할 수 있는가?
- 문제를 자신의 말로 바꾸어 말할 수 있는가?
- 문제의 해를 찾을 수 있을 정도로 충분한 정보가 있는가?
- 문제를 이해하는 데 도움을 주는 그림이나 다이아그램을 그릴 수 있겠는가?
  - 앞의 그림처럼 다이아그램을 그릴 수 있다.
- 문제의 해를 찾기 위해 추가적인 질문이 있는가?

단계 2 : 계획을 세운다.

다음의 방법들을 접목하여 문제를 해결할 수 있는 계획을 세운다.

- 패턴을 찾는다.
- 그림을 그린다.
- 단순한 문제 해결 시도
- 모델 사용

단계 3 : 계획을 실행한다.

계획에 따라 해결하는 작업을 한다.

작은 문제부터 시작하여, 계획과 실행을 자세히 설명한다. 먼저 n명의 사람들이 만들 수 있는 서로 다른 순서의 경우의 수를 P(n)으로 표시하기로 한다.

(1) 사람이 2명인 경우 명백히 두 가지 경우가 있다.

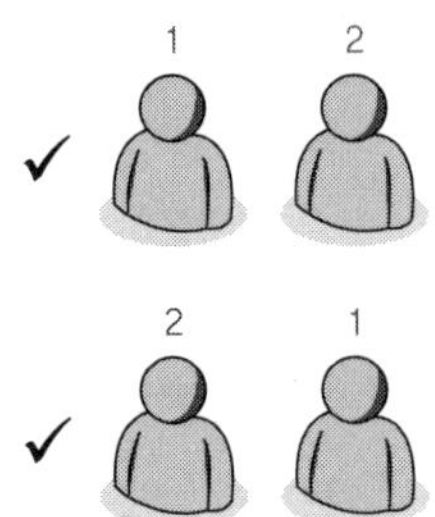

[그림 2-6] 두 사람인 경우

따라서 P(2)=2가 된다.

(2) 사람이 3명인 경우

① 사람1을 제일 왼쪽 위치에 고정시킨다.

② 나머지 두 사람, 사람2, 사람3에 대해 가능한 자리바꿈을 시도한다. – P(2)=2가지

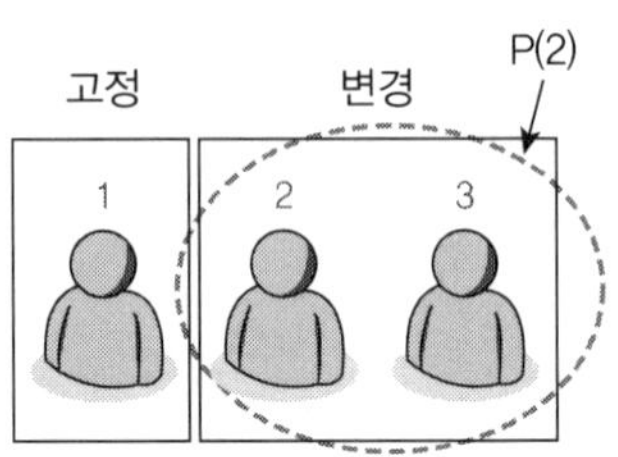

[그림 2-7] 총 3명 중 사람1 고정

③ 사람2를 제일 왼쪽 위치에 고정시킨다.

④ 나머지 두 사람, 사람1, 사람3에 대해 가능한 자리바꿈을 시도한다. – P(2)=2가지

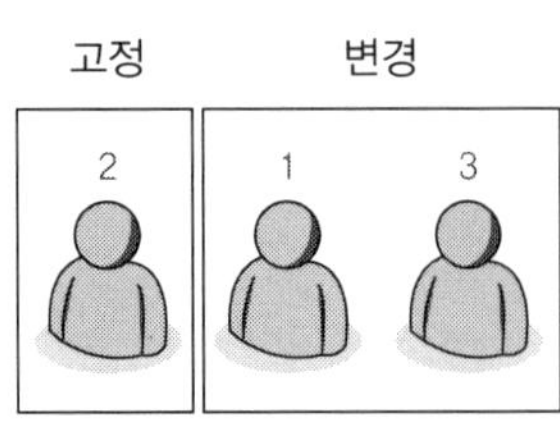

[그림 2-8] 총 3명 중 사람2 고정

⑤ 사람3을 제일 왼쪽 위치에 고정시킨다.

⑥ 나머지 두 사람, 사람1, 사람2에 대해 가능한 자리바꿈을 시도한다. – P(2)=2가지

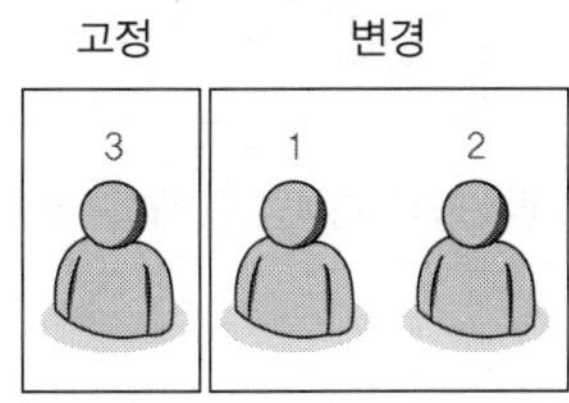

[그림 2-9] 총 3명 중 사람3 고정

즉, 총 가짓수는 3×P(2)=3×2=6가지 경우가 발생한다. 따라서 P(3)=6.

(3) 사람이 4명인 경우

① 사람1을 제일 왼쪽 위치에 고정시킨다.

② 나머지 세 사람, 사람2, 사람3, 사람4에 대해 가능한 자리바꿈을 시도한다. – P(3)=6가지

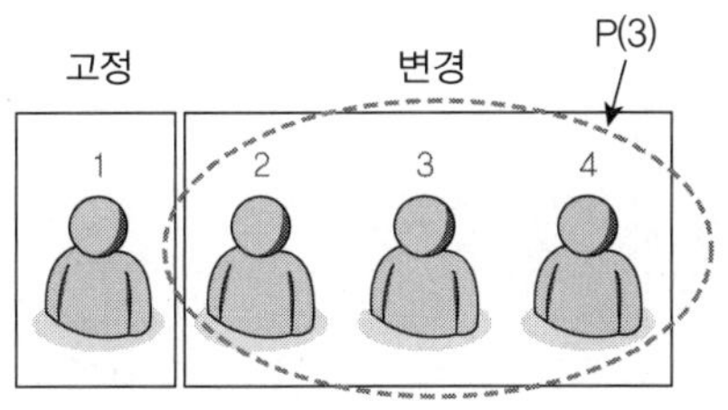

[그림 2-10] 총 4명 중 사람1 고정

③, ④, ⑤, ⑥은 생략

⑦ 사람4를 제일 왼쪽 위치에 고정시킨다.

⑧ 나머지 세 사람, 사람1, 사람2, 사람3에 대해 가능한 자리바꿈을 시도한다. – P(3)=6가지

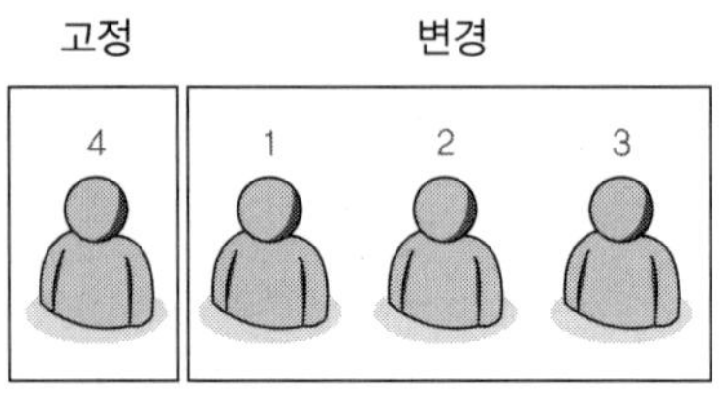

[그림 2-11] 총 4명 중 사람4 고정

즉, 총 가짓수는 4×P(3)=4×6=24가지 경우가 발생한다. 따라서 P(4)=24.

여기서, P(3)=3×2×1이었으므로, P(4)=4×3×2×1이 된다는 것을 알 수 있다. 이제 일반적인 n명에 대해 줄서는 경우의 수를 결정할 수 있다.

(4) 사람이 n명인 경우

n명이 줄을 서 있다면, 제일 앞에 올 수 있는 사람이 결정되면, 각 경우에 대해 두 번째 사람부터 끝에 위치한 사람까지 (n−1)명이 위치를 바꾸어 새로운 줄을 생성할 수 있다. 따라서 처음에 위치한 각 사람에 대해 P(n−1) 가지의 경우가 발생한다.

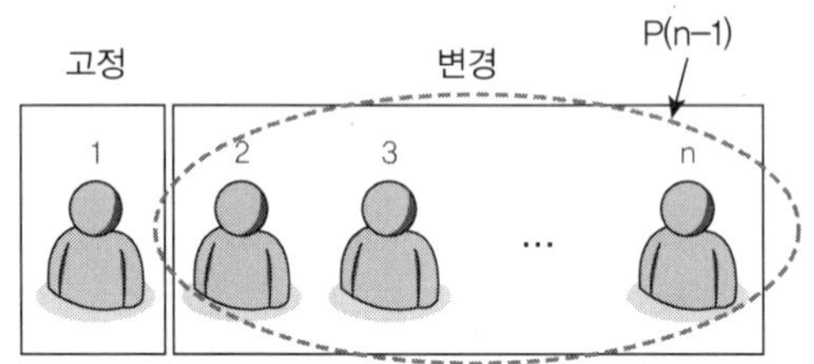

[그림 2-12] 총 n명 중 사람1이 고정된 경우

제일 앞에 올 수 있는 사람의 가짓수는 n이다.
따라서 총 가짓수는 n×P(n−1) = n×(n−1)×P(n−2)= ··· = n×(n−1)×···×2×1이 된다.
이것을 n! (factorial)로 표시한다.

단계 4 : 풀이과정을 재점검한다.

여기서 유도된 답이 정답이라는 것은 쉽게 확인할 수 있다. 여기서는 단순한 문제의 그림을 그려서 경우의 수를 찾았다. 문제 크기를 늘리면서, 일반적인 해의 패턴을 찾았고, 수학적인 모델을 구축하였다. 사람이 10명인 경우는 10!의 경우가 가능하다.

컴퓨팅 사고력

다음의 관점에서 문제의 해결과정을 검토해보자.

- 문제의 분해(decomposition) 과정은 어떻게 되었나?
- 패턴을 어떻게 찾았나?
- 쉬운 문제를 어떻게 도출했나?
- 쉬운 문제에서 출발해서 일반화시키는 과정은 어떻게 진행되었나?

■ 컴퓨팅 사고력 개념
- 패턴 확인
- 알고리즘 설계
- 데이터 표현

■ 문제해결 전략
- 패턴을 찾는다.
- 그림을 그린다.
- 단순한 문제해결 시도
- 창조적 생각

컴퓨터 과학

여기서 소개한 문제는 재귀(recursion)의 형태를 갖고 있다. 재귀란 문제 내에 자신의 형태가 존재하는 것을 말한다. n명을 한 줄로 세우는 경우의 수를 구하는 문제는 내부에 동일한 형태의 문제이지만, 문제의 크기가 다른, 즉 (n−1)명을 한 줄로 세우는 경우의 수를 구하는 문제를 포함하고 있다. 재귀는 컴퓨터 과학에서 중요한 개념이고, 프로그램을 작성할 때 프로그램을 쉽게 만들 수 있는 방법을 제공한다. CHAPTER 9의 9.7절에서 재귀에 대해 설명하기로 한다.

2.3.3 자연수 누적 합 문제

문제 1부터 100까지의 자연수의 합을 구하라.

이 문제는 매우 간단한 문제로 누구든지 쉽게 해결할 수 있다. 기본적인 해결 방법은 다음과 같다. 1+2를 수행한 후, 그 값을 3과 합하고, 그 합을 4와 합하고… 이런 방식으로 100까지의 자연수의 합을 쉽게 구할 수 있다.

1+2=3
3+3=6
6+4=10
10+5=15
…
□+100=?

[그림 2-13] 기본적인 연산 방법

이 방법으로는 99번의 덧셈을 수행하면 답을 구할 수 있다. 더 간단한 방법으로 합을 구할 수 있을까? 숫자를 구슬과 같은 물건으로 표시하여 간단히 연산을 수행할 수 있는 방법을 설명한다.

단계 1 : 문제를 이해한다.

문제를 이해하는 데 어려움이 없다.

단계 2 : 문제해결 계획을 세운다.

구슬의 개수를 이용해서 숫자를 표현한다. 문제해결 방법을 도출하기 위한 구슬의 배치를 설계한다. 단순한 문제를 이용하여 풀이 과정을 습득한다. 사용된 해결전략은 다음과 같다.

- 패턴을 찾는다.
- 그림을 그린다.
- 단순한 문제해결 시도
- 창조적 생각

단계 3 : 계획을 실행한다.

이 과정에서는 숫자를 하나의 도형으로 형상화시켜 연산을 수행한다. 먼저 구하려고 하는 숫자를 다음과 같이 구슬을 배치하여 나타낸다. 전체 구슬은 직각삼각형 모양으로 배치한다.

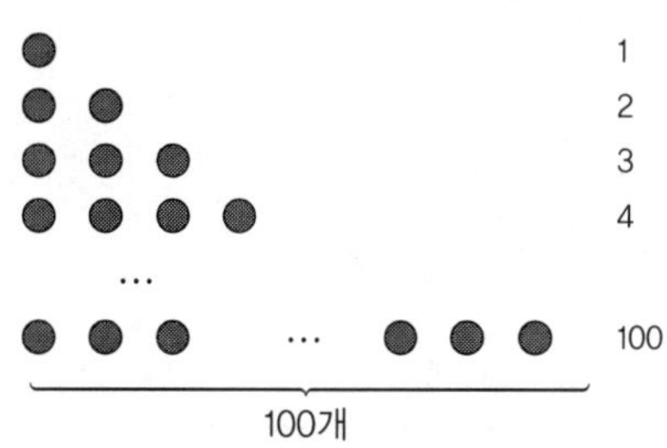

[그림 2-14] 구슬의 배치

첫 줄은 구슬 1개, 두 번째 줄은 구슬 2개, 이런 방식으로 마지막 줄의 구슬 100개까지 배치한다. 총 100개의 줄로서 표현되었다. 총 구슬 개수는 1+2+…+100이 되고, 문제에서는 이 그림에 있는 총 구슬 개수를 물어 보고 있다.

배치된 구슬과 같은 개수의 회색 구슬들을 다음 그림처럼 배치한다.

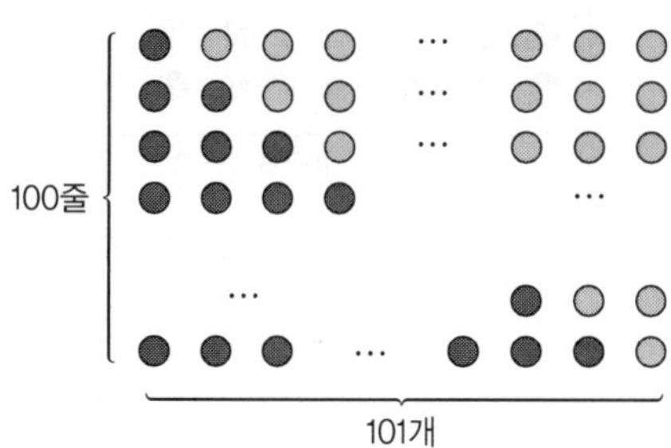

[그림 2-15] 다른 형태의 구슬을 추가하여 직사각형 모양으로 배치

각 줄에의 구슬의 총 수는 101개가 되고, 총 100줄이 있다. 추가된 구슬 개수는 정확히 원래 있었던 구슬 개수와 동일하다. 이 그림의 전체 구슬 개수는 100×101이 된다는 것을 쉽게 알 수 있다. 이 연산은 곱셈 1회로 쉽게 구할 수 있다. 원래의 구슬 개수는 이 그림에 있는 구슬 개수의 정확히 반이므로, 100×101/2=5,050이 된다. 결과적으로 1회의 곱셈, 1

회의 나눗셈으로 1부터 100까지의 자연수의 합을 구할 수 있다. 이 방법에서는 문제해결 계획을 수립할 때 창조적인 생각을 하여 문제를 해결하였다.

이 방법을 응용하여 1부터 101까지에 있는 홀수의 합을 구하도록 하자. 먼저, 다음 그림처럼 직각삼각형을 이루도록 구슬을 배치한다.

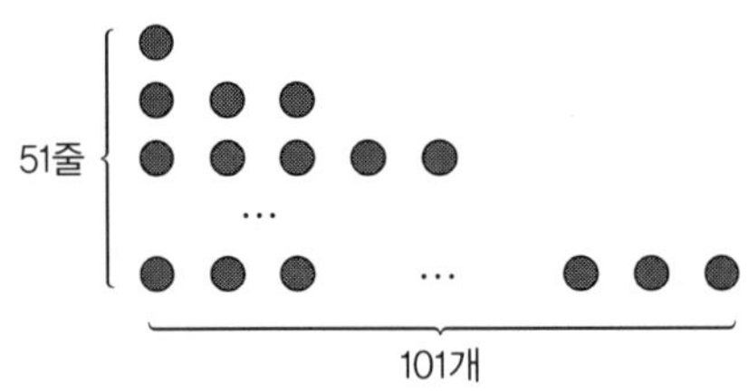

[그림 2-16] 1부터 101까지의 홀수의 합

배치된 구슬은 1+3+⋯+101을 나타낸다. 원래의 구슬 개수와 동일한 회색 구슬들을 추가하여, 직사각형 형태가 되도록 배치한다.

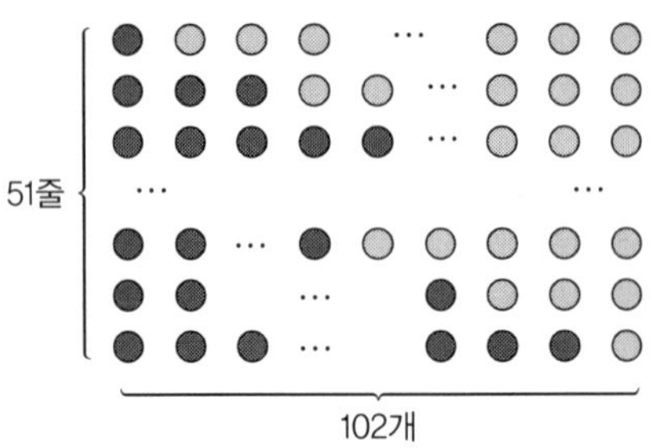

[그림 2-17] 다른 형태의 구슬을 추가하여 직사각형 모양으로 배치

이 그림의 총 구슬 개수는 51×102가 된다. 따라서 원래 문제의 답은 이 그림의 구슬 개수의 정확히 반이 되므로, 답은 51×102/2=2,601이 된다. 자연수의 합을 구할 때처럼, 이 방법은 곱셈 1회, 나눗셈 1회로 답을 구할 수 있다.

단계 4 : 문제해결 과정을 재점검한다.

과정을 되돌아보면서 각 단계가 정확하므로, 구한 값이 정답임을 알 수 있다.

컴퓨팅 사고력

■ 컴퓨팅 사고력 개념

- 패턴 확인
  - 문제 내에서 패턴을 어떻게 찾았나?
- 알고리즘 설계
- 데이터 표현
  - 숫자는 어떻게 데이터로 표시되었나?

■ 문제해결 전략

- 패턴을 찾는다.
- 그림을 그린다.
  - 그림으로 문제를 표현하는 것이 문제해결에 도움이 되었나?
- 단순한 문제해결 시도
- 창조적 생각
  - 문제는 창조적인 새로운 방법으로 해결하였다.

다음은 아인슈타인의 사진이다. 논리적으로 사고한 내용을 수와 식을 이용하여 정보를 칠판에 표현하여 상호 간의 관계와 결론을 도출하는 과정을 보여준다. 즉, 머릿속의 정보를 다른 형태로 표현하는 과정을 보여주고 있다.

[그림 2-18] 아인슈타인

[그림 2-19]는 교통사고의 위치정보를 어떻게 표현하는 것이 사고의 패턴을 파악하는 데 효과적인지를 보여준다. 단순히 텍스트로 정리된 정보보다는 지도상에 표시된 정보가 그 정보 내에 존재하는 패턴을 쉽게 찾을 수 있도록 도와준다. 이것은 정보를 어떻게 표현하느냐에 따라 문제해결의 복잡도가 달라진다는 것을 설명하고 있다.

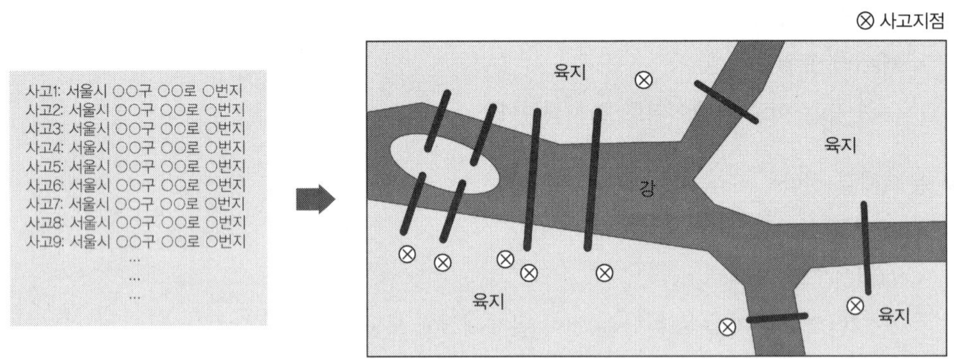

[그림 2-19] 교통사고 위치 정보의 표현

2.4 문제해결을 위한 소프트웨어 설계 사상

소프트웨어를 개발하기 위해서는 먼저 소프트웨어의 설계 단계를 거치게 된다. 소프트웨어를 설계하기 위해서는 다양한 고려사항이 있겠지만, 여기서는 일반적인 설계 사상에 대해 설명하고자 한다.

(1) 구현하고자 하는 일을 계층적으로 나누어 생각한다.

아무리 큰 작업을 수행하는 소프트웨어라고 하더라도, 가장 기본적인 형태로 입력-처리-출력의 형태를 갖게 된다. 물론 처리 과정 중에도 추가적인 입력이 가능하지만, 일반적으로 입력-처리-출력의 형태를 근간으로 하여, 세부적인 기능으로 나누어진다. 제일 위층의 구조를 결정하고, 다음 계층으로 넘어가면서 세부기능을 정의한다. 다음 그림은 소프트웨어의 계층적 구조를 보여주고 있다.

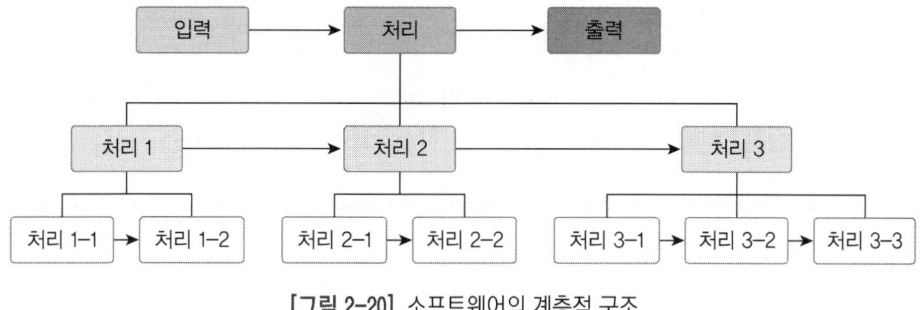

[그림 2-20] 소프트웨어의 계층적 구조

예를 들어, 성적처리 작업인 경우를 살펴보자. 특정인의 정보(이름, 학번 등)를 입력받아(**입력**), 성적처리를 하고(**처리**), 파일로 특정인의 성적을 기록한다(**출력**). 성적처리는 먼저 그 학생이 수강 신청한 과목들을 확인하는 작업을 하고(처리1), 과목들의 성적을 찾는다(처리2). 찾은 성적들을 이용하여 평점을 계산한다(처리3). 처리3의 평점을 계산하는 모듈은 100점 만점의 평점계산(처리3-1), 4.3만점의 평점계산(처리3-2)로 다시 나누어진다.

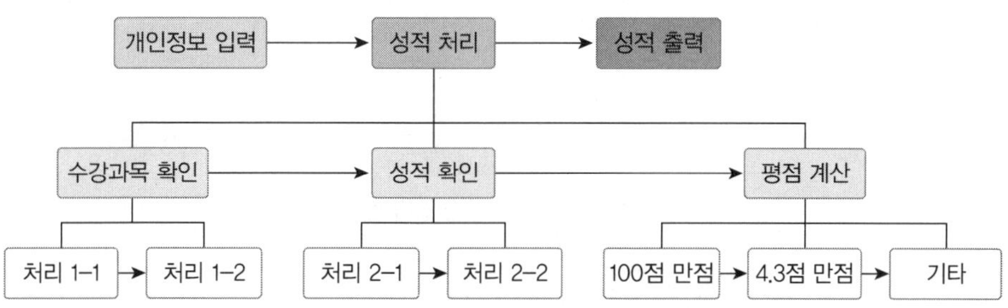

[그림 2-21] 성적처리 소프트웨어의 계층적 구조

(2) 구현하고자 하는 일을 절차적으로 생각한다.

소프트웨어는 하나의 절차(procedure)를 기본단위로 절차적(순서적)으로 수행된다. 작업을 작은 단위로 분해하고, 작은 작업들의 선후 관계를 정한다. 하나의 작업이 끝나고, 다음 작업으로 진행하는 과정을 거치면서 작업이 수행된다. 이전의 [그림 2-20]에서 볼 수 있는 것처럼, 처리1, 처리2, 처리3은 각각 하나의 절차이면서 그 순서로 진행한다. 구현하고자 하는 일을 절차적으로 정의할 수 있어야 한다.

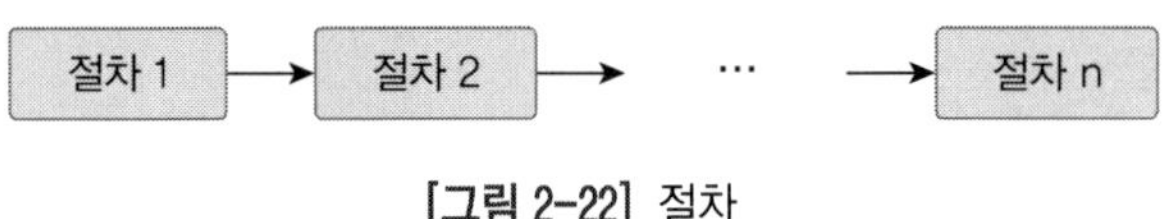

[그림 2-22] 절차

하나의 절차는 하나 이상의 하위절차(sub-procedure)를 가질 수 있다. 또한 하위절차는 또 다른 하위절차를 가질 수도 있다.

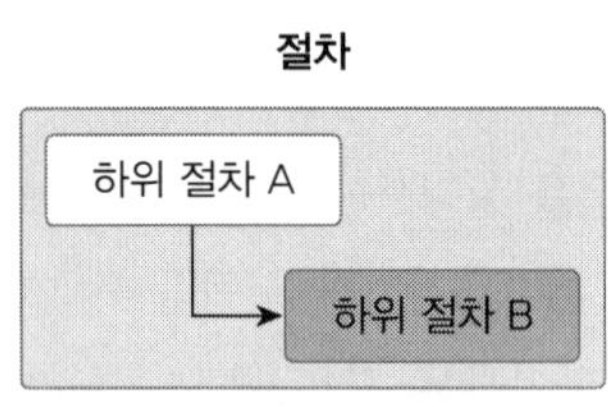

[그림 2-23] 하위절차

다음 그림은 문제해결단계를 절차적으로 정의한 것이다.

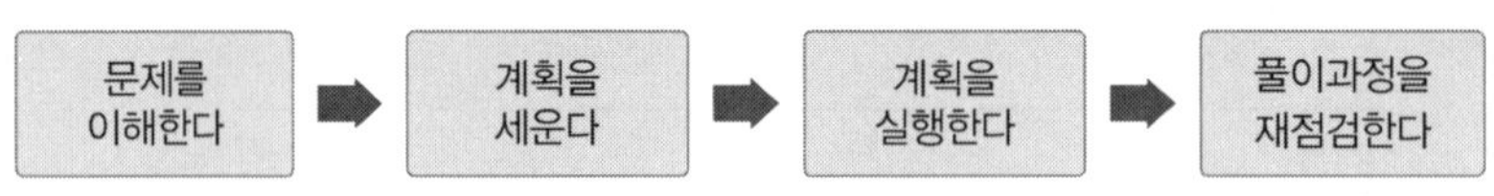

[그림 2-24] 문제해결단계의 절차

(3) 소프트웨어는 논리적인 기반을 갖고 설계되어야 한다.

소프트웨어는 구성하고 있는 절차가 논리적인 구조에 부합되어야만 원하는 결과를 만들어 낼 수 있다. 전체적인 구조뿐만 아니라, 구체적인 절차의 흐름도 논리에 맞도록 설계되어야 한다. 소프트웨어가 왜 이런 구조를 갖게 되었는지 설명할 수 있어야만 좋은 설계라고 할 수 있다.

(4) 가능한 한 단순한 형태, 구조가 되어야 한다.

소프트웨어를 설계하기 위해서는 먼저 구현하려고 하는 기능에서 구체적인 사항을 제거하고 중요한 사항을 도출하려는 노력을 기울여야 한다. (1)에서 설명한 것처럼, 계층적으로 생각하면서, 단순한 형태에서 출발하여 자세한 사항으로 진행하는 방법을 사용해야 한다.

이러한 방법을 top-down 방식이라고 한다. 초기단계에서 자세한 사항을 너무 많이 고려하게 되면, 전체적인 구조가 비효율적으로 될 수 있고, 중요한 사항을 고려하지 못하는 경우가 발생하게 된다. 따라서 중요한 것을 파악하기 위해 추상적으로 생각할 필요가 있다.

(5) 재귀적인 형태가 있는지 확인한다.

문제 내에 문제 자체의 작은 형태가 또 존재하는 것을 재귀(recursion)라고 한다. 재귀를 발견하게 되면, 그 문제를 해결하는 소프트웨어도 재귀적으로 구축할 수 있다. 일반적으로 재귀적으로 만들어진 소프트웨어는 이해하기 쉽고 구축하기도 쉽다. 그렇지만 구현된 소프트웨어의 성능 측면에서 나쁠 수 있다.

[그림 2-25]는 그림 내에 자신의 모양이 작은 형태로 있는 것을 보여주고 있다. 자연에서는 구름, 해안선, 나무들의 형태에서 재귀적인 형태를 발견할 수 있다. 대학교의 학생회 조직도를 보면, 동일한 형태가 반복하여 나타나는 것을 알 수 있다.

[그림 2-25] 재귀 성질이 있는 그림

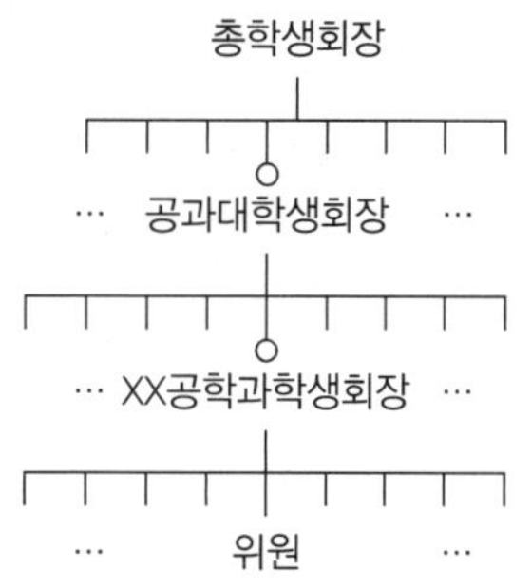

[그림 2-26] 러시아의 Matryoshka와 대학에서의 학생회 조직

(6) 병렬적으로 처리 가능한 부분을 확인한다.

병렬처리를 가능하게 하는 병렬컴퓨터를 제외하고는 모든 컴퓨터들은 순차적으로 작업을 진행한다.

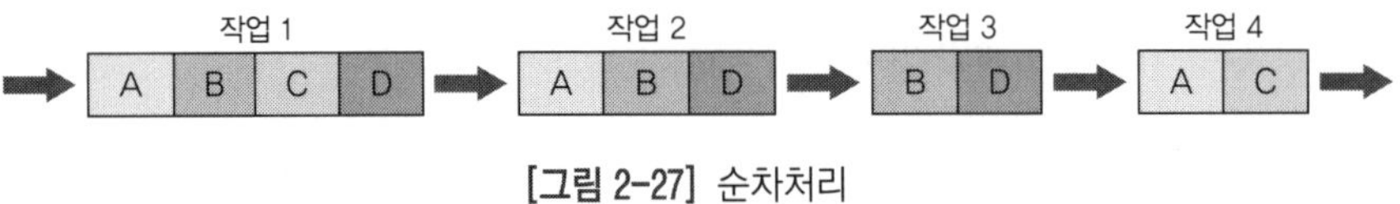

[그림 2-27] 순차처리

순차처리와 병렬처리를 구분하는 이유는 서로 독립적으로 진행할 수 있는 작업을 구분하기 위해서이다. 병렬처리가 가능한 기능은 서로 독립적인 개발자에게 의뢰하여 개발할 수도 있다. 또한 독립적인 개발을 통해 소프트웨어의 개발을 효과적으로 할 수도 있다. 다음 그림은 하나의 작업 내에 있는 독립적인 세부작업들을 구분하여 병렬처리가 가능함을 나타내고 있다.

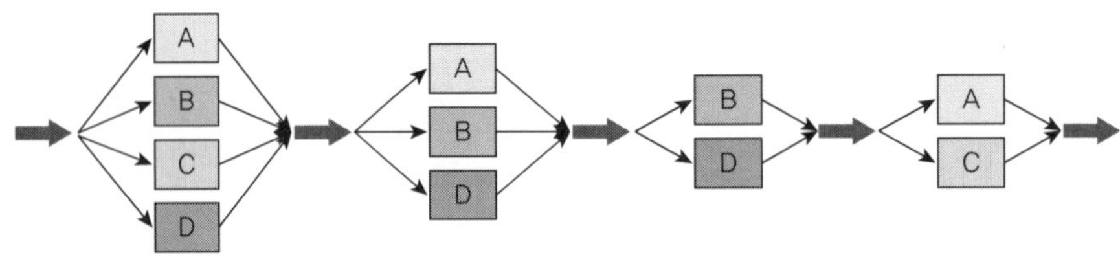

[그림 2-28] 병렬처리

(7) 개발된 소프트웨어는 오랫동안 많은 사람들이 사용할 것임을 고려한다.

일반적으로 소프트웨어를 한 번만 사용하는 경우는 없다. 매우 많은 횟수를 반복 사용하고, 불특정 다수가 사용할 가능성이 높다. 효율적인 설계를 통해 만들어진 소프트웨어가 많은 사람들에게 유용하게 사용될 것이다. 따라서 설계에서의 작은 기능향상이더라도 결과적으로 큰 효율성을 가져올 수 있게 된다. 그리고 타인의 관점에서 소프트웨어를 설계하여야 한다. 개발하기 편하게 설계하거나, 자신이 사용하는데 편하게 설계한다고 해서 다른 모든 사람들이 개발된 소프트웨어를 편하게 사용할 수 있는 것은 아니다.

(8) 개발된 소프트웨어는 지속적으로 변경 또는 업그레이드된다는 것을 고려한다.

한 번 개발된 소프트웨어는 그 형태가 고정된 것이 아니고, 지속적으로 변경 또는 업그레이드된다. 사용자의 의견에 따라 또는 사용 중 오류발견에 의해 소프트웨어는 변경될 수 있다. 따라서 처음 소프트웨어 설계 시 수정이 용이하도록 설계하는 것이 중요하다. 수정이 어렵게 설계된 경우는 필요한 수정사항을 바로 반영할 수 없게 되어 사용자의 불편을 초래할 수 있다. 또한 소프트웨어의 수정에 많은 비용 및 시간이 발생하게 되어 그 소프트웨어를 운영하는 것이 부담이 될 수 있다.

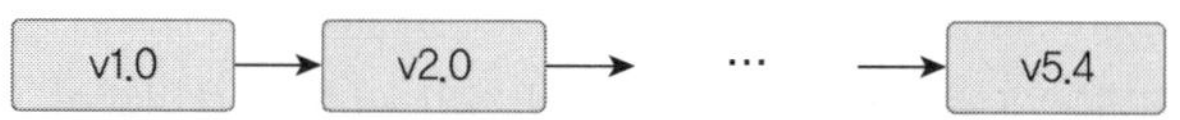

[그림 2-29] 지속적으로 업그레이드되는 소프트웨어

(9) 개발된 소프트웨어는 다른 소프트웨어를 개발할 때 재사용될 수 있다는 것을 고려한다.

많은 소프트웨어 공학자들은 소프트웨어의 재사용성에 대해 연구를 하고 있다. 특정 목적을 위해 개발된 소프트웨어는 내부에 많은 절차(procedure)를 갖고 있다. 많은 절차들은 특정 목적의 소프트웨어에만 사용되지 않고, 다른 목적의 소프트웨어에도 사용될 수 있다. 따라서 소프트웨어를 개발할 때는, 그 소프트웨어의 기능을 구현할 수 있는 이미 만들어진 절차들이 있는지를 확인해볼 필요가 있다. 또한 새로 만들어진 절차가 다른 목적의 소프트웨어에도 사용될 수 있도록, 단순명료하게 설계하는 것이 좋다.

다음 그림은 소프트웨어 abc에서 사용된 절차 f1이 다른 소프트웨어 xyz에 재사용되는 것을 개념적으로 보여주고 있다.

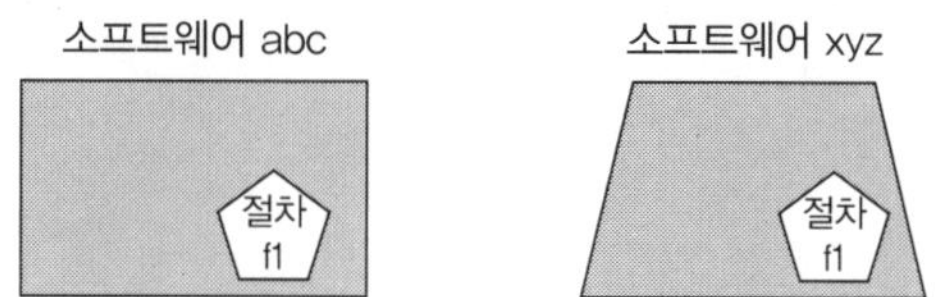

[그림 2-30] 다른 소프트웨어에 재사용되는 절차 개념

연습문제

01 넓은 광장에 많은 사람들이 모여 있다. 모여 있는 사람의 인원수를 추정하는 문제를 해결하는 전략을 구상하라.

02 한 가정에서 일 년에 필요한 생활비를 추정하는 문제를 해결하는 전략을 구상하라.

03 구슬이 n개가 있는데 구슬에는 1번부터 n번까지 번호가 부여되어 있다. 이 구슬들을 하나의 실에 연결하여 목걸이를 만든다. 만들 수 있는 목걸이의 종류를 계산하는 문제를 해결하는 전략을 구상하라.

04 중학교 수학과정에서 배우는 인수분해가 있다. 인수분해 과정에서 사용되는 문제의 해결전략을 설명하라.

05 세계일주 여행을 계획하고 있다. 총 비용을 M 이하로 하고, 총 소요 일수를 T일 이하로 할 수 있는 계획을 세우는 문제의 해결전략을 구상하라.

Part 02

소프트웨어

컴퓨터

2부에서는 소프트웨어에 대해 설명한다. 소프트웨어는 컴퓨터에서 가동되는 프로그램을 포함하여 관련된 요소, 즉 라이브러리, 데이터들을 포괄적으로 말한다. 먼저 컴퓨터는 무엇인지, 그리고 컴퓨터의 특징은 무엇인지 살펴본다. 컴퓨터를 동작시키는 소프트웨어를 설계할 때 소프트웨어의 동작 절차를 정의하는 알고리즘을 설명한다. 그리고 알고리즘을 기술하는 방법으로 의사코드와 흐름도를 작성하는 방법을 설명한다. 프로그램의 기본적인 기능이 무엇인지 설명한 후, 파이썬(python)을 이용하여 실제 프로그램을 어떻게 만드는지 알아본다.

3장에서는 컴퓨터에 대해 설명한다. 컴퓨터의 간단한 역사를 살펴보고, 우리가 잘 알고 있는 컴퓨터의 특징을 정리해본다. 그리고 소프트웨어가 무엇인지 살펴본 후 컴퓨터의 동작 원리를 설명하는 유한상태기계를 설명한다.

3.1 컴퓨터

우리는 일상생활에서 컴퓨터를 자주 접하게 된다. 컴퓨터는 일련의 논리연산, 산술적인 연산을 수행하는 자동장치인데, 프로그램에 의해 이러한 작업을 수행하며, 프로그램을 변경하여 다양한 목적의 작업을 수행할 수 있는 범용성을 갖고 있는 장치다. 컴퓨터의 범용성을 이용하여 우리의 생활 여러 측면에서 컴퓨터가 활용되고 있다. 컴퓨터는 아주 작은 소형의 노트북 컴퓨터(또는 랩탑(lap top))에서부터 개인용 컴퓨터(PC), 서버급 컴퓨터, 메인 프레임 급의 대형 컴퓨터, 수퍼 컴퓨터까지 다양한 형태의 컴퓨터가 존재한다. 그러나 기본적인 구조는 컴퓨터의 규모에 상관없이 모두 동일하다. 컴퓨터를 사용하는 용도에 따라 그 규모가 달라지고, 사용하는 부품의 크기가 달라진다.

[그림 3-1] IBM의 메인프레임 컴퓨터

컴퓨터는 하드웨어와 소프트웨어로 구성된다. 하드웨어는 컴퓨터를 구성하는 물리적인 부품을 의미한다. 소프트웨어는 컴퓨터 하드웨어를 구성하고 있는 부품들이 수행해야할 명령을 지시하는 프로그램과 사용하는 라이브러리, 데이터들을 포괄적으로 말한다.

컴퓨터의 하드웨어는 크게 입력장치, 출력장치, 메인장치, 저장장치로 나눌 수 있다.

- 입력장치
  키보드, 마우스, 터치스크린
- 출력장치
  모니터
- 메인장치
  컴퓨터의 몸체에 해당한다. 중앙처리장치(CPU: Central Processing Unit), 그래픽 처리장치(GPU: Graphic Processing Unit), 메인 메모리(main memory), 주기판(motherboard), 전원공급장치 등으로 구성된다.
- 저장장치
  하드디스크, USB, CD, DVD 등

[그림 3-2] 주기판, CPU, 하드디스크, main memory(왼쪽 위부터 시계방향으로)

그 외에 프린터 연결장치, 인터넷 연결장치, 오디오&비디오 연결장치 등이 컴퓨터를 구성하고 있다.

컴퓨터의 모든 동작은 소프트웨어에 의해 정의된 방식대로 진행하게 된다. 소프트웨어는 크게 운영체제와 응용프로그램으로 나눌 수 있다. 개인이 만든 응용프로그램은 컴퓨터의 하드웨어 상에서 동작하게 되는데, 응용프로그램과 하드웨어의 중간에서 이들을 서로 연결해주는 기능을 수행하는 것이 운영체제(OS: Operating System)이다.

컴퓨터의 종류에 따라 운영체제가 달라질 수 있다. 일반적으로 개인용 컴퓨터에서는 마이크로소프트사의 Windows가 많이 사용되고 있다. 스마트폰에서도 운영체제가 사용되고 있는데 Android, Ios 등이 있다. 응용프로그램은 목적에 따라 개발된 운영체제 이외의 소프트웨어를 말한다. 예를 들어, 한글, MS Word, 인터넷브라우저나 스마트폰의 앱 등이 응용프로그램이다.

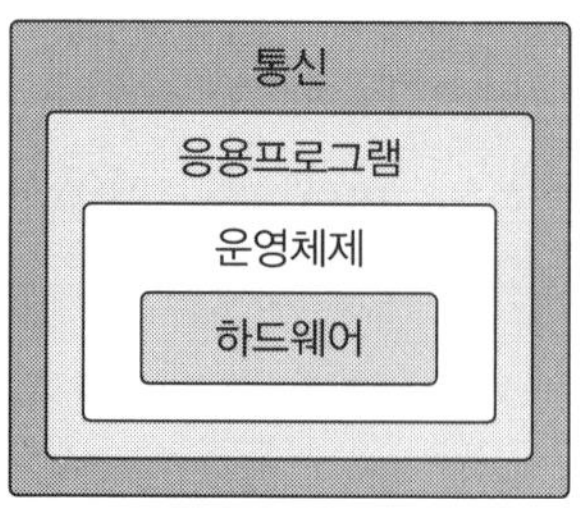

[그림 3-3] 컴퓨터 시스템의 계층

컴퓨터라고 하면 우리가 흔히 볼 수 있는 개인용 컴퓨터를 연상하게 된다. 그런데 우리가 일상생활에서 자주 사용하는 물건 중에도 컴퓨터의 일부 기능을 갖고 있는 것들이 있다. 예를 들어, 내비게이션, 스마트폰, 텔레비전, 냉장고 등은 비록 일반적인 컴퓨터 모양을 하고 있지는 않지만, 필요한 기능을 수행하기 위해 컴퓨터가 갖고 있는 일부 기능을 내부에 포함하고 있는 제품들이다. 이들 제품은 특수 목적을 위해 만들어진 소프트웨어에 의해 작동하게 된다.

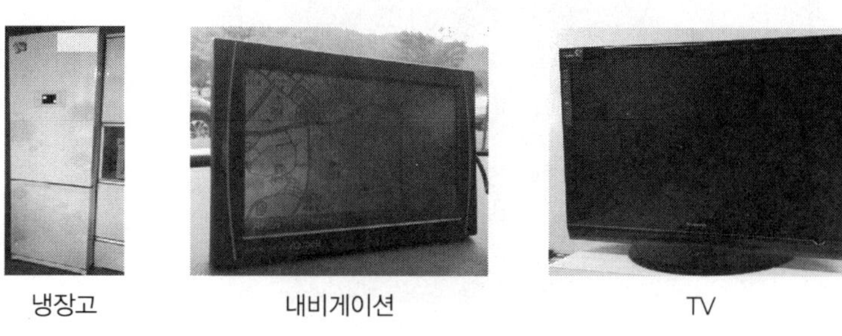

[그림 3-4] 컴퓨터의 기능을 내장하고 있는 제품들

3.2 컴퓨터의 역사

현대 사회에서는 컴퓨터가 하나의 필수품이 되었다. 컴퓨터가 인류에 언제, 어떤 형태로 나타났는지 살펴보고 발전 과정을 간단히 알아보도록 한다.

인류가 사용한 계산기는 현대 주판과 유사한 Abacus이다. 기원전 2세기에 유럽·중국·러시아 지역에서 사용되었다. 1642년 파스칼은 더하기·빼기·곱하기·나누기를 할 수 있는 기계적 장치를 발명하였다.

[그림 3-5] Abacus

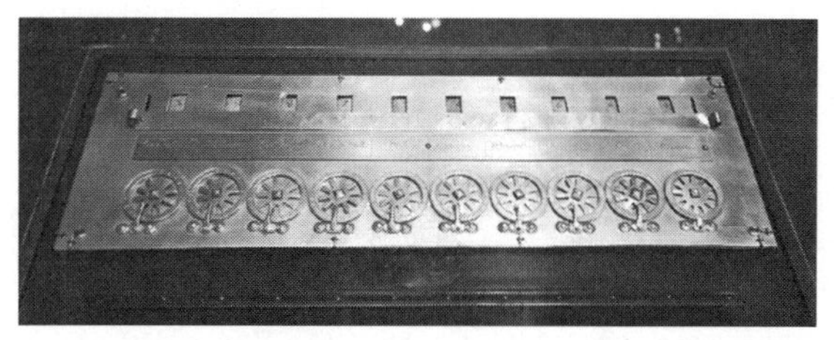

[그림 3-6] 파스칼의 계산기

현대에 사용하는 컴퓨터의 원형으로 1936년 알란 튜링(Alan Turing)이 튜링 기계(Turing machine)를 고안하였다. 튜링 기계는 추상적인 기계로 현대 컴퓨터의 수학적 모델을 제시한 것이다. 알란 튜링은 2차 세계대전 동안 독일의 암호를 해독하기 위해 Bombe라는 기계 장치를 발명하였는데, 이 이야기는 영화 〈Imitation Game〉으로 잘 알려졌다.

[그림 3-7] 알란 튜링(1912~1954)

[그림 3-8] 암호해독 기계 bombe

알란 튜링이 정립한 컴퓨터의 개념은 1944년 Mark I(IBM Automatic Sequence Controlled Calculator), 1946년 ENIAC(Electronic Numerical Integrator And Computer), 1951년 UNIVAC I(UNIVersal Automatic Computer I)으로 이어지면서 발전하였다.

[그림 3-9] Mark I

[그림 3-10] ENIAC

[그림 3-11] UNIVAC I

1940년~1950년대 초창기의 컴퓨터를 보면, 컴퓨터 한 대가 사무실 공간을 모두 차지하고 있는 것을 볼 수 있다. 초창기의 컴퓨터를 가동하기 위해서는 많은 전기가 소모되고, 설치하기 위해서는 큰 공간을 차지하였다. 당연히 지금에는 상상할 수 없는 비용이 들었으므로, 아주 특별한 경우를 위해 사용했다는 것을 알 수 있다.

현대의 컴퓨터는 우리가 쉽게 사용할 수 있을 정도로, 적은 비용으로, 작은 공간만을 차지하고 있다. 따라서 누구든지 쉽게 사용할 수 있고 그에 따라 많은 활용분야가 생기게 된 것이다. 만일 현대에도 컴퓨터가 일부 사용자의 전유물이었다고 한다면 컴퓨팅 사고력에 대한 공부도 일부만이 필요할 것이다. 그러나 대부분의 사람들이 컴퓨터를 활용할 수 있으므로, 컴퓨터 활용 방법이나 컴퓨터가 작업을 수행하는 방법을 이해하는 것이 대부분의 사람들에게 필요한 공부가 되었다.

3.3 컴퓨터의 특징

본 절에서는 우리가 사용하고 있는 컴퓨터에는 어떤 특징이 있는지 설명한다.

(1) 빠른 처리속도

컴퓨터는 인간이 할 수 있는 능력보다 훨씬 빠른 속도로 작업을 처리할 수 있다. 처리속도를 나타내는 단위로 10^{-6}초(micro second) 또는 10^{-9}초(nano second)를 사용한다. 즉, 하나의 작업을 처리하는데 1 나노초가 소요된다는 것은, 1초당 10^{9}개의 작업을 처리할 수 있다는 것을 의미한다. 빠른 처리속도의 특징 때문에 실시간으로 제어해야 할 기계는 컴퓨터로 제어하는 것이 일반적이다.

(2) 정확한 처리

컴퓨터는 소프트웨어에 의해 동작한다. 소프트웨어는 일련의 명령문들로 구성되는데, 하드웨어가 어떤 동작을 해야 하는지 결정해준다. 따라서 컴퓨터는 항상 동일한 작업 완수가 가능하게 되고, 어떠한 환경에서도 정확한 결과를 도출할 수 있다.

(3) 큰 저장용량

컴퓨터 내부에는 정보를 저장하는 공간으로 주기억장치, 보조기억장치가 있다. 주기억장치는 프로그램 수행 중에 필요한 데이터들을 가져다 놓은 장치로 보조기억장치에 비해 그 용량이 작다. 보조기억장치로는 일반적으로 하드디스크가 사용된다. 이 외에도 마그네틱테이프 등이 사용되고 있지만, 하드디스크의 가격이 점차 저렴해지면서 대부분의 데이터들은 하드디스크에 저장되고 있다.

컴퓨터를 이용하여 사진 또는 동영상을 저장하거나, 디지털로 제작된 영화를 시청하는 일들이 증가함에 따라 개인이 저장해야 할 데이터의 양이 폭발적으로 증가하게 되었다. 개인용 컴퓨터인 경우 1980년~1990년대는 킬로(10^3)바이트~메가(10^6)바이트 단위의 하드디스크나 플로피디스크를 사용하였으나, 현재는 테라(10^{12})바이트를 단위로 하는 하드디스크를 보조기억장치로 사용하고 있다. 인터넷환경에서 클라우드 컴퓨팅을 지원하기 위해 서비스를 제공하는 업체들은 회사별로 데이터센터를 설치하여, 센터 내에 대규모의 하드디스크 장치를 설치하여 개인들에게 저장 공간을 제공하고 있다. 데이터센터가 갖고 있는 저장 공간은 추가적인 하드디스크 설치로 거의 무한대로 증가하고 있다.

[그림 3-12] 하드디스크 내부

[그림 3-13] 64 GB USB 저장장치

[그림 3-14] 2 TB 외장하드

(4) 범용성

우리는 컴퓨터를 이용하여 다양한 작업들을 할 수 있다. 문서편집, 데이터분석, 그래픽 작업, 영화 또는 음악 감상, 영화제작, 음악작곡, 인터넷통신(쇼핑, 화상통화 등) 등 일상생활에서 하는 대부분의 일을 하는데 컴퓨터를 활용하고 있다. 컴퓨터는 말 그대로 범용성(general-purpose)의 특징을 갖고 있으므로 다양한 기능을 제공할 수 있다.

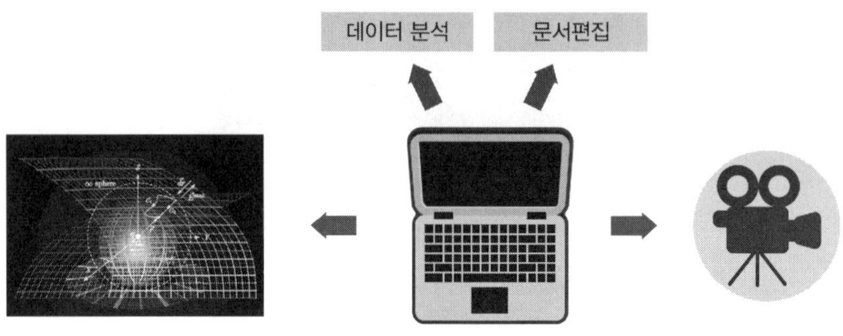

[그림 3-15] 컴퓨터의 범용성

(5) 신뢰성

컴퓨터는 전원이 들어오고, 지나친 과열현상이 없는 한 지속적으로 운영될 수 있다. 산업현장에 있는 산업용 로봇 내부에는 특수한 목적의 컴퓨터가 장착되어 있다. 적당한 환경이 주어진다면, 소프트웨어에 오류가 없는 한 지속적으로 의도한 동일한 작업을 완수할 수 있다. 사람이 24시간 관리할 수 없는 기상관측장치, 생산현장의 산업로봇, 교통제어장치 등 지속적인 작업이 필요한 곳에서 중요한 역할을 한다.

(6) 상호연결성

컴퓨터는 단독으로도 효용가치가 높은 장치이지만, 여러 개를 서로 연결하였을 때 그 기능이 증가하게 된다. 컴퓨터를 이용한 분산처리, 클라우드 컴퓨팅 등이 컴퓨터의 상호연결성을 이용한 서비스다. 서로 연결된 인터넷환경을 이용하여 페이스북, 트위터 등의 사회관계망(SNS) 서비스도 가능하게 되었다.

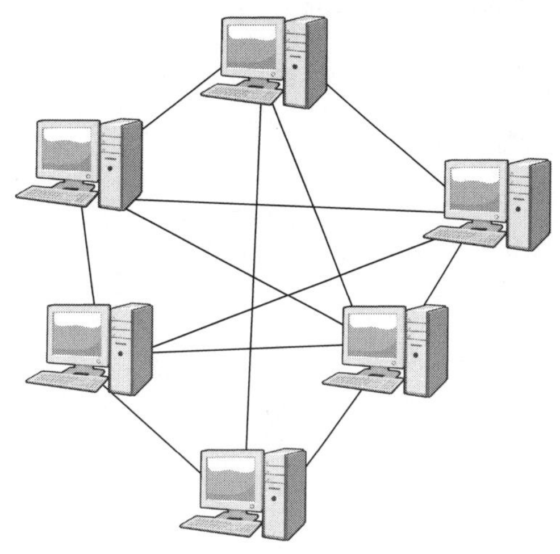

[그림 3-16] 서로 연결된 컴퓨터

3.4 소프트웨어

우리는 컴퓨터가 하드웨어와 소프트웨어로 구성되어 있다는 것을 배웠다. 소프트웨어는 컴퓨터에서 물리적인 구성인 하드웨어 이외의 모든 것을 의미한다. 컴퓨터를 동작하게 하는 일련의 프로그램, 저장된 정보들을 포괄적으로 지칭한다. 소프트웨어는 크게 운영체제로 대표되는 시스템소프트웨어와 사용자가 사용하는 응용프로그램으로 나눌 수 있다. 응용프로그램은 C, C++, Java 등의 프로그래밍 언어로 만들거나 또는 홈페이지를 만들 때 사용되는 HTML과 같은 마크업 언어를 이용하여 만들어진다.

3.4.1 운영체제

운영체제는 컴퓨터 하드웨어와 응용프로그램 사이에서 응용프로그램이 사용하고자 하는 컴퓨터의 하드웨어 자원(하드디스크, CPU 등)을 지원하고 통제하는 역할을 한다. 컴퓨터 종류에 따라 다양한 운영체제가 있다. DOS, MS Windows, UNIX, LINUX, MAC OS, IOS, Android 등이 사용되고 있다. 운영체제의 구조는 매우 복잡하게 되어 있어 일반인이 그 기능과 구조를 이해하기는 쉽지 않다.

운영체제는 프로그램의 저장, 불러오기, 주변장치의 통제, 통신 등 컴퓨터 내부에서 일어나는 모든 일들을 통제하게 된다.

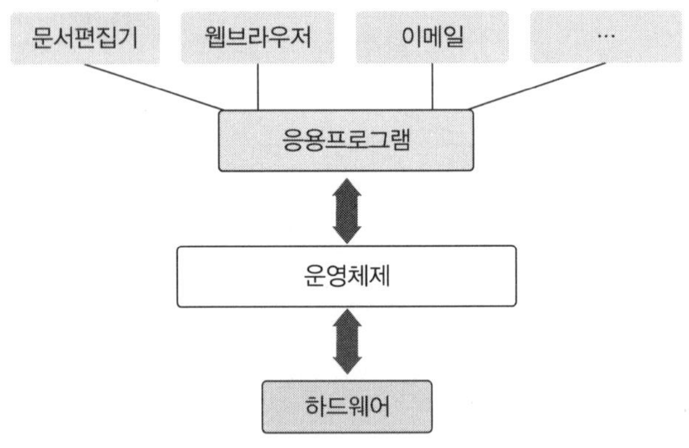

[그림 3-17] 운영체제의 역할

3.4.2 응용프로그램

우리가 일반적으로 컴퓨터를 사용하면서 구동하는 프로그램들이 모두 응용프로그램 범주에 속한다. 예를 들어, 인터넷 브라우저인 인터넷 익스플로러(internet explorer) 또는 크롬(chrome)을 이용하여 인터넷 정보를 볼 수 있는데, 이 때 인터넷 브라우저는 일종의 응용프로그램이다. 인터넷 브라우저를 통해 연결해서 사용하는 은행업무프로그램도 응용프로그램이고, 한글문서편집기, 파워포인트, 엑셀도 하나의 응용프로그램이다. 스마트폰에서 우리가 사용하는 앱(application)들도 스마트폰 환경에서 사용되는 응용프로그램이 된다.

3.4.3 프로그래밍 언어

응용프로그램은 프로그래밍 과정을 거쳐 생성된다. 컴퓨터가 원하는 작업을 수행하도록 만들기 위해 일련의 명령문들을 모아서 수행해야 할 일들을 정의하는 것을 프로그래밍(programming) 한다고 하고, 명령문들의 집합체를 프로그램(program)이라고 한다. 그러한 작업을 하는 사람을 프로그래머(programer)라고 한다.

컴퓨터의 다양한 사용목적에 따라 다양한 프로그래밍 언어가 개발되었다. 예를 들어, 사무업무를 위해 Cobol 언어를 개발했고 과학적 계산을 위해 Fortran을 개발했다. 최근에는 C++, Java를 범용적으로 사용하고 있다. 프로그래밍 언어로는 Ada, Basic, C, C#, PL/I, Lisp, Pascal, 파이썬(Python) 등이 있다. 다음은 C++와 파이썬 프로그램의 예이다. 첫 번째 프로그램은 화면에 Hello World!를 출력하는 C++ 프로그램이고, 두 번째 프로그램은 숫자 n을 입력받아서 1부터 n까지의 자연수의 합을 계산하는 프로그램이다.

```
#include <iostream>
using namespace std;

int main( ) {
  cout << "Hello World!"<<endl;
  return 0;
}
```

```
C:₩Windows₩system32₩cmd.exe
Hello World!
계속하려면 아무 키나 누르십시오
```

[소스코드 3-1] C++ 프로그램의 예와 그 결과

```
sum=0
n= input("Type N ")

for i in range(1,int(n)+1):
    sum += i;
print ("Sum of 1 to %3d is %5d "% (int(n),sum))
```

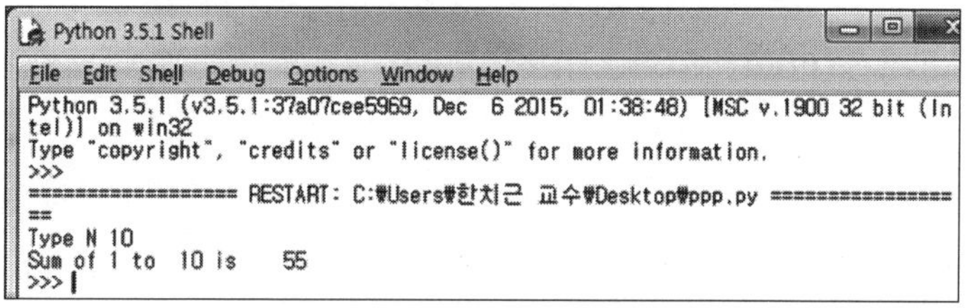

```
Python 3.5.1 Shell
File Edit Shell Debug Options Window Help
Python 3.5.1 (v3.5.1:37a07cee5969, Dec  6 2015, 01:38:48) [MSC v.1900 32 bit (In
tel)] on win32
Type "copyright", "credits" or "license()" for more information.
>>>
================= RESTART: C:₩Users₩한치근 교수₩Desktop₩ppp.py ================
==
Type N 10
Sum of 1 to  10 is    55
>>>
```

[소스코드 3-2] 파이썬 프로그램의 예와 그 결과

프로그래밍 언어에는 컴파일러에 의해 기계어로 번역된 후 실행되는 언어가 있고, 인터프리터에 의해 프로그램이 실행되는 인터프리터 언어가 있다. 일반적인 프로그램은 컴파일러에 의해 번역된 후 실행되고, JavaScript, 파이썬 등은 인터프리터에 의해 실행된다. 인터프리터에 의해 실행되는 언어는 컴파일해야 하는 언어보다 단순한 형태를 갖고 있다.

3.4.4 마크업 언어

다음 그림은 HTML(HyperText Markup Language) 파일의 한 예를 보여 주고 있다. 인터넷 익스플로러 또는 크롬과 같은 웹 브라우저 프로그램에 왼쪽의 파일을 입력으로 주면, 오른쪽의 화면을 생성하게 된다. HTML 파일은 다양한 태그(tag)를 이용하여 텍스트를 화면에 표시하는 방법을 정의하게 된다. 따라서 마크업 언어는 일종의 데이터 파일과 같은 역할을 하게 된다.

```
<html>
<body>
<b>This is a sample html file</b>
<br>
<i>italic text</i>
<br>
<u>underlined text</u>
<br><br>
<b><u><i>
Text is underlined, bold, and italic
</i></u></b>
</body>
</html>
```

This is a sample html file
italic text
underlined text

Text is underlined, bold, and italic

[소스코드 3-3] HTML 파일과 그 결과

3.5 유한상태기계(finite-state machine)

우리나라의 게임 중 윷놀이가 있다. 윷놀이는 네 개의 윷을 던져서 밑면이 나오는 개수를 이용하여 말이 움직이는 칸 수를 결정하는 놀이다. 윷놀이는 말이 놓이는 판과 윷으로 구성된다. 말의 개수는 유동적이다. 말의 개수가 한 개라고 가정하자. 윷놀이를 하는 방법을 설명해 보자.

말이 놓일 수 있는 위치의 수는 29곳이다. 4개의 윷을 던졌을 때 밑면이 나오는 개수는 0, 1, 2, 3, 4가 된다. 이를 모, 도, 개, 걸, 윷이라고 부른다. 말은 시작점에서 출발하고 초기에는 말이 윷판에 놓이지 않는데, 이것은 말이 시작점에 있는 것으로 간주할 수 있다.

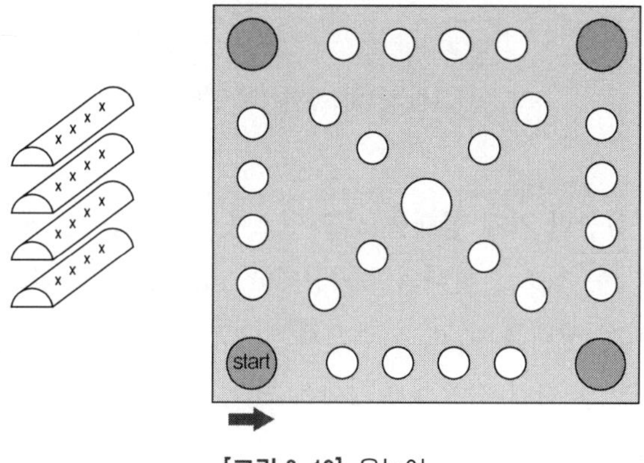

[그림 3-18] 윷놀이

현재 말이 놓여 있는 위치를 현재 윷판의 상태라고 하면 네 개의 윷을 던져 나오는 밑면의 개수에 의해 말이 움직일 위치가 결정된다. 새로운 위치는 윷판의 새로운 상태가 된다. 즉, 함수 f를 다음과 같이 정의할 수 있다.

말의 새로운 위치 = f(말의 현재 위치, 던져진 네 개의 윷의 밑면의 개수)

이와 같이 진행하는 윷놀이는 하나의 유한상태기계가 된다. 그러면 유한상태기계는 어떻게 정의되는지 살펴보자. 유한상태기계는 컴퓨터가 프로그램을 수행하는 작동원리를 묘사하는 수학적 모델인데, 유한 오토마타(finite automata)라고도 한다. 유한상태기계는 입력 데이터가 기록되어 있는 테이프와 기계의 상태를 저장하고 있는 장치, 테이프의 값을 읽어 들이는 테이프리더로 구성되어 있다. 입력 테이프의 값은 좌측에서 시작하여, 우측으로 한 칸씩 이동하여 테이프리더를 통해 입력된다. [그림 3-19]는 유한상태기계를 보여주고 있다.

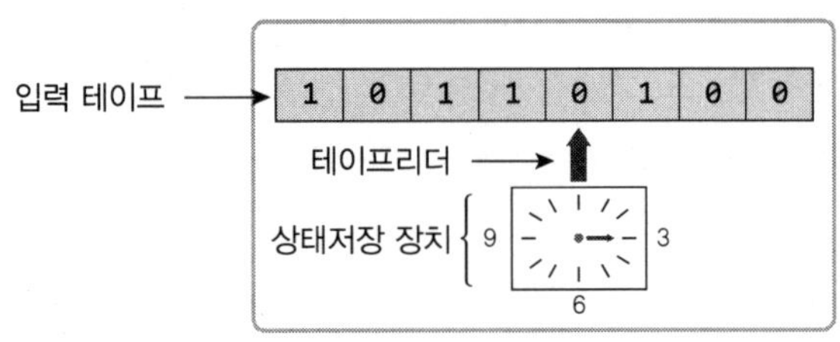

[그림 3-19] 유한상태기계

이 추상적인 기계는 유한한 기계 상태를 갖고 있으며, 한 순간에는 하나의 상태만 갖는다(current state). 기계는 최초로 하나의 초기상태(initial state)를 갖고, 유한한 입력의 종류에 대해 현재의 기계 상태를 보고, 다음으로 기계가 가져야 할 상태를 결정하게 된다. 즉, 다음과 같은 함수 f에 따라 기계가 동작하게 된다.

> 새로운 상태 = f(현재 상태, 입력 정보)

하나의 상태에서 다음 상태로 기계의 상태가 바뀌는 것을 상태의 전이(transition)라고 한다. 윷놀이에서 현재 상태는 말의 현재 위치가 되고, 입력 정보는 던져진 네 개의 윷의 밑면의 개수가 된다. 이 두 매개변수(파라미터)에 의해 말의 새로운 위치가 결정된다.

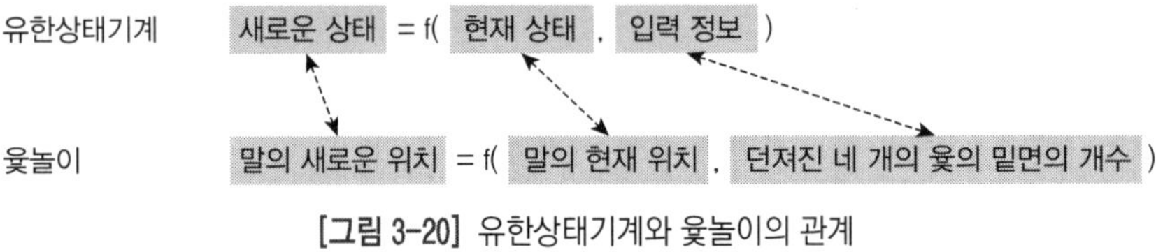

[그림 3-20] 유한상태기계와 윷놀이의 관계

입력이 종료될 때 기계의 상태가 미리 정해진 종료 상태(final state)가 될 때 그 입력이 제대로 인식(recognized)되었다 또는 받아들여졌다(accepted)라고 한다. 종료 상태는 여러 개가 될 수 있다. 윷놀이의 종료 상태는 말이 시작점으로 돌아온 상태를 말한다.

다음은 유한상태기계의 상태 변화를 보여주고 있다. [그림 3-21] 좌측의 그림에서 현재 기계 상태는 11을 나타내고 있다. 기계 상태는 0…11 중 하나의 값을 갖는다. 기계가 가질 수 있는 상태의 개수가 유한하므로, 유한상태기계라고 한다. 현재 기계 상태 11에서 입력으로

1이 입력되고 기계의 새로운 상태는 3으로 바뀌었다. 입력 테이프는 좌로 움직이며, 이제 테이프 리더는 0을 가리키고 있다. 즉, 3=f(11,1)인 것을 보여주고 있다.

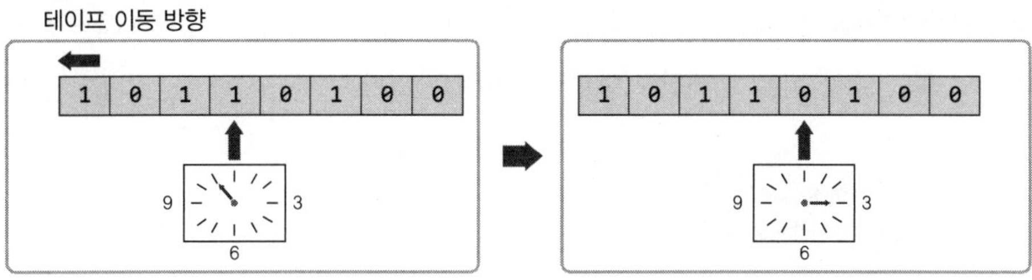

[그림 3-21] 유한상태기계의 동작 예

유한상태기계의 동작원리는 상태전이도(state transition diagram)를 이용하여 표현할 수 있다.

유한상태기계가 적용된 제품으로는 사물의 개수를 확인하는데 사용하는 카운터(counter)를 들 수 있다. 사람이 하나씩 버튼을 누를 때마다, 기계의 숫자가 1씩 증가한다. 이 때 사람의 버튼 누름 동작은 하나의 입력이 되고, 기계가 나타내는 숫자는 기계의 상태가 된다. 자동판매기의 동작원리도 유한상태기계를 따른다. 사람이 돈을 투입하고 원하는 품목을 선택하면, 물건이 출구로 나오는 동작도 하나의 유한상태기계이다. 흔히 볼 수 있는 현금자동입출금기의 동작도 유한상태기계라고 할 수 있다. 이용자가 원하는 업무를 선택하면, 기계는 미리 정해진 동작을 수행한다. 이 때 사람의 메뉴 선택이 유한상태기계의 입력에 해당한다.

[그림 3-22] 자동판매기와 현금자동입출금기

엘리베이터 이용자가 선택한 층 또는 up, down의 버튼정보를 입력으로 하고, 엘리베이터의 위치를 현재 상태로 했을 때, 새로운 엘리베이터의 위치가 결정된다. 결정된 위치로 엘리베이터가 이동할 수 있도록 움직이는 원리도 유한상태기계의 원리다. 교차로의 신호등은 미리 정해진 간격과 순서대로 녹색, 황색, 적색의 신호들이 점멸된다. 이 장치에는 사용자의 입력이 없는 대신, 미리 정해진 시간이라는 입력이 있다.

[그림 3-23] 엘리베이터와 신호등

우리가 은행에 전화를 걸면 상담원이 나오기 전에 원하는 업무를 선택하게 하는 ARS가 우리의 전화를 먼저 응대한다. 예를 들면,

> 예금관련 1번, 신용카드관련 2번, 상담원 연결은 3번입니다.
> (1번 예금관련을 선택하면) 입금관련 1번, 출금관련 2번, 처음으로 돌아가려면 3번을 선택해 주세요.
> (2번 신용카드관련을 선택하면) 사용조회관련 1번, 대금납부관련 2번, 처음으로 돌아가려면 3번을 선택해주세요.
> (3번 상담원 연결을 선택하면) 잠시 기다려주세요.

이러한 ARS의 동작원리도 유한상태기계와 동일하다. 위의 ARS 응대내용을 그림으로 표현하면 다음과 같다.

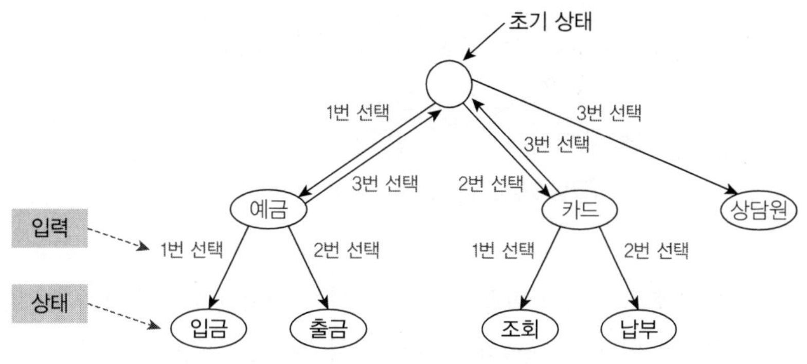

[그림 3-24] ARS 응대 방식의 상태전이도 일부

최초의 상태가 있고, 이용자의 번호 선택에 따라 미리 녹음된 내용이 나오게 된다. 현재의 ARS의 상태에서 이용자가 선택한 번호에 따라 ARS의 다음 상태가 결정된다. 여기서 화살표는 상태의 전이를 나타낸다. 그리고 화살표 옆에 표시된 내용은 사용자의 입력을 나타낸다. 이와 같은 그림은 유한상태기계의 동작원리를 설명해 주는데, 이러한 그림을 상태전이도(state transition diagram)라고 한다.

흔히 볼 수 있는 벽에 설치된 전등 스위치의 동작원리를 설명하는 상태전이도는 다음과 같다.

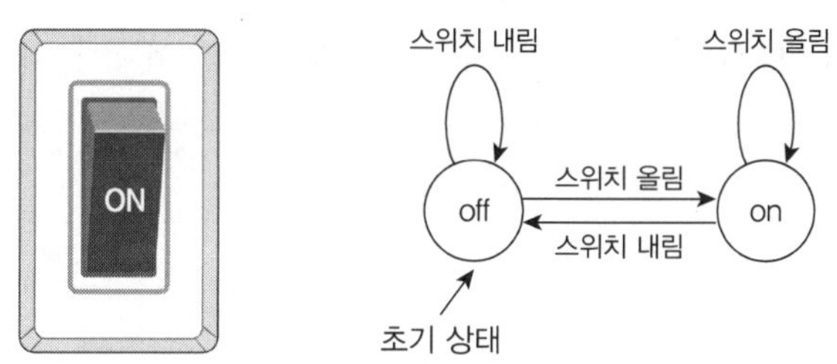

[그림 3-25] 전등 스위치와 상태전이도

상태전이도는 원으로 기계의 상태를 표시한다. 원 내부에 상태의 이름, 번호 등을 표시하여 상태의 구분을 나타낸다. 화살표 기호를 이용하여 상태의 전이를 표현한다. 화살표 기호에 입력, 조건 등을 나타내어 해당하는 전이가 발생하기 위한 입력, 조건 등을 표시한다. 기계의 초기상태는 화살표를 이용하여 표시한다. 위 그림에는 나타나있지 않지만, 만일 기계의 정상적인 최종상태가 있을 경우에는 이중선의 원 도형으로 표시한다. 다음은 교차로 신호등의 상태전이도이다.

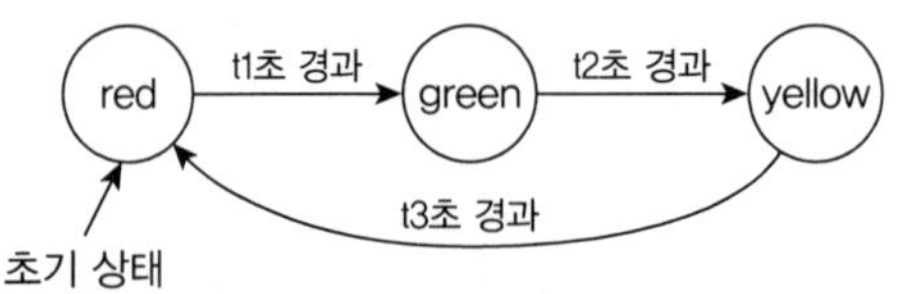

[그림 3-26] 교차로 신호등의 상태전이도

다음은 네 자릿수 번호로 구성된 비밀번호를 인식하는 기계의 상태전이도이다. 각 상태에서 숫자가 아닌 문자가 입력되면 'error' 상태로 가서 인식할 수 없는 비밀번호임을 알려준다. 정상적인 종료상태는 이중선의 원 도형으로 나타낸다.

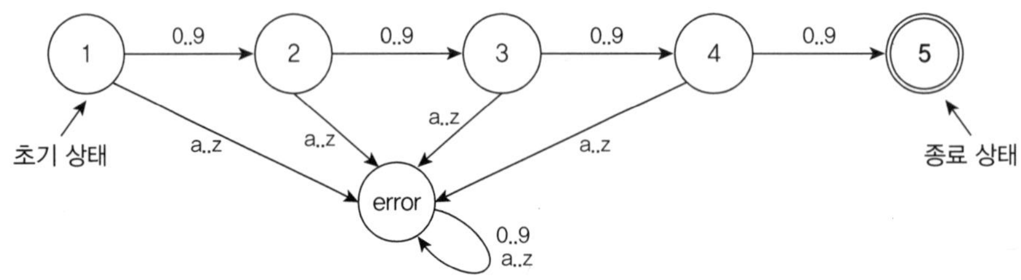

[그림 3-27] 네 자릿수의 비밀번호를 인식하는 기계의 상태전이도

[그림 3-28]은 말이 하나인 윷놀이의 상태전이도 일부를 보여주고 있다. 상태는 0…28의 번호를 갖는다. 시작점에서 시작하여 네 개의 윷가락 밑면의 개수에 따라 다음 상태가 결정되는 것을 보여준다.

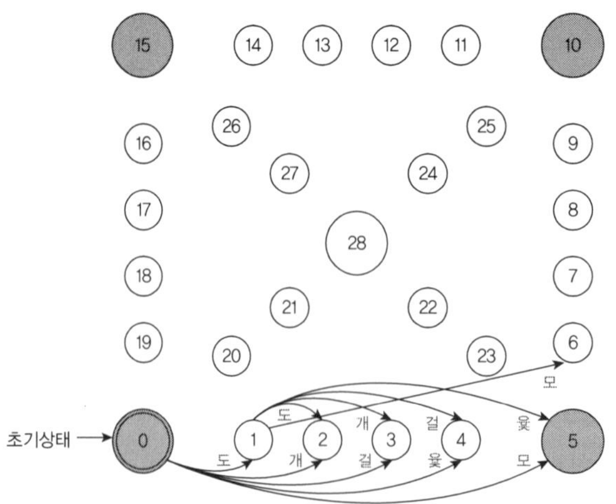

[그림 3-28] 윷놀이의 상태전이도 일부

유한상태기계의 원리는 컴퓨터의 기본적인 동작원리를 설명하고 있다. 그리고 기계제어장치, 컴파일러의 어휘분석(lexical analysis) 등 다양한 분야에서 활용된다. 어휘분석은 프로그램에서 사용된 어휘(변수·숫자·함수 명)의 문법적인 구조가 적합한지 분석하는 것이다. 예를 들어 '변수명의 최초 문자로 숫자가 올 수 없다'라는 조건에 변수명이 부합하는지를 확인하는 절차다.

어휘분석에서 유한상태기계가 어떻게 활용되는지 살펴보자. 먼저 간단한 정의가 필요하다. 알파벳 Σ는 입력문자열을 구성하는 각 문자의 집합을 의미한다. 예를 들어, 영어의 알파벳은 Σ={a,b,c,…,z}가 된다. 한국어의 자음 알파벳은 Σ={ㄱ,ㄴ,ㄷ,…,ㅎ}이 된다. 그리고 이진수의 알파벳은 Σ={0,1}이고 a, b로만 구성된 문장의 알파벳은 Σ={a, b}가 된다.

만일 알파벳 Σ={A, B}일 때, 처음 두 문자로 A가 연속 또는 B가 연속하는 문자열을 인식하는 기계가 있다고 하자. 문자열을 인식한다는 것은 조건에 맞는 문자가 들어올 때 제대로 구성되어 있는 문자열이라고 판정하고, 조건에 맞지 않는다면 합당하지 않다고 결정할 수 있는 능력이 있다는 것을 의미한다. 예를 들어, AABABA는 조건에 합당하여 제대로 구성되어 있는 것으로 판정하고, ABAB는 조건에 부합하지 않으므로, 부적합하다고 결정하는 능력이 있는 기계를 생각해보자. 이 기계는 [그림 3-29]의 상태전이도에 따라 동작하게 된다.

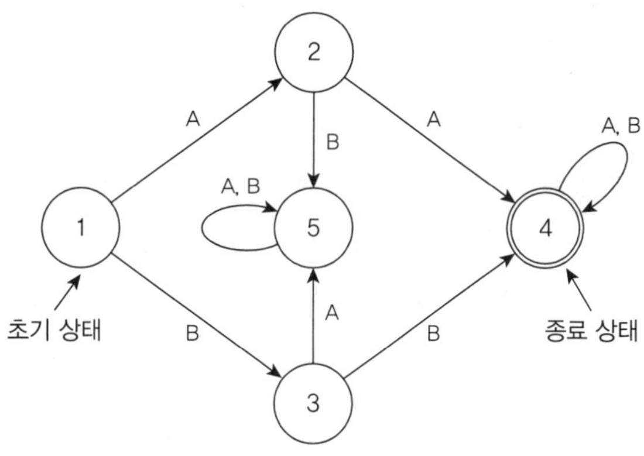

[그림 3-29] 처음 두 문자로 연속된 문자를 갖는 문자열을 인식하는 기계의 상태전이도

만일 입력 문자열이 ABA이면 기계가 5번 상태로 되므로, 입력 문자열이 조건에 적합하지 않다는 것을 의미한다. 한번 5번 상태로 된다면, 어떠한 입력이 들어오더라도, 그 상태를 벗어날 수 없다. 만일 이 기계에 AABA에 입력으로 들어온다면, 기계는 상태 1에서 2, 4를 거쳐 종료상태가 된다. 4번 상태에 도달한 입력문자열은 이후에 어떠한 문자가 들어오더라

도 4번 상태에서 머물게 되며, 이 상태가 기계의 제대로 된 종료 상태가 되어 적합한 문자열이라는 판정을 내리게 된다.

[그림 3-30]은 알파벳 Σ={A, B}일 때, A의 개수가 홀수 개인 문자열을 인식하는 기계의 동작원리를 설명하는 상태전이도이다. AABA는 합당한 문자열이고, ABAB는 합당하지 않다.

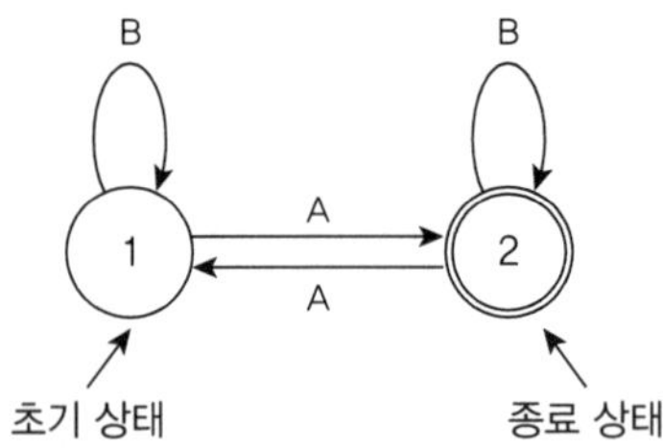

[그림 3-30] 홀수 개의 A가 있는 문자열을 인식하는 기계의 상태전이도

이전의 그림 세 개는 컴퓨터 프로그램의 컴파일러의 기본 원리를 설명해주고 있는데, 이들은 작성한 프로그램의 형식이 맞는지 확인하는 어휘분석의 기본원리이다. 실제로 컴파일러는 유한상태기계가 갖고 있는 능력보다 더 많은 능력을 갖고 있다.

컴퓨팅 사고력

유한상태기계보다 더 많은 능력을 갖고 있는 추상적인 기계로는 푸시다운 오토마타(pushdown automata), 튜링기계(Turing machine)가 있다. 각 추상적인 기계의 능력의 관계는 다음과 같다. 여기서 유한상태기계가 가장 작은 능력을 갖고 있고, 튜링기계가 가장 많은 능력을 갖고 있는 개념을 설명해주고 있다.

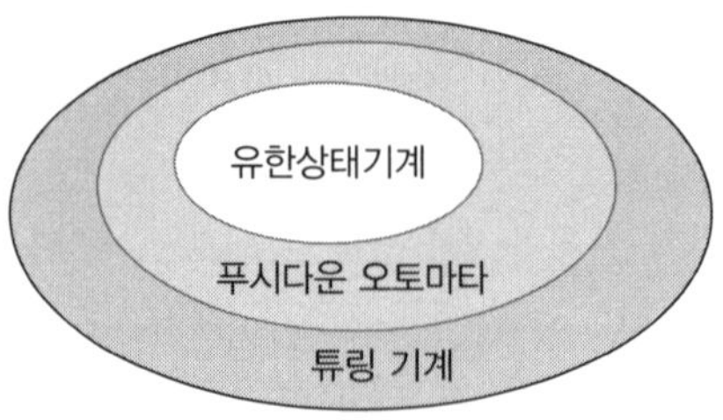

[그림 3-31] 추상적인 기계의 능력의 관계도

연습문제

01 알파벳 Σ= {A,B}이다.

(a) A의 개수가 짝수인 문자열을 인식하는 유한상태기계의 동작을 상태전이도로 작성하라. AABAA는 합당한 문자열이고 ABABA는 합당하지 않다.

(b) A의 개수가 3의 배수인 문자열을 인식하는 유한상태기계의 동작을 상태전이도로 작성하라. AABAAAA는 합당한 문자열이고 ABAB는 합당하지 않다.

(c) A 다음에는 반드시 B가 오는 문자열을 인식하는 유한상태기계의 동작을 상태전이도로 작성하라. ABBBAB, BBBB는 합당한 문자열이고 AABA는 합당하지 않다.

02 TV 리모컨의 동작을 나타내는 유한상태기계의 상태전이도를 작성하라.

03 엘리베이터의 동작을 나타내는 유한상태기계의 상태전이도를 작성하라.

04 인터넷 쇼핑몰에 연결해서 보이는 화면의 HTML 파일을 확인하여 사용된 태그를 나열해보라.

05 스마트폰에서 사용되는 운영체제를 확인해보라.

알고리즘

4장에서는 알고리즘에 대해 설명한다. 문제를 해결하는 알고리즘이 존재하는 문제의 예를 설명하고, 알고리즘을 표현하는 방법으로 의사코드(pseudocode)와 흐름도(flowchart)에 대해 설명한다.

4.1 알고리즘

알고리즘(algorithm)이라는 단어는 페르시아의 수학자인 al-khwarizmi(780년~850년)의 성을 따서 만든 단어다. 알고리즘이 무엇인지 간단히 설명하면 문제를 해결하는 절차라고 할 수 있다. 예를 들어, 두 자연수의 최대공약수를 구하는 알고리즘, n개의 자연수 중에서 최댓값을 구하는 알고리즘, n개의 자연수가 무작위로 있을 때, 이들을 정렬하는 알고리즘이라는 경우에 알고리즘이라는 단어를 사용하고, 여기서 알고리즘이란 해당 문제를 해결하는 방법이라는 의미로 사용되고 있다.

알고리즘의 보다 정형적인 정의는 다음과 같다.

> 문제를 해결할 수 있는 잘 정의된(well defined) 유한(finite) 시간 내에 종료되는 계산적인 (computational) 절차(procedure)

(1) 여기서 '잘 정의된'이라는 뜻은 누구든지 알고리즘을 읽었을 때 모두 동일한 내용으로 이해할 정도로 알고리즘이 기술되어야 한다는 뜻이다. 그렇게 되기 위해서는 단순한 문장으로 알고리즘이 기술되는 것보다는, 수학적인 방법으로 기술되거나 프로그램 형식으로 기술되는 것이 바람직하다.

(2) 유한시간 내에 종료된다는 뜻은 그 알고리즘을 적용하여 문제를 해결할 때 어떠한 입력이 있더라도 문제를 유한시간 내에 해결하여 답을 준다는 것을 의미한다. 이 때 유한시간은 절대적인 시간(예: 1시간, 10시간)을 의미하는 것이 아니고, 무한시간의 반대개념이다. 즉, 알고리즘이 종료된다는 것이 입증된 것을 의미한다.

(3) 계산적인 절차란 문제를 해결하기 위해 기술된 내용이 계산적으로 수행된다는 것을 의미한다. 하나하나의 절차는 계산과 데이터 처리를 위해 사용되는 일련의 명령들로 구성된다. 예를 들어, 두 숫자를 더한다든지, b의 값을 a에 저장하는 등의 명령문들로 구성된다.

알고리즘은 어떤 입력에 대해 계산을 수행하여 결과를 생성하는 하나의 박스와 같은 역할을 한다.

[그림 4-1] 알고리즘의 개념

예를 들어, 정렬 알고리즘인 경우 n개의 데이터를 받아 정렬된 n개의 데이터를 생성한다.

컴퓨터 프로그램은 특정한 목적의 일을 하거나 문제를 해결하기 위해 만들어진다. 이 때, 프로그램 내부에서 프로그램이 만들어진 목적대로 작업을 수행하게 해주는 가장 핵심적인 역할을 알고리즘이 하게 된다. 따라서 프로그램 작성 시 가장 중요한 부분이 알고리즘의 설계가 된다.

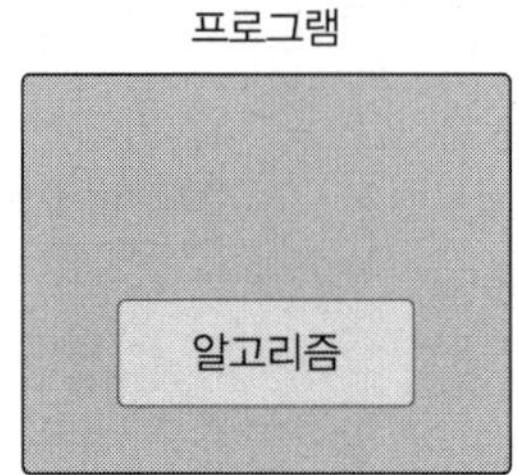

[그림 4-2] 알고리즘과 프로그램의 관계

4.2 문제를 해결하는 알고리즘이 존재하는 문제의 예

(1) 두 자연수의 최대공약수, 최소공배수 구하기

24와 16의 최대공약수와 최소공배수를 구하는 문제를 생각해보자. 우리는 이미 다음과 같은 절차로 쉽게 문제를 해결할 수 있다는 것을 알고 있다.

```
2 | 24  16
2 | 12   8
2 |  6   4
     3   2
```

최대공약수 = 2 × 2 × 2 = 8, 최소공배수 = 2 × 2 × 2 × 3 × 2 = 48. 만일 이 방법을 다른 사람에게 문장으로 설명하려면 어떻게 할 수 있을까? 그리 간단한 일은 아닐 것이다. 또, 다른 방법으로 소인수분해를 사용하는 방법이 있다.

$$24 = 2 \times 2 \times 2 \times 3 = 2^3 \times 3^1,\ 16 = 2 \times 2 \times 2 \times 2 = 2^4$$
$$\text{최대공약수} = 2^{\min\{3,4\}} \times 3^{\min\{1,0\}} = 2^3 \times 3^0 = 8$$
$$\text{최소공배수} = 2^{\max\{3,4\}} \times 3^{\max\{1,0\}} = 2^4 \times 3^1 = 48$$

이 방법은 이전의 방법보다 설명하기가 쉬울까? 이 문제에서 입력은 두 개의 자연수가 되고, 출력은 최대공약수, 최소공배수가 된다.

이 외에도 최대공약수를 구하는 문제를 해결하는 방법으로는 유클리드 알고리즘이 있다. 두 수 a, b의 최대공약수를 GCD(a,b)라 하면, GCD(a,b)=GCD(a−b,b), a>b인 경우, GCD(a,b)=GCD(a,b−a), a<b인 경우, GCD(a,a)=a 성질을 이용하여 두 수의 최대공약수를 구할 수 있다. 예를 들어, GCD(24,16)=GCD(8,16)=GCD(8,8)이 되어, 8을 최대공약수로 찾을 수 있다.

(2) 최단거리 구하는 문제

다음은 서울시의 두 지점 a와 b사이의 최단거리를 구하는 문제를 보여주고 있다.

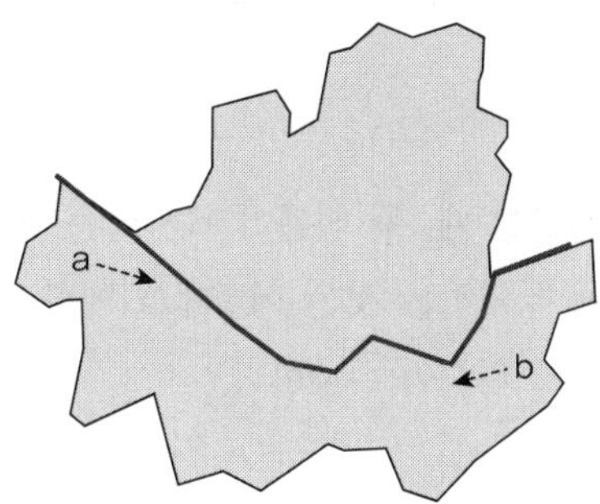

[그림 4-3] 두 지점 간의 최단거리 구하기

두 지점 간의 최단거리를 구하는 문제는 다익스트라(Dijkstra) 알고리즘을 이용하여 해결할 수 있다. 이 알고리즘에서 입력은 두 지점의 지도상의 정보가 되고, 출력은 두 지점 a, b간의 최단경로가 된다.

(3) 화랑감시 문제

[그림 4-4]와 같이 화랑이 있을 때, 전시공간을 감시하기 위해서 필요한 최소 인원의 감시원을 결정하는 문제가 화랑감시 문제다. 감시원이 살펴볼 수 있는 공간이 화랑의 모든 구석을 포함하여야 하며, 가능한 한 최소의 인원을 구하고자 한다. 이 문제를 해결하는 알고리즘이 존재한다.

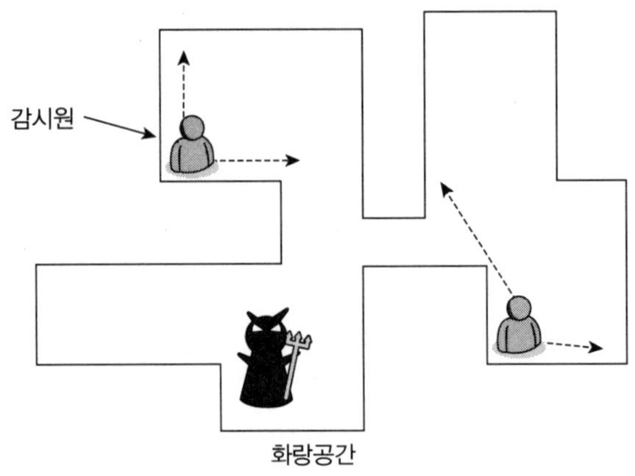

[그림 4-4] 화랑감시 문제

(4) 선분교차 확인 문제

컴퓨터로 여러 개의 선분을 생성할 때, 두 선분이 교차하는지는 어떻게 확인할 수 있을까? 컴퓨터 게임에서 사람이 벽에 부딪히는 것은 어떻게 확인할 수 있을까? 이러한 문제에도 각각 문제를 해결할 수 있는 알고리즘이 존재한다.

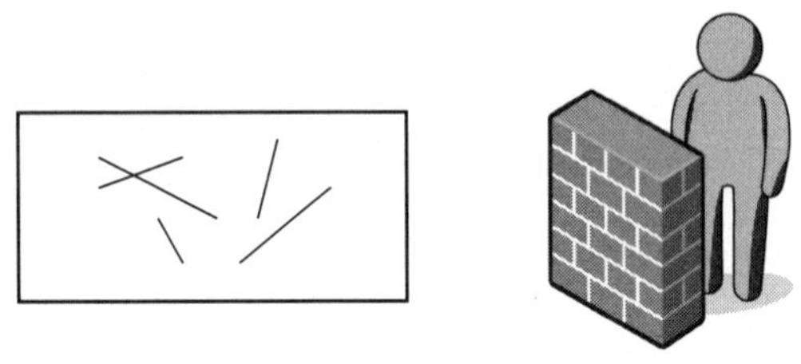

[그림 4-5] 선분교차와 사람과 벽의 교차

(5) 미로탐색 문제

[그림 4-6]과 같은 미로에서 a지점으로부터 b지점으로 가는 길을 찾고자 한다. 어떤 경로를 선택해야 할까? 공간탐색의 문제는 게임에서 자주 발생하는 문제이고, 다양한 형태의 탐색에 대한 알고리즘이 존재한다.

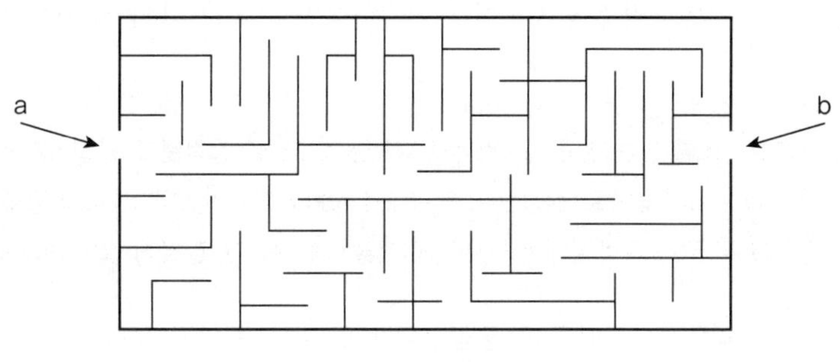

[그림 4-6] 미로탐색 문제

우리는 무수히 많은 문제들을 갖고 있다. 아직 해결방법을 모르는 문제도 있고 해결방법, 즉 해결 알고리즘이 존재하는 문제도 있다. 해결 알고리즘이 존재한다는 뜻은 해당 문제를 일반적으로 해결할 수 있다는 것을 의미한다. 즉, 동일한 문제의 형태에서 입력 파라미터가 변경된다고 하더라도, 항상 문제를 해결할 수 있다는 것을 의미한다.

4.3 알고리즘의 표현

알고리즘을 표현하는 방법으로는 ① 자연어를 사용하는 방법, ② 의사코드(pseudocode)를 사용하는 방법, ③ 흐름도를 사용하는 방법, ④ 프로그래밍 언어를 사용하는 방법이 있다. 각각의 방법은 장단점을 갖고 있다. 알고리즘을 설계한 후 알고리즘을 컴퓨터에서 사용하기 위해 프로그램으로 작성한다는 가정 하에 자연어를 사용하기보다는 일반적으로 의사코드와 흐름도를 이용하여 알고리즘을 기술한다.

(1) 자연어 사용

사람들이 사용하는 언어를 이용하여 알고리즘을 기술할 수 있다. 가장 쉽게 알고리즘을 설명할 수 있으나, 기술한 내용이 매우 길어질 수 있다. 또한 하나의 단어에 대해 두 사람 간에 사용하는 정의가 다를 경우, 내용의 전달이 정확하지 않을 수 있다. 따라서 복잡한 알고리즘을 기술하는 데는 적절하지 않다. 예를 들어, 이전에 설명한 최대공약수 구하는 알고리즘에서 숫자를 정해진 형식에 맞추어 계산하는 방법이나, 소인수분해하는 방법, 유클리드 알고리즘을 자연어로 기술한다면 복잡성도 늘어나고, 정확한 의미를 전달하기 어려울 것이다. 유클리드 알고리즘을 자연어로 기술한다면 다음과 같이 될 것이다.

입력으로 두 자연수 a, b를 받는다. 만일 a와 b가 같으면 a의 값을 출력한다. 만일 a가 b보다 크다면, a–b의 값을 새로운 a의 값으로 설정한다. 만일 a가 b보다 크지 않으면, b–a의 값을 새로운 b의 값으로 설정한다. 두 값이 같아질 때까지 이전 단계들을 반복한다. 같아진 값이 최대공약수이다.

[알고리즘 4-1] 최대공약수를 찾는 유클리드 알고리즘의 자연어 기술

다음은 10개의 수를 저장하고 있는 배열 a[0]…a[9]에서 제일 큰 수를 찾는 알고리즘을 자연어를 이용하여 기술한 것이다.

배열의 제일 처음에 있는 데이터를 임시로 최댓값 M으로 설정한다. 오른쪽으로 이동하면서 보고 있는 데이터와 M과 비교해서, 보고 있는 데이터가 더 크면 그 데이터를 M으로 재설정하고, 아니면 다음의 오른쪽 데이터로 이동하면서 동일한 작업을 수행한다. 데이터의 끝까지 이동하면 M이 데이터의 최댓값이 된다.

[알고리즘 4-2] 최댓값 찾기 알고리즘의 자연어 기술

여기서 배열(array)은 공통의 성질을 갖는 변수가 여러 개일 때, 하나의 변수명을 정하고, 위치를 나타내는 첨자(인덱스)를 이용하여 데이터를 저장할 수 있는 자료구조(data structure)를 말한다. 다음은 10개의 수를 저장하고 있는 배열을 보여주고 있다. C, C++ 언어에서는 배열의 최초 위치를 첨자 0으로 나타낸다. 처음 데이터는 a[0]에 저장되고, 두 번째 데이터는 a[1]에 저장된다.

a[0]	a[1]	a[2]	a[3]	a[4]	a[5]	a[6]	a[7]	a[8]	a[9]
5	3	8	2	9	4	7	1	0	6

[그림 4-7] 10개의 수를 저장하고 있는 배열

(2) 의사코드(pseudocode) 사용

의사(擬似)코드는 프로그램 코드는 아니지만, 프로그램 코드와 유사한 형식을 갖는 코드를 말한다. 알고리즘이 명령문을 수행하는 절차를 의사코드로 작성하게 되면, 그 의미를

쉽게 전달할 수 있다. 의사코드는 실제 프로그래밍 언어의 규칙을 따르지 않아도 되므로, 알고리즘을 고안한 사람이 명령문의 의미를 정확하게 전달할 수 있는 방법을 고안하여 작성할 수 있다. 그러나 일반적으로 프로그래밍 언어의 기본적인 형식을 가질 수 있다. 예를 들어, 유클리드 알고리즘을 이용하여 최대공약수를 구하는 알고리즘을 의사코드로 작성해보면 다음과 같다. 두 수는 1보다 큰 자연수라고 가정한다.

[알고리즘 최대공약수 찾기]

입력: 두 수 a, b

출력: 최대공약수

단계 0: 입력으로 두 자연수 a, b를 받는다.

단계 1: 만일 a=b이면 a의 값을 출력한다.

단계 2: 만일 a > b 이면, a=a−b

그렇지 않다면, b=b−a

단계 3: 단계 1로 이동한다.

[알고리즘 4-3] 최대공약수를 찾는 유클리드 알고리즘의 의사코드

이전의 자연어로 기술된 내용보다 정형화된 틀을 갖고, 수학적인 기호를 사용하여 기술된 것을 알 수 있다. 열 개의 자연수 중 최댓값을 확인하는 알고리즘의 의사코드는 다음과 같다. 이전의 자연어로 기술된 것보다 구조를 갖추고 있는 것을 알 수 있다.

[알고리즘 최댓값 찾기]

입력: 배열 a[ ]에 저장된 10개의 데이터

출력: 최댓값

(단계 1) a[0]의 데이터를 임시로 최댓값 M으로 설정, i=1

(단계 2) a[i]의 값과 M과 비교해서, a[i]가 더 크면 a[i]를 M으로 재설정, 아니면 a[i+1] 값 비교로 이동

(단계 3) 단계 2를 오른쪽 나머지 데이터에 대해서 수행, i=i+1

(단계 4) 데이터가 더 이상 없으면 M이 데이터의 최댓값

[알고리즘 4-4] 최댓값 찾기 알고리즘의 의사코드 1

의사코드를 작성하는 방법이 유일한 것은 아니므로, 보다 더 프로그램에 가까운 의사코드를 작성할 수 있다. 이전의 의사코드보다 프로그램 형식을 많이 갖고 있지만, 프로그램의 형식을 잘 모를 경우는 이해하기 어려울 수도 있다.

```
[알고리즘 최댓값 찾기]
입력: 배열 a[ ]에 저장된 10개의 데이터
출력: 최댓값
M = a[0]
for each a[i], 1≤i≤9
    if a[i] > M then
        M = a[i]
    fi
end for
M is maximum
```

[알고리즘 4-5] 최댓값 찾기 알고리즘의 의사코드 2

여기서 for each a[i], 1≤i≤9 라는 표현은 프로그램 언어로는 적합하지 않다. 그렇지만 하고자 하는 일을 정확히 표현할 수 있으므로, 의사코드에서는 사용가능한 표현이 된다. fi, end for 등의 표현은 if와 for의 영향이 미치는 영역의 끝을 명시적으로 나타내기 위해 사용하였다. 적당한 들여쓰기(indentation)를 사용하여 하고자 하는 작업의 반복 또는 조건이 적용되는 영역을 표현하였다.

(3) 흐름도(flowchart) 사용

흐름도는 다양한 도형으로 구성되며, 알고리즘의 논리적인 흐름, 연결 관계 등을 쉽게 파악하기 위한 다이아그램을 말한다. 화살표를 이용하여 단위 작업들의 흐름 관계를 표현한다. 다음은 흐름도에서 사용되는 도형들과 각각의 의미를 설명한다.

[표 4-1] 흐름도에서 사용되는 도형들

이름	도형	의미
터미널	시작/종료	흐름도의 시작과 끝 표시
프로세스		처리해야 할 작업 내용 표시
입 · 출력		입출력 작업 표시
판단		조건에 따른 판단 표시
페이지 내 연결		페이지 내에서 연결부분 표시
페이지 외부로 연결		페이지 외부로 연결부분 표시
미리 정의된 프로세스		함수, 모듈, 메소드, 하위절차 표시
흐름		연결 흐름 표시
준비		변수의 초기화
문서출력		문서로 출력
데이터베이스 심벌		데이터베이스

[그림 4-8]은 두 자연수의 최대공약수를 구하는 유클리드 알고리즘의 흐름도이다. 두 수는 1보다 큰 자연수라고 가정한다.

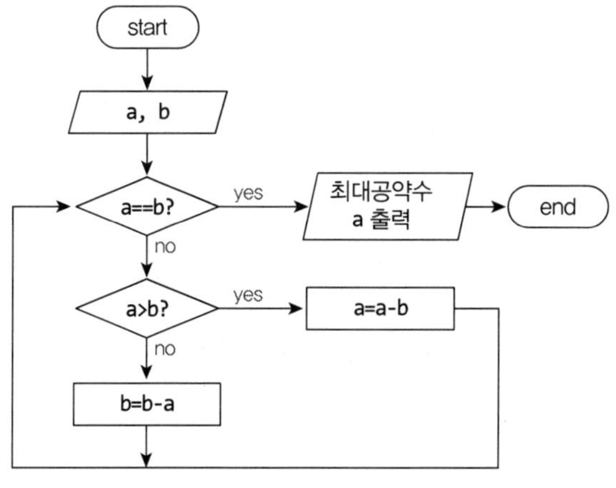

[그림 4-8] 두 자연수의 최대공약수를 구하는 유클리드 알고리즘의 흐름도

다음은 배열에 저장된 10개의 수 중에서 제일 큰 수를 찾는 알고리즘의 흐름도이다.

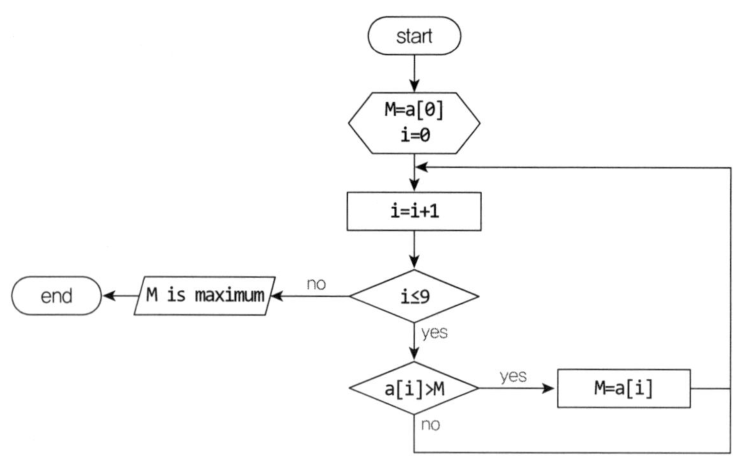

[그림 4-9] 배열에 저장된 10개의 수 중에서 제일 큰 수를 찾는 알고리즘의 흐름도

(4) 프로그래밍 언어 사용

프로그래밍 언어를 이용하여 알고리즘을 표현할 수 있다. 프로그램밍 언어로 표현하는 방법이 알고리즘을 가장 정확하게 기술할 수 있는 방법이지만, 프로그래밍 언어에 대한 이해가 있다고 하더라도, 알고리즘의 전체적인 내용을 파악하는 데 어려움이 있을 수 있다.

다음은 두 자연수의 최대공약수를 구하는 유클리드 알고리즘을 파이썬 프로그래밍 언어로 기술한 것이다.

```
a=int(input("A = "))
b=int(input("B = "))
while a!=b:
    if(a>b):
        a=a-b
    else:
        b=b-a
print("최대공약수 = ",a)
```

[소스코드 4-1] 두 자연수의 최대공약수를 구하는 유클리드 알고리즘의 파이썬 프로그램

```
void main( ) {
      int i, a[10]= {5,3,8,2,9,4,7,1,0,6};
      int M;
      M=a[0];
      for(i=1;i<=9;i++)
           if(a[i]>M) M=a[i];
      cout << M;
}
```

[소스코드 4-2] 배열에 저장된 10개의 수 중 최댓값을 찾는 알고리즘의 C++ 프로그램

```
a=[5,3,8,2,9,4,7,1,0,6]
M=a[0]
for i in range(1,10):
    if a[i] > M:
        M = a[i]
print(M)
```

[소스코드 4-3] 배열에 저장된 10개의 수 중 최댓값을 찾는 알고리즘의 파이썬 프로그램

위와 같이 네 가지 방법으로 알고리즘을 기술하는 방법을 설명하였다. 수학적인 문제를 해결하는 알고리즘이 아닌 경우라도 흐름도나 의사코드를 이용하여 그 절차를 상세히 설명할 수 있다. 다음은 인터넷뱅킹의 로그인 알고리즘의 흐름도를 보여주고 있다.

여기서 ①표시는 다른 업무를 기술하는 흐름도로 연결되는 연결표시이다.

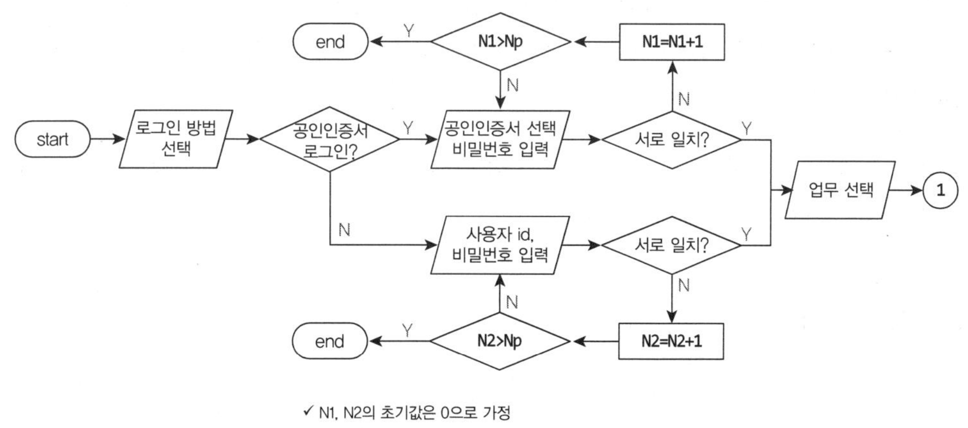

[그림 4-10] 인터넷뱅킹의 로그인 알고리즘

4.4 의사코드

프로그램을 작성하기 위해서는 다음의 단계들을 거치게 된다.

- 문제의 이해
- 문제해결 알고리즘 설계
- 프로그램 코딩
- 프로그램 테스트
- 프로그램 수정
- 프로그램 활용

문제해결 알고리즘을 설계하는 단계에서 일반적으로 알고리즘을 의사코드나 흐름도를 이용하게 된다. 의사코드(pseudocode)는 수행하는 작업들을 프로그래밍 언어와 유사한 방법으로 나타낸 것이고, 흐름도는 어떤 문제를 해결하는 데 필요한 작업들을 도형들의 관계로 표현하는 방법이다. 흐름도에서는 도형들의 관계가 작업의 논리적인 흐름을 나타내므로, 작업들의 연관 관계와 선후 관계를 시각적으로 보여준다.

본 절에서는 앞에서 설명한 의사코드를 자세히 설명한다. 의사(疑似)란 '실제와 비슷하다'라는 뜻이고, 단어 pseudo의 뜻은 '허위의, 가짜의, 모조의'이다. 즉, 의사코드(pseudocode)는 실제와 비슷하지만 진짜는 아닌 코드를 뜻한다. 알고리즘의 이해를 쉽게 하기 위한, 그러나 너무 복잡하거나 형식적이지 않은 프로그램 코드와 유사한 형식을 말한다. 컴퓨터 프로그램이 아니므로, 컴퓨터가 인식하는 형태가 아닌 사람이 이해하기 쉬운 형식을 갖는다. 그렇지만 프로그램 개발의 다음 단계로 쉽게 옮겨갈 수 있을 정도로 우리가 보통 사용하는 프로그래밍 언어의 형식과 유사하게 작성한다. 의사코드에 대한 표준은 존재하지 않는다.

다음의 두 의사코드 예를 보고 직관적인 이해를 해보자. [의사코드 예 1]은 날씨에 따라 내일 할 일을 결정하는 알고리즘의 의사코드이다.

[의사코드 예 1]

[알고리즘 내일 할 일 결정]

```
if 내일 날씨가 좋으면
    if 야구장 티켓 ≤ 5,000원
        야구장에 간다.
    else
        공원에 간다.
else if 내일 날씨가 나쁘면,
        친구에게 전화를 건다.
        if 친구가 시간이 있다고 하면,
            같이 저녁을 먹는다.
        else
            혼자 마트에 간다.
else  // 날씨가 보통이면
    집에서 쉰다.
```

[알고리즘 4-6] 내일 할 일을 결정하는 의사코드

여기서 "//날씨가 보통이면" 부분을 의사코드의 설명부분을 나타낸다. [의사코드 예 2]는 1부터 100까지의 자연수의 합을 계산하는 알고리즘의 의사코드이다.

[의사코드 예 2]

[알고리즘 1부터 100까지의 자연수의 합]

```
sum = 0
n=1
while (n ≤ 100)
    sum = sum + n
    n = n+1
print  sum
```

[알고리즘 4-7] 1부터 100까지의 자연수의 합을 구하는 의사코드

사전 지식이 없더라도 의사코드를 보고 알고리즘이 수행하는 작업을 어느 정도 이해할 수 있을 것이다.

의사코드를 기술하는 일반적인 원칙은 다음과 같다.

(1) 들여쓰기 : 일반적으로 적당한 들여쓰기(indentation)를 하여, 알고리즘의 구조를 쉽게 파악할 수 있도록 구성한다.
(2) 수학적인 표현 : 수학적인 의미가 정확한 내용을 수학적인 표현으로 기술할 수 있다. 예를 들어, for 1≤a≤9 라는 표현이 가능하다. 이 뜻은 a=1,2,…,9에 대해 작업을 수행하라는 뜻이다.
(3) 단순한 표현 : 프로그램으로 표현하면, 세 단계의 작업이 필요한 a와 b의 값을 서로 교환(swap, exchange)하는 작업은 간단히 swap(a,b) 또는 exchange(a,b)로 표시할 수 있다.
(4) 배열의 첨자(인덱스) : C, C++ 언어에서 배열의 첨자는 0부터 시작한다. 그러나 의사코드에서는 배열의 첨자를 사용하는데 특정한 제한을 받지 않는다. 즉, 1부터 시작하거나 다른 자연수의 값을 배열의 시작 첨자로 가져도 무방하다.
(5) 변수 선언 : C, C++에서는 변수의 형이 정확하게 기술되어야 한다. 그러나 의사코드에서는 number a 라는 방식으로 변수를 정의해도 무방하다. 정수인지 실수인지 특별히 구분할 필요가 없을 경우에는 일반적으로 수라는 표현으로 충분하다.
(6) 변수에 값 저장 : 변수에 값을 저장할 때는 a=3, a:=3, a←3, a=b+c 와 같은 방법을 사용할 수 있다.
(7) 반복 또는 조건이 적용되는 영역 : 반복이 되는 영역 또는 조건이 적용되는 영역을 중괄호, {영역}로 나타낼 수 있다. 또는 if~fi, for~end for, while~end while과 같이, 반복 또는 조건을 나타내는 키워드가 적용되는 끝을 명시적으로 표시할 수 있다.

알렌 다우니(Allen Downey) 외 2인은 『*How to think like a computer scientist*』에서 프로그램이 수행하는 기능을 구분해보면, 크게 입력, 출력, 연산, 선택-조건부수행, 반복으로 나눌 수 있다고 하였다. 의사코드를 이용하여 알고리즘을 표현하는 방법을 프로그램이 갖고 있는 이 5가지의 기능 측면에서 설명한다.

(1) 입력 : read, input, get 등의 명령문을 이용하여 입력하는 변수를 나타낸다(예: read A).
(2) 출력 : write, output, put, print 등의 명령문을 이용하여 출력하는 변수를 나타낸다(예: write A).
(3) 연산 : 변수에 값을 지정하는 방식으로 연산을 나타낸다(예: a=b+c).

(4) 선택-조건부 수행 : if, else if, else 등을 조합하여 선택의 조건과 조건부로 수행될 영역을 나타낸다. 다음은 입력으로 학년의 정보를 받아 적당한 출력을 만드는 의사코드다. 이 예에서는 알고리즘의 입력과 출력을 명시적으로 설명하였다.

```
[알고리즘 학년 변환]
입력: hakyun
출력: 학년의 영문명
get hakyun
if hakyun == 4
  print "Senior"
else if hakyun == 3
  print "Junior"
else if hakyun == 2
  print "Sophomore"
else if hakyun == 1
  print "Freshman"
else print "Error"
```

[알고리즘 4-8] 영문학년을 출력하는 의사코드

선택 및 조건부 수행이 필요한 상황의 예로 다음의 경우들이 있다.

- 내일 비가 오면, 집에서 쉰다.
- 월급이 10% 인상된다면, 적금에 가입한다.
- 운전면허시험에 합격한다면, 축하 행사를 한다.
- 나이가 60세 이상이면, 연금을 받는다.
  나이가 20세 이하이면, 지원금을 받는다.

(5) 반복 : while, for, repeat 명령문을 이용하여 표현한다. 다음은 입력으로 받은 정수들을 누적하는 알고리즘이다. 알고리즘은 n의 값이 0일 때 종료하고, 그 때의 sum 값을 출력한다.

```
[알고리즘 입력 정수들의 합]
number sum, n
sum = 0
read n
while (n ≠ 0)
    sum = sum + n
    read n
print sum
```

[알고리즘 4-9] 입력 정수들의 합을 출력하는 의사코드

다음은 배열명 a에 저장된 5개 숫자의 합을 구하는 의사코드다. 배열의 첨자는 0부터 4라고 가정한다.

```
[알고리즘 배열의 합]
number a[5]={4,3,8,6,7}, k
sum = 0
for k in 0...4
    sum = sum + a[k]
print sum
```

[알고리즘 4-10] 배열에 저장된 값의 합을 출력하는 의사코드

이상의 5가지의 기능을 조합하여 필요한 모든 의사코드를 만들어낼 수 있다. 다음의 의사코드 예를 살펴보자.

[의사코드 예 3] 두 숫자 중 큰 수 찾기

```
[알고리즘 큰 수 찾기]
입력: 두 숫자 a, b
출력: 큰 숫자

if (a > b)
  print a
else if (a < b)
  print b
else
  print "두 수는 같다"
```

[알고리즘 4-11] 두 숫자 중 큰 수 찾아 출력하는 의사코드

[의사코드 예 4] 자연수의 약수 찾기(1과 자신(a)은 약수이지만 출력에서 제외)

```
[알고리즘 약수 찾기]
입력: 숫자 a
출력: a의 약수

b=2
while (b≤a/2) {
  if a/b의 나머지가 0이면
    print b
  b=b+1
}
```

[알고리즘 4-12] 자연수의 약수들을 찾아 출력하는 의사코드

4.5 흐름도(flowchart)

본 절에서는 앞에서 설명한 흐름도(flowchart)를 자세히 설명한다. 흐름도는 작업과 작업과의 관계를 도형을 이용하여 설명하는 것이며 순서도라고도 한다.

4.5.1 흐름도에 사용되는 도형

(1) 터미널

- 모서리가 원형인 사각형(rounded rectangle)으로 표시한다.
- 흐름도의 시작과 끝을 나타내는 도형이다.
- 시작과 종료로 표시한다.

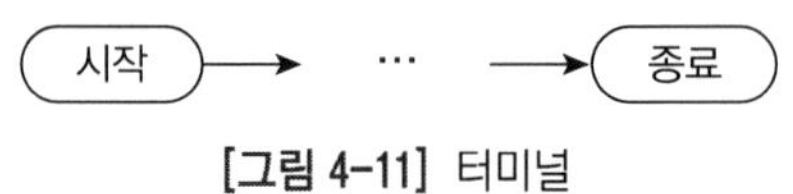

[그림 4-11] 터미널

(2) 입출력

- 평행사변형으로 표시한다.
- 데이터의 입력/출력을 표시한다.

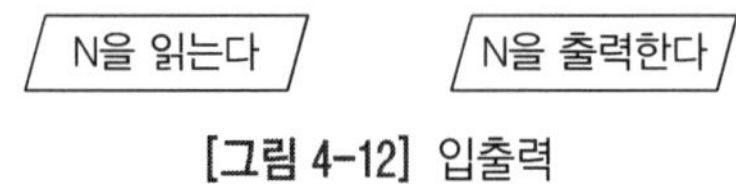

[그림 4-12] 입출력

(3) 프로세스

- 직사각형으로 표시한다.
- 수학적인 연산 또는 데이터 처리를 표시한다.

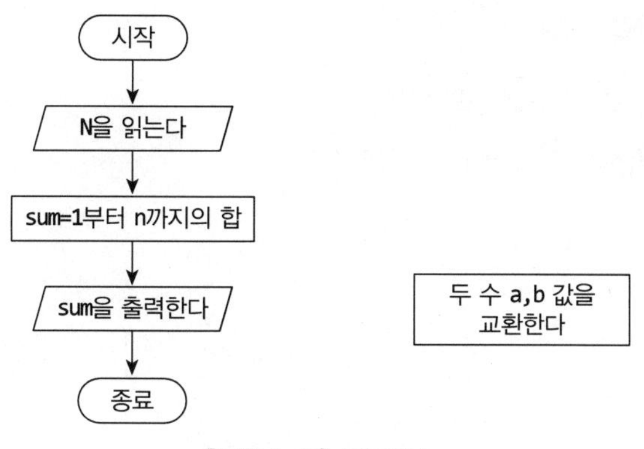

[그림 4-13] 프로세스

(4) 판단(decision)

- 다이아몬드 도형으로 표시한다.
- 조건을 판단하여 결과는 예/아니오 또는 참/거짓이 된다.

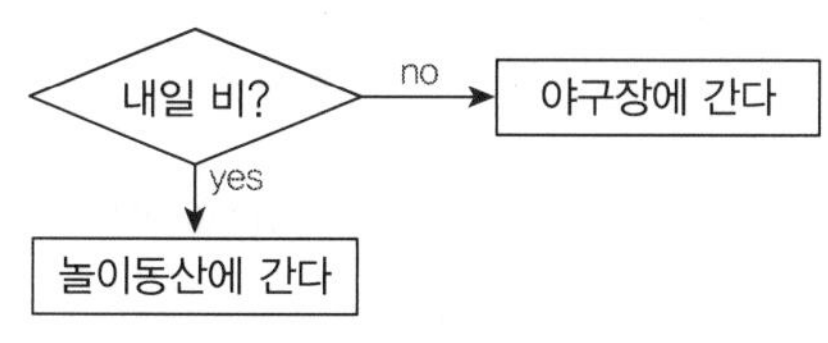

[그림 4-14] 판단

(5) 페이지 내 연결

- 원형으로 표시한다.
- 페이지 내의 위치로 이동하는 것을 표시한다.

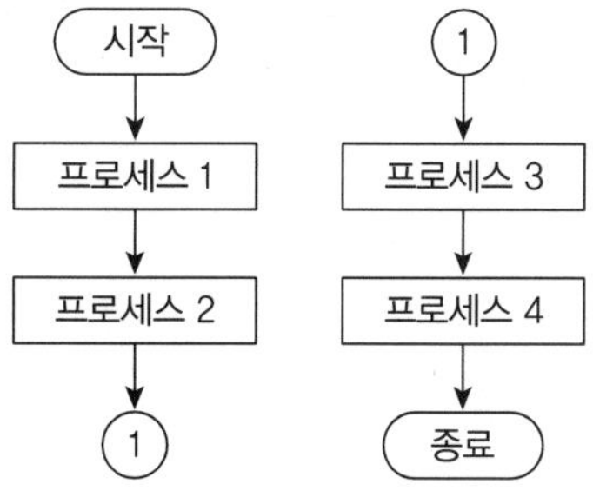

[그림 4-15] 페이지 내 연결

(6) 페이지 외부로 연결

- 야구의 홈플레이트 도형으로 표시한다.
- 페이지 외부의 위치로 이동하는 것을 표시한다.

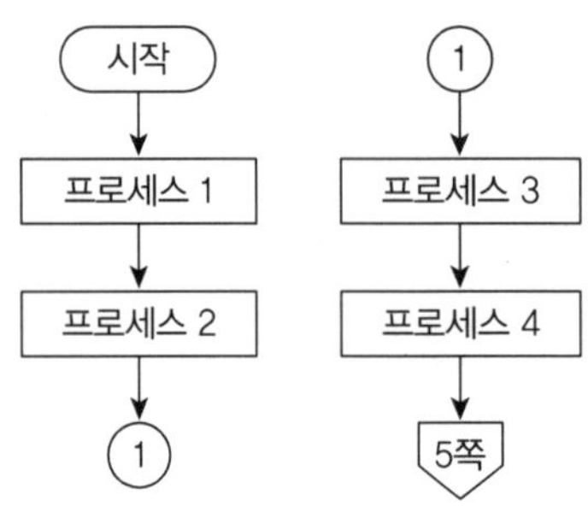

[그림 4-16] 페이지 외부로 연결

(7) 미리 정의된 프로세스

- 변형된 직사각형으로 표시한다.
- 하위절차, 함수 등을 표시한다.
- 만일 두 숫자를 읽은 후 합을 계산하는 함수를 sum( )이라는 함수로 만든다면, sum( )이라는 함수를 다른 곳에서 사용할 수 있다.

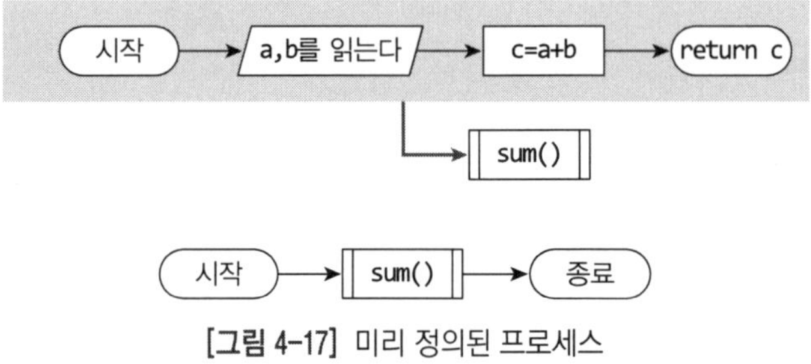

[그림 4-17] 미리 정의된 프로세스

(8) 흐름(flow)

- 화살표로 표시한다.
- 작업의 선후관계를 표시한다.

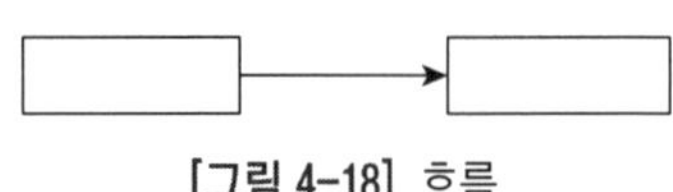

[그림 4-18] 흐름

(9) 준비(preparation)

- 육각형으로 표시한다.
- 변수의 초기화를 표시한다.

[그림 4-19] 준비

(10) 문서출력

- 종이로 출력하는 내용을 표시한다.

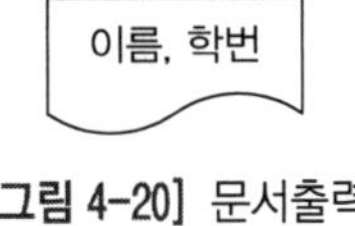

[그림 4-20] 문서출력

(11) 데이터베이스

- 원통형으로 표시한다.
- 데이터의 저장소, 즉 데이터베이스를 표시한다.

[그림 4-21] 데이터베이스

4.5.2 흐름도의 구조

흐름도는 기본적으로 작업의 순서를 나타낸다. 흐름도의 화살표를 이용하여 작업을 의미하는 도형들의 순서를 정의한다. 일반적으로 도형이 위에서 아래로, 왼쪽에서 오른쪽으로 나타나는 순서로 작업들이 수행된다. 그러나 반드시 지켜야하는 규칙은 아니다. 하나의 도형은 단위작업을 나타내도록 한다. 먼저 ① 순서를 나타내는 방법을 설명하고, ② 선택을 나타내는 방법, ③ 반복을 나타내는 방법을 설명한다. 모든 흐름도는 순서, 선택, 반복의 형태를 적당히 활용하여 구조를 완성할 수 있다.

(1) 순서를 나타내는 방법

프로그램의 모든 작업은 순차적으로 진행한다(병렬처리인 경우는 예외). 그 순서를 나타내는 방법은 단위 작업들을 하나의 순서로 나열하는 것이다. 다음은 작업 A, B, C가 순서대로 진행하는 흐름도를 보여준다.

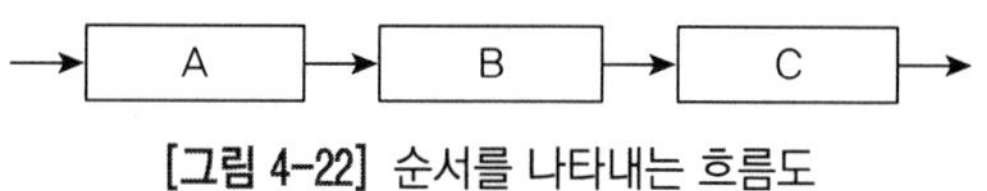

[그림 4-22] 순서를 나타내는 흐름도

각 작업은 순서상의 이전 작업이 완료되어야만 시작할 수 있다. 예를 들어, 작업 B는 작업 A가 종료된 후에만 시작할 수 있다. 작업 B는 독자적으로 시작할 수 없다. 또한 작업 B가 종료된 후, 작업 C를 반드시 시작하여야 한다. 작업의 흐름이 B에서 중단될 수 없다.

(2) 선택을 나타내는 방법

조건에 대한 판단(decision)에 의해 수행할 작업을 선택한다. 판단의 결과는 예/아니오(yes/no) 또는 참/거짓(true/false)으로 나타난다.

- 단일 대안 : 판단이 참이면 작업 A를 수행한다. 아니면 다음 단계로 바로 진행한다.

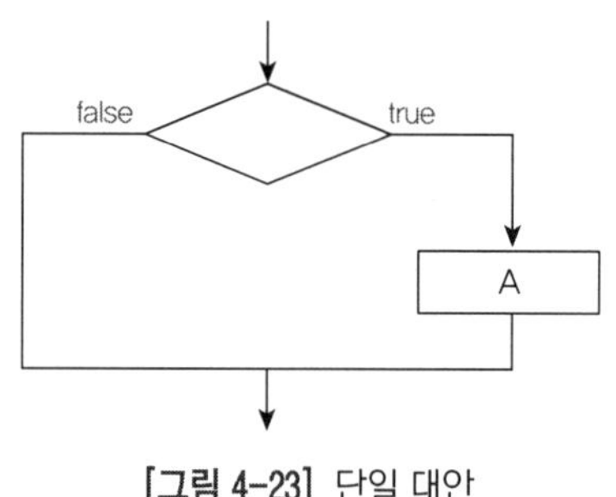

[그림 4-23] 단일 대안

- 이중 대안 : 판단이 참이면 작업 B를 수행한다. 판단이 거짓이면 작업 A를 수행한다.

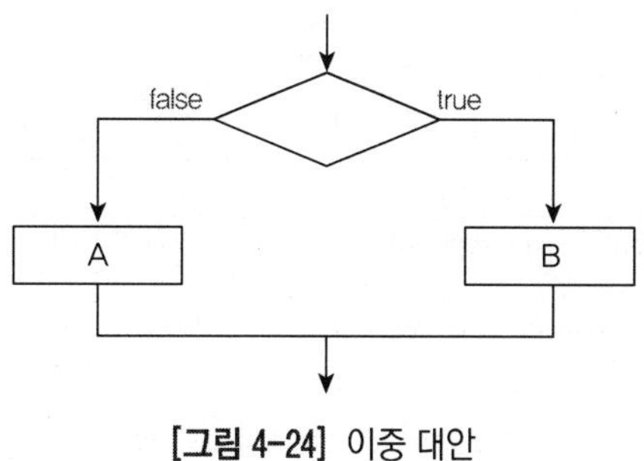

[그림 4-24] 이중 대안

만일 a>0 이면, 작업 A, 만일 a=0이면 작업 B, 만일 a<0 이면 작업 C를 수행한다는 알고리즘은 흐름도로 어떻게 표현할 수 있을까? 프로그램에서 판단은 항상 참 또는 거짓으로만 결과가 나오므로, 세 종류의 선택이 있는 것은 판단을 두 개를 모아서 구현할 수 있다.

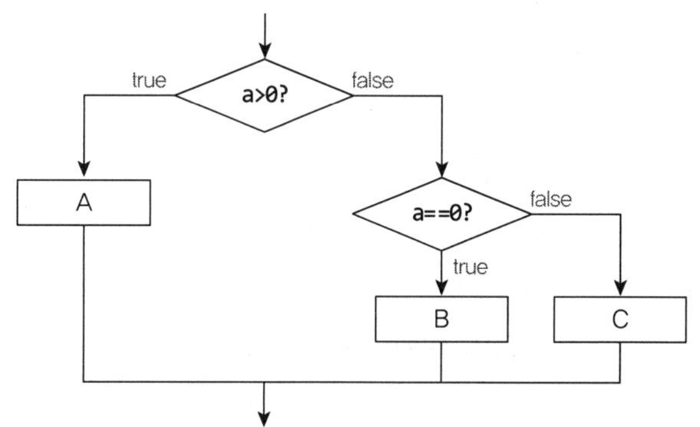

[그림 4-25] 세 가지의 결과가 필요한 선택

세 개 이상의 결과가 나타나는 복잡한 선택에 대해서도 직전의 예와 같이 여러 개의 판단을 모아서 구현할 수 있다. 또는 프로그램의 case 구문과 같이 단순히 표시할 수도 있다. case 문은 변수의 값에 따라 수행해야 할 작업이 결정되는데, 변수는 정수값을 가져야 한다. year의 값에 따라 a에 저장하는 문구가 달라지는 상황을 다음과 같이 단순히 표시하였다. year=1일 때, a="freshman"이 수행되고, 2일 때는 a="sophomore"가 수행된다.

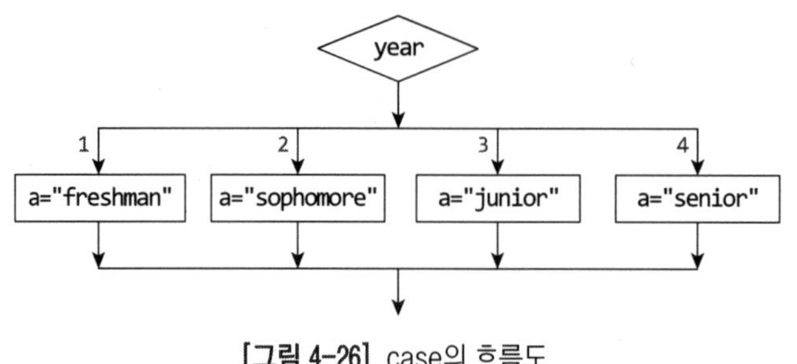

[그림 4-26] case의 흐름도

(3) 반복(loop, iteration, repetition)을 나타내는 방법

알고리즘에는 정해진 숫자만큼 또는 어떤 조건을 만족하는 동안 동일한 작업을 반복하는 작업이 포함될 수 있다. 이러한 기능을 흐름도에서 어떻게 표현할 수 있는지 설명한다. 반복은 판단과 결합하여 구현한다.

- 판단 후 반복 수행 : 조건의 판단 결과에 따라 반복을 수행한다. 프로그램의 while 구문이 수행하는 기능에 해당된다.

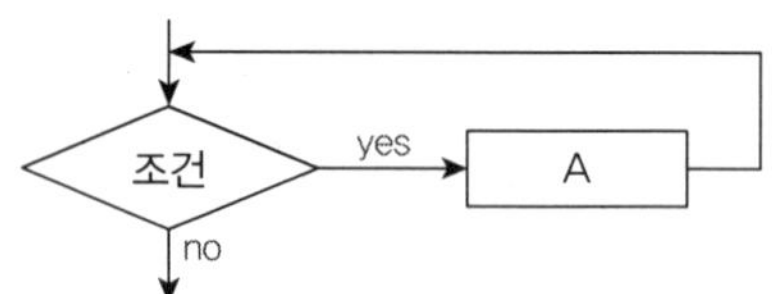

[그림 4-27] 판단 후 반복 수행

이 흐름도에 의하면 조건이 맞으면 A를 수행한다. 그리고 다시 조건이 만족되는지 확인하는 작업을 수행한다. 조건이 맞지 않으면, A작업은 수행되지 않게 된다.

- 판단 전 반복 수행 : 조건 판단 전에 작업 A를 수행한다. 따라서 판단의 참/거짓 결과에 상관없이 작업 A는 적어도 한 번 수행된다. 프로그램의 repeat-until이 수행하는 기능에 해당된다.

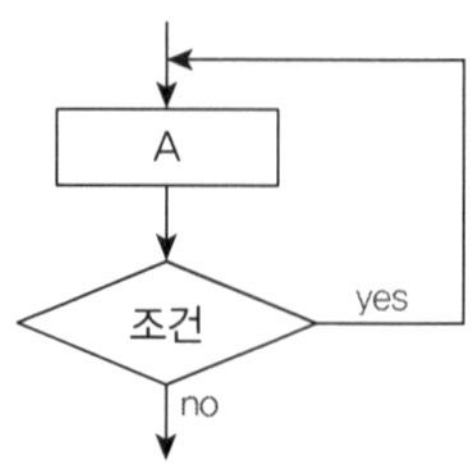

[그림 4-28] 판단 전 반복 수행

이 흐름도는 A를 적어도 한 번 수행한 다음 조건을 판단하게 된다. 조건이 만족되지 않으면 반복을 중지하고, 만족된다면 A를 다시 수행한다.

다음은 의사코드에 따라 생성된 흐름도를 보여준다. 여기서 알고리즘은 판단과 반복의 기능이 포함되어 있다.

예 1

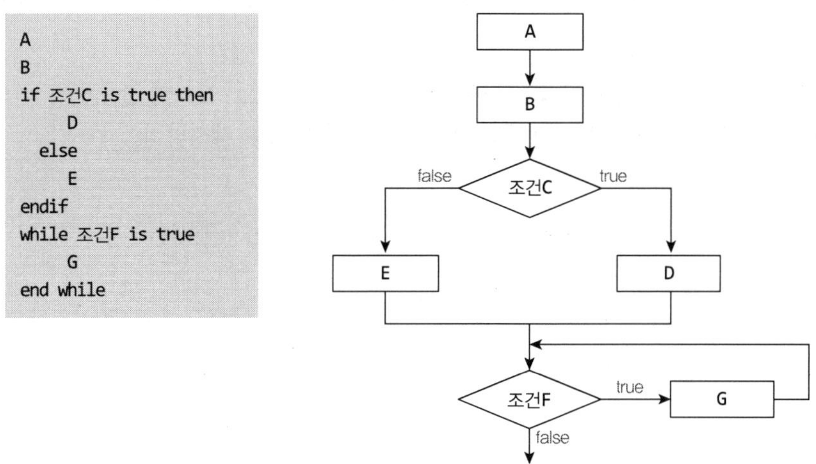

[그림 4-29] 의사코드와 흐름도 예 1

예 2

1. 총매출액을 0으로 초기화한다.
2. 1월부터 12월까지의 월매출액을 총매출액에 더한다.
3. 총매출액을 12로 나누어 평균월매출액을 구한다.
4. 평균월매출액을 출력한다.

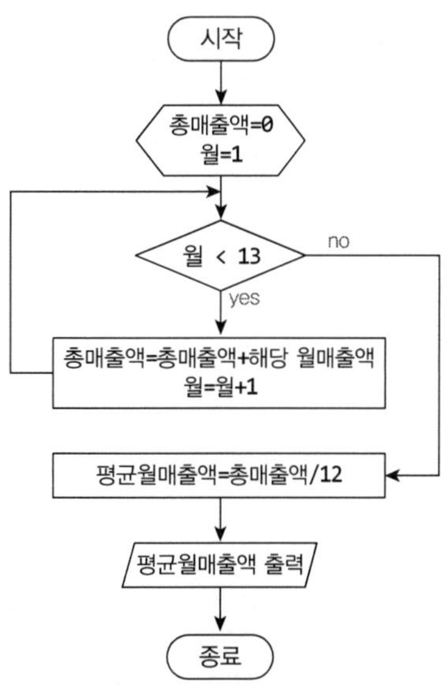

[그림 4-30] 의사코드와 흐름도 예 2

연습문제

01 4과목의 성적을 받아 평균을 구하는 알고리즘을 의사코드와 흐름도로 작성하라.

02 다음 학기 수강 신청할 과목을 결정하는 알고리즘을 의사코드와 흐름도로 작성하라.

03 입력으로 10부터 100사이의 하나의 자연수를 받는다. 이 자연수를 n이라 한다. n의 약수들의 합을 구하는 알고리즘의 의사코드와 흐름도로 작성하라.

04 인터넷 뱅킹에서 계좌이체 절차의 의사코드와 흐름도로 작성하라.

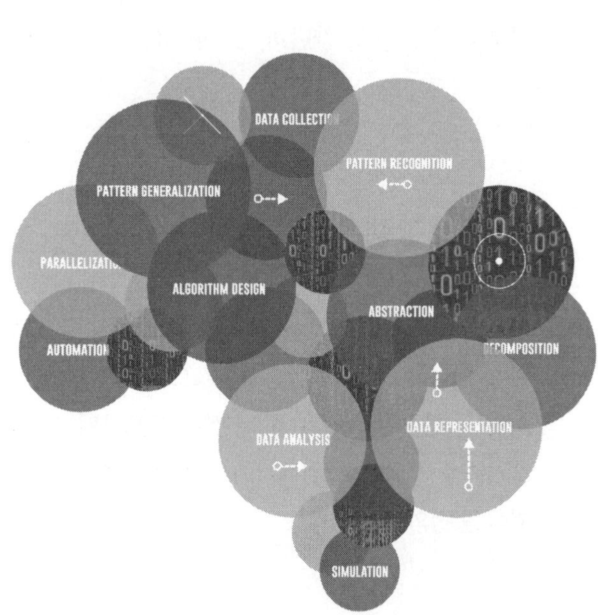
DATA COLLECTI
PATTERN RECOGNITION
PATTERN GENERALIZATION
PARALLELIZATI
ALGORITHM DESIGN
ABSTRACTION
AUTOMATION
DECOMPOSITION
DATA ANALYSIS
DATA REPRESENTATION
SIMULATION

chapter 05

>>>

프로그램

5장에서는 프로그램의 개념과 기본 기능에 대해 설명한다. 프로그래밍 언어마다 갖고 있는 형식은 다를 수 있다. 그러나 기본적인 프로그램의 사상은 동일하므로, 프로그래밍 언어들의 공통적인 기능에 대해 주로 설명한다.

먼저 프로그램을 소개하고 프로그램의 기능을 설명한다. 프로그램에서 사용하는 가장 기본적인 단위인 변수를 사용하는 방법을 설명하고, 프로그램 예를 통해 기본 개념을 익힌다. 그리고 공통적인 기능을 수행하기 위해 작성하는 프로그램인 함수를 어떻게 사용하는지 설명한다. 일반적인 프로그래밍 언어는 컴파일러를 통해 컴퓨터가 수행할 수 있는 기계어로 바뀌게 된다. 간단히 컴파일러의 기능을 설명한다.

5.1 프로그램

컴퓨터를 동작하게 하는 것은 소프트웨어다. 소프트웨어는 프로그램과 프로그램이 필요로 하는 데이터, 미리 만들어놓은 프로그램에 해당하는 라이브러리들의 집합체이다. 이 중에서 가장 중요한 역할을 하는 것이 프로그램이다. 프로그램은 CHAPTER 4에서 설명한 알고리즘을 포함하여 컴퓨터에서 가동할 수 있는 명령어들을 이용하여 수행하고자 하는 작업들을 정의한 것이다.

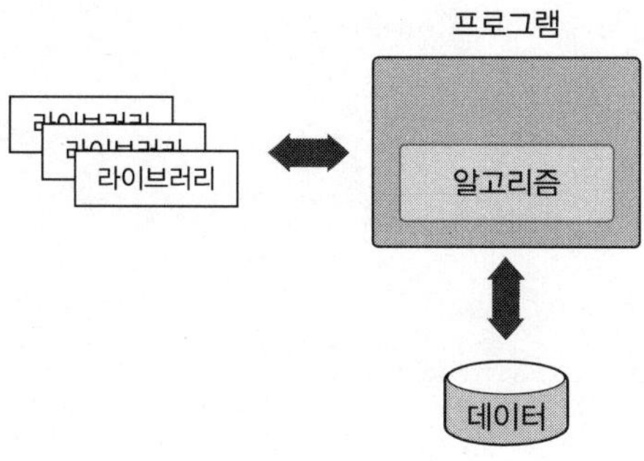

[그림 5-1] 소프트웨어

프로그램은 프로그래밍 언어에 의해 작성된다. 일반적으로 컴퓨터에서 사용되는 언어는 프로그래밍 언어와 마크업(markup) 언어로 나눌 수 있다.

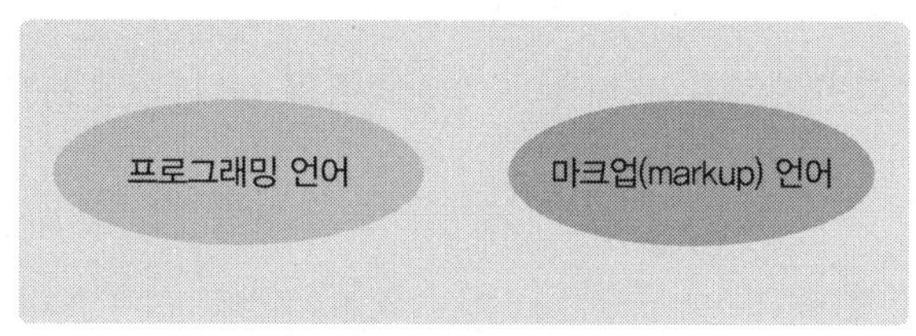

[그림 5-2] 컴퓨터 언어

여기서 프로그래밍 언어는 일반적인 프로그래밍이 가능한 언어를 의미한다. 예를 들어, C, C++, Java, 파이썬 등의 프로그래밍 언어가 이 범주에 속한다. 마크업 언어는 SGML(Standard Generalized Markup Language), HTML(HyperText Markup Language) 등 태그(tag)를 이용하여 출력 형태를 제어하는 언어를 말한다. HTML은 홈페이지를 구성하는 언어로 사용된다. 컴퓨터 언어에는 프로그래밍 언어와 마크업 언어 외에도 데이터베이스 질의어인 SQL(Structured Query Language)과 같이 특정 목적의 언어가 있다.

프로그래밍 언어인 C++로 작성된 간단한 프로그램은 다음과 같다. 이 프로그램은 사용자가 입력한 정수값 a를 "Hello world" 이후에 출력하는 단순한 프로그램이다.

```
#include <iostream>
using namespace std;

int main( ) {

   int a;

   cin >> a;
   cout << "Hello world " << a <<endl;
   return 0;
}
```

[소스코드 5-1] C++ 프로그램 예

모든 컴퓨터 프로그램은 위에서 아래로 줄 단위로 명령문이 수행되고, 한 줄의 명령문은 좌에서 우로 읽어진다.

마크업 언어의 한 종류인 HTML을 이용한 예는 다음과 같다. 전체 HTML 파일의 일부분만 포함하였다.

```
<p><table border=10 height="100" width=200 bordercolor="#ff0000" bfcolor="#B2CCFF">
<tr>
        <td width="100" align="center" valign="center">test1</td>
        <td width="100" align="center" valign="center">test2</td></strong>
</tr>
</table>
</p>
<br><br>
<p><table border=10 height="100" width=200 bordercolor="#00ff00" bgcolor="#B2CC00">
<tr>
        <td width="100" align="center" valign="center">test3</td>
        <td width="100" align="center" valign="center">test4</td></strong>
</tr>
</table>
</p>
```

[소스코드 5-2] HTML 파일의 예

HTML 언어는 홈페이지에서 정보를 화면에 어떻게 보이게 할 것인가와 특정 부분을 사용자가 눌렀을 때, 새로 보여주어야 하는 정보를 연결하는 기능 등을 구현할 수 있다. 정보를 화면에 나타내는 방법을 이용하여 글자의 크기, 글자의 색깔, 바탕의 색깔, 테이블 형식 등을 다양하게 표현할 수 있다. 다음은 [소스코드 5-2]의 HTML 파일의 출력 화면이다.

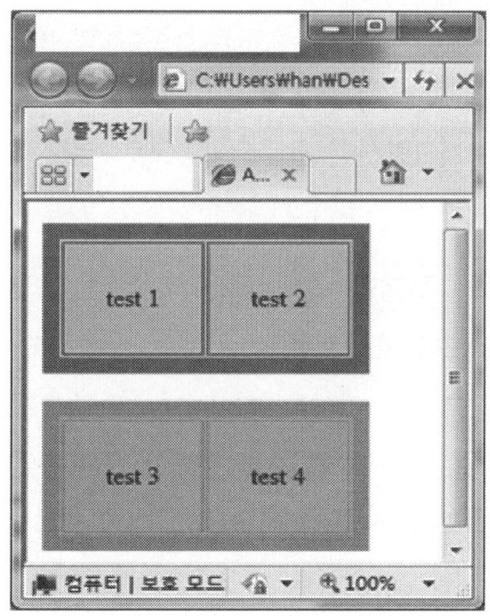

[그림 5-3] HTML 파일의 출력 화면

HTML 파일의 출력이란, 인터넷 익스플로러(internet explorer) 또는 크롬(chrome) 등의 웹 브라우저(browser)를 이용하여 HTML 파일을 보았을 때 화면에 보이는 결과물을 의미한다. 다음은 서버에 저장된 HTML 파일을 컴퓨터에서 보는 개념을 설명하고 있다.

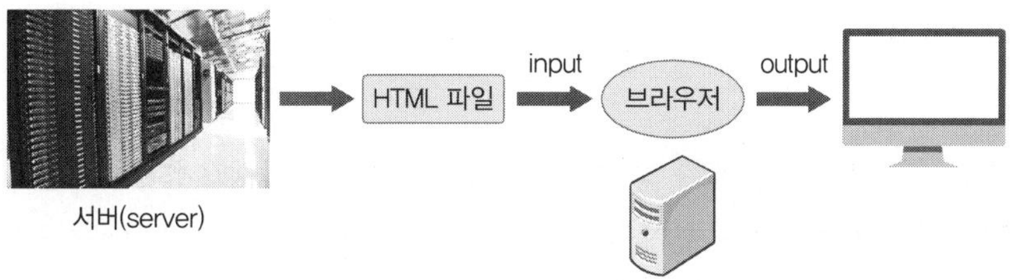

[그림 5-4] HTML 파일의 출력 화면

서버에 저장된 HTML 파일은 네트워크를 통하여 개인의 컴퓨터로 전송된다. 컴퓨터에 설치되어 있는 HTML 브라우저는 HTML 파일을 해석하여 모니터에 HTML 파일의 결과를 보여주게 된다. 여기서 브라우저는 일종의 소프트웨어로, 프로그래밍 언어를 이용하여 만들어진 것이다.

그러면 프로그래밍이란 무엇인가? 좁은 의미로 프로그래밍이란 프로그래밍 언어를 이용하여 특정 목적의 작업을 수행하기 위해 일련의 명령어들을 조합하여 프로그램을 만드는 과정을 말한다.

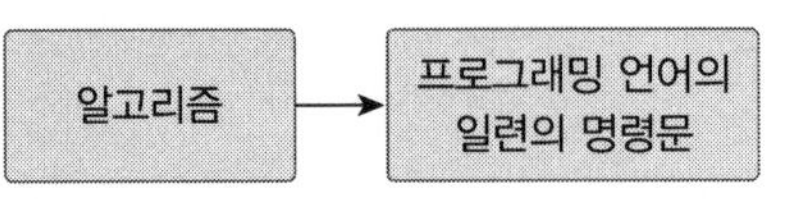

[그림 5-5] 좁은 의미의 프로그래밍

넓은 의미로는 해결해야 하는 문제를 이해하고, 그 문제를 해결하는 방법(알고리즘)을 설계한 후, 알고리즘을 의사코드나 흐름도를 이용하여 기술하고, 기술된 알고리즘을 컴퓨터에서 수행할 수 있도록 프로그래밍 언어를 이용하여 프로그램으로 전환하는 일련의 작업을 의미한다. 또한 프로그램을 작성한 후 프로그램의 효율성을 분석하는 단계를 포함한다. 즉, 문제의 이해부터 프로그램 구축, 분석까지 포함하는 일련의 소프트웨어 구현 과정 전체를 말하기도 한다.

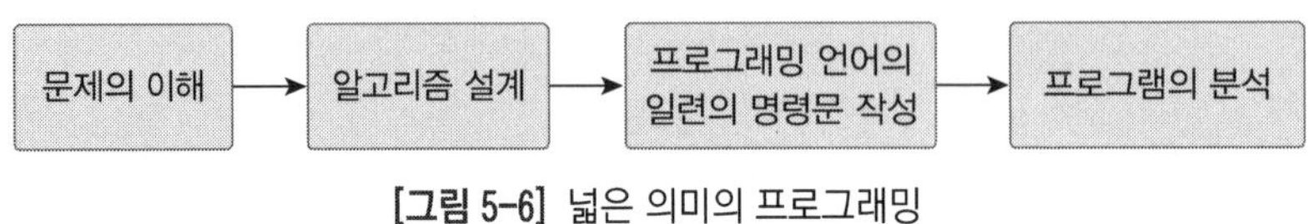

[그림 5-6] 넓은 의미의 프로그래밍

좁은 의미의 프로그래밍이든 넓은 의미의 프로그래밍이든, 특정 목적의 작업을 수행하기 위해 프로그래밍 언어를 구사하여 일련의 명령문의 집합체를 구성하는 것이 중요한 내용이 된다.

사용 목적과 기술의 발전에 따라 다양한 프로그래밍 언어가 개발되었다. 대부분의 프로그래밍 언어는 영어를 기본으로 하여 구성되었다. 프로그래밍 언어는 언어마다 고유한 문법적인 구조(syntax)를 갖고 또 언어의 의미(semantics)를 갖는다. 문법적인 구조는 어휘를 정의하는 문법, 구문을 정의하는 문법으로 나뉜다. 어휘를 정의하는 문법은 변수를 구성하는 방법, 함수명을 정의하는 방법, 숫자를 표시하는 방법 등으로 구성되고, 구문을 정의하는 문법은 조건문, 반복문 등을 구성하는 방법을 정의한다.

프로그래밍 언어의 이러한 문법적인 정의를 이용하여 프로그램을 컴파일(compile)하는 컴파일러(compiler)를 작성한다. 컴파일러는 사람이 만든 프로그램을 컴퓨터가 인식할 수 있는 기계어로 번역해주는 일종의 번역하는 소프트웨어를 말한다. 5.6절에서 컴파일러에 대해 설명한다. 컴파일러에 의해 번역되지 않고 바로 수행되는 언어를 인터프리터(interpreter) 언어라고 한다.

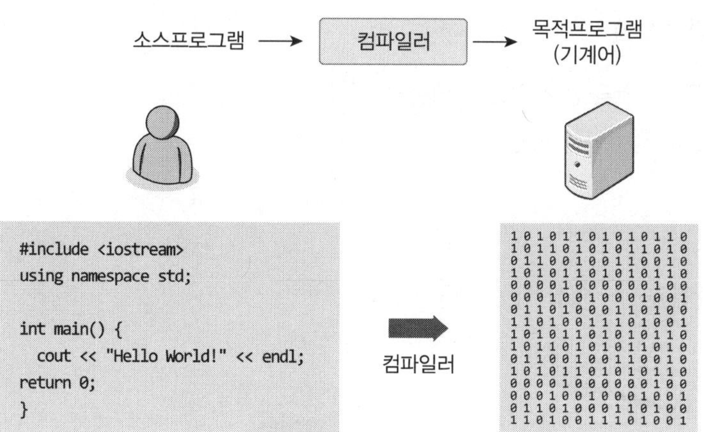

[그림 5-7] 컴파일러의 기능

5.2 프로그램의 기능

알렌 다우니(Allen Downey) 외 2인은 자신의 책 『*How to think like a computer scientist*』에서 프로그램이 수행하는 기능을 구분해 보면, 크게 입력, 출력, 연산, 선택-조건부 수행, 반복으로 나눌 수 있다고 하였다.

(1) 입력

- 키보드, 터치스크린, 마우스, 파일 등으로부터 입력 데이터를 받는 기능
- read, get, input, cin 등의 명령어를 사용한다.

(2) 출력

- 스크린, 파일, 종이 등으로 데이터를 출력하는 기능
- write, put, print, cout 등의 명령어를 사용한다.

(3) 연산

- 더하기, 빼기, 곱하기, 나누기, 나머지연산, 논리연산 등의 연산을 수행하는 기능
- +, −, * /, %, >, < , =, == 등의 연산자를 사용한다.

(4) 선택-조건부 수행

- 조건을 판단하여 특정 작업을 수행하는 기능
- if, else 등의 명령어를 사용한다.

(5) 반복

- 동일한 작업을 2회 이상 하는 기능
- for, while, repeat, do 등의 명령어를 사용한다.

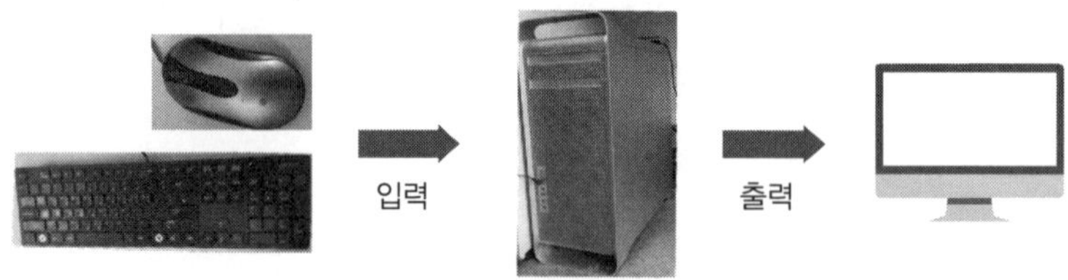

[그림 5-8] 프로그램의 기능

다음은 프로그래밍 언어별로 각 기능을 어떻게 표현하고 있는지 보여주고 있다.

[표 5-1] 프로그래밍 언어에 따른 프로그램 기능 표현 방법

기능	파이썬	Java	C++	pascal	Fortran
입력	input	read	cin	read, get	read
출력	print	print	cout	write, put, print	write
연산 (기본적인 연산자만 나열)	= + - * / ** == != < > > < >= < =	= + - * / % ++ -- == != > < >= <=	= + - * / % ++ -- == != > < >= <=	= + - * div mod <> > < >= <=	= + - * / ** > < >= <= == /=
선택-조건부 수행	if...else	if...else	if...else	if...then .. else	if...then ..endif
반복	for, while	for, while, do...while	for, while, do...while	for...do while...do repeat...until	do

[표 5-1]을 보면 프로그래밍 언어마다 표현하는 방법은 다소 다를 수는 있지만, 큰 형태에서는 프로그램 기능을 표현하는데 서로 유사한 형식을 취한다는 것을 알 수 있다.

5.3 변수

변수는 프로그램을 구성하는 가장 최소 단위이다. 변수는 사용자가 생성하는 것으로 특정 값을 갖는 목적으로 만들어진다. 변수를 생성하는 규칙은 언어마다 다를 수 있으나, 일반적으로 변수는 영문 알파벳과 숫자로 구성되는데, 첫 문자는 알파벳문자로 지정된다. 예를 들어, b, b123, c_12 등은 합당한 변수명이다. 그러나 일부 언어에서는 특별문자 _(underbar, underscore)가 변수의 첫 문자가 될 수 있다.

변수는 값을 저장하는 하나의 상자와 같다. 변수에 특정값을 저장하게 되면, 상자 안에 그 값을 저장한 상태가 된다. 변수명과 변수가 갖고 있는 값은 다르다, 다음 그림에서 변수명은 a가 되고, 변수가 갖고 있는 값, 즉 저장하고 있는 값은 상자 안에 있는 값을 말한다.

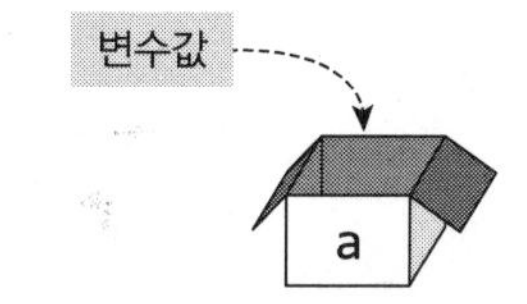

[그림 5-9] 변수명 a와 변수값

하나의 변수는 항상 하나의 값만 가질 수 있다. 즉, 상자 안에는 동시에 두 개 이상의 값을 가질 수 없다. 변수에 값을 저장하기 위해서는 배정연산자(assignment operator)를 사용한다. 일반적으로 = 표시로 표현된다. 예를 들어, a=1이라는 명령문은 a라는 상자에 1의 값을 저장하는 프로그램이다.

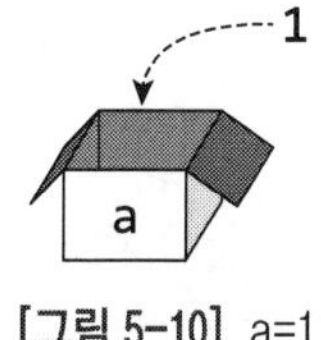

[그림 5-10] a=1

만일 a=b+c라는 프로그램이 있다면, 이것은 b와 c가 갖고 있는 값을 더한 후, 그 합을 a에 저장하는 명령문이다.

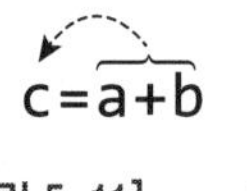

[그림 5-11] c=a+b

만일 a=1이 프로그램에 나타난 후, a=2라는 명령문이 있다면 a에는 2의 값이 저장되고, 이전에 저장된 값 1은 없어진다.

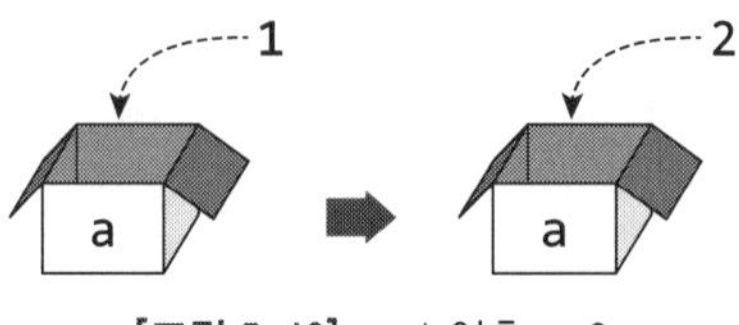

[그림 5-12] a=1 이후 a=2

만일 a=1, b=2인 상황에서 두 변수가 갖고 있는 값을 서로 교환하고자 할 때는 어떻게 할 수 있을까? 만일 a=b라는 명령문을 사용한다면, a에도 2의 값이 저장되고, b에도 2의 값이 저장된다.

[그림 5-13] 잘못된 a와 b의 값 교환

이유는 b가 갖고 있는 값을 a에도 저장하기 때문이다. 두 변수가 갖고 있는 값을 교환하기 위해서는 다음과 같이 별도의 임시변수 하나를 지정하여 다음의 순서대로 명령을 실행하면 된다.

(1) 새로운 변수 temp를 만든다.

(2) temp=a

(3) a=b

(4) b=temp

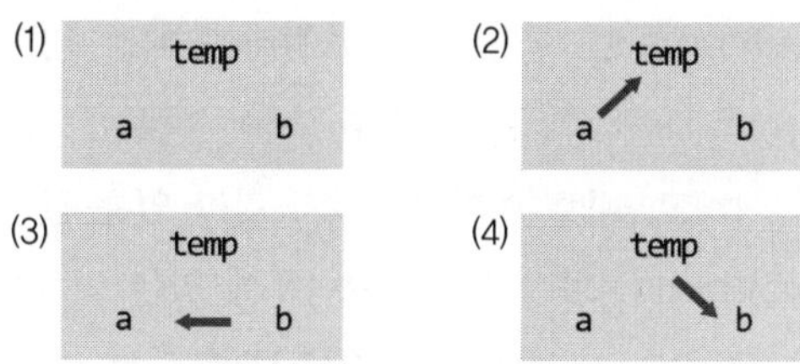

[그림 5-14] 올바른 a와 b의 값 교환

새로 만든 변수 temp에 a의 값을 저장한다(1), (2). temp는 1의 값을 갖는다. 그런 후, b의 값을 a에 저장하게 되면, b와 a는 같은 값 2를 갖게 된다(3). temp가 갖고 있는 값 1을 b에 저장하게 되면(4), b는 1의 값을 갖게 된다. 이러한 방식은 프로그래밍 언어에서 공통적으로 적용되는 방법이다.

5.4 프로그램의 예

본 절에서는 주로 파이썬과 C++을 이용하여 기능별로 실제 프로그램이 어떠한 형식을 갖는지 예를 이용하여 살펴본다.

(1) 입력/출력

입력으로 특정 변수에 값을 저장하고, 간단한 연산을 수행한 후, 형식에 맞추어 출력하는 일반적인 프로그램의 형식은 다음과 같다. 여기서 사용된 input, print 등은 특정 언어의 형식이 아닌 일반적인 의미로 사용된 명령어이다.

[표 5-2] 입력/출력의 예

줄	일반적인 프로그램 형식	화면에 보이는 내용
1:	input salary	200
2:	tax = salary * 0.1	세금: 20원
3:	print "세금:" tax "원"	

줄1은 사용자가 숫자를 입력하면 그 값을 salary라는 변수에 저장하는 명령문이다. 줄2는 salary에 저장된 값에 0.1을 곱한 후, 그 값을 tax라는 변수에 저장하는 명령문이다. 줄3은 출력으로 "세금:"을 인쇄하고, 바로 이어서 tax가 갖고 있는 값을 출력한 후, 바로 다음에 "원"을 출력하라는 명령문이다. 일반적으로 출력문에 있는 인용부호(" " 또는 ' ') 사이에 있는 문장은 출력이 되는 문장을 나타낸다. 출력문 내에 있는 변수는 값으로 변환되어 그 값이 출력에 나타난다.

다음 세 가지 프로그램은 입력으로 문자로 구성된 이름을 받아서, 출력으로 "Hello 이름"을 출력하는 프로그램 실제 예이다.

Pascal

```
program function1;

VAR Name:string;

BEGIN
  Write('type your name: ');
  Read(Name);
  Write('Hello ', Name);
END
```

파이썬

```
a=input("type your name: ")
print("Hello ", a)
```

출력

```
type your name: kim
Hello  kim
```

C++

```
#include <iostream>
#include <string>
using namespace std;

int main( ) {

   string a;

   cout <<"type your name: ";
   cin >> a;
   cout << "Hello " << a <<endl;
   return 0;
}
```

[소스코드 5-3] Pascal, C++, 파이썬의 입출력 프로그램 예

프로그램의 형식은 일부 다르지만, 영어를 읽듯이 순차적으로 읽으면서 프로그램이 수행하는 작업을 이해할 수 있다.

(2) 연산

d=a+b*c를 계산한 후, 값을 출력한다.

파이썬

```
a=1
b=2
c=3
d=a+b*c
print(d)
```

출력

```
7
```

C++

```
#include <iostream>
using namespace std;

void main( ){
    int a,b,c,d;
    a=1;
    b=2;
    c=3;
    d=a+b*c;
    cout << d;
}
```

[소스코드 5-4] 연산 프로그램 예

(3) 선택-조건부 수행

선택-조건부 수행은 조건에 따라 수행하는 작업이 달라지는 경우 작성하는 프로그램이다. 의사코드로 작성된 조건부 수행의 예는 다음과 같다.

```
if (내일 비가 오면) then
    놀이공원에 간다
else
    야구장에 간다
```

[알고리즘 5-1] 선택-조건부 수행의 의사코드

다음은 두 숫자 a, b를 입력 받아서 큰 값을 찾은 후, 큰 값을 출력하는 프로그램 실제 예이다.

파이썬

```
print("type two numbers :")
a=input("1st number : ")
b=input("2nd number : ")
if a>b:
      print(a)
else:
      print(b)
```

출력

```
type two numbers :
1st  number : 3
2nd number : 5
5
```

C++

```
#include <iostream>
using namespace std;

void main( ){
  int a,b;

cout << "type two numbers :"<<endl;
cout << "1st number : ";
cin >>a;
cout << "2nd number : ";
cin >>b;
if(a>b)
      cout << a;
else
      cout << b;
}
```

[소스코드 5-5] 선택-조건부 수행 프로그램 예

(4) 반복

상업적인 목적의 프로그램이나 과학적인 목적의 프로그램에는 반복적인 기능이 자주 사용된다. 예를 들어, 1부터 10,000까지의 합을 구하거나, 2부터 10,000까지의 짝수의 합을 구하는 프로그램 기능이 필요하다. 또는 보일러를 통제하는 프로그램에는 실내온도가 27도를 유지하도록 하는 프로그램이 필요하다. 보일러가 가동하는 동안에 지속적으로 현재의 온도를 확인하는 기능이 프로그램 내에 구현되어야 한다.

1부터 10까지의 자연수의 합을 구하는 프로그램 실제 예이다. 여기서 사용된 += 연산자는 sum의 값에 i의 값을 누적하는 연산자이다. 즉, sum = sum + i를 간단히 표시할 때 사용한다.

파이썬

```python
sum=0
for i in range(1,11):
    sum += i
print("Sum is ", sum)
```

출력

```
Sum is 55
```

C++

```cpp
#include <iostream>
using namespace std;

void main( ){
   int i,sum=0;
   for(i=1; i<11; i++)
         sum += i;
   cout << "Sum is "<<sum;
}
```

[소스코드 5-6] 반복 프로그램 예

5.5 함수(function)

파워포인트를 이용하여 도형을 그릴 때 다양한 도형의 메뉴가 있어서, 도형의 기본 형태를 선택한 후 위치, 크기 등을 마우스로 조정하여 원하는 도형을 다양하게 그릴 수 있다. 다음 그림은 원형을 선택한 후 다양한 원형을 그리는 파워포인트 화면이다.

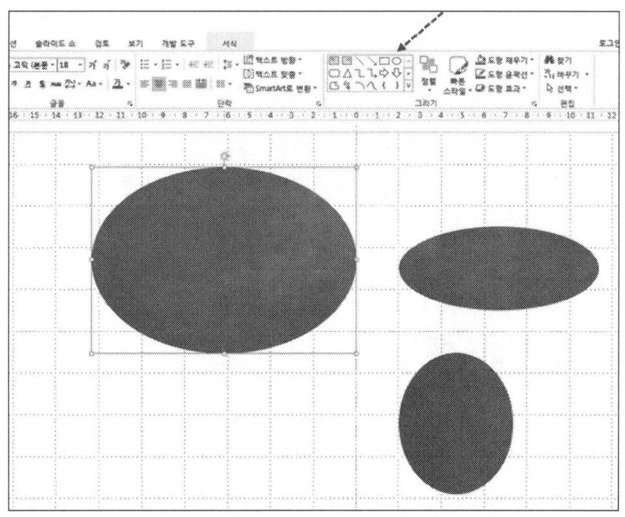

[그림 5-15] 파워포인트의 도형 그리기 메뉴

여기서 각각의 도형 메뉴는 프로그램에서의 함수에 해당한다. 함수는 기본적으로 동일한 작업을 수행하기 위해 자주 사용하는 기능을 미리 만들어 놓고, 반복적으로 사용할 수 있도록 만든 명령문들의 집합을 말한다. 예를 들어 원형을 만드는 작업은 자주 사용하므로, 원형작성이라는 기능을 미리 구현해 놓고 사용할 수 있는 것이다. 이 때, 원형의 중심위치와 가로 길이, 세로 길이를 결정해주면 원하는 도형을 화면상에 만들어낼 수 있다. 여기서, 중심위치, 가로 길이, 세로 길이는 함수에 입력으로 주어지는 매개변수(파라미터)의 값이 된다.

그러면 프로그램에서 일반적인 함수는 어떻게 정의되고, 사용되는지 설명한다. 다음과 같은 작업이 있다고 가정하자.

> 현재 현금이 200원 있다. 은행에 예금했을 때 연이자율이 10%일 때의 이자와 연이자율이 20%일 때의 이자를 아래의 출력처럼 화면에 보이도록 한다.

출력

```
이자율 0.1 이자 20원
이자율 0.2 이자 40원
```

[그림 5-16] 출력 화면

이 작업에는 이자율만 바꾸어서 계산하는 동일한 작업이 2회 반복되는 것을 알 수 있다. 만일 함수를 사용하지 않고 프로그램을 만든다면 일반적으로 다음과 같은 형태가 될 것이다. 다음은 특정 프로그램의 형식을 따르지 않은 일반적인 형태이다.

```
interest = 200 × 0.1
print "이자율 0.1 이자" interest "원"
interest = 200 × 0.2
print "이자율 0.2 이자" interest "원"
```

[그림 5-17] 이자 계산 프로그램 예

다음은 프로그램의 두 번째 줄이 어떤 방식으로 출력되는지를 보여준다.

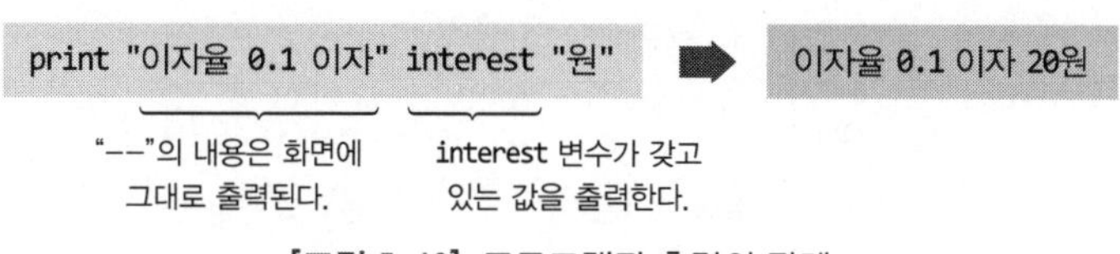

[그림 5-18] 프로그램과 출력의 관계

이 프로그램에서 이자율 값만 다른 동일 작업을 수행하기 위해 동일한 프로그램이 두 번 반복된다는 것을 발견할 수 있다. 따라서 한 번의 작업을 함수로 만든다면, 프로그램 길이를 단축하면서 프로그램을 간단히 구성할 수 있다. 함수를 호출할 때 사용되는 매개변수를 실매개변수(actual parameter)라고 하고, 함수를 정의하는데 사용되는 매개변수를 형식매개변수(formal parameter)라고 한다. 새로운 함수 f1을 정의하는데, 함수 내에 전달하는 형식매개변수로 이자율(interest_rate)을 사용한다.

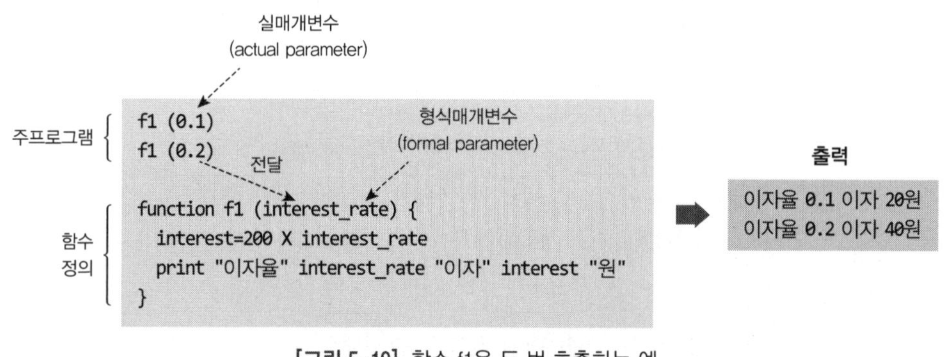

[그림 5-19] 함수 f1을 두 번 호출하는 예

주(main)프로그램에서 함수 f1을 실매개변수의 값을 달리 하면서 2회 사용하였다. 여기서 사용하는 것을 "주프로그램이 함수 f1을 호출(call)하였다"라고 한다. 그리고 프로그램 내에 함수 f1을 정의하여야 한다. 형식매개변수로 사용되는 이자율을 나타내기 위해, 변수 interest_rate를 사용하였다. 함수의 범위를 나타내기 위해 중괄호 { }를 이용하여 나타내었다. 정의된 함수를 주프로그램에서 두 번 호출하여, 주프로그램을 간단히 작성할 수 있었다.

[그림 5-20]은 주프로그램에서 함수를 호출할 때 사용된 값이 함수의 형식매개변수에 대응되는 관계를 보여주고 있다.

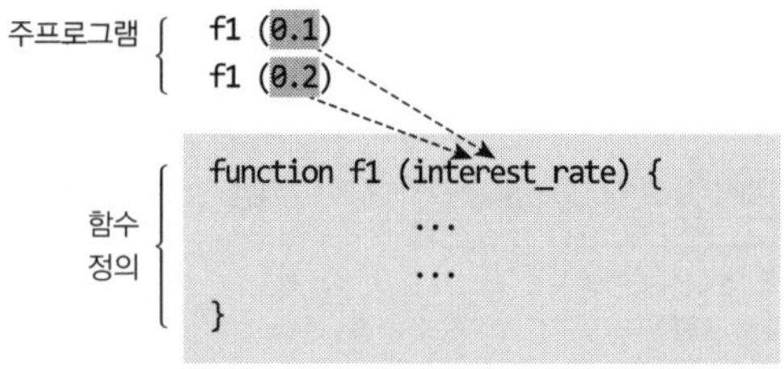

```
주프로그램 { f1 (0.1)
           { f1 (0.2)

함수 { function f1 (interest_rate) {
정의 {           ...
     {           ...
     { }
```

[그림 5-20] 함수 내에 전달되는 한 개의 매개변수 값

위의 프로그램에서 이자율만 형식매개변수로 처리하여 다양한 이자율에 대해 프로그램이 동작하도록 하였다. 그런데 원금 200원은 항상 일정하게 처리하였다. 만일 다양한 원금에 대해서도 프로그램이 동작하게 하려면 어떻게 할 수 있을까? 다양한 이자율에 대해 프로그램이 동작하게 하는 동일한 방법을 이용할 수 있다. 즉, 함수 내에 원금을 나타내는 형식매개변수를 추가하면, 함수 내에 원금값을 전달할 수 있다.

```
f2(200, 0.1)
f2(200, 0.2)

function f2(money, interest_rate) {
    interest = money × interest_rate
    print "이자율" interest_rate "이자" interest "원"
}
```

[그림 5-21] 두 개의 매개변수가 있는 함수 정의 예

전달되는 두 개의 실매개변수는 함수 내에 정의된 순서대로 값이 전달된다. 첫 번째 함수 호출에 있는 200은 함수 내에 정의된 money에 해당하고, 두 번째로 있는 0.1은 함수 내에 정의된 interest_rate에 해당된다.

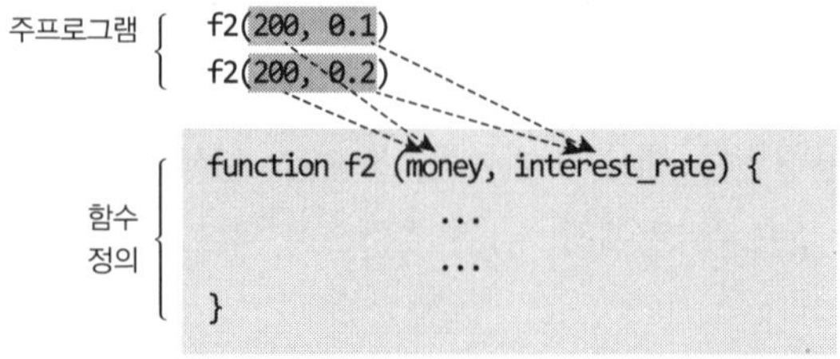

```
주프로그램 { f2(200, 0.1)
           { f2(200, 0.2)

함수 { function f2 (money, interest_rate) {
정의 {           ...
     {           ...
     { }
```

[그림 5-22] 함수 내에 전달되는 두 개의 매개변수 값

함수를 f2와 같이 정의한다면, money에 다양한 값을 넣으면 여러 가지 경우의 이자를 계산할 수 있다.

```
f2(1400, 0.2)
f2(2000, 0.15)
f2(20000, 0.1)

function f2(money, interest_rate) {
    interest = money × interest_rate
    print "이자율" interest_rate "이자" interest "원"
}
```

[그림 5-23] 다양한 값을 이용한 함수 호출

출력

```
이자율 0.2 이자 280원
이자율 0.15 이자 300원
이자율 0.1 이자 2000원
```

[그림 5-24] 출력 화면

함수는 반복적으로 사용되는 절차를 하나의 단위로 만들어 매개변수의 값만 바꾸면서 다양한 입력에 대한 여러 가지의 결과를 만들어낼 수 있다. 예를 들어, 사각형 그리는 함수, 성적을 계산하는 함수 등을 들 수 있다. 사각형을 그리는 함수는 중심의 위치, 가로 길이, 세로 길이를 매개변수로 하여 그 값을 변경하면 다양한 사각형을 그릴 수 있다.

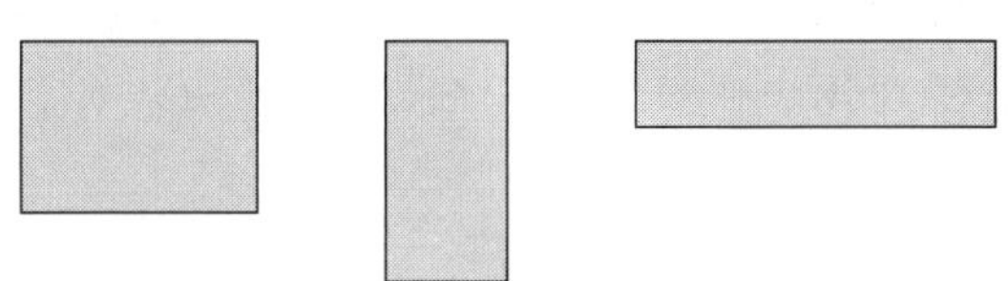

[그림 5-25] 다양한 사각형을 그리는 함수의 결과물

다음과 같이 학생들의 과목별 점수가 데이터로 저장되어 있다고 가정하자. 만일 학생별로 평균점수를 구하려고 한다면, 학생별로 동일한 작업을 반복적으로 수행해야 한다. 한 학생의 평균점수를 구하는 작업을 함수로 만든다면, 학생이름을 형식매개변수로 하여 function average(학생이름)를 정의할 수 있다.

[표 5-3] 학생의 점수 데이터

	국어	영어	수학	과학
홍길동	90	80	79	91
이순신	70	78	90	92
김유신	89	75	85	90
…				
…				

주프로그램에서는 다음과 같은 명령문을 넣어 각 학생들의 평균을 간단히 구할 수 있다.

```
average(홍길동)
average(이순신)
average(김유신)
...
```

[그림 5-26] 함수 사용 예

프로그램을 작성한다는 것은 수행해야 할 작업들을 명령문들로 대체하는 것이다. 많은 작업들이 반복되고 프로그램 작성이 구조화되어야 하기 때문에, 프로그램 작성 시에는 많은 함수들을 작성하게 된다. 따라서 대규모의 프로그램은 내부에 많은 수의 함수들을 갖고 있는데, 다양한 분야에서 많이 사용하는 함수들은 필요해 의해 미리 작성해서 많이 사용하고 있다. 예를 들어, 마이크로소프트의 비주얼스튜디오 C++에서는 많이 사용하는 자료구조 함수들을 미리 만들어 놓아서, 사용자들이 쉽게 프로그램을 할 수 있도록 도와준다. 이러한 함수에는 집합에 대한 연산 함수들, 리스트에 대한 연산 함수 등이 포함되어 있다.

특정 분야에서 사용하는 함수들을 모아 놓은 소프트웨어를 라이브러리(library)라고 한다. 예를 들어, 그래픽 라이브러리, 통계분석 라이브러리, 수학연산 라이브러리 등이 존재한다. 프로그램 작성 시에는 미리 구축되어 있는 라이브러리를 적절히 사용하여 개발 기간을 단축할 수 있으며, 작성된 프로그램의 신뢰성을 증가시킬 수 있다.

5.6 컴파일러

C 컴파일러, C++ 컴파일러 등과 같이 프로그래밍 언어에 붙여서 사용되는 컴파일러(compiler)라는 단어를 보게 된다. 컴파일러는 간단히 이야기하면 프로그램의 번역기이다. 작성된 프로그램은 컴퓨터에서 수행되기 위해서 컴파일러에 의해 기계어로 번역되어야 한다. 그런데 프로그래밍 언어의 일종인 파이썬 언어에 대해서는 파이썬 컴파일러라는 말은 들어본 적이 없다. 어떤 이유로 파이썬 컴파일러는 존재하지 않는 것일까?

프로그래밍 언어는 두 부류로 나눌 수 있다. 하나는 컴파일러에 의해 컴파일되는 언어이고, 또 다른 하나의 부류는 인터프리터(interpreter)에 의해 수행되는 언어이다. 전자에 속하는 언어는 C, C++, Fortran, Java 등이고, 후자에 속하는 언어는 파이썬, Basic, JavaScript, MATLAB, PHP, Lisp 등이 있다. 인터프리터에 의해 수행되는 언어로 만들어진 프로그램은 컴파일 과정 없이 바로 수행된다. 간단히 프로그램을 수행할 수 있으므로, 단순한 프로그램의 작성에 사용된다.

컴파일러가 필요한 이유는 컴퓨터는 사람이 작성한 프로그램을 직접 구동시킬 수 없기 때문이다. 컴퓨터는 0과 1로 구성된 언어만을 이해할 수 있다. 따라서 사람이 작성한 프로그램을 0과 1로만 구성된 명령문으로 번역해줄 번역기가 필요한 것이다. 반면에 인터프리터 언어는 번역되는 과정 없이 명령문이 바로 수행된다.

컴파일러는 사람이 작성한 프로그램을 기계가 이해할 수 있는 코드로 변환할 때, 프로그램의 오류를 찾는 기능을 갖고 있다. 즉, 프로그램이 규칙에 맞게 작성되었는지를 확인한 후, 오류가 있을 때는 적당한 오류메시지를 프로그래머에게 주게 된다. 다음은 C++ 프로그램에서 3=a+b라는 문장의 오류로부터 발생하는 컴파일러의 오류 메시지이다.

[표 5-4] C++ 컴파일러의 오류 메시지

<table>
<tr><th>소스</th><th>오류 메시지</th></tr>
<tr><td><pre>#include 〈iosteam〉
using namespace std;
void main( ) {
  int a,b;
  a=1;
  b=2;
  3=a+b;
}</pre></td><td>error C2106: '=' : left operand must be l-value</td></tr>
</table>

컴파일러는 컴파일 단계에서 두 단계에 걸쳐서 프로그램의 오류를 찾게 된다. 하나는 어휘분석(lexiclal analysis)이고, 다른 한 단계는 구문분석(syntax analysis)이다. 어휘분석은 프로그램에 사용된 변수, 함수명, 숫자 등의 구성이 합당하게 되어 있는지를 확인한다. 구문분석에서는 프로그램 명령문 구성이 문법적으로 오류가 있는지를 확인한다. C++ 프로그램을 이용하여 컴파일러의 프로그램 오류 확인 단계를 살펴본다.

[표 5-5] 컴파일러의 프로그램 오류의 확인 단계

	국문 예	C++	오류 메시지와 확인단계
정상 문장	나는 학교에 간다	int i=2;	
어휘의 오류	나는 학교**예** 간다	iny i=2;	- 'iny': undeclared identifier - 어휘분석(lexical analysis) 단계에서 오류 확인
구문의 오류	나는 위대한 간다	int float=2;	- 'int' followed by 'float' is illegal - 구문분석(syntax analysis) 단계에서 오류 확인

위의 표에서 정상적인 문구는 단어와 문법적인 구조가 모두 합당하다. 그러나 두 번째 줄의 '학교예'라는 단어는 없다. 그리고 C++에서 iny 라는 변수형은 없다. 따라서 어휘분석 단계에서 어휘의 오류를 확인할 수 있다. '나는 위대한 간다'라는 문장에서, 문장을 구성하고 있는 단어들은 모두 합당하다. 그렇지만 '위대한 간다'라는 문장 구성은 한국어 문법에 합당하지 않다. 마찬가지로 'int float=2'의 명령문에서 각 단어는 모두 합당하지만 프로그램의 한 문장으로는 합당하지 않다. 정수형을 의미하는 int 다음에 실수형을 의미하는 float라는 단어가 올 수 없다.

파이썬인 경우는 컴파일러 대신 인터프리터(interpreter)가 명령문들의 적합성을 검사하고, 오류가 있을 경우 메시지를 생성한다.

[표 5-6] 파이썬의 프로그램 오류 메시지

소스	오류 메시지

>>> a=1
>>> b=3
>>> 3=a+b
	SyntaxError: can't assign to literal

다음은 컴파일러가 소스프로그램을 컴파일한 후 컴퓨터에서 수행될 수 있는 단계로 바뀌는 과정을 보여주고 있다.

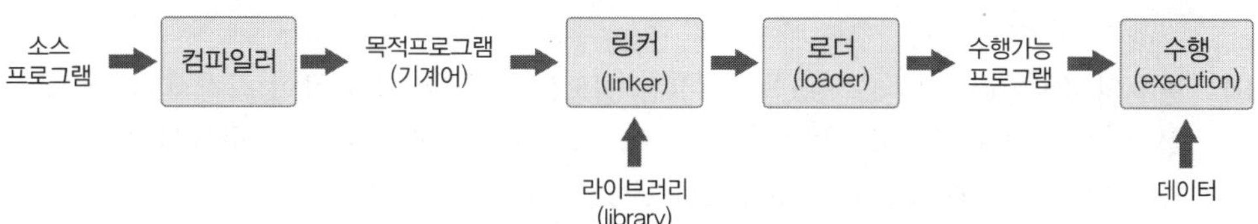

[그림 5-27] 소스프로그램이 수행모듈로 변환되는 과정

링커는 번역된 프로그램을 라이브러리와 연결해주는 기능을 하고, 로더는 링커에 의해 라이브러리와 연결된 프로그램을 메인메모리에 가져오는 기능을 한다. 로딩이 완료되면 프로그램이 수행될 수 있는 상태가 된다.

연습문제

01 변수의 값이 a=3, b=4, c=5, d=6이다. 새로운 a, b, c, d의 값이 각각 6, 3, 4, 5가 될 때 변수의 값을 새로 변경하는 프로그램을 작성하라. 단 각 변수들이 갖고 있는 값을 다른 변수에 저장하는 방법으로 프로그램을 작성하라.

02 마크업 언어의 일종인 HTML에는 다양한 태그가 사용되고 있다. 쇼핑몰의 홈페이지를 열어서 태그와 화면에 보이는 내용을 비교해보라.

03 함수에 사용되는 매개변수에는 실매개변수와 형식매개변수가 있다. 그 차이를 확인해보라.

04 파이썬에서 사용하고 있는 연산자를 나열해보라.

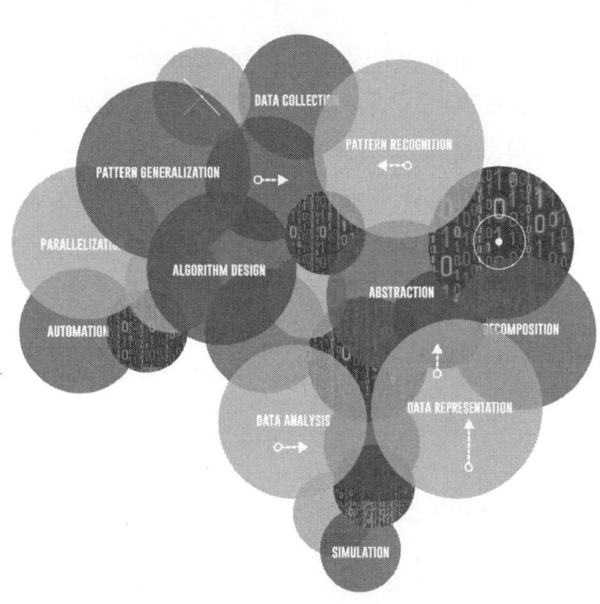
DATA COLLECTION
PATTERN RECOGNITION
PATTERN GENERALIZATION
ALGORITHM DESIGN
ABSTRACTION
AUTOMATION
DATA ANALYSIS
DATA REPRESENTATION
SIMULATION

chapter 06

>>>

파이썬

6장에서는 프로그래밍 언어인 파이썬 언어를 이용하여 프로그램을 작성하는 방법을 설명한다.

6.1 소개

파이썬은 1991년부터 개발된 high-level 프로그래밍 언어이다. 파이썬은 인터프리터 언어의 일종이며, 객체지향(object-oriented) 개념을 포함하고, 단순한 형식과 쉬운 가독성(readability)을 목표로 설계되었다. 오픈소스(open-source) 소프트웨어로 비영리단체에 의해 서비스가 지원되고 있으며, 모든 사람들이 무료로 사용할 수 있는 소프트웨어다. 단순한 구조와 이해하기 쉬운 형식으로 프로그램을 할 수 있어서, 프로그래밍을 처음으로 배울 때 많은 사람들이 선택하고 있는 프로그래밍 언어이다.

CHAPTER 5에서 이미 설명한 인터프리터 언어는 컴파일 과정을 거치지 않고 실행되는 언어를 말한다. 파이썬, Basic, JavaScript, MATLAB 등의 언어가 이 부류에 속한다.

6.1.1 파이썬 설치하기

먼저 PC에 파이썬 프로그램을 가동할 수 있는 환경을 설치해야 한다. 파이썬 프로그램을 가동하기 위해서는 파이썬이 제공하는 통합개발학습환경인 IDLE(Integrated Development and Learning Environment)라는 시스템을 설치해야 한다. IDLE를 이용하여 줄 단위로 프로그램을 완성하고, 바로 결과를 확인할 수 있다.

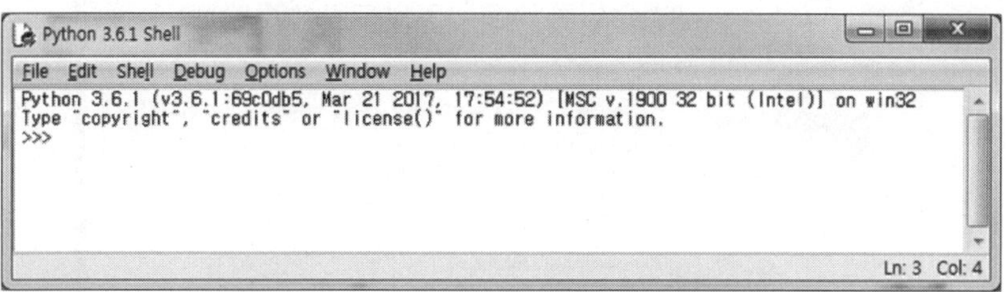

[그림 6-1] 파이썬의 통합개발학습환경 IDLE

IDLE를 다운로드할 수 있는 사이트는 www.python.org이다. 사이트에 연결된 후, 상단의 Downloads를 선택하고, 다운로드 화면에서 좌측의 최신 버전의 파이썬을 선택한다.

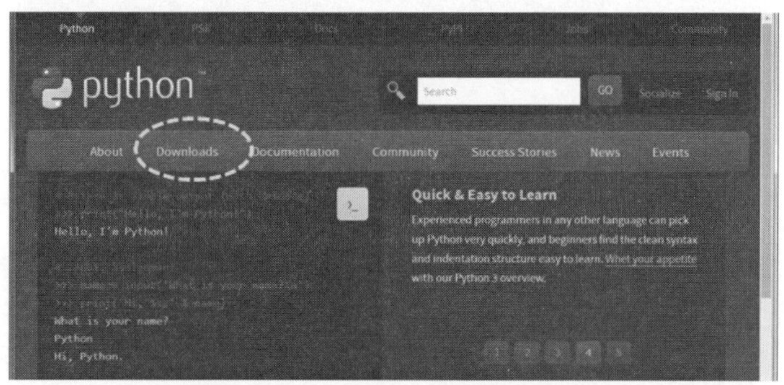

[그림 6-2] www.python.org 다운로드 사이트

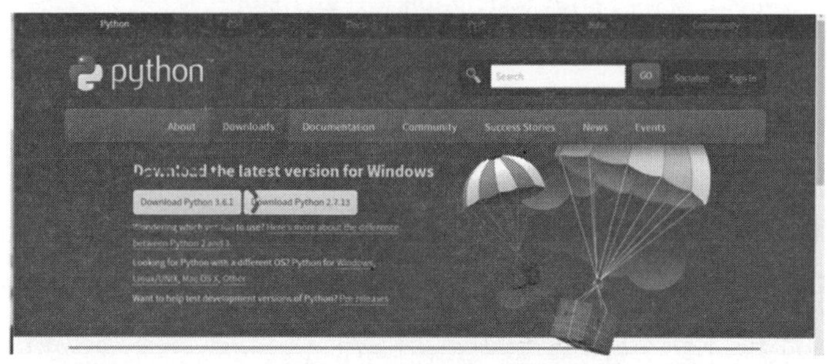

[그림 6-3] 최신 버전을 다운로드

기본설치를 선택하면 기본적으로 필요한 파일들이 설치된다.

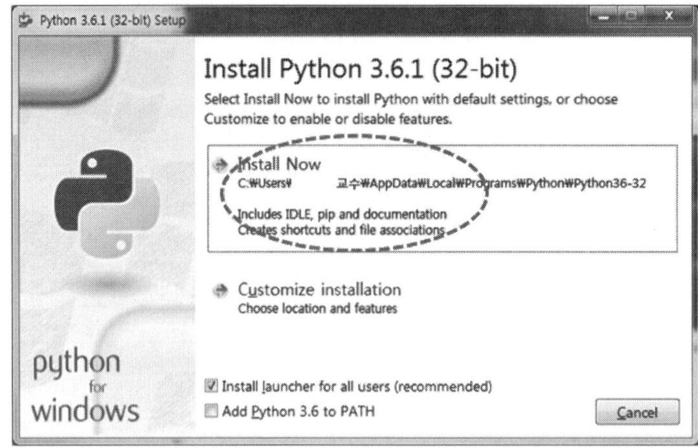

[그림 6-4] 파이썬 설치 화면

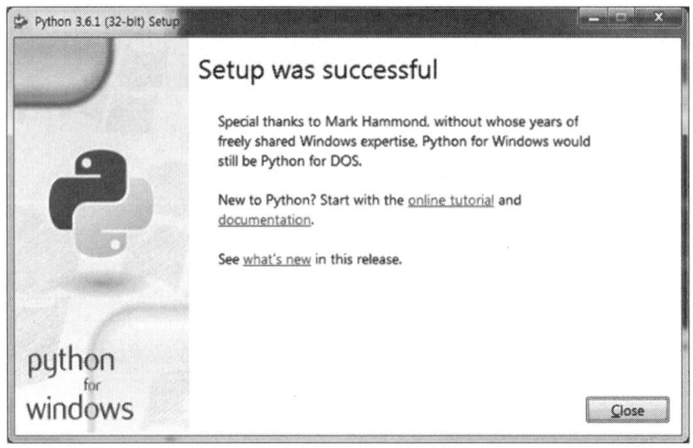

[그림 6-5] 파이썬 설치 완료 화면

6.1.2 파이썬 시작하기

윈도우의 시작 버튼을 누른 후 파이썬을 선택한다. IDLE(Python 3.6 32-bit)를 선택하면 된다. 설치된 환경에 따라 직접 선택이 가능한 화면이 보이거나 [그림 6-6]의 '모든 프로그램'을 창에서 IDLE를 선택하면 된다[그림 6-7].

[그림 6-6] 파이썬 선택 화면 1

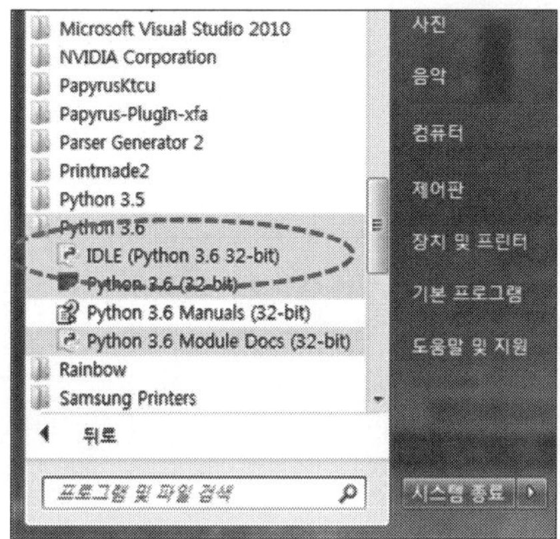

[그림 6-7] 파이썬 선택 화면 2

[그림 6-8]은 IDLE의 쉘 창(shell window)의 초기 화면이다.

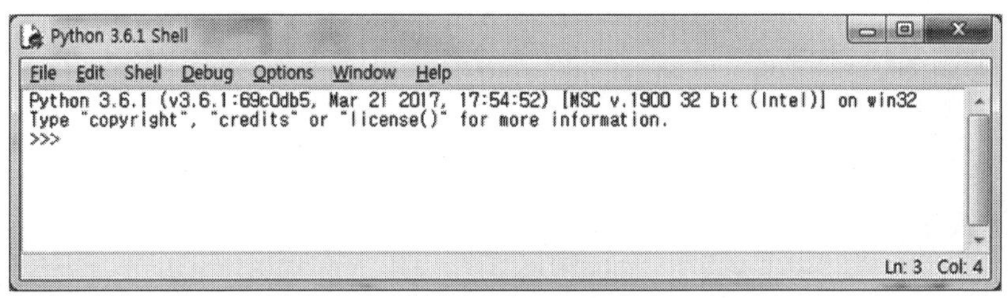

[그림 6-8] IDLE 쉘 창(shell window)의 초기 화면

셸(shell)이란 OS와 사용자를 연결해줄 수 있는 사용자 인터페이스(user interface)를 말한다. 즉, 명령어를 주면 컴퓨터는 작업을 수행하게 되는데, 그 결과를 셸 화면에 보여주게 된다. 또 셸 창에서 필요한 메뉴를 선택하여 작업을 수행할 수 있다. 예를 들어 저장된 파이썬 프로그램을 불러올 수 있다. IDLE는 셸 창과 파일 편집기 창을 갖는다.
초기 화면에서 다음과 같이 입력을 해보자.

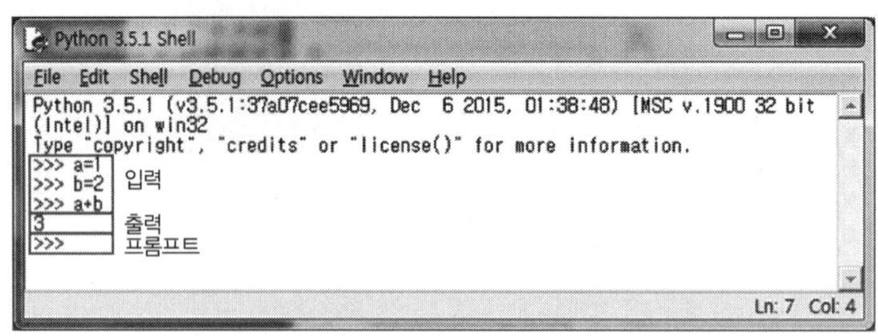

[그림 6-9] IDLE Shell 창을 이용한 간단한 프로그램 테스트

>>>는 프롬프트(prompt)라고 하는데, 컴퓨터가 입력을 기다리는 상태를 알려주는 표시다. 여기서 입력으로 a=1을 입력하고, enter를 치면, 새로운 >>>이 나타나며 새로운 입력을 대기한다. 다시 b=2를 입력하고, enter를 입력한다. 새로운 >>>가 나타난다. 그런 후, a+b를 입력하고 enter를 입력하면, 화면에 3이 나타난다. 즉, a+b의 결과가 화면에 보이게 된다. 결과가 정상이므로 IDLE가 정상적으로 수행된다는 것을 알 수 있다.

6.1.3 프로그램 파일 생성 · 구동 · 저장

6.1.2에서 사용한 프로그램은 단순히 a와 b의 값을 주고, a+b를 계산하는 단 세 줄의 명령문으로 구성된 실험용 프로그램이었다. 만일 프로그램이 100줄의 명령문으로 구성된다면, 매번 100줄을 입력할 수는 없을 것이다. 따라서 프로그램을 생성한 후 별도의 파일에 저장했다가 필요 시 구동시키는 방법이 필요하다. IDLE 셸 창에서 File을 선택하면 여러 메뉴가 나타난다[그림 6-10]. 여기서 New File을 선택하면, 별도의 파일 편집기 창이 만들어진다[그림 6-11].

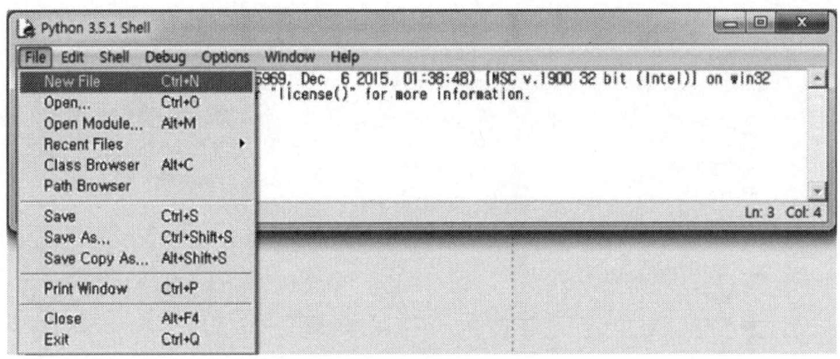

[그림 6-10] New File 선택

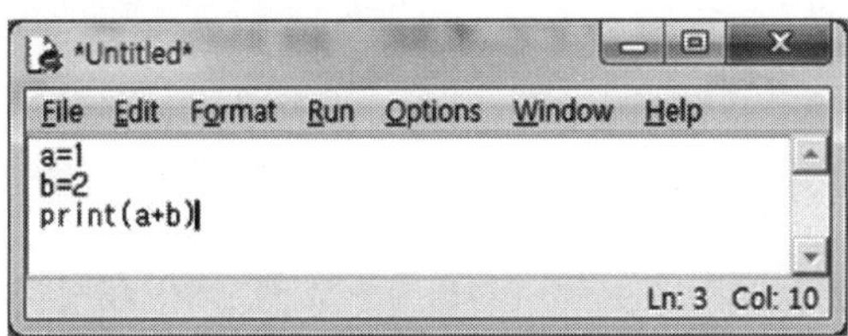

[그림 6-11] 별도의 파일 편집기 창에 프로그램 입력

별도의 파일편집기 창에 프로그램을 입력한 후, File을 선택하여 메뉴를 펼친다. 메뉴 중에서 Save As...를 선택하여 현재 입력한 프로그램을 새로운 파일명(여기서는 t1)으로 저장한다.

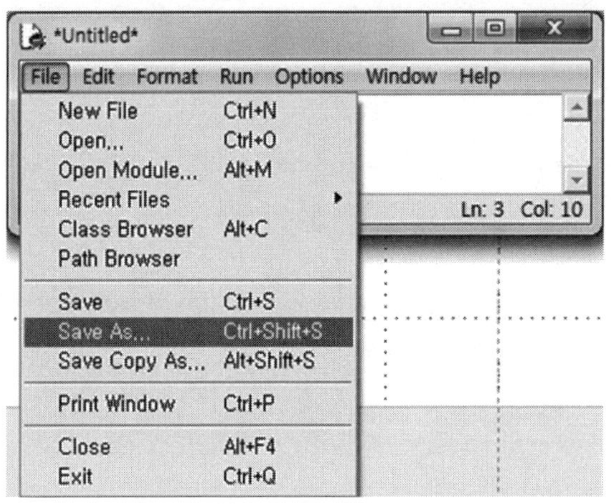

[그림 6-12] 새로운 파일명으로 저장하기 위해 Save As... 선택

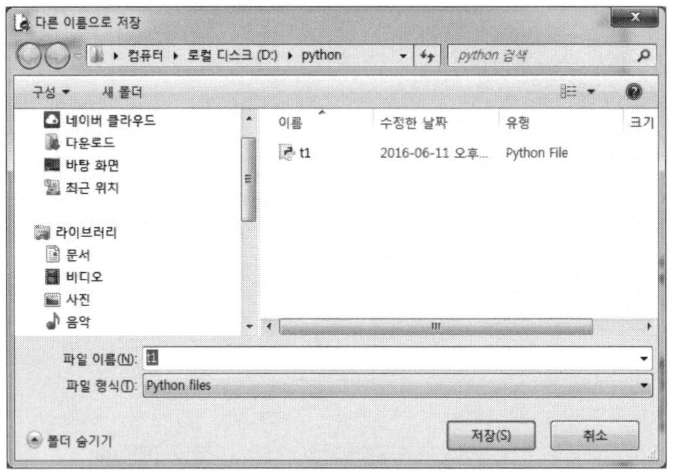

[그림 6-13] 새로운 파일명 t1로 저장

이 때 파일 타입은 py로 자동 생성된다. 결과적으로 t1.py가 생성된다. 생성된 프로그램을 수행시키기 위해서는 쉘 창에서 Run을 선택한 후 Run Module를 선택하면 된다. 또는 단축키로 F5를 누르면 된다.

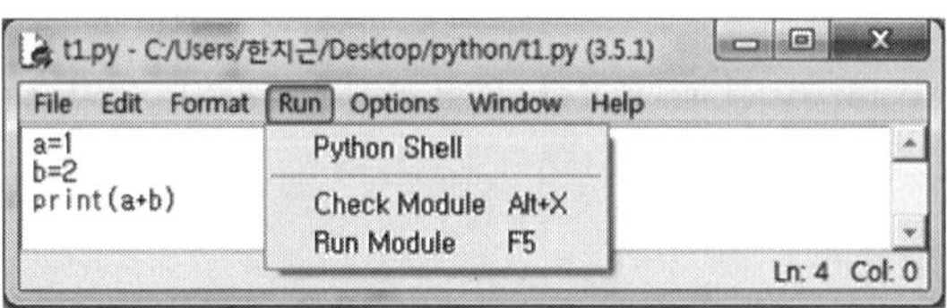

[그림 6-14] 프로그램의 수행

프로그램을 수행하면 IDLE 쉘 창에 수행결과가 나타난다. 다음 화면에서 결과 3이 프로그램의 수행결과이다.

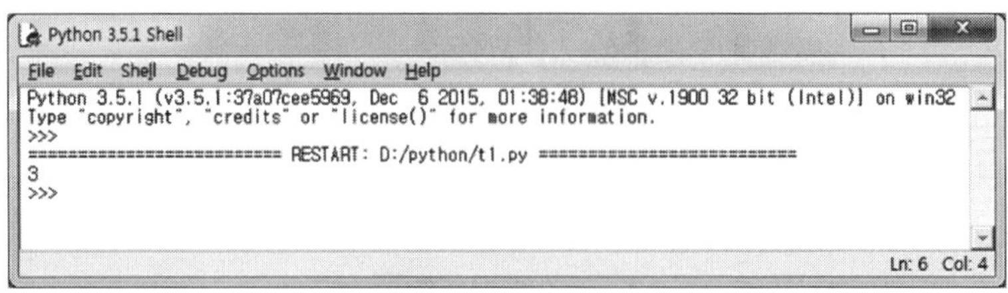

[그림 6-15] 프로그램 수행 결과

6.1.4 파이썬 파일을 불러오기

저장된 파이썬 프로그램을 불러오기 위해서는 IDLE 쉘 창에서 File을 선택한 후, Open...메뉴를 이용한다.

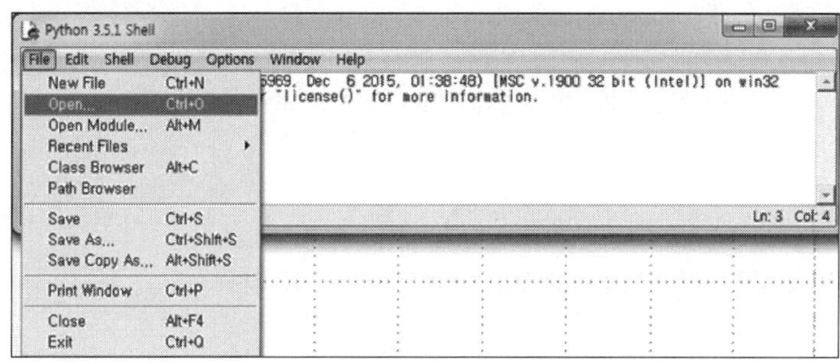

[그림 6-16] 저장된 파이썬 프로그램 불러오기

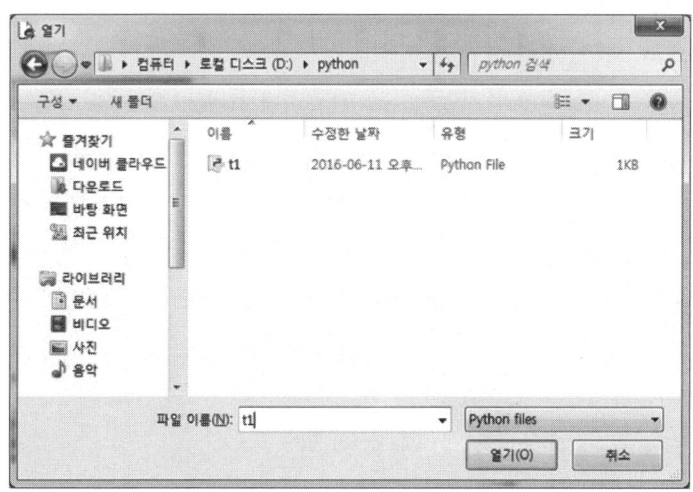

[그림 6-17] 파일 불러오기에서 파일 선택

파일 불러오기가 정상적으로 수행되면, 별도의 편집기 창에 다음과 같은 내용이 보인다.

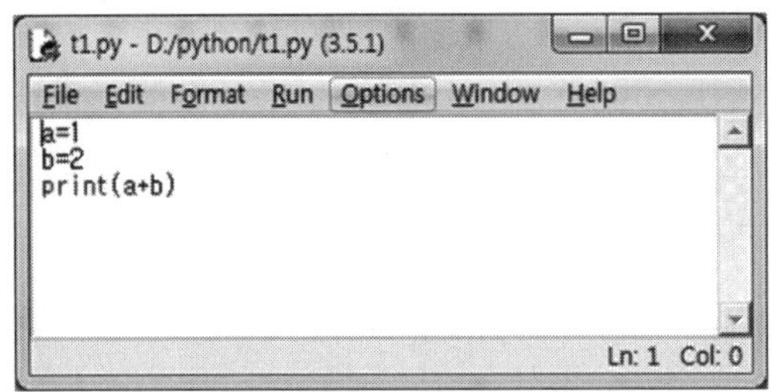

[그림 6-18] 파일 불러오기가 정상적으로 수행된 결과

이상 파이썬을 설치하고, 프로그램을 작성·수행·저장·불러오기 하는 방법을 설명했다. 다음으로 파이썬을 이용한 자세한 프로그래밍 방법을 설명한다.

6.2 변수에 값 저장

변수(variable)는 프로그래머가 생성할 수 있는 식별자(identifier)의 일종이다. 식별자는 변수, 함수(function), 클래스(class)들을 의미한다. 변수명은 값을 저장하는 저장소의 이름을 말한다. 다음은 변수명이 a인 변수를 나타낸다.

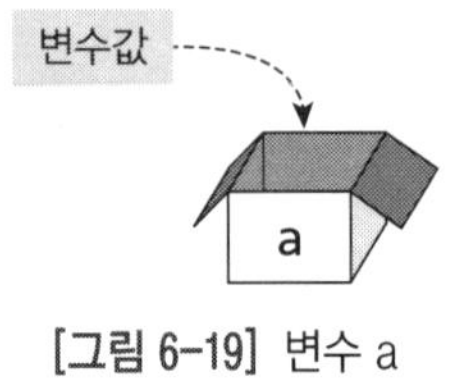

[그림 6-19] 변수 a

식별자를 구성하는 방법은 다음과 같다.

- 알파벳 a-z, A-Z, _(underbar, underscore), 0-9로 구성된다.
- 하나 이상의 길이를 갖는다.
- @, $, % 는 포함할 수 없다.
- 대문자, 소문자를 구분한다. 즉, abc와 ABC, Abc 등은 다른 식별자를 나타낸다.
- 예약어(reserved word)는 식별자로 사용될 수 없다.

식별자의 일종인 변수명은 식별자를 구성하는 규칙을 따르고, 일반적으로 알파벳 소문자로 시작한다. 그리고 _ , 숫자로 구성된다. _로 시작하는 변수는 다른 특별한 용도로 사용하기 위해 변수명으로는 일반적으로 사용하지 않는다. 예약어는 프로그램에서 고유한 의미를 갖는 것으로, 프로그램 자체에 사용되는 단어들인데, if, else, print, input, for, while 등을 포함한다. 따라서 예약어를 프로그래머가 값을 저장하는 변수 또는 다른 식별자로 사용할 수 없다.

변수에 값을 저장하는 방법은 = 표시의 좌측에 변수명, 우측에 저장하려는 값 또는 변수명이 오도록 배정문(assignment statement)을 작성하는 것이다.

변수명 = 저장할 값 또는 변수명

변수는 정수, 실수, 문자열(string), 리스트(list)를 저장할 수 있으므로, 저장할 값으로 이들 값들이 올 수 있다. 우측에 변수명이 올 경우에는 변수가 갖고 있는 값이 왼쪽의 변수명으로 저장된다. [소스코드 6-1]의 좌측은 프로그램의 일부이고, 우측은 프로그램의 결과가 어떻게 출력이 되는지 보여주는 예이다.

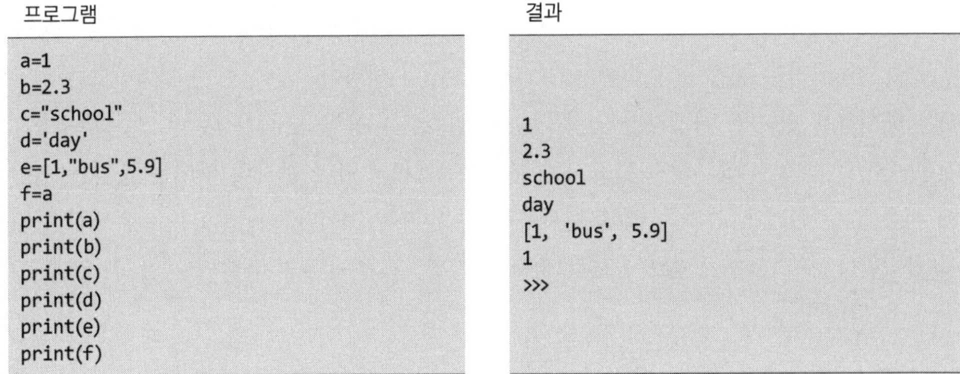

프로그램

```
a=1
b=2.3
c="school"
d='day'
e=[1,"bus",5.9]
f=a
print(a)
print(b)
print(c)
print(d)
print(e)
print(f)
```

결과

```
1
2.3
school
day
[1, 'bus', 5.9]
1
>>>
```

[소스코드 6-1] 변수에 값 저장하는 방법

e=[1,"bus",5.9]는 리스트 데이터를 저장하는 명령문이다. 리스트는 6.6절에서 설명한다. a="school"은 a='school'과 같은 결과를 생성한다. 문자들로 구성된 데이터를 문자열이라고 한다. 문자열은 시작과 끝이 동일한 표시로 " 또는 ' 로 표시되어야 한다. a="school'는

적당한 표현이 아니다. f=a에 의해 a가 갖고 있는 값 1이 f에 저장된다.

변수명을 이용하여 연산식을 나타내면, 연산식이 수행될 때, 변수명에 저장된 값이 변수가 있는 위치에 대입되어 연산이 수행된다.

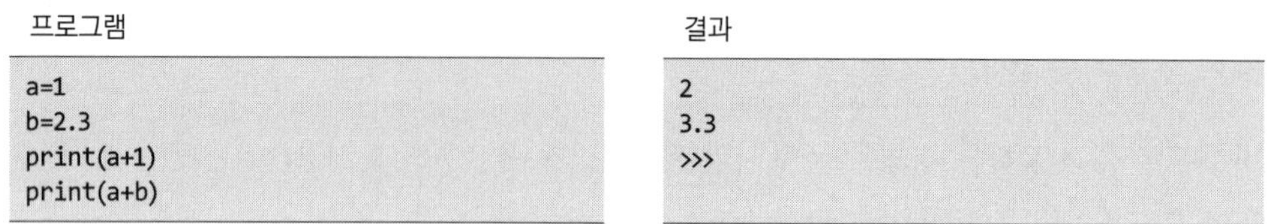

프로그램	결과
a=1 b=2.3 print(a+1) print(a+b)	2 3.3 >>>

[소스코드 6-2] 변수명의 위치에 변수에 저장된 값이 연산에 사용

여기서 print(a+1)은 a+1의 값을 계산 한 후, 출력하는 명령어이다.

6.3 입력, 출력

input, output 명령어를 이용하여 입력문과 출력문을 작성한다. 다음은 간단한 입력문과 출력문의 예이다[그림 6-20]. A는 소스 코드이고 print("Type any number")는 "Type any number"라는 문장을 출력한다(B). a=input( ) 명령어는 사용자가 입력하도록 컴퓨터는 대기하고 있나가, 사용자가 입력을 하면 입력한 내용을 a에 저장한다. 이 때 저장된 것은 숫자로 보이더라도, 숫자로 표시된 문자가 된다. 숫자와 문자의 차이는 숫자는 연산에 사용될 수 있지만, 문자는 연산에 사용될 수 없다는 것이다. print(a)는 a에 저장된 값을 출력한다. 여기서는 입력된 숫자를 출력하는 것이므로 문제없이 출력을 할 수 있다([그림 6-20]의 C).

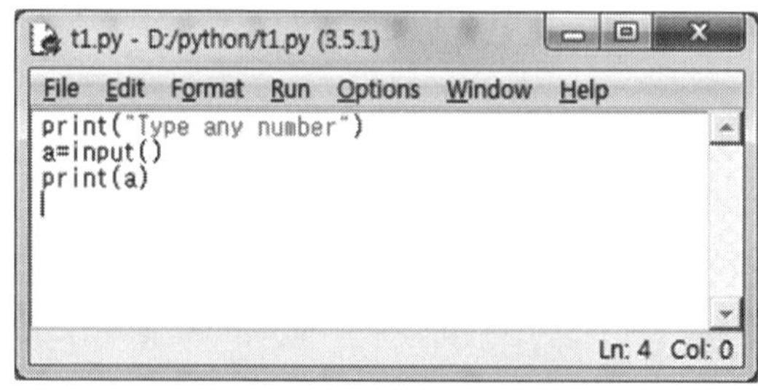

A. 간단한 입력과 출력이 있는 프로그램 예

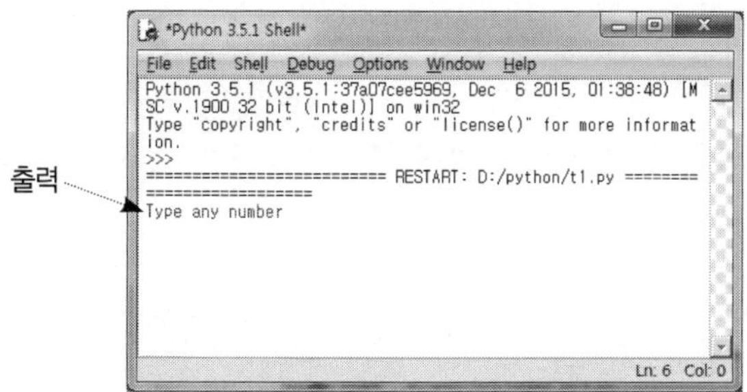

B. A의 프로그램이 생성한 출력 내용

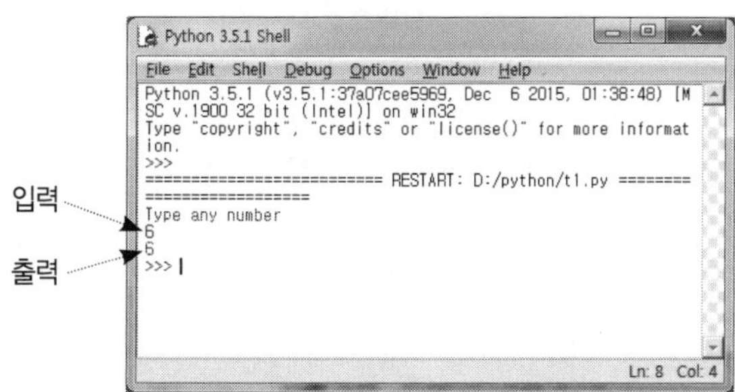

C. A의 프로그램 진행에 따른 입력과 출력

[그림 6-20] 간단한 입력문과 출력문의 예

다음은 IDLE에서 간단한 입력문과 출력문이 어떻게 동작하는지 보여주는 예이다.

[표 6-1] IDLE 쉘 창에서의 간단한 입력문과 출력문

줄	화면 내용	설명
1	>>>print("Test")	Test를 출력한다.
2	Test	
3	>>>a=input( )	사용자가 문자를 입력하기를 기다렸다가, 입력이 되면 변수 a에 저장한다.
4	xyz	사용자가 입력한 내용. xyz를 입력하였다.
5	>>>a	a의 값을 출력하라는 명령어다.
6	'xyz'	a에는 xyz라는 문자열이 저장되어 있다.
7	>>>a=input("Type any number")	화면에 Type any number를 출력하고, 사용자가 문자를 입력하기를 기다렸다가, 입력이 되면 변수 a에 저장한다.
8	Type any number 5	5는 사용자가 입력한 내용. 출력과 결합하여 보인다.
9	>>>a	a의 값을 출력하라는 명령어다.
10	'5'	a에는 5라는 문자가 저장되어 있다.

input으로 입력받은 값은 비록 숫자로 보이지만, 문자형(type)을 가지므로, 바로 연산에 사용될 수 없다는 것을 예를 들어 설명한다. 먼저 다음의 프로그램은 정상적으로 출력하는 것을 알 수 있다. 입력된 5는 문자형을 갖더라도 5를 출력하는 데는 아무 문제가 없다.

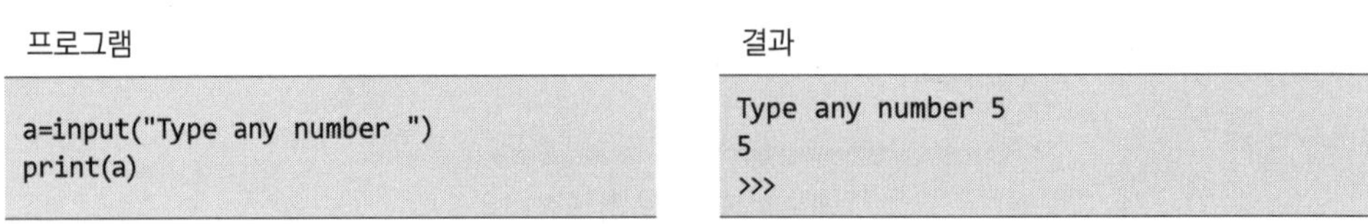

프로그램

```
a=input("Type any number ")
print(a)
```

결과

```
Type any number 5
5
>>>
```

[소스코드 6-3] 정상적으로 5를 출력

다음 프로그램은 입력된 숫자를 이용하여 print(a+1)를 수행하도록 프로그램 하였다.

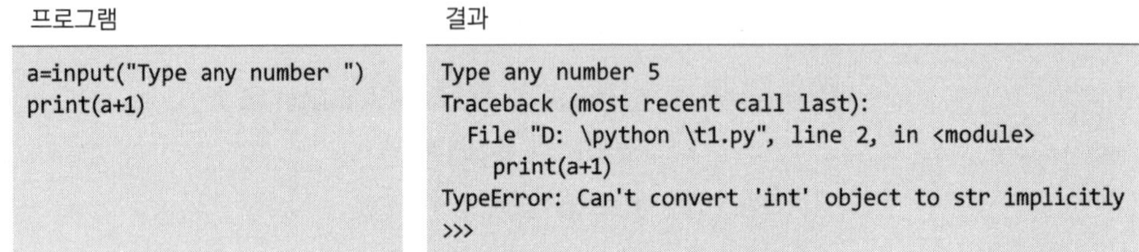

프로그램

```
a=input("Type any number ")
print(a+1)
```

결과

```
Type any number 5
Traceback (most recent call last):
  File "D: \python \t1.py", line 2, in <module>
    print(a+1)
TypeError: Can't convert 'int' object to str implicitly
>>>
```

[소스코드 6-4] 입력된 숫자가 문자로 인식된 경우

a+1에서 a가 문자열이었으므로 +가 문자열의 연결(concatenation)의 연산자로 작동하게 되어, + 이후에 오는 것이 문자열이어야 한다. 그런데 1이 있으므로, 1이 문자열이 아니어서 정수1을 문자열로 변경할 수 없다는 오류메시지를 생성하고 프로그램은 종료되었다. 즉, 입력된 데이터 5는 숫자로 보이기는 하지만, 내부에서는 5라는 문자로 저장된다는 것을 알 수 있다. 문자 5를 숫자값을 갖는 5라는 숫자로 만들기 위해서는 int( )라는 함수를 사용한다. 다음 프로그램은 int( ) 함수의 사용방법을 설명한다. int(a)는 문자값을 갖는 a를 숫자값을 갖는 값으로 변환한다. 입력된 5라는 문자는 숫자 5로 변환되어 그 값에 1을 더하는 연산이 정상적으로 수행되어, 6을 정상적으로 출력하게 된다.

프로그램

```
a=input("Type any number ")
print(int(a)+1)
```

결과

```
Type any number 5
6
>>>
```

[소스코드 6-5] int( ) 함수의 사용 방법

만일 숫자가 1.23과 같이 소수점이 있는 실수일 경우는 int( ) 대신 float( ) 함수를 사용한다.

프로그램

```
a=input("Type any number ")
print(float(a)+1)
```

결과

```
Type any number 3.4
4.4
>>>
```

[소스코드 6-6] float( ) 함수의 사용 방법

다음은 소수점이 있는 두 개의 실수를 입력받아 합을 계산한 후, 출력하는 프로그램이다.

프로그램

```
a=input("실수 입력 = ")
b=input("실수 입력 = ")
a= float(a)
b= float(b)
print("합 = ", a+b)
```

결과

```
실수 입력 = 1.2
실수 입력 = 3.4
합 =  4.6
>>>
```

[소스코드 6-7] 두 개의 실수 입력 및 연산

이 프로그램은 다음과 같이 간단히 작성할 수 있다.

프로그램

```
a, b = input("실수 입력 = "), input("실수 입력 = ")
a, b = float(a), float(b)
print("합 = ", a+b)
```

결과

```
실수 입력 = 1.2
실수 입력 = 3.4
합 =  4.6
>>>
```

[소스코드 6-8] 두 개의 실수 입력 및 연산

여기서 a, b = input( ), input( )의 형식은 첫 번째 입력은 a로 저장되고, 두 번째 입력은 b로 저장되는 명령문이다. 그리고 여기서 a,b 대신 a, b라고 되어 있는데, 단어와 단어 사이의 빈칸(blank)은 프로그램을 읽기 쉽도록 넣어준 것이고, 프로그램에는 영향을 미치지 않는다.

6.4 조건부 수행

선택 또는 조건부 수행은 조건에 따라 수행해야 할 프로그램 부분이 달라지는 경우다. 조건부 수행은 if, else, elif 예약어를 사용한다. 다음은 입력의 값이 양수이면 positive라고 출력하고, 0 또는 음수일 경우 0 or negative라고 출력하는 알고리즘의 흐름도이다.

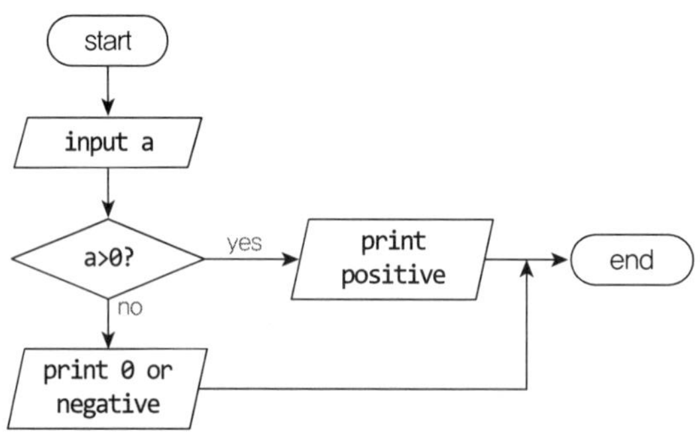

[그림 6-21] 양수와 (0 또는 음수)를 판단하는 흐름도

다음은 이 알고리즘의 프로그램이다.

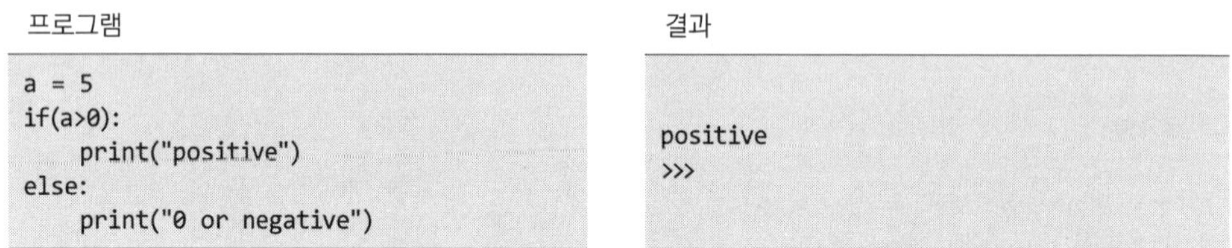

프로그램

```
a = 5
if(a>0):
    print("positive")
else:
    print("0 or negative")
```

결과

```
positive
>>>
```

[소스코드 6-9] 양수와 (0 또는 음수)에 따라 출력이 달라지는 프로그램

여기서 if (a>0): 은 조건을 확인하는 명령문이다. 논리적인 연산을 위해 > 연산자를 사용하였다. 그리고 문장 끝에는 : 기호로 if 문장의 끝을 나타낸다. a>0의 앞뒤에 있는 괄호 ( )는 있어도 되고 없어도 된다. 복잡한 논리 연산식을 표기하기 위해서는 적절한 괄호가 필요할 때가 있다. else 표시에도 끝에 :을 사용하여야 한다. else: 문장 이후는 a>0이 아닌 경우에 수행해야 할 작업을 나타낸다. 따라서 별도의 조건이 존재하지 않는다. if:와 else:는 들여쓰기가 동일한 칸에 위치해야 한다. 만일 else: 의 들여쓰기가 다르게 될 때는 다음과 같이 오류가 발생한다.

프로그램

```
a = 5
if(a>0):
    print("positive")
  else:
    print("0 or negative")
```

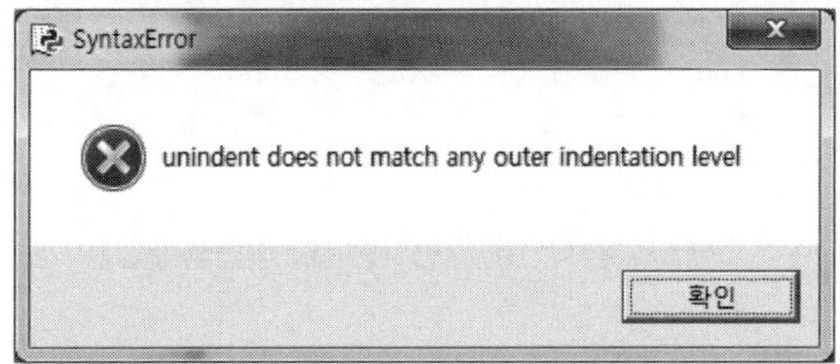

[소스코드 6-10] if와 else가 짝을 이루지 않을 경우 1

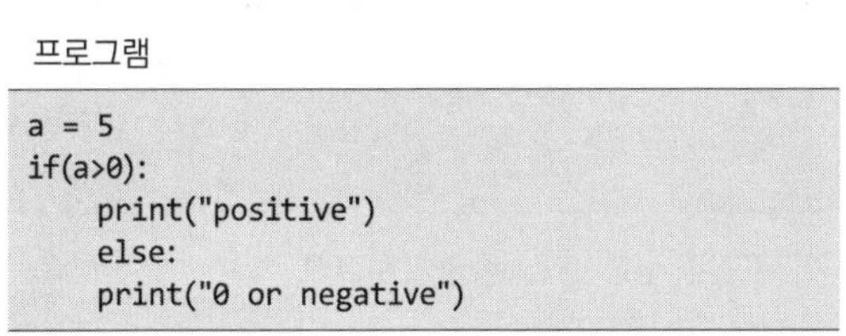

프로그램

```
a = 5
if(a>0):
    print("positive")
    else:
    print("0 or negative")
```

[소스코드 6-11] if와 else가 짝을 이루지 않을 경우 2

첫 번째 경우는 if와 else가 서로 짝이 안 되어 사용된 경우이고, 두 번째는 if 문장 내에 else가 또 다른 if와 짝을 이루지 않은 경우이다. 두 경우 모두 의도한 바대로 프로그램이 작성되지 않았다.

다음은 4학년이면 Senior라고 출력하고, 3학년이면 Junior라고 출력하고, 그 외에는 etc라고 출력하는 알고리즘을 생각해보자. 이 알고리즘의 흐름도는 다음과 같다.

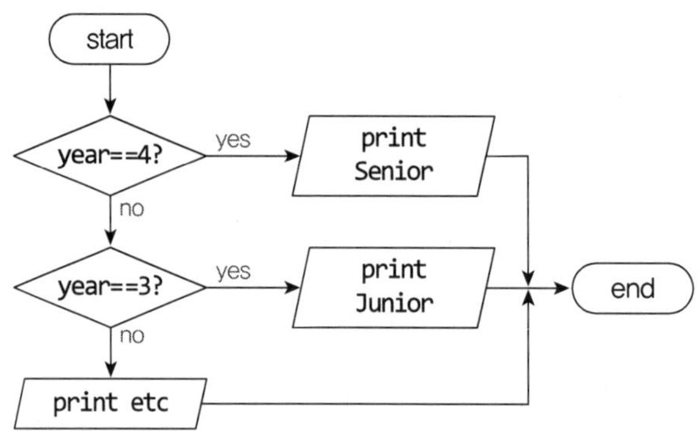

[그림 6-22] 학년을 판단하는 알고리즘의 흐름도

프로그램

```
year = 3
if year == 4:
   print("Senior")
elif year == 3:
   print("Junior")
else:
   print("etc")
```

결과

```
Junior
>>>
```

[소스코드 6-12] 조건부 수행 알고리즘의 프로그램

여기서, == 는 양쪽이 같은 값을 갖는지 판단하는 연산자이다. == 앞뒤로 있는 빈칸은 읽기 쉽도록 넣어준 빈칸이다. if:, elif:, else:는 모두 좌측 들여쓰기가 일치하여야 한다. 논리연산자 and, or, not을 이용하여 복잡한 논리 연산식을 만들어 조건부 수행에 사용할 수 있다. 다음은 학년과 전공을 결합하여 조건을 판단하는 문장을 포함하고 있다.

프로그램

```
year = 3
course = "ce"
if year == 4 and course=="ce":
   print("computer Senior")
elif year ==3 or course=="ce":
   print("Junior or computer")
else:
   print("etc")
```

결과

```
Junior or computer
>>>
```

[소스코드 6-13] 복잡한 논리 연산식의 조건부 수행

여기서 if year == 4 and course=="ce":는 괄호를 추가하여 if (year == 4) and (course=="ce"):로 표시할 수 있다. 다음은 논리연산자 and, or, not이 어떻게 동작하는지를 보여준다. 여기서 T는 True를 의미하고, F는 False를 의미한다.

[표 6-2] 논리 연산자 and, or

A	B	A and B	A or B
F	F	F	F
F	T	F	T
T	F	F	T
T	T	T	T

[표 6-3] 논리 연산자 not

A	not A
F	T
T	F

조건이 복수 개가 서로 중첩되는 경우가 있을 수 있다. 예를 들어, 자동차 종류가 버스일 때는 배기량이 3000cc 이상이면 세금이 100, 아니면 50이다. 버스가 아닐 경우는 배기량 3000cc 이상이면 세금이 200, 아니면 150인 경우, 자동차에 따른 세금을 계산하는 프로그램이다.

프로그램

```
kind = "bus"
size = 2000

if kind == "bus":
    if size >= 3000:
       tax = 100
    else:
       tax = 50
else:
    if size >= 3000:
       tax = 200
    else:
       tax = 150

print("Tax = ", tax)
```

결과

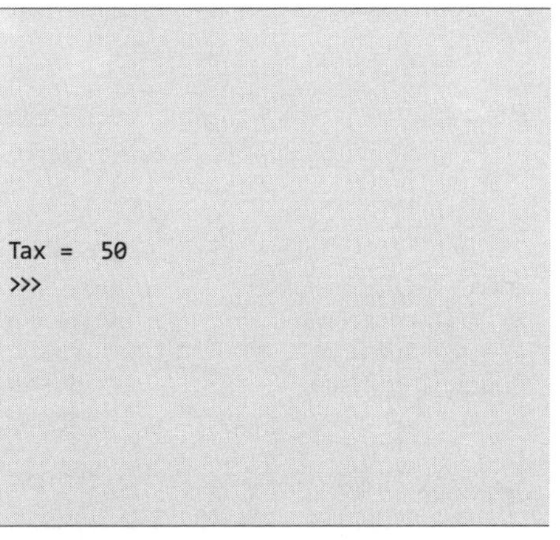

```
Tax =  50
>>>
```

[소스코드 6-14] 중첩된 조건부 수행 프로그램

여기서 if 구조 내부에 또 다른 if 구조가 있는 것을 볼 수 있다.

6.5 반복

프로그램의 기본 구조로 자주 사용하는 기능이 반복의 기능이다. 반복적인 작업은 for, while 명령문을 이용하여 쉽게 프로그램으로 만들 수 있다. 다음은 0부터 9까지의 합을 구하는 프로그램이다. 여기서, for, in, range는 예약어이고, 프로그램에서 d는 사용자가 정의한 변수로, 값이 일정하게 변화한다. 합이 누적되는 sum은 0으로 초기화되었다.

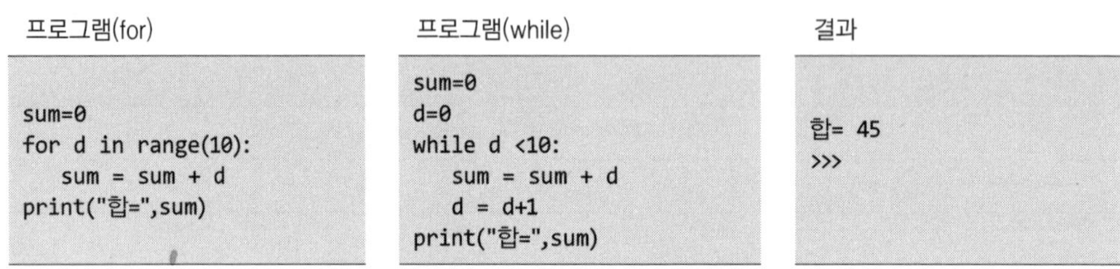

프로그램(for)

```
sum=0
for d in range(10):
   sum = sum + d
print("합=",sum)
```

프로그램(while)

```
sum=0
d=0
while d <10:
   sum = sum + d
   d = d+1
print("합=",sum)
```

결과

```
합= 45
>>>
```

[소스코드 6-15] for, while을 이용한 합 계산

for와 while을 사용한 명령문에는 끝에 : 표시를 하여 문장의 끝을 표시하였다. 또한 들여쓰기가 중요한 의미를 갖게 된다. 이 프로그램에서는 마지막 줄의 print를 for와 while의 명령문 좌측위치와 동일하게 위치했기 때문에 반복문이 모두 종료된 후, 합이 한 번 출력되었다. 프로그램의 마지막 줄에 있는 print 명령문의 들여쓰기를 달리해보자.

프로그램(for)

```
sum=0
for d in range(10):
   sum = sum + d
   print("합=",sum)
```

프로그램(while)

```
sum=0
d=0
while d <10:
   sum = sum + d
   d = d+1
   print("합=",sum)
```

결과

```
합= 0
합= 1
합= 3
합= 6
합= 10
합= 15
합= 21
합= 28
합= 36
합= 45
>>>
```

[소스코드 6-16] for, while의 들여쓰기 효과

print 명령문의 들여쓰기를 for, while 내부의 명령문과 같이 하면 반복할 때마다 합을 출력한다는 것을 알 수 있다.

(1) for

for 명령어가 사용된 다음의 예에서

```
for d in range(10):
```

d가 0부터 9까지 1씩 증가하는 경우를 나타낸다. 즉, d=0,1,2,…,9를 의미한다. 끝이 10이 아닌 것에 주의하여야 한다. 이것은 다음과 같은 문장과 동일한 효과를 갖는다. 여기서 0은 d의 초기값을 나타낸다.

```
for d in range(0,10):
```

d의 초기값을 2로 설정하기 위해서는 다음과 같이 프로그램 한다.

```
for d in range(2,10):
```

다음은 1부터 10까지의 합을 구하는 프로그램이다.

프로그램

```
sum=0
for d in range(1,11):
   sum = sum + d
print("합=",sum)
```

결과

```
합= 55
>>>
```

[소스코드 6-17] 1부터 10까지의 합

이상의 예에서는 d의 값이 1씩 증가하였다. 만일 2씩 증가하는 반복기능은 어떻게 만들 수 있을까? range 내의 세 번째 값을 삽입하여 증분을 표현할 수 있다.

```
for d in range(1,11,2):
```

다음은 1부터 10까지의 홀수의 합을 구하는 프로그램이다.

프로그램

```
sum=0
for d in range(1,11,2):
   sum = sum + d
   print(d)
print("합=",sum)
```

결과

```
1
3
5
7
9
합= 25
>>>
```

[소스코드 6-18] 1부터 10까지의 홀수의 합

결론적으로 `for d in range(a, b, c):` 의 의미는 다음과 같다.

(1) d는 a의 값에서 시작한다.

(2) c>0일 때 d는 b−1의 값까지 변화한다. c<0일 때 d는 b+1의 값까지 변화한다.

(3) 증분은 c이다.

(4) a, b, c는 모두 정수이어야 한다.

다음은 증분이 음수인 경우의 프로그램이다.

프로그램

```
sum=0
for d in range(10,1,-2):
   sum = sum + d
   print(d)
print("합=",sum)
```

결과

```
10
8
6
4
2
합= 30
>>>
```

[소스코드 6-19] 증분이 음수일 경우

d의 초기값은 10이고, d의 값이 1보다 큰 조건에서만 반복이 수행된다.

(2) while

while 명령어를 이용하여 다양한 반복 작업을 표현할 수 있다. 다음 프로그램은 1부터 10까지의 합을 구하는 것이다.

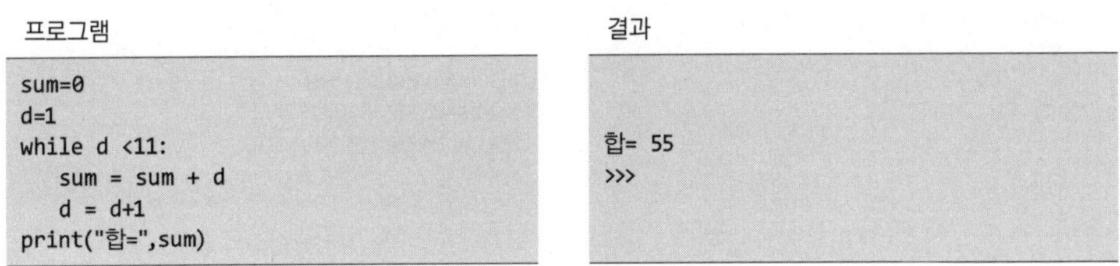

프로그램

```
sum=0
d=1
while d <11:
   sum = sum + d
   d = d+1
print("합=",sum)
```

결과

```
합= 55
>>>
```

[소스코드 6-20] 1부터 10까지의 자연수의 합

초기 d의 값은 1로 설정되고(d=1), 반복문은 d가 11보다 작을 때(d<11)만 수행된다. 그리고 한 번 반복이 수행될 때마다 d의 값은 1씩 증가(d=d+1)한다. 다음은 1부터 10까지의 홀수들만의 합을 구하는 프로그램이다.

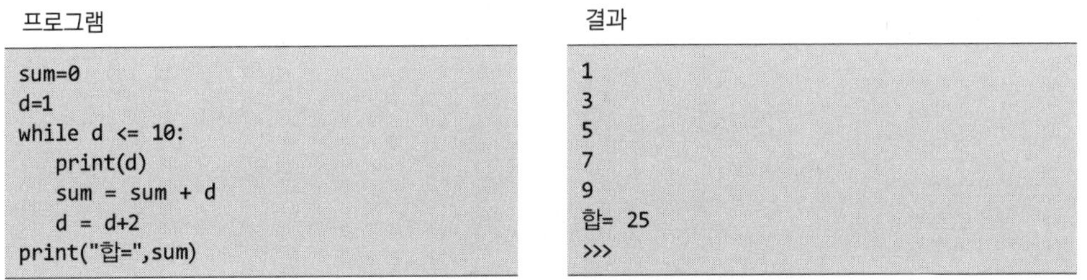

프로그램

```
sum=0
d=1
while d <= 10:
   print(d)
   sum = sum + d
   d = d+2
print("합=",sum)
```

결과

```
1
3
5
7
9
합= 25
>>>
```

[소스코드 6-21] 1부터 10까지의 홀수의 합

여기서는 증분을 2로 설정하기 위해 d=d+2로 작성되었다. while 명령문을 이용하면 정수형이 아닌 변수에 대해서도 다양한 반복 작업을 프로그램 할 수 있다. 다음은 d의 값이 1.5부터 0.1씩 증가하여 $d < 3.5$인 구간의 모든 d의 합을 구하는 프로그램이다. d의 값은 이론적으로 1.5, 1.6, 1.7, 1.8로 변화해야 하지만, 실수가 컴퓨터 내에 실제 저장되는 방법에서 기인하는 오차(error) 때문에 정확한 1.7, 1.8의 값을 갖지 않게 된다. 정수가 아닌 실수로 연산을 할 때는 이러한 본질적인 오차가 발생할 수 있다는 점을 주의해야 한다.

프로그램

```
sum=0
d=1.5
while d < 3.5:
   print(d)
   sum = sum + d
   d = d+0.1
print("합=",sum)
```

결과

```
1.5
1.6
1.7000000000000002
1.8000000000000003
1.9000000000000004
..
..
3.3000000000000016
3.4000000000000017
합= 49.000000000000014
>>>
```

[소스코드 6-22] 1.5부터 3.5보다 작은 구간의 0.1씩 증가하는 실수의 합

while 명령문의 특징은 변수가 어떤 값을 가지는지 미리 확인하기 어려울 때 사용할 수 있다는 것이다. 반면에 for 명령문은 변수가 어떤 값을 가지는지 미리 예상할 때 사용하기 용이하다. 다음은 2부터 시작하여 1,000보다 작은 2의 지수승값을 찾는 프로그램이다. n의 값이 어떻게 변할지를 미리 알 수 없는 경우이다.

프로그램

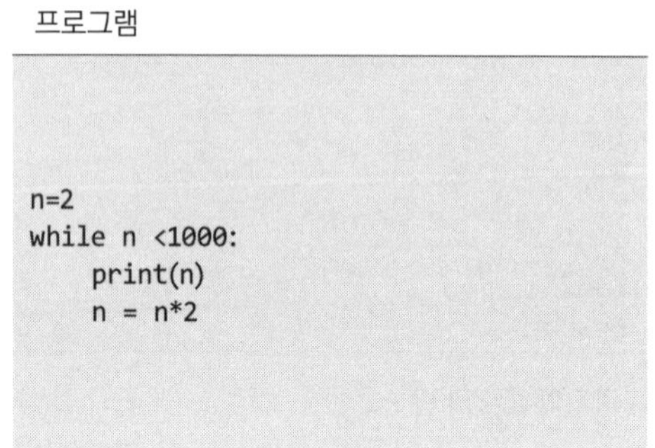

```
n=2
while n <1000:
    print(n)
    n = n*2
```

결과

```
2
4
8
16
32
64
128
256
512
>>>
```

[소스코드 6-23] 1,000보다 작은 2의 지수값들

다음은 k를 1부터 증분 1로 변화시키면서, k의 값을 계속 누적할 때, 그 누적값이 1,000보다 같거나 작아지는 가장 큰 k의 값을 찾는 프로그램이다.

프로그램

```
k=1
sum =0
while sum+k <=1000:
    sum = sum +k
    k = k+1
print("k의 값 = ", k-1)
```

결과

```
k의 값 =  44
>>>
```

[소스코드 6-24] $\sum_{i=1}^{k} i \leq 1,000$ 인 가장 큰 k의 값

다음은 1부터 100까지의 자연수 중 5의 배수들의 합을 구하는 프로그램을 while 명령문을 이용하여 프로그램 하였다. 여기서 %는 나머지 연산자로, a%b는 a를 b로 나누었을 때의 나머지를 계산한다. 예를 들어, 10%5의 값은 0이 되고, 12%5는 2의 값을 갖게 된다.

프로그램

```
sum=0
d=1
while d<=100:
    if d%5==0:
        sum += d
        print(d)
    d +=1
print(sum)
```

결과

```
5
10
15
20
...
...
90
95
100
합 = 1050
>>>
```

[소스코드 6-25] 1부터 100까지의 자연수 중 5의 배수들의 합

여기서 sum += d는 sum = sum+d와 같은 명령문이다. 마찬가지로, d+=1은 d=d+1을 나타내는 것으로 프로그램을 간단히 작성하는 데 도움이 된다. -=, *=, /= 연산자도 같은 방식으로 수행되는 연산자다.

6.6 리스트

파이썬에서 사용하는 리스트(list)는 여러 개의 데이터들을 저장하기 위한 목적으로 사용된다. 리스트는 자료구조 중의 하나인데 효과적으로 프로그램을 작성할 수 있는 자료

구조이다. 파이썬에서 정의하는 리스트는 다른 프로그래밍 언어의 배열(array)과 연결 리스트의 기능을 복합적으로 갖고 있다. 배열은 CHAPTER 7의 7.4.1에서 연결 리스트는 CHAPTER 7의 7.4.2에서 자세히 설명한다.

리스트는 하나의 변수명을 이용하고 데이터가 저장되는 위치정보를 이용하여 데이터를 저장하게 된다. 다음은 a라는 이름으로 데이터를 6개 저장할 수 있는 공간을 제공하는 리스트를 개념적으로 보여준다.

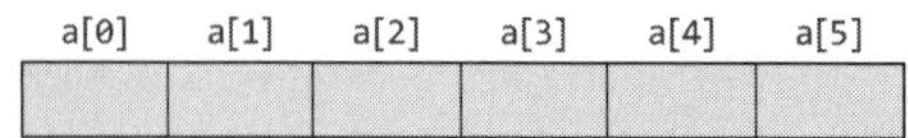

[그림 6-23] a라는 이름으로 데이터를 6개 저장할 수 있는 리스트

첫 번째 저장공간은 a[0]이라는 변수명으로 나타내고, 두 번째 저장공간은 a[1]으로 나타내는 방식으로 데이터를 저장할 수 있다. 여기서 첨자(index)는 0부터 시작한다는 것을 주의해야 한다. 리스트는 사용하기 전에 미리 정의되어야 하고, 초기값을 갖고 있어야 한다. 리스트를 정의하고 초기화하는 방법은 다음의 좌측과 같고, 내부에 데이터가 우측과 같이 저장된다.

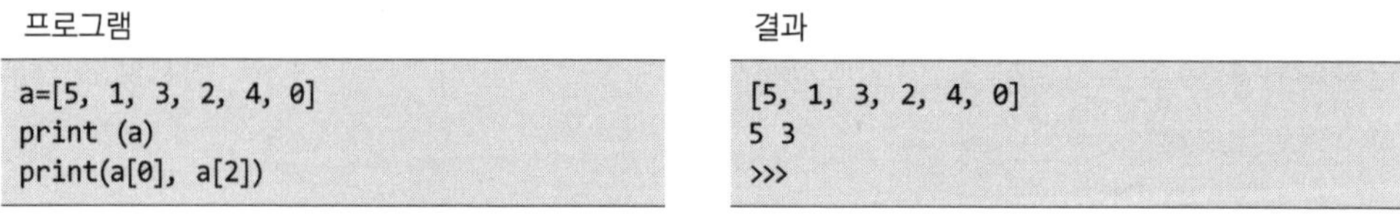

[소스코드 6-26] 리스트의 초기화와 저장된 데이터

프로그램

```
a=[5, 1, 3, 2, 4, 0]
print (a)
print(a[0], a[2])
```

결과

```
[5, 1, 3, 2, 4, 0]
5 3
>>>
```

[소스코드 6-27] 리스트의 초기화와 리스트 출력

리스트는 문자열을 데이터로 가질 수 있고, 숫자와 문자열을 섞어서 가질 수도 있다.

a=['on', 'before', 'from', 'to']

a[0]	a[1]	a[2]	a[3]
on	before	from	to

a=['on', 56, 'after', 123]

a[0]	a[1]	a[2]	a[3]
on	56	after	123

[소스코드 6-28] 문자열, 숫자+문자열을 데이터로 갖는 리스트

다음은 리스트의 저장공간에 모두 동일한 데이터로 초기화하는 방법을 보여주고 있다. 모든 데이터를 나열하지 않고, 동일한 데이터가 반복되는 횟수를 나타내는 것으로 간단히 초기화할 수 있다.

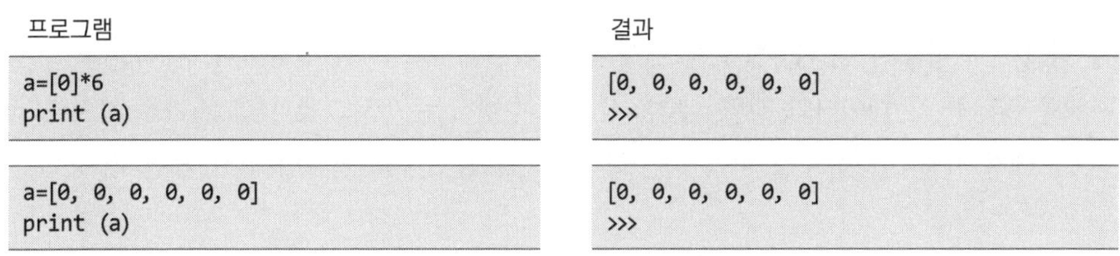

프로그램

```
a=[0]*6
print (a)
```

결과

```
[0, 0, 0, 0, 0, 0]
>>>
```

프로그램

```
a=[0, 0, 0, 0, 0, 0]
print (a)
```

결과

```
[0, 0, 0, 0, 0, 0]
>>>
```

[소스코드 6-29] 리스트의 데이터를 모두 동일한 값으로 초기화

다음은 리스트에 월별 날짜를 저장하고 있고, 1년의 날 수를 계산하는 프로그램이다. 하나의 변수명을 이용하고 각 월의 첨자를 이용하여 반복되는 작업을 간단히 표시할 수 있다.

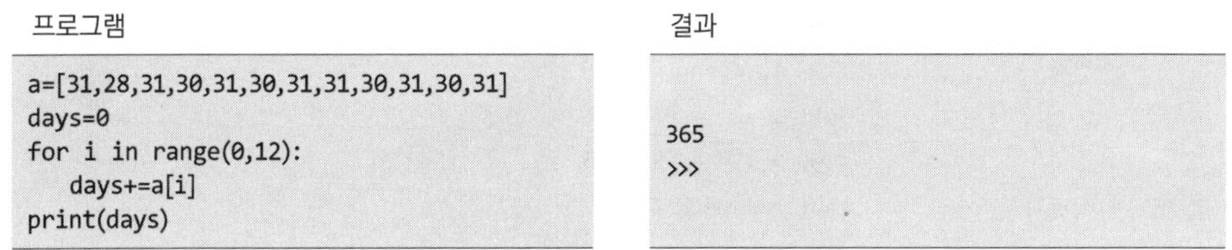

프로그램

```
a=[31,28,31,30,31,30,31,31,30,31,30,31]
days=0
for i in range(0,12):
   days+=a[i]
print(days)
```

결과

```
365
>>>
```

[소스코드 6-30] 리스트를 이용한 프로그램

for 명령문에서 리스트 구조를 간단히 사용하는 방법이 있다. for 명령문에서 리스트의 첨자를 이용하지 않고, 리스트의 각 정보를 바로 불러올 수 있다. 다음의 예는 리스트를 반복문에서 사용하는 방법을 설명한다. 두 번째 예는 리스트의 첨자를 이용하여 동일한 결과를 만들어냈다.

프로그램

```
season=['spring','summer','fall','winter']
for s in season:
    print(s)
```

결과

```
spring
summer
fall
winter
>>>
```

```
season=['spring','summer','fall','winter']
for k in range(0,4):
    print(season[k])
```

```
spring
summer
fall
winter
>>>
```

[소스코드 6-31] 리스트와 for 사용 방법

리스트 구조에서 사용할 수 있는 다양한 함수들이 미리 만들어져 있어서, 필요한 기능들을 간단히 구현할 수 있다. 함수에 대해서는 6.7절에서 자세히 설명한다. 다음은 리스트 구조를 정의한 후 데이터의 정렬, 추가, 삭제를 수행하는 프로그램과 그 결과를 보여준다. 리스트에서 지원하는 함수를 사용하는 형식은 '리스트명.함수명(파라미터)'가 된다.

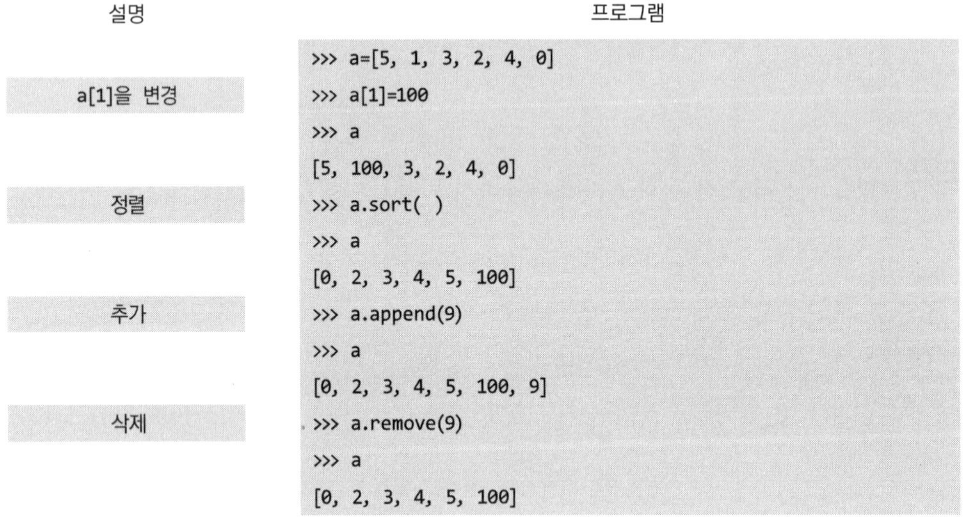

[소스코드 6-32] 리스트의 편리한 함수 1

a.sort( )는 a에 저장된 데이터를 정렬하는 함수다. 정렬은 데이터를 오름차순으로 만든다. 데이터를 추가하는 a.append(9)는 리스트의 제일 끝의 위치에 데이터 9가 새로 추가되는

기능이다. 삭제 a.remove(9)는 9를 리스트에서 삭제하는 것으로, 데이터의 값을 이용하여, 해당 데이터를 삭제한다.

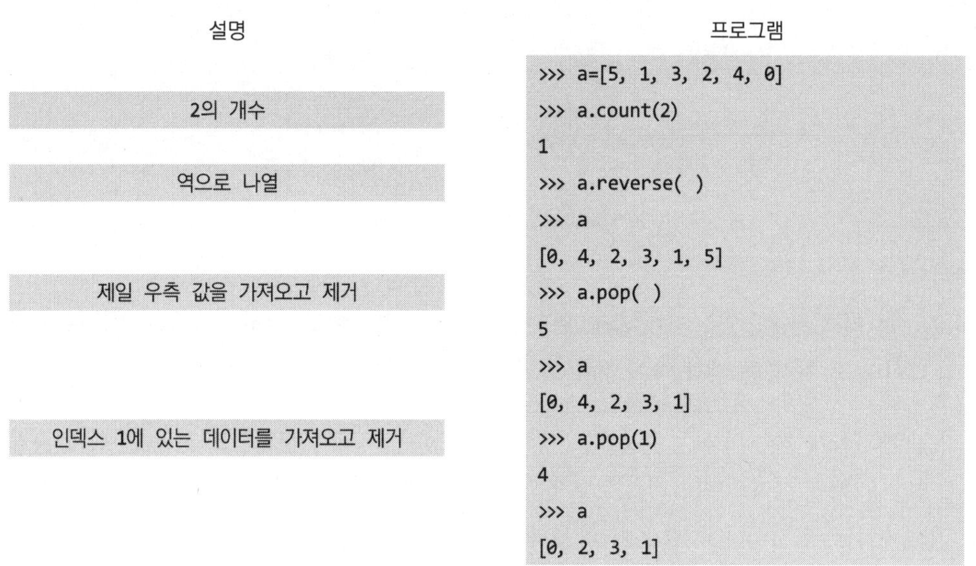

설명	프로그램
	>>> a=[5, 1, 3, 2, 4, 0]
2의 개수	>>> a.count(2)
	1
역으로 나열	>>> a.reverse( )
	>>> a
	[0, 4, 2, 3, 1, 5]
제일 우측 값을 가져오고 제거	>>> a.pop( )
	5
	>>> a
	[0, 4, 2, 3, 1]
인덱스 1에 있는 데이터를 가져오고 제거	>>> a.pop(1)
	4
	>>> a
	[0, 2, 3, 1]

[소스코드 6-33] 리스트의 편리한 함수 2

a.count( )는 함수 내의 데이터 중 괄호 안에 있는 데이터의 개수를 확인한다. 따라서 a.count(2)는 리스트 내의 2의 개수를 알려준다. 그래서 a.count(2)는 1의 값을 갖는다. a.reverse( )는 리스트의 데이터 순서를 뒤집는 기능이 있다. a.pop( )은 리스트의 마지막에 있는 데이터 값을 리스트에서 배출하고 그 데이터를 리스트에서 삭제한다. a.pop(1)은 리스트의 첨자가 1의 위치에 있는 데이터를 배출한다. 따라서 리스트에 [0,4,2,3,1]이 있는 상황에서 a.pop(1)을 하면, 첨자 1의 위치에 있는 데이터 4를 배출하고 결과적으로 [0,2,3,1]이 리스트에 남게 된다.

이와 같이 사용하는 방식은 객체지향개념을 구현한 것이다. 객체지향이란 자료구조 내에 그 자료구조에 대해서 수행할 수 있는 기능(함수)들을 구현한 것이다. 이와 같이 리스트 내에는 다양한 함수들을 미리 구현해놓고 있어서, 사용자들이 필요한 기능들을 불러내 쉽게 프로그램을 작성할 수 있다.

파이썬에는 여러 가지의 데이터 형에 공통적으로 사용할 수 있는 함수가 미리 만들어져 있다. 예를 들어, len( ), max( ), min( ) 등이 있다. 사용하는 방법은 '함수명(변수명)' 이 된다.

설명	프로그램
	>>> a=[5, 1, 3, 2, 4, 0]
리스트 내의 데이터 개수	>>> len(a)
	6
최댓값	>>> max(a)
	5
최솟값	>>> min(a)
	0

[소스코드 6-34] 기타 함수

len(a)는 리스트 a에 있는 데이터의 개수를 계산하는 함수이고, max, min은 리스트 a 내의 데이터 중 가장 큰 값과 작은 값을 확인하는 함수이다.

다음은 과학계산에서 자주 사용되는 행렬(matrix)을 어떻게 정의하고 사용할 수 있는지 설명한다. 행렬은 리스트의 리스트로 정의한다. 그리고 행렬의 특정 원소는 행렬이름[행위치][열위치]로 표시한다. 행렬 A가 다음과 같이 있다고 가정한다.

$$A=\begin{pmatrix}1 & 2 & 3\\ 4 & 5 & 6\end{pmatrix}$$

설명	프로그램
	>>> A= [[1,2,3], [4,5,6]]
	>>> A
	[[1,2,3], [4,5,6]]
첫 행	>>> A[0]
	[1, 2, 3]
둘째 행	>>> A[1]
	[4, 5, 6]
행의 개수	>>> len(A)
	2
열의 개수	>>> len(A[0])
	3
A를 출력	>>> for r in A: print(r)
	[1, 2, 3]
	[4, 5, 6]

[소스코드 6-35] 행렬의 정의 및 활용

len(A)는 행렬 A가 갖고 있는 행의 개수, 즉 2의 값이 된다. len(A[0])은 A[0]이 갖고 있는 원소의 개수, 즉 첫 번째 행의 원소의 개수이므로, A의 열의 개수가 된다. for r in A: 에 의해 행렬 A에 있는 모든 원소들을 출력하게 된다.

$A=\begin{pmatrix}1 & 2 & 3\\ 4 & 5 & 6\end{pmatrix}$, $B=\begin{pmatrix}1 & 2\\ 3 & 4\\ 5 & 6\end{pmatrix}$ 일 때, A×B를 계산하는 프로그램이다. 여기서, len(A)는 A의 행의 개수, len(B[0])은 B의 열의 개수, len(B)는 B의 행의 개수이다.

프로그램

```
A=[[1,2,3],[4,5,6]]
B=[[1,2],[3,4],[5,6]]
mul = [[0,0],[0,0]]

for i in range(len(A)):
    for j in range(len(B[0])):
        for k in range(len(B)):
            mul[i][j]+=A[i][k]*B[k][j]
for m in mul:
    print(m)
```

결과

```
[22, 28]
[49, 64]
>>>
```

[소스코드 6-36] 행렬의 곱셈

6.7 함수(function)

함수는 프로그램에서 반복적으로 나타나는 작업을 하나의 단위 프로그램으로 만들어놓은 것을 말한다. 함수를 사용하는 목적은 프로그램을 단순화 시키고 가독성을 증가시키기 위해서이다. 또한 프로그램 작성 시간을 단축해준다. 다음은 함수 사용에 대한 간단한 예이다.

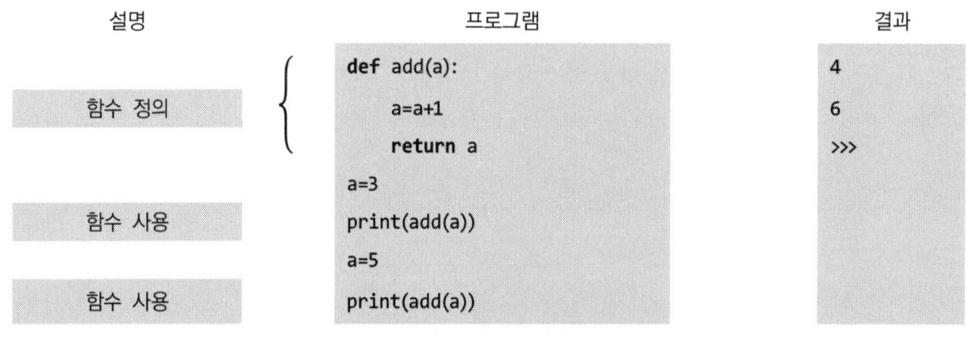

[소스코드 6-37] 함수의 사용 예

프로그램의 앞에는 함수의 정의가 나타난다. 정의는 def 예약어로 시작하고, 함수명(형식매개변수): 의 형식을 갖는다. add 함수의 정의를 살펴보면 형식매개변수 a를 갖고 있는 것을 알 수 있다. add 함수를 호출하는 곳에서 넣어 주는 값을 함수 내에서는 a라는 변수로 표현하고 있다. 함수 내에서는 a의 값을 1 증가시키는 작업만 수행한다. 함수의 끝에는 return a가 있다. 이 명령어는 a의 값을 함수의 결과로 add를 호출한 곳(주프로그램)에 전달하라는 뜻이다. 함수를 정의할 때 함수 내의 문장들은 함수구역 내에서 들여쓰기가 준수되어야 한다.

주프로그램에서 a=3을 수행하고, print(add(a))를 수행하면, 먼저 add(a)를 호출하게 된다. 현재 a의 값이 3이므로, 함수 내에는 3의 값이 전달되고, a=a+1에 의해 a는 1 증가되어, add(a)를 종료하게 되면, return a에 의해 그 위치에 4의 값이 있게 된다. 따라서 print(add(a))는 print(4)가 되어 결과에 4가 나타난다. 마찬가지로, a=5에 의해 add(a)는 6의 값을 갖게 된다.

주프로그램에서 사용하는 변수명(실매개변수)과 함수에서 사용하는 형식매개변수의 명칭은 서로 같지 않아도 된다. 해당 위치에 있는 변수명은 서로 대응되어 함수 내에서 사용된다. 다음 예는 주프로그램에서 a라는 변수명으로 사용된 변수가, 형식매개변수로는 k로 정의되어 함수 내에서 사용되는 예를 보여주고 있다.

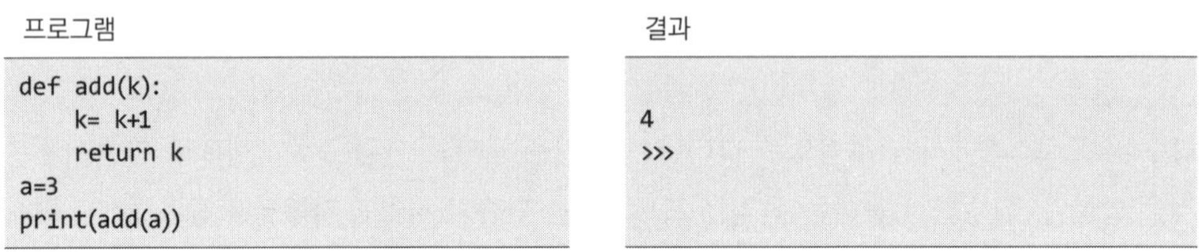

프로그램	결과

def add(k):
    k= k+1
    return k
a=3
print(add(a))
	4
	>>>

[소스코드 6-38] 함수의 형식매개변수와 주프로그램의 변수명(실매개변수)

주프로그램에서 사용하는 변수명과 함수에서 사용하는 변수명이 동일하다고 하더라도, 나타내는 변수는 서로 다르다. 다음의 예를 보도록 하자.

프로그램 결과

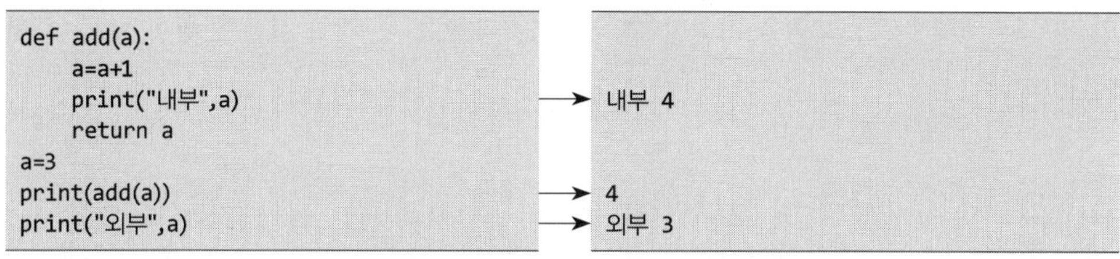

```
def add(a):
    a=a+1
    print("내부",a)
    return a
a=3
print(add(a))
print("외부",a)
```

```
내부 4
4
외부 3
```

[소스코드 6-39] 함수 내의 변수와 함수 외부의 변수

a=3에 의해 print(add(a))는 add(a)를 먼저 호출한다. 그러면 함수 내부에서는 a의 값을 1 증가시킨 후, print("내부",a)에 의해 "내부" 문자열과 함께 a의 값을 출력한다. 따라서 "내부 4"의 줄이 출력된다. 그리고 return a에 의해 값 4를 반환한다. print(add(a))는 print(4)가 되어 4를 출력한다. 또한 print("외부",a)가 수행되는데, 이 때 a의 값을 원래 주프로그램에서 사용된 a의 값, 즉 3이 적용되어 "외부 3"이 출력된다. 이 사실은 주프로그램에서 a라는 변수명을 사용하고, 함수 내에서 a라는 변수명을 사용하더라도, 두 변수는 서로 같은 변수가 아니라는 것을 의미한다. 함수 내부에서 사용된 변수는 외부에는 알려지지 않는 변수이므로, 주프로그램에는 아무런 영향을 주지 못한다. 즉, 내부에서 a가 4로 바뀌었지만, 외부에 있는 a의 값에는 영향을 주지 못한다.

이전의 예에는 함수를 호출할 때 하나의 매개변수만 존재했다. 만일 두 개 이상의 매개변수가 있을 때는 어떻게 함수를 정의할까? 다음의 예는 매개변수가 두 개 있는 경우이다. a와 b의 값을 함수에 주면, 함수 내에서는 x^2+y^2의 값을 계산한 후 그 값을 반환하는 프로그램이다. 호출하는 프로그램에서 a, b의 순서로 값을 전달하였고, 함수 내에서는 그 값들을 형식매개변수 x, y로 받았다. 따라서 매개변수 정의의 순서에 따라 a는 x, b는 y의 값으로 전달된다.

프로그램 결과

```
def sum_of_squares(x,y):
    c = x*x+y*y
    return c
a=3
b=4
print(sum_of_squares(a,b))
```

```
25
>>>
```

[소스코드 6-40] 형식매개변수가 두 개인 함수

지금까지의 예에서는 반환하는 값이 하나인 경우였다. 만일 반환하는 값이 두 개 이상인 경우는 어떻게 프로그램을 작성할 수 있을까? 다음은 두 개의 값을 반환하는 함수 예이다.

프로그램

```
def comp(x, y):
   sum = x+y
   mul = x*y
   return sum, mul

a=3
b=4
c, d = comp(a, b)
print('Sum is', c)
print('Multiplication is ', d)
```

결과

```
Sum is 7
Multiplication is  12
>>>
```

[소스코드 6-41] 반환하는 값이 두 개인 함수

comp 함수는 return 문에서 sum, mul을 반환한다. 그리고 주프로그램에서 c,d=comp(a,b) 명령문에 의해 값을 전달받는데, 반환하는 순서에 따라 c와 d에 그 값이 각각 저장된다. 따라서 c에는 sum의 값이, d에는 mul의 값이 저장된다.

지금까지는 주프로그램이 함수를 호출하는 예를 살펴보았다. 프로그램이 복잡해짐에 따라 함수가 또 다른 함수를 호출하는 경우가 발생할 수 있다. 따라서 함수는 또 다른 함수를 호출할 수 있어야 한다. 다음은 함수가 또 다른 함수를 호출하는 간단한 예이다.

프로그램

```
def numComp(a,b,c):
    a=int(a)
    b=int(b)
    c=int(c)
    return a*a + b*b +c*c

def numInput ( ):
    a,b,c=input("A = "),input("B = "),input("C = ")
    print("제곱 합 = ", numComp(a,b,c))

numInput( )
```

결과

```
A = 4
B = 5
C = 6
제곱 합 =  77
>>>
```

[소스코드 6-42] 함수가 또 다른 함수를 호출하는 프로그램 예

이 프로그램에는 두 개의 함수가 정의되어 있다. 주프로그램은 numInput을 호출한다. numInput은 a, b, c의 값을 입력받아, 그 값들의 제곱합을 구하는 함수 numComp에게 a, b, c의 값을 전달한다. numComp는 필요한 연산을 수행한 후, 결과값을 numInput에게 전달한다.

[그림 6-24] 예 프로그램의 함수 호출 관계

파이썬의 함수는 자신을 내부에서 호출할 수 있다. 이것을 재귀(recursion)라고 한다. 재귀 함수 호출의 예를 피보나치(Fibonacci) 수열을 이용하여 설명한다. 피보나치 수열은 0, 1, 1, 2, 3, 5, 8, 13, 21, 34, 55, 89,… 의 순서로 진행하는 수열인데, 정의는 다음과 같다.

$$fib(n)=fib(n-1)+fib(n-2),\ n\geq 2,\ fib(0)=0,\ fib(1)=1$$

피보나치 수열을 생성하는 파이썬 프로그램은 다음과 같다.

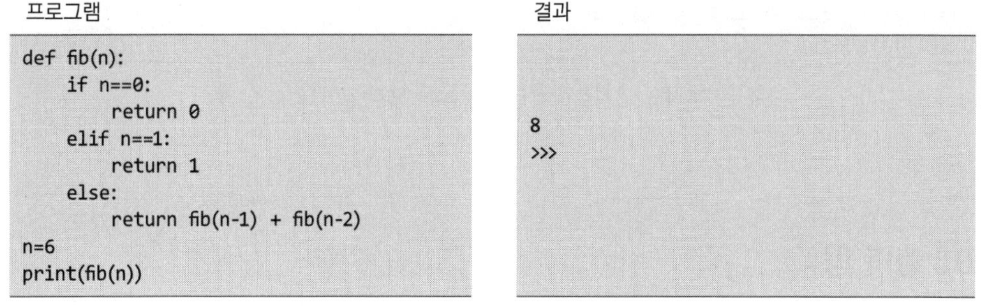

프로그램

```
def fib(n):
    if n==0:
        return 0
    elif n==1:
        return 1
    else:
        return fib(n-1) + fib(n-2)
n=6
print(fib(n))
```

결과

```
8
>>>
```

[소스코드 6-43] 피보나치 수열 생성 프로그램

fib(n)은 fib(n−1)과 fib(n−2)를 호출하고 있는데, 자신의 함수를 입력 파라미터만 달리하여 호출하고 있다.

다음의 예는 팩토리얼(!)을 계산하는 프로그램이다. 4!=4×3×2×1이 되는데, 이것을 재귀의 형식으로 정의할 수 있다. fact(n)=n×fact(n−1)로 정의되므로, n!=n×(n−1)×(n−2)×⋯×2×1이 된다. 다음은 n!를 재귀적인 방법으로 계산하는 파이썬 프로그램이다.

프로그램

```
def fact(n):
    if n==1:
       return 1
    else:
       return n * fact(n-1)
n=4
print(fact(n))
```

결과

```
24
>>>
```

[소스코드 6-44] 팩토리얼 계산 프로그램

함수 fact(n)은 내부에 fact(n−1)을 다시 호출하는 것을 볼 수 있다. 함수에 전달하는 값으로 리스트를 전달할 수도 있다. 다음은 달(month)의 날수를 리스트로 전달받아 홀수 월의 날수 합을 계산하는 프로그램이다.

프로그램

```
def days(a):
    d =0
    for i in range(0,12):
        if i%2 == 0:
            d +=a[i]
    return d
a=[31,28,31,30,31,30,31,31,30,31,30,31]
print(days(a))
```

결과

```
184
>>>
```

[소스코드 6-45] 리시트를 전달받는 함수. 홀수 월의 날 수 합 계산

6.8 출력 형식

데이터를 출력할 때 출력 형식을 지정할 필요가 있다. 예를 들어, 소수점 이하 몇 자리까지 수를 출력할 수 있도록 지정하는 방법이 필요하다. 여기서는 형식이 있는 출력을 생성하는 방법을 설명한다. 다음은 간단한 예를 보여주고 있다.

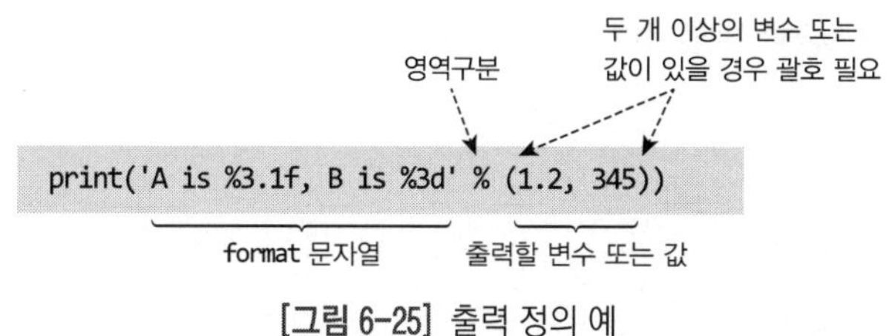

[그림 6-25] 출력 정의 예

위의 결과는 "A is 1.2, B is 345"가 된다. format 문자열은 '...'로 표시할 수도 있다. 여기서 1.2는 %3.1f의 형식에 맞추어, 345는 %3d의 형식에 맞추어 출력된다. 출력형식을 지정할 때 처음으로 % 표시가 오고, 실수는 f, 정수는 d를 이용하여 정의한다. 다음은 실수의 자릿수를 지정하는 방법이다.

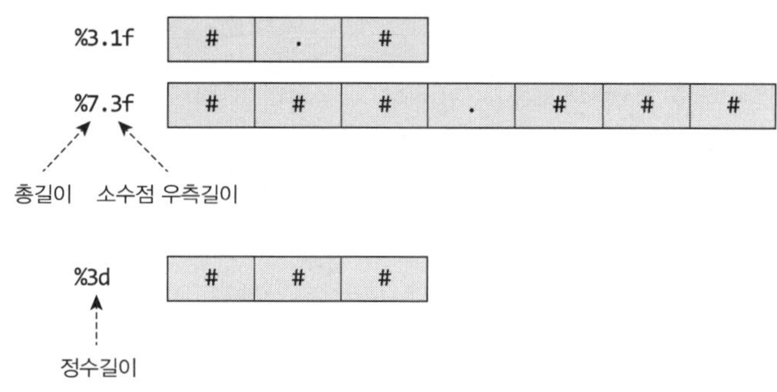

[그림 6-26] 실수, 정수의 출력을 지정하는 방법

지수 형태는 e를 이용하여 형식을 지정할 수 있다. 예를 들어, 123.4567을 %10.3e로 출력하면 지수형태로 실수를 표현하는데, 총 길이는 10자리이고, 소수점 이자 3자리를 나타내라는 것을 의미한다. 여기서 출력은 1.235e+02가 되는데 1.235×10^2을 나타내는 것이고, 1.234567×10^2이 1.235×10^2로 출력되는 이유는 반올림이 일어나기 때문이다.

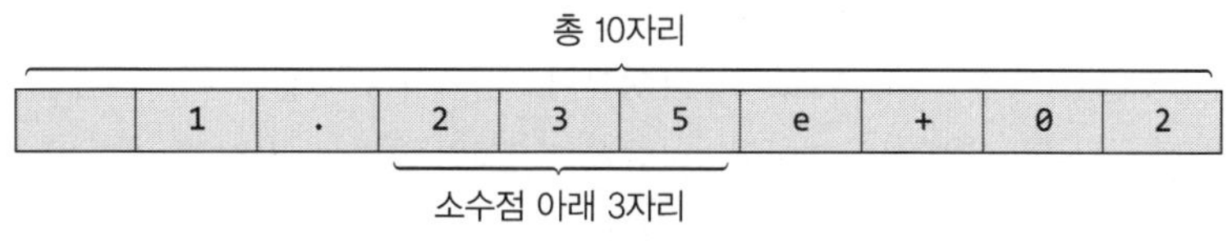

[그림 6-27] 123.4567의 %10.3e 형식 출력

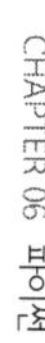

다음은 다양한 실수 출력 방법이다.

```
>>> a=123.4567
>>> print("%10.3e" % a)
 1.235e+02
>>> print('%10.4e' % a)
1.2346e+02
>>> print('%13.4E' % a)
   1.2346E+02
>>> print('%10.1f' % a)
     123.5
>>> print('%11.5f' % a)
  123.45670
>>>
```

[소스코드 6-46] 실수의 출력 지정 방법

6.5절에서 설명한 예를 출력 형식을 지정하여 재작성하면 다음과 같다. %6.2f에 의해 소수 이하 두 자리까지 출력되었다.

프로그램

```
sum=0
d=1.5
while d < 3.5:
   print("%6.2f" % d)
   sum = sum + d
   d = d+0.1
print("합= %6.2f" % sum)
```

결과

```
  1.50
  1.60
  1.70
  1.80
  ...
  ...
  3.30
  3.40
합=  49.00
>>>
```

[소스코드 6-47] 1.5부터 3.5보다 작은 구간의 0.1씩 증가하는 실수의 합(출력 형식 정의)

출력 형식의 지정 방법을 이용하여, CHAPTER 5의 5.5절에서 함수의 개념을 설명하기 위해 제시한 예를 파이썬 프로그램으로 작성한다. 원금이 200원일 때, 이자율 0.1, 0.2인 경우의 이자를 계산하는 프로그램이었다. 다음은 출력 형식을 지정한 파이썬 프로그램이다. interest를 %8.1f 형식으로 출력하고 있다.

프로그램

```
interest = 200*0.1
print('이자율 0.1  이자 %4.1f 원' % interest)

interest = 200*0.2
print('이자율 0.2  이자 %4.1f 원' % interest)
```

결과

```
이자율 0.10  이자 20.0 원
이자율 0.20  이자 40.0 원
>>>
```

[소스코드 6-48] 이자 계산 프로그램

이미 CHAPTER 5의 5.5절에서 설명한 바와 같이, 여기에는 이자율만 다른 동일한 작업이 포함되어 있다. 한 번의 이자계산 작업을 하나의 함수로 생성한다.

```
def f1(interestRate):
    interest = 200*interestRate
    print('이자율 %4.2f  이자 %4.1f 원' % (interestRate,interest))

f1(0.1)
f1(0.2)
```

[소스코드 6-49] 매개변수 한 개인 함수로 구성한 프로그램

이 프로그램에서는 원금 200원을 주프로그램에서 지정하였다. 그러나 원금이 달라질 경우에도 프로그램을 사용할 수 있도록 하기 위해 매개변수 두 개를 사용하여 원금과 이자율을 나타내도록 한다.

```
def f2(money,interestRate):
    interest = money*interestRate
    print('이자율 %4.2f  이자 %4.1f 원' % (interestRate,interest))

f2(200,0.1)
f2(200,0.2)
```

[소스코드 6-50] 매개변수 두 개인 함수로 구성한 프로그램

다음 프로그램은 출력에 원금을 출력할 수 있도록 변경하였다.

```
def f3(money,interestRate):
   interest = money*interestRate
   print('총금액 %5d  이자율  %4.2f  이자 %5.1f 원' % (money, interestRate, interest))

f3(1200,0.1)
f3(3000,0.2)
```

결과

```
총금액 1200 이자율 0.10 이자 120.0 원
총금액 3000 이자율 0.20 이자 600.0 원
>>>
```

[소스코드 6-51] 원금도 출력하는 프로그램

연습문제

01 직사각형의 두 변의 길이 a, b를 입력을 받은 후, 직사각형의 변의 합과 직사각형의 면적을 계산한 후 출력하는 파이썬 프로그램을 작성하라.

02 자연수 한 개를 입력 받아, 만일 짝수이면 "짝수"라고 출력하고, 만일 홀수이면 "홀수"라고 출력하는 파이썬 프로그램을 작성하라.

03 자연수 한 개를 입력 받아, 만일 5의 배수이고, 4의 배수이면 "20의 배수"라고 출력한다. 5의 배수만 되면, "5의 배수", 4의 배수만 되면, "4의 배수"라고 출력하는 파이썬 프로그램을 작성하라.

04 한 학생의 성적은 5 과목의 성적으로 구성되어 있다. 5 과목의 성적이 리스트에 저장되어 있을 때 성적을 받아서 평균과 최고점수를 알려 주는 함수를 포함하는 파이썬 프로그램을 작성하라.

05 리스트에 저장된 10개의 숫자 중에서 최대와 최소를 제외한 평균을 구하는 파이썬 프로그램을 작성하라.

컴퓨팅 사고력 활용하기

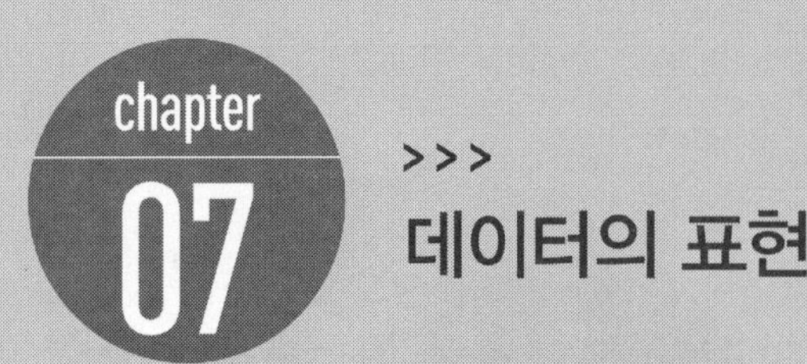

>>>

데이터의 표현

7.1 이진수
7.2 아스키코드
7.3 오디오 데이터, 이미지 데이터
7.4 자료구조
7.5 인코딩 및 압축
7.6 오류확인

7장에서는 컴퓨터가 소프트웨어를 수행하는데 필요한 데이터를 어떻게 표현하는지 설명한다. 컴퓨터에서 모든 데이터는 이진수를 이용하여 표현된다. 이진수의 정의, 아스키코드, 오디오 및 이미지 데이터의 표현 방법, 자료구조, 인코딩 및 압축, 오류확인 방법을 설명한다.

7.1 이진수

7.1.1 이진수 표현 방법

숫자를 나타내는 방법으로는 여러 가지가 존재한다. 우리가 일상적으로 사용하는 방법은 십진수를 이용하여 표현하는 방법이다. 예를 들어, 365는 3×100+6×10+5×1로 분해된다. 각 숫자가 있는 위치에 따라 숫자가 의미하는 숫자의 크기가 달라진다. 다음의 100개의 점이 있는 카드, 10개의 점이 있는 카드, 1개의 점이 있는 카드가 있다고 가정하자.

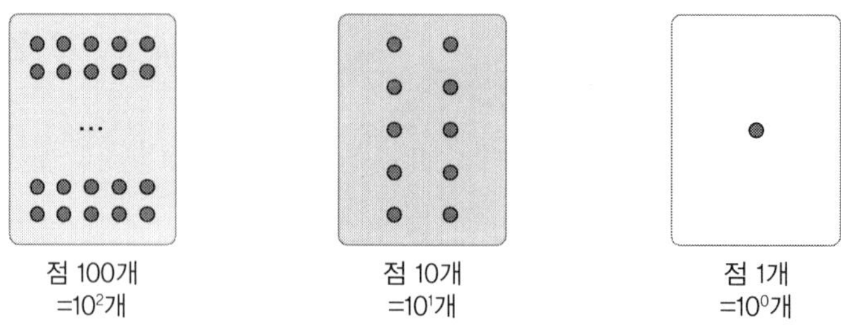

[그림 7-1] 십진수를 나타내기 위한 카드들

이 카드들을 이용하여 365를 나타내면 다음과 같다.

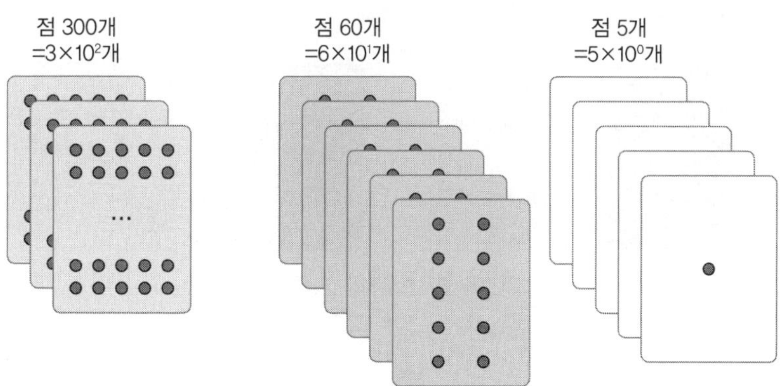

[그림 7-2] 십진수 카드를 이용한 365의 표현

십진수를 표현할 때는 각 위치의 카드의 장수는 0개부터 9장까지 가질 수 있다. 값 365는 다음과 같이 나타낼 수 있는 것이다.

'100개점 카드 수', '10개점 카드 수', '1개점 카드 수' = 3 6 5

만일 이진수를 사용하면 어떻게 표시할 수 있을까? 다음은 이진수를 나타내기 위해 준비한 카드들이다.

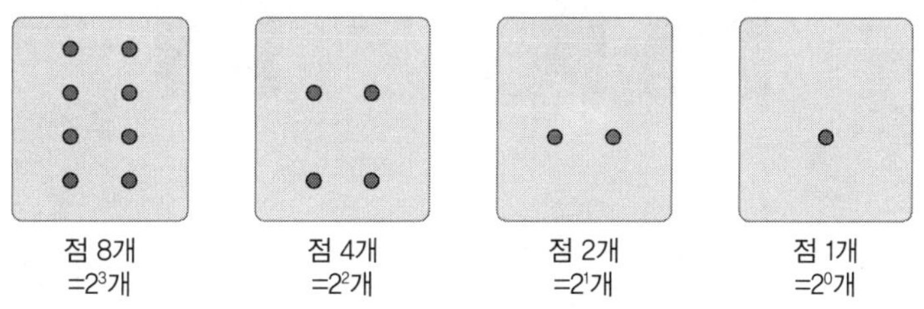

[그림 7-3] 이진수를 나타내기 위한 카드들

십진수는 각 카드별로 사용된 장 수를 0부터 9까지의 숫자를 이용하여 표시할 수 있었으나, 이진수에서는 각 카드별로 사용된 장 수를 0 또는 1로만 표시할 수 있다. 따라서 카드의 점이 보이는 상태(face-up)를 1로, 카드를 뒤집은 상태(face-down)를 0으로 표시하

여 이진수 숫자를 표시할 수 있다. 다음의 그림은 5개의 점을 나타내도록 카드를 조정한 그림이다.

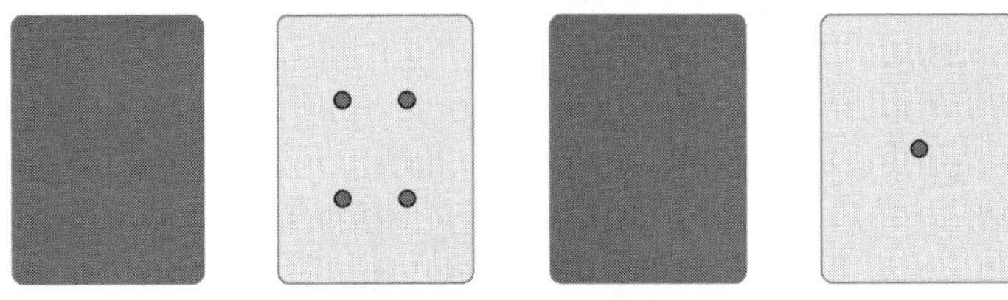

[그림 7-4] 5개의 점 표현

점이 4개 있는 카드는 점이 보이는 상태이므로 1로 표시된다. 네 장의 카드 상태를 0101로 표시할 수 있다. 즉, 십진수 5는 이진수 0101로 표시되는 것이다. 다음은 카드의 상태에 따라 0부터 15까지의 숫자를 표현하는 방법이다.

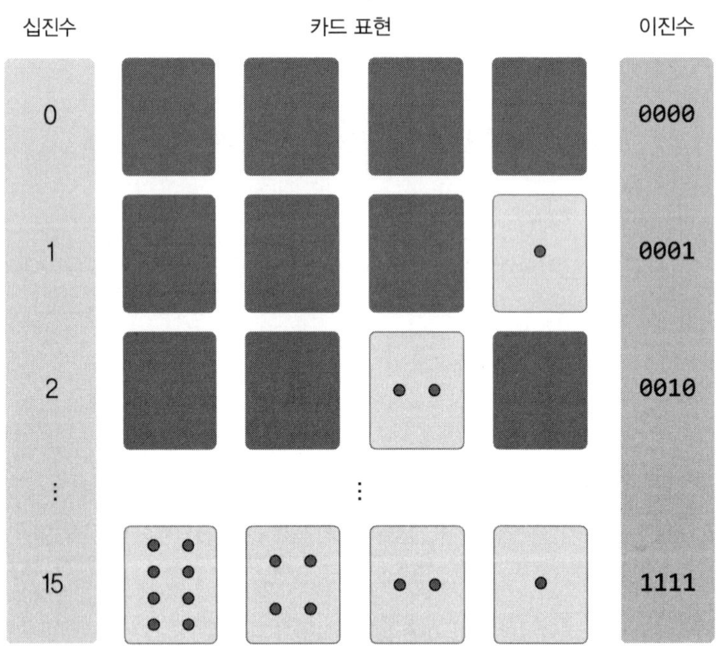

[그림 7-5] 0부터 15까지의 숫자 표현

즉, 카드의 상태가 이진수의 표현을 나타낸다. 카드의 상태를 나타내기 위해 반드시 0과 1을 사용해야 하는 것은 아니다. 다양한 부호로 이진수를 표시할 수 있다. # $, o x, y n, a b 등, 서로 구분되는 부호로 이진수를 나타낼 수 있다. 다음은 십진수 19를 이진수로 나타낸 예이다.

2^6	2^5	2^4	2^3	2^2	2^1	2^0
0	0	1	0	0	1	1
$	$	#	$	$	#	#
o	o	x	o	o	x	x
n	n	y	n	n	y	y
b	b	a	b	b	a	a

[그림 7-6] 십진수 19의 이진수 표현

하나의 이진수를 $b_k b_{k-1} \cdots b_2 b_1 b_0$로 표현한다. 여기서 b_i=0 또는 1, i=0,⋯,k이다. 이 숫자를 십진수로 변환하면 아래와 같다.

$$b_k \times 2^k + b_{k-1} \times 2^{k-1} + \cdots + b_2 \times 2^2 + b_1 \times 2^1 + b_0 \times 2^0$$

따라서 이진수 1110을 십진수로 변환하면, $1 \times 2^3 + 1 \times 2^2 + 1 \times 2^1 + 0 \times 2^0 = 14$가 된다.

십진수 a를 이진수 $b_k b_{k-1} \cdots b_2 b_1 b_0$로 변환하는 방법을 설명한다. 먼저 a를 2로 나누었을 때의 나머지를 구한다. 그 나머지는 b_0이 된다. 왜냐하면, $a = b_k \times 2^k + b_{k-1} \times 2^{k-1} + \cdots + b_2 \times 2^2 + b_1 \times 2^1 + b_0 \times 2^0$ 로부터 a를 2로 나누면, 몫은 $b_k \times 2^{k-1} + b_{k-1} \times 2^{k-2} + \cdots + b_2 \times 2^1 + b_1 \times 2^0$ 가 되고, 나머지는 b_0이 된다. 마찬가지로, 현재 구한 몫을 2로 나누면, 그때 나머지는 b_1이 된다. 이와 같이 몫이 1이 될 때까지 이 방법을 수행하면, $1=b_k$, b_{k-1}, ⋯, b_2, b_1, b_0을 순차적으로 구할 수 있다. 십진수 14를 이진수로 바꾸는 과정은 다음과 같다.

몫 14/2=7 나머지 0 = b_0
몫 7/2=3 나머지 1 = b_1
몫 3/2=1 나머지 1 = b_2
몫 1 = b_3

따라서 이진수는 1110이 된다. 이것을 간단히 다음과 같이 정리할 수 있다.

```
            몫
2 | 14  … 0 ← 나머지
2 | 7   … 1
2 | 3   … 1
    1
```

n자리수의 이진수가 나타낼 수 있는 음이 아닌 정수의 숫자 범위는 다음과 같다. 따라서 나타낼 수 있는 숫자의 개수는 2^n개이다.

[표 7-1] n자리수의 이진수가 나타낼 수 있는 음이 아닌 최솟값과 최댓값

최솟값	0
최댓값	$2^{n-1}+2^{n-2}+2^{n-3}+ \cdots + 2^2+2^1+2^0= 2^n -1$

7.1.2 이진수와 컴퓨터

컴퓨터 내에서 모든 데이터는 이진수로 표현된다. 저장되는 최소 단위를 이진 디지트(binary digit)라고 하는데, 이것을 비트(bit)라고 부른다. 그런데 이진수가 실제적으로 저장되는 방법은 무엇일까? 반도체를 이용한 경우에는 전압의 고저를 이용하여 이진수의 0과 1의 상태를 나타낸다. 전화선은 높고 낮은 톤을 이용하고, 디스크 매체에서는 자기장의 방향을 이용하여 0과 1을 나타낸다. 음악이나 데이터를 저장하는 CD인 경우에는 표면에 미세한 홈을 갖고 있는데, 이들 미세한 홈이 있는 것과 없는 것으로 비트를 나타낸다. 바코드인 경우는 줄이 있고, 없음을 이용한다.

[그림 7-7] 바코드

QR 코드(이차원 바코드)인 경우는 해당 위치의 검은 점의 유무를 이용하여 정보를 표시하는데, 기본적으로 이진수를 표시하고 있다. [그림 7-8]은 "This is a test"를 QR 코드로 표시한 것이다.

[그림 7-8] QR 코드

바이트(byte)는 디지털정보를 저장하는 단위로 8개의 비트로 구성된다. [그림 7-9]의 하나의 박스는 하나의 비트를 나타낸다.

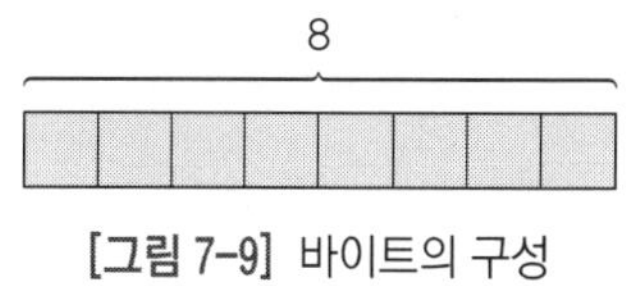

[그림 7-9] 바이트의 구성

프로그램에서 데이터를 저장하는 길이는 바이트의 배수로 표현된다. 예를 들어, 특정 프로그래밍 언어에서 문자나 정수는 하나의 바이트로 정의되고 실수는 2바이트로 정의될 수 있다. 컴퓨터에 소프트웨어를 설치할 때 보면, 컴퓨터가 몇 비트 머신인지를 물어보는 경우가 있다. 이 때, 32비트 또는 64비트 머신인지를 물어보는데, 이 숫자는 바이트의 배수가 된다. 즉, 8의 배수가 된다. 32비트 머신이라는 뜻은 이 컴퓨터가 사용하는 주소의 공간이 32비트로 표현된다는 뜻이다.

그러면 컴퓨터는 왜 이진수를 사용하는 것일까? 컴퓨터 내에 데이터를 저장한다는 것은 데이터를 물리적인 방법으로 나타내야 한다는 것이다. 만일 십진수를 사용한다면, 한 위치에 저장된 값을 나타내기 위해 물리적으로 0부터 9까지, 즉 10가지의 상태를 나타낼 수 있는 방법이 존재해야 한다. 또한 저장된 값을 읽어오기 위해서는 마찬가지로 10가지의 상태를 읽어 들이는 방법이 있어야 한다. 만일 전압을 이용하여 나타낸다면, 전압의 수준이 10가지가 필요하게 된다. 이는 저장하거나 읽어 들이는 장치와 소프트웨어는 항상 10가지의 신호를 분석해야 하는 부담이 있게 된다. 따라서 장치와 소프트웨어의 복잡성이 증가하게 되어, 설비와 운영에 필요한 비용이 증가하게 된다. 이러한 이유로 2개의 상태만을 나타내는 단순한 방법인 0과 1을 저장하는 방법을 사용한다.

1950년대부터 1980년 초반까지 펀치카드를 컴퓨터의 데이터 입력, 저장 수단으로 사용하였다.

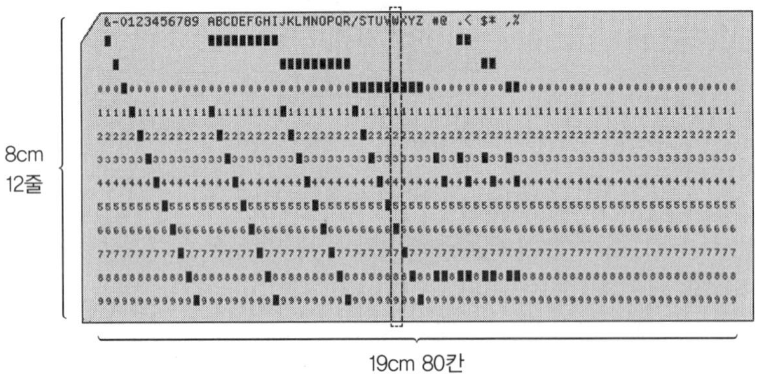

[그림 7-10] 펀치카드

펀치카드에는 총 12줄×80칸의 구멍을 만들 수 있는 위치가 있다. 구멍을 통해 빛이 통과하거나, 하지 않는 것을 인식하여 0과 1을 나타낸다. 펀치카드를 이용하여 프로그램을 저장할 경우, 펀치카드 한 장은 프로그램의 한 줄에 해당한다. 펀치카드를 펀치카드 리더(reader)를 통해 읽어 들이게 되면, 데이터를 컴퓨터가 읽게 된다. 수직으로 한 열(column)이 만들어낼 수 있는 정보의 가짓수는 2^{12}개가 된다.

컴퓨터의 메모리 공간은 이진수의 크기 단위로 표시한다. 예를 들어, 메인 메모리가 2기가바이트(GB)라는 말은 2기가바이트(giga byte)를 저장할 수 있다는 뜻이다. 1킬로바이트(KB)는 1,024바이트이고, 1메가바이트(MB)는 1,024킬로바이트이고, 1기가바이트(GB)는 1,024메가바이트이다. 1테라바이트(TB)는 1,024기가바이트를 뜻한다.

7.1.3 아날로그와 디지털

우리는 주위에서 아날로그 기기와 디지털 기기를 쉽게 볼 수 있다. 아날로그는 나타내는 정보를 연속적인 공간(continuous space)상에서 표시하는 것이고, 디지털 기기는 이산적(discrete)인 공간상에서 정보를 표시하는 기기를 말한다. 예를 들어, 다음의 아날로그 온도계는 측정 가능한 온도의 모든 값들을 표시할 수 있다. 표시 기둥이 연속적으로 움직이며 예를 들어, 1.23456도를 표시할 수 있다(물론 눈으로는 구분할 수는 없지만). 이에 반해, 디지털 기기는 표시할 수 있는 정보의 한계가 있다. 그림의 디지털 온도계는 0.1도 단위로만 온도를 표시할 수 있다. 그렇지만, 우리가 일상생활에서 온도를 0.00001도 단위로 알 필요는 없으므로 디지털 온도계로도 생활하는 데 충분하다.

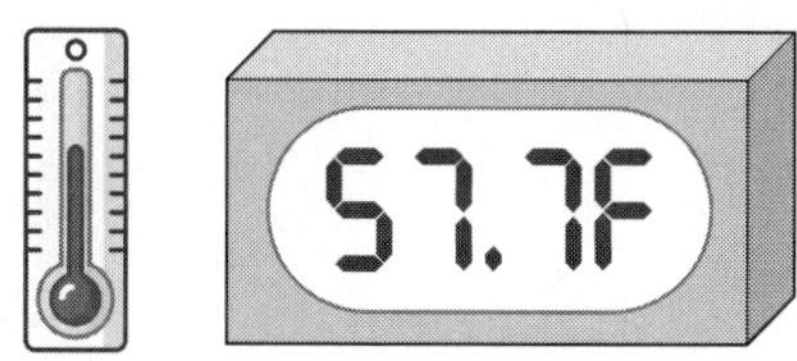

[그림 7-11] 아날로그 온도계와 디지털 온도계

컴퓨터는 디지털로 표현할 수 있는 모든 정보형태를 처리할 수 있다. 각 정보형태에 대해 다양한 작업처리가 가능한데, 정보의 생성·저장·이동·복사·표시·삭제의 모든 작업이 가능하다. 정보형태로는 텍스트(숫자, 문자), 오디오, 이미지 및 그래픽, 비디오를 포함한다.

아날로그로 되어 있는 자연의 정보(이미지, 오디오)를 컴퓨터 내에는 디지털로 변환하여 저장하여야 한다. 디지털로 변환된 데이터는 모두 0과 1의 조합으로 나타낸다. 예를 들어, 오디오 정보는 파형을 나타내기 위해 디지털로 파형의 높이를 묘사하여야 한다. 아날로그 데이터를 디지털로 변환할 때 발생하는 약간의 정보 손실은 인간이 느낄 수 없는 한도 내에서 유지하는 것이 바람직하다. 이미지도 디지털 기기를 통해 디지털 정보로 변환된다. 변환된 디지털 정보는 픽셀(pixel, picture element)들의 집합으로 나타낸다.

팩스(fax, facsimile) 기계는 문서를 전화선을 통해 전송할 수 있는 편리한 기계다.

[그림 7-12] 팩스 기계

흑백팩스를 가정하여 문서를 송신/수신하는 과정을 설명한다. 문서를 보내는 쪽의 팩스 기계는 문서를 읽어 들여서 이미지를 비트맵(bit map)으로 만든다. 비트맵은 격자형으로 이미지를 세분화해서, 각 격자 내의 명암을 0 또는 1로 표시한 것이다. 다음 그림에서 문자 a를 격자로 세분화한 그림을 볼 수 있다. 비트맵으로 변환된 데이터를 전화선을 통해 가청주파수톤(audio-frequency tone)으로 전송한다.

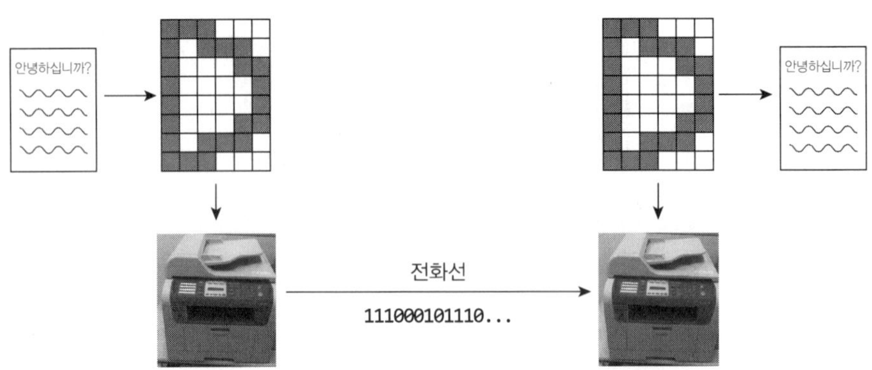

[그림 7-13] 팩스 장치의 문서 전송 과정

문서를 받는 쪽의 팩스 기계는 0과 1로만 표시된 데이터를 비트맵으로 복원하여 이미지를 생성하게 된다. 문서는 문자와 그림을 포함할 수 있다. 다음은 문자 D를 격자로 나눈 모습이다.

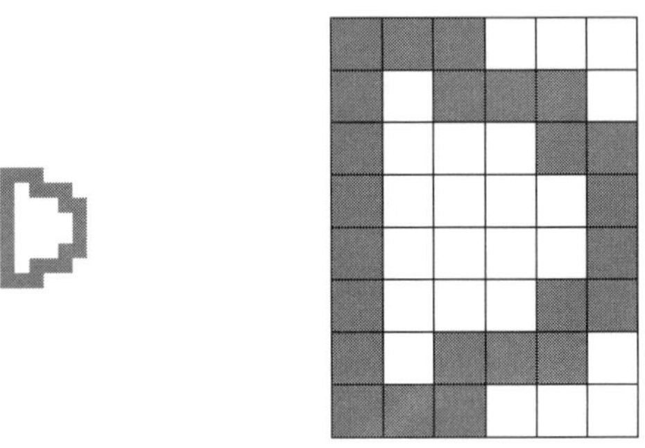

[그림 7-14] 문자 D의 디지털화

하얀색의 격자를 0, 검은색의 격자를 1로 표현하면, 문자 D의 첫 두 줄은 다음과 같이 표현된다.

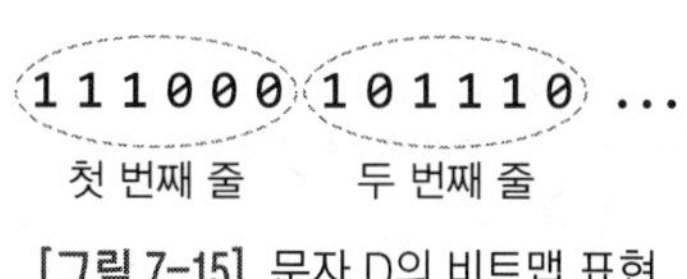

[그림 7-15] 문자 D의 비트맵 표현

팩스의 성능에 따라 해상도(resolution)가 달라질 수 있다.

7.2 아스키코드

컴퓨터를 사용할 때 키보드를 이용하여 문자 K를 입력한다. 입력된 문자는 화면에 보이게 되고 컴퓨터 내부에 저장될 수도 있다. 저장된 문자는 나중에 출력되어 활용되기도 한다. 또한 인터넷 환경에서 내가 입력한 문자 K는 멀리 떨어져 있는 곳에서 동일한 형태의 문자 K로 보이게 된다. 어떤 방식으로 문자는 컴퓨터 내부에서 표현되는 것일까?

컴퓨터 내의 문자는 이진수로 표현된다는 것을 알고 있고, 이진수로 표현된 문자를 문자의 코드(code)라고 한다. 그런데 이 코드가 사람마다, 회사마다, 나라마다 다르다면 우리는 다른 나라에 있는 다른 컴퓨터와 통신하는데 문제가 있을 것이다. 따라서 컴퓨터 시스템의 각 부품, 장치들은 미리 정해진 세계 공통의 표준에 따라 문자를 표현해야만 한다. 이 표준을 아스키코드(ASCII code)라고 한다. ASCII는 American Standard Code for Information Interchange의 약어이다. 컴퓨터의 입력장치를 통해 입력된 문자 K는 내부에서 문자 K에 대한 아스키코드로 변환된다. 변환된 코드는 저장 또는 전송된다. 화면에 K를 나타나게 할 때는 컴퓨터가 K의 아스키코드를 처리하여 K가 화면에 보이게 한다.

[그림 7-16] 문자의 입력, 저장, 추출, 표시

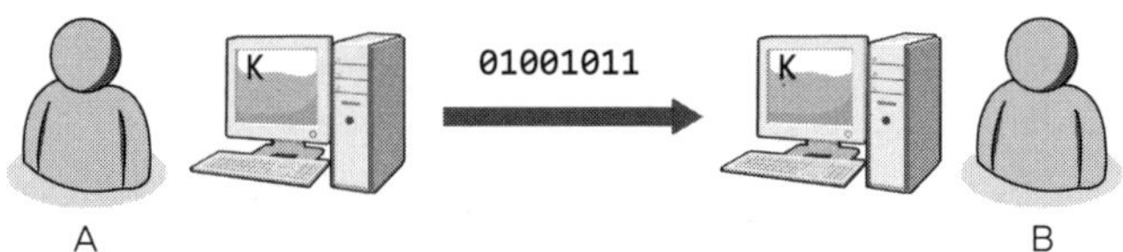

[그림 7-17] 문자의 전송

구체적으로 문자가 어떻게 이진수를 이용하여 표현되는지 설명한다. 사용하는 문자의 개수가 유한하므로, 사용하는 문자를 나열하고, 거기에 대응하는 이진수 코드를 부여하는 방법을 사용할 수 있다. 아스키코드 문자 세트는 7비트를 이용하여 이진수로 표현하였다. 따라서 2^7=128개의 문자만 포함하고 있었다. 다음은 아스키코드의 일부를 보여주고 있다.

[표 7-2] 아스키코드 일부

이진수 표현	16진수 표현	십진수 표현	문자
000 0000	00	0	NULL 문자
010 0011	23	35	#
011 0001	31	49	1
011 1100	3C	60	<
100 0001	41	65	A
101 1010	5A	90	Z
110 0001	61	97	a
111 1010	7A	122	z
111 1111	7F	127	DEL

코드는 십진수 0부터 시작하여 127로 끝나므로, 총 128개의 문자를 규정하였다. 여기서 16진수(hexadecimal)란 0~9, A, B, C, D, E, F, 16개의 기호를 이용하여 숫자를 표현하는 방식을 말한다. A는 십진수의 10에 해당하고, F는 십진수 15에 해당한다. 이진수를 왼쪽, 오른쪽의 4비트씩 읽으면 16진수로 표시할 수 있다. 다음 그림은 8비트로 표현된 아스키코드인데, 아스키코드는 실제로 7비트만을 사용하므로, 오른쪽 7비트를 이용하여 아스키코드를 부여한다.

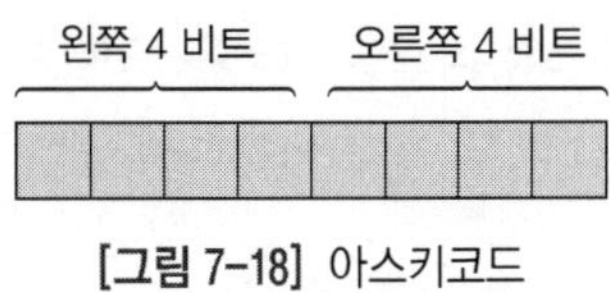

[그림 7-18] 아스키코드

예를 들어, <를 나타내는 아스키코드는 011 1100인데, 제일 좌측에 하나의 비트(0으로 설정)가 있다고 가정하면, 왼쪽 4자리(0011)는 십진수로 3이다. 여기서 오른쪽 4자리는 1100이다. 이 값은 십진수로 12에 해당하여 C로 표시할 수 있다. 따라서 합쳐서 표시하면, 3C가 된다.

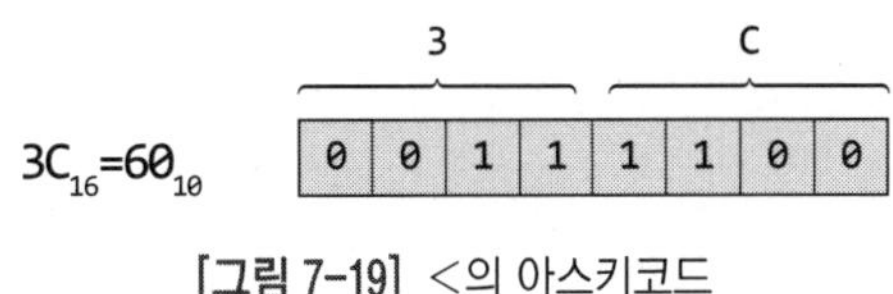

[그림 7-19] <의 아스키코드

다음은 A를 16진수로 읽는 방법이다.

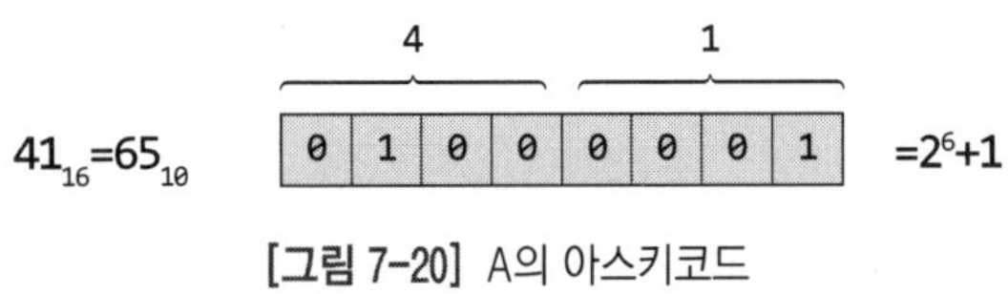

[그림 7-20] A의 아스키코드

만일 AZ를 전송한다면, 0100 0001 0101 1010으로 전송하면 된다. 이는 16진수로 표현하면 41 5A가 된다.

7비트를 이용하여 문자를 표현하는 데는 한계가 있다. 왜냐하면 국가별로 사용하는 문자의 종류가 매우 다양하므로, 지구상에 존재하는 문자를 표현하기 위해서는 128보다 훨씬 많은 종류를 표현하는 코드가 필요하다. 아스키코드보다 많은 문자를 표현하기 위해 유니코드(unicode)를 규정하였다. 유니코드는 16비트를 이용하여 문자를 정의하였으므로, 총 2^{16}=65,536개의 문자를 코드로 표현할 수 있다. 유니코드는 아스키코드를 포함한다.

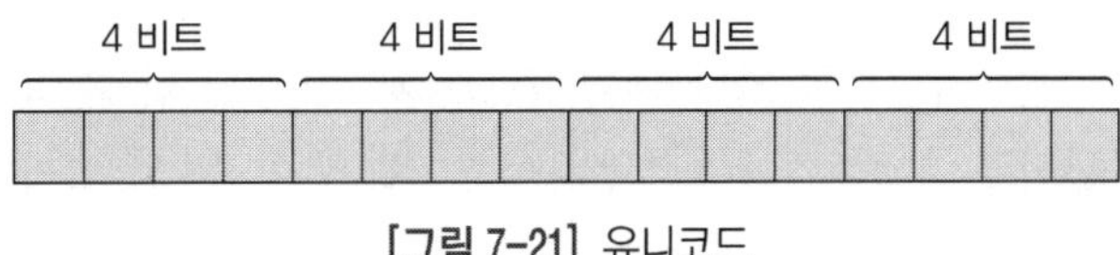

[그림 7-21] 유니코드

다음은 스리랑카 언어의 유니코드와 박스를 그리는 도형문자의 유니코드를 보여주고 있다. 예를 들어, ┐의 유니코드는 16진수 두 개를 이용하여 표현하면 2510이 된다.

[그림 7-22] 유니코드 예

한국어의 '가'는 유니코드로 AC00으로 표현된다.

7.3 오디오 데이터, 이미지 데이터

오디오 데이터와 이미지 데이터는 이진수를 이용하여 표현된다는 것을 이미 설명했다. 본 절에서는 오디오 데이터와 이미지 데이터의 디지털 변환 방법을 보다 구체적으로 설명한다.

7.3.1 오디오 데이터

소리에 의한 공기의 압력이 귓속의 고막에 도달하여, 그 진동이 신경을 통해 뇌로 전달될 때 발생한 소리를 사람은 인식하게 된다. 소리는 아날로그의 정보이므로 이를 디지털화 하여야 한다.

[그림 7-23] 오디오 정보의 전달

아날로그 오디오 정보는 파형으로 나타난다. 아날로그 데이터를 디지털로 변환하기 위해서는 오디오 파형의 높이를 측정주기마다 측정하여, 그 값을 이진수로 나타내야 한다.

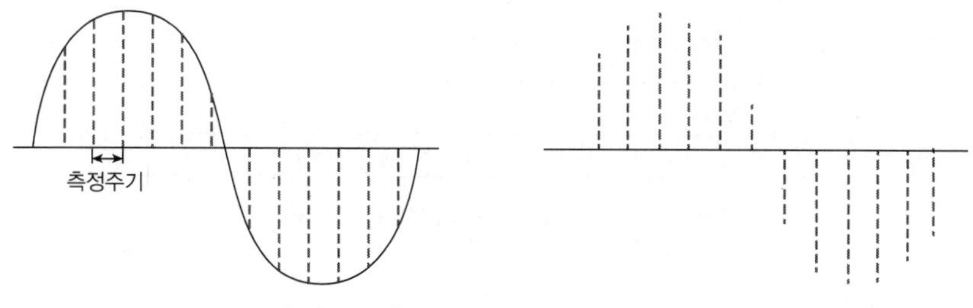

[그림 7-24] 아날로그 파형의 높이 측정

원래의 파형은 우측의 높이들의 값들로 대체되어 저장매체에 저장된다. 디지털화된 데이터는 실제의 파형과 유사한 패턴을 보이지만, 정확히 아날로그 정보와 동일하지는 않다. 이러한 차이가 아날로그 데이터와 디지털 데이터의 차이를 나타낸다. 만일 파형의 높이를 측정하는 주기를 반으로 하면 다음과 같이 된다.

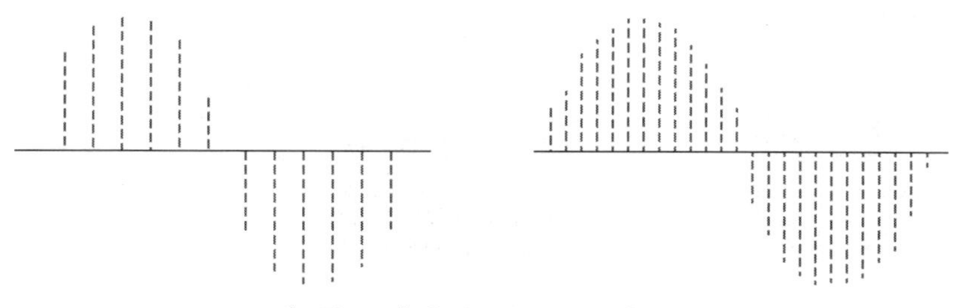

[그림 7-25] 측정주기를 반으로 할 때

[그림 7-25]의 우측에서 볼 수 있듯이 이전의 디지털 정보 표현보다 더 정확히 아날로그 파형을 나타낸다는 것을 알 수 있다. 만일 측정 주기를 계속 줄여나가면서, 디지털 정보를 얻는다면, 실제와 거의 동일한 정보를 얻게 될 것이다. 그러나 측정 주기가 짧아질수록 데이터의 양이 늘어나게 된다. 즉, 측정 주기가 짧아질수록 보다 정확한 정보의 표현은 가능하지만, 다루어야 할 정보의 양이 늘어나면서, 소프트웨어 및 하드웨어의 부담이 될 것이다. 따라서 아날로그와 디지털 정보와의 차이를 사람들이 인식할 수 없을 정도까지만 디지털 정보를 만드는 것이 컴퓨터를 이용하여 디지털화하는 연구의 목표가 된다.

그리고 만일 각 높이를 1바이트의 이진수로 표현한다면, 표현할 수 있는 값은 총 2^8=256가지가 된다. 따라서 파형의 높이가 표현할 수 있는 높이의 값이 아닌 중간에 위치한 값인 경우, 근처의 값으로 저장할 수밖에 없다. 만일 2바이트로 파형의 높이를 나타낸다면 어떻게 될까? 2바이트로 나타낸다면, 2^{16} = 65,536가지로 나타낼 수 있다.

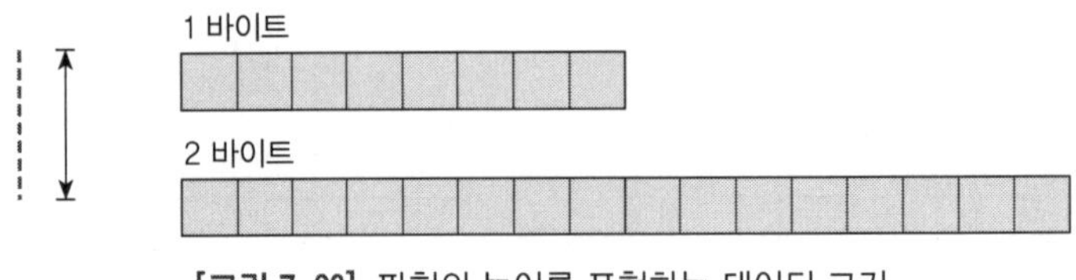

[그림 7-26] 파형의 높이를 표현하는 데이터 크기

따라서 표현하는 데이터의 길이가 늘어나면, 실제의 값과 가까운 값을 저장할 가능성이 높아지면서 실제와 가까운 소리를 저장하게 되는 것이다. 그러나 측정 주기를 줄이면 데이터의 양이 늘어나듯이, 표현하는 데이터의 길이가 늘어나면, 처리해야 할 데이터의 양이 늘어나게 된다. 데이터의 표현 길이와 처리속도에는 서로 이율배반적(trade-off)인 관계가 존재한다.

저장된 매체에 있는 오디오 데이터는 장비를 통해 전기적 신호로 바뀌어 스피커에 전달되면, 스피커에서 소리가 발생한다.

[그림 7-27] 소리의 재생

CD(Compact Disc)에 저장된 오디오 데이터는 전용 장치에 의해 읽어진다. CD는 레이저 빛을 CD 표면에 조사하면, 만들어진 홈(pit)과 홈 이외의 지역의 반사정도가 다른 성질을 이용하여 데이터를 저장한다. 홈은 약하게 반사하고 일반 표면은 빛을 강하게 반사한다. CD와 DVD, 블루레이는 비슷한 방식으로 오디오 데이터를 저장하는데, 홈의 크기가 달라서 매체마다 저장할 수 있는 디지털 데이터의 양이 달라진다.

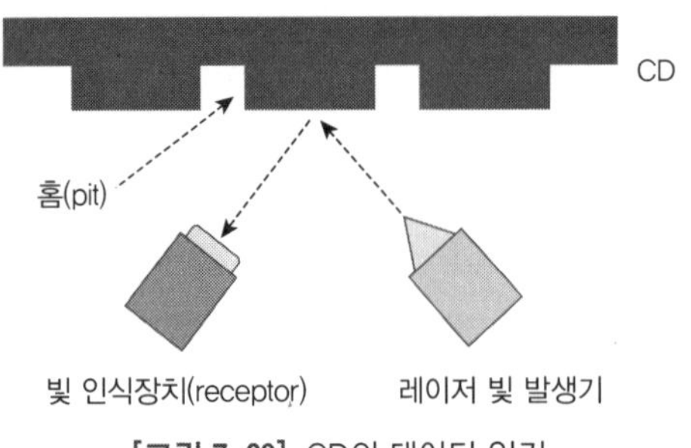

[그림 7-28] CD의 데이터 읽기

디지털로 표현되는 오디오 파일의 형식으로는 RAW, WAV, AU, AIFF, MP3 등 여러 가지가 있는데 MP3 형식이 주로 사용된다.

7.3.2 이미지 데이터

이미지 정보의 디지털 데이터로의 변환에 대해 설명한다. 색깔을 만들어내는 것은 빛의 파장인데, 눈의 망막(retina)에 도달한 빛의 파장을 인식하여 사람은 빛의 색깔을 알 수 있다.

망막은 세 종류의 광수용체(photoreceptor)라는 감각세포를 갖고 있는데, 광수용체는 빛을 신경자극으로 바꾸어주는 기능을 수행한다. 세 종류의 광수용체는 각각 빛의 삼원색인 빨간색(R: Red), 녹색(G: Green), 파란색(B: Blue)을 인식한다. 세 가지 색의 조합으로 다양한 색깔을 생성할 수 있는데, 색깔을 디지털로 나타낼 때 이 방법을 사용할 수 있다.

오디오 정보의 디지털화에서 언급한 문제들은 이미지에서도 마찬가지로 적용된다. 자연에 존재하는 이미지를 디지털 카메라로 찍게 되면 디지털 데이터의 형태로 이미지가 저장된다. 즉, 0과 1로만 이미지를 표현하게 된다. 디지털 이미지는 여러 개의 점으로 구성되는데, 하나하나 점을 픽셀(pixel, picture element)이라고 하며, 디지털 이미지의 최소단위가 된다. 다음은 아날로그 이미지를 최소단위인 픽셀로 만들기 위해 이미지를 나누는 것을 보여준다. 이미지의 각 격자는 하나의 점으로 표시될 것이며, 그 점의 색깔 정보는 0과 1들로 표시된다.

[그림 7-29] 아날로그 이미지의 디지털 데이터 변환

격자의 크기가 크면 픽셀들로 구성되는 디지털 이미지는 원래의 이미지를 잘 나타내지 못

한다. 따라서 격자의 크기를 줄여서 격자의 개수가 증가할수록 원래의 이미지와 가까운 디지털 이미지를 얻을 수 있다.

[그림 7-30] 작은 격자를 이용한 디지털화

하나의 픽셀의 정보를 표현하는데, 1바이트를 이용한다면, 나타낼 수 있는 색깔의 개수는 2^8=256가지가 된다. 색깔을 나타내는 기본적인 방법은 RGB 모델이다.

RGB 모델에서는 빛의 삼원색인 빨간색, 녹색, 파란색을 이용하여 세 색깔의 조합으로 하나의 색깔을 나타낸다. 각 기본 색깔은 1바이트=8비트로 표시하여, 256종류의 색깔을 표현하게 되므로, 조합된 색깔은 총 24비트로 표현되어 (0~255, 0~255, 0~255)의 형식을 갖게 된다. 예를 들어, (255, 0, 255)은 빨간색과 파란색을 최대로 하고, 녹색이 섞이지 않은 색깔, 즉 보라색을 나타낸다. 이와 같은 방법을 사용하면 조합된 색깔의 종류 수는 $2^{24}=256^3$=16,777,216가지가 된다. 이와 같은 방식을 True color 방식이라고 한다.

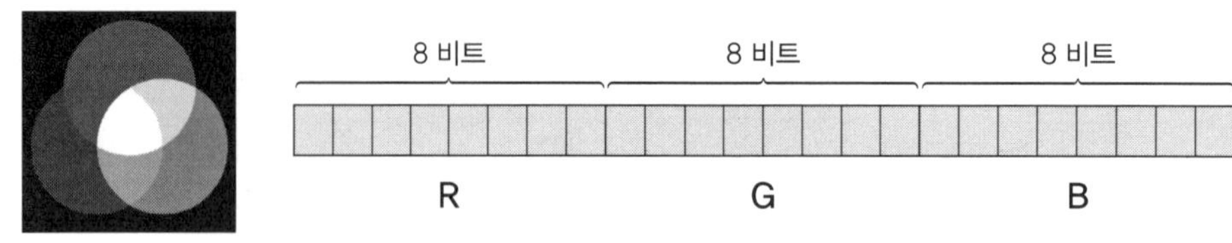

[그림 7-31] 빛의 삼원색 및 RGB 표현 방법

LCD나 LED도 RGB 픽셀을 이용하여 색깔을 나타낸다.

하나의 픽셀은 세 가지 기본 색깔을 타나내는 구조를 갖고 있고, 그 세 가지 색깔의 강도를 각각 조절하여 다양한 색깔을 나타내게 된다.

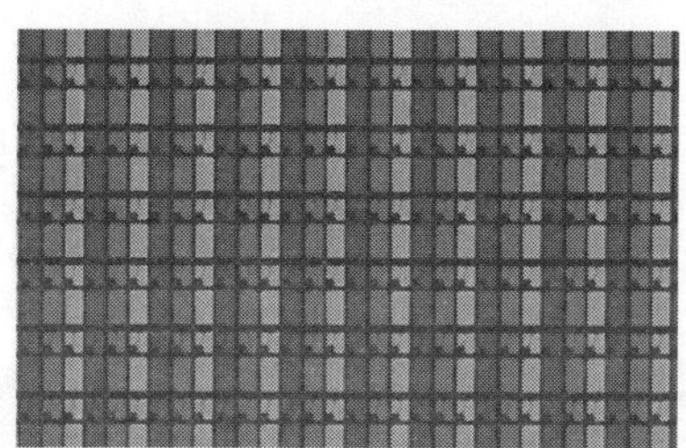
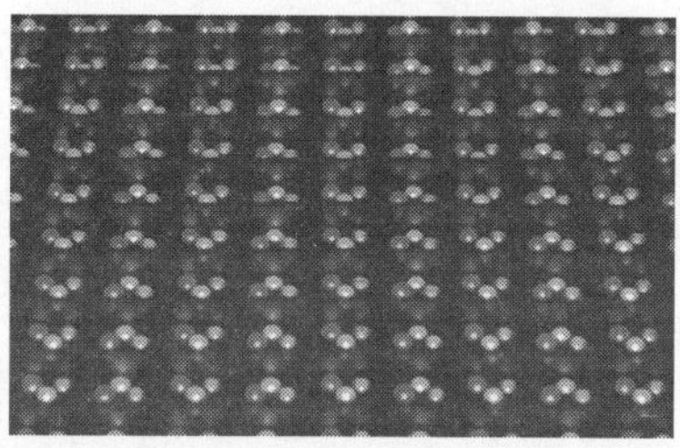

[그림 7-32] LCD RGB 픽셀과 LED RGB 픽셀

색깔 깊이(color depth)는 색깔을 나타내는데 사용하는 데이터의 양을 말한다. 색깔 깊이가 클수록 정밀한 색깔을 나타낼 수 있는 반면, 데이터의 양이 증가하여 처리 시간이 늘어나게 된다.

[표 7-3] 색깔 표현 분류별 색깔 깊이

색깔 표현 분류	색깔 깊이
High Color	15 비트 사용: 각 색깔은 2^5=32가지 표현, 총 32^3=32,768가지 표현 16 비트 사용: 녹색은 2^6=64가지, 총 65,536가지
True Color	각 RGB에 8비트 사용. 각 색깔은 2^8=256 조합 가능. 전체 색깔은 256^3=16,777,216 조합 가능
Deep Color	총 30/36/48 비트 사용

홈페이지는 다양한 색깔을 이용하여 작성한다. 배경색깔, 폰트색깔 등을 지정할 때, RGB 모델을 사용한다. HTML 파일에서 색깔은 #문자를 처음에 표시한 후, RGB의 정보를 각 색깔요소별로 16진수를 이용하여 나타낸다. 다음은 일부 색깔을 표시하는 방법이다. 여기서 십진수 255는 이진수로 11111111이 되고, 16진수로 FF가 된다.

[표 7-4] 일부 True Color RGB 색깔

Red	Green	Blue	색깔	HTML 색깔 표시
0	0	0	검은색	#000000
255	255	255	하얀색	#FFFFFF
255	255	0	노란색	#FFFF00
0	255	255	사파이어색	#00FFFF
255	0	255	진분홍색	#FF00FF
157	95	82	자주색	#800080
100	100	100	회색	#646464

다음은 HTML 파일에서 색깔을 지정한 것이 브라우저를 통해 어떻게 보이는지 그 결과를 보여주고 있다. 왼쪽은 HTML 파일이고, 오른쪽은 브라우저를 통해 HTML 파일을 디스플레이 했을 때의 모양이다.

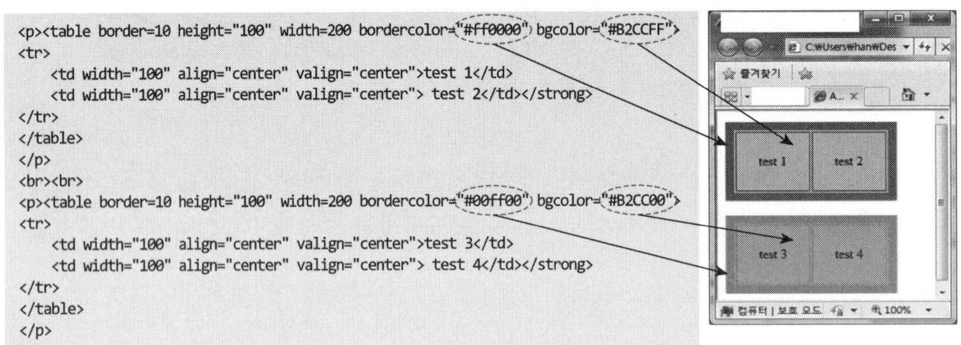

[그림 7-33] HTML 파일의 색깔 지정과 그 결과

이미지 정보는 픽셀 단위로 나뉘어 디지털화 되어 파일로 저장된다. 이미지가 표현되는 총 픽셀의 개수를 해상도(resolution)라고 한다. 래스터(raster) 그래픽은 픽셀 단위로 이미지 데이터를 저장하는 방식을 말한다. 저장되는 데이터의 양을 줄이기 위해 다양한 압축방법이 사용된다. 압축 방법에 따라 여러 가지의 그래픽 형식이 있다. BMP(Bitmap), GIF(Graphics Interchange Format), JPEG(Joint Photographic Experts Group), PNG(Portable Network Graphics), TIFF(Tagged Image File Format) 등이 래스터 그래픽 형식이다.

픽셀 단위로 이미지 정보를 저장하는 대신, 점·선·도형 등을 좌표와 생성식을 이용하는 방법을 벡터(vector) 그래픽이라고 한다. 래스터 그래픽에 비해 작은 데이터의 양으로 이미지를 저장할 수 있다. 또한 이미지의 크기가 변경될 경우, 쉽게 큰 이미지나 작은 이미지를 생성할 수 있는 장점이 있다.

7.4 자료구조

자료구조(data structure)는 알고리즘을 작성하는 데 사용하는 기본적인 구조들을 말한다. 알고리즘을 구성하는 일종의 부품(component)으로 생각할 수 있다.

[그림 7-34] 알고리즘과 자료구조의 관계

장난감 레고 블록들을 이용하여 집을 만든다고 가정하자. 이 때 집은 알고리즘이 되고 집을 구성하는 각각의 블록은 자료구조에 해당한다. 레고 블록에 여러 가지 형태가 있듯이 자료구조에는 미리 정의된 여러 개의 형태가 있는데, 배열(array), 연결 리스트(linked list), 큐(queue), 우선순위 큐(priority queue), 스택(stack), 그래프(graph), 트리(tree) 등이 있다. 작성된 알고리즘은 다양한 자료구조들을 포함할 수 있다.

리스트(list)는 유한한 데이터를 저장하는 공간이다. 종이에 메모하는 것도 하나의 리스트에 해당한다. 다음은 종이 리스트를 보여주고 있다.

[그림 7-35] 종이 리스트

종이 리스트를 가정하여 실제 발생할 수 있는 일들이 어떻게 처리되는지 생각해보자. 리스트는 데이터를 기록하여 생성되고, 이 후 데이터가 추가될 수도 있고, 데이터가 삭제될 수도 있다. 리스트에 빈 공간이 있어서 데이터를 추가할 때는 전혀 문제가 되지 않는다.

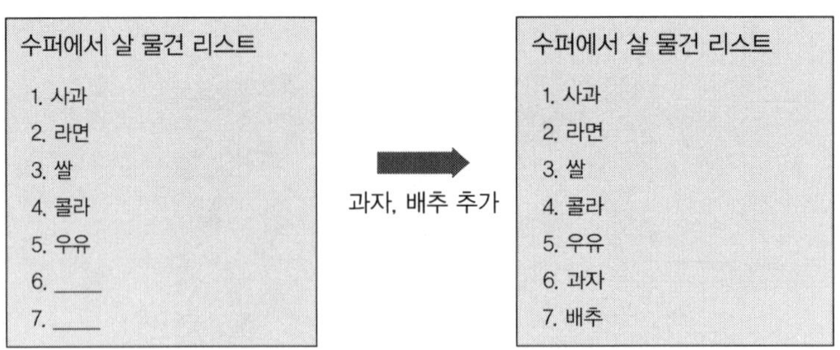

[그림 7-36] 종이 리스트에 빈 공간이 있을 때 데이터의 추가

만일 종이 리스트에 추가할 공간에 없다면 어떻게 할까? 새로운 종이를 추가로 가져와서 기록해야 할 것이다.

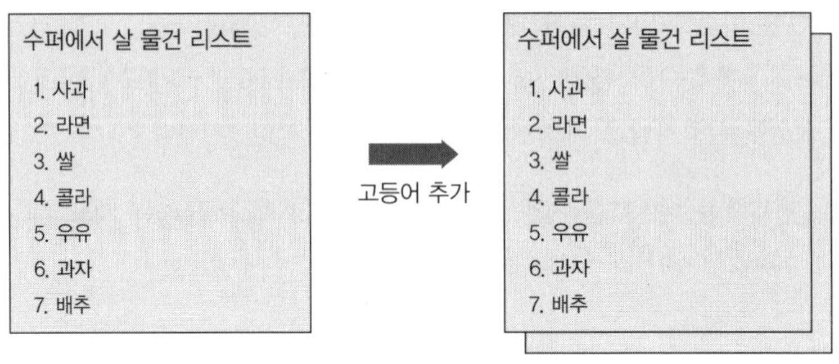

[그림 7-37] 종이 리스트에 데이터를 추가할 빈 공간이 없을 때 종이 한 장 추가

종이 리스트에서 필요 없는 항목을 삭제할 때는 단순히 해당 품목을 지우거나 표시를 하여 삭제할 수 있다.

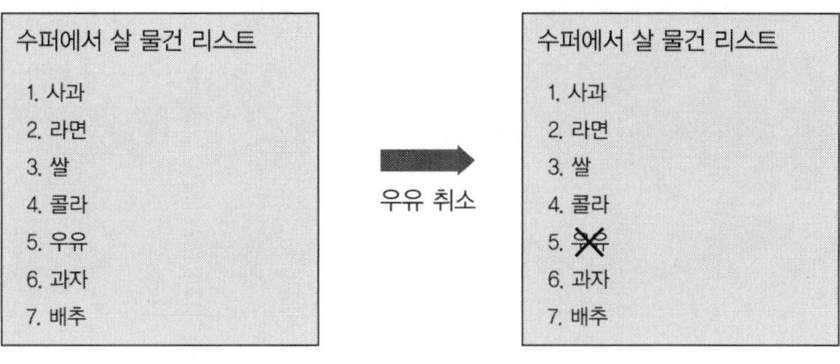

[그림 7-38] 종이 리스트에서 데이터의 삭제

종이 상에 기록되는 리스트를 컴퓨터에서 사용하는 프로그램의 알고리즘 내에 구현하기 위한 자료구조가 필요하다. 이 자료구조는 데이터의 효과적인 추가/삭제가 가능하여야 한다. 리스트는 두 가지 방법으로 구현이 가능하다. 하나는 배열(array)이고, 또 하나는 연결 리스트(linked list)이다. 배열은 데이터의 최대 개수가 고정되어 있고(단 동적 배열에서는 데이터의 최대 개수가 고정되지 않는다), 연결 리스트는 데이터의 개수가 가변적이다. 두 가지 자료구조에 대해 자세히 설명한다.

7.4.1 배열(array)

다음 그림은 아파트 건물 입구에 있는 우편함의 모습과 월별 판매량 정보를 적어 놓은 종이를 보여주고 있다. 이들 정보는 배열을 이용해서 알고리즘 내에 표현할 수 있다.

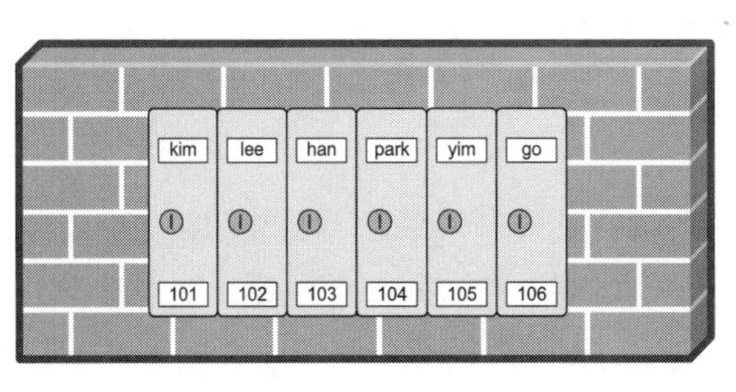

2015 sales	
Jan	150
Feb	200
Mar	170
April	188
May	175
June	180
July	182
Aug	155
Sept	160
Oct	199
Nov	193
Dec	184

[그림 7-39] 아파트의 우편함과 월별 판매량 정보

두 경우 모두 데이터의 개수가 미리 고정되어 있고, 변경되는 것이 불가능하다는 것을 알 수 있다. 현실 세계의 이러한 자료를 알고리즘 내에서 사용하는 형식이 배열인데, 배열은 저장할 수 있는 데이터의 개수가 고정된 리스트이다. 배열은 아래와 같은 형식을 갖는다.

```
배열명[ ]
```

변수명은 여러 개의 데이터를 나타내는 대표의 이름이고, 괄호 [ ]에 들어가는 것은 배열 중의 위치를 나타내는 첨자(인덱스(index))이다. 예를 들어, a[0], b[3], mail_box[5], sales_2015[7] 등이 배열 내의 특정 데이터를 가리키는 하나의 변수처럼 사용된다. 이전 그림의 우편함과 월별 판매량을 나타내기 위해 m_box[0] ~ m_box[5], sale_2015[0] ~ sale_2015[11]과 같이 배열을 정의할 수 있다.

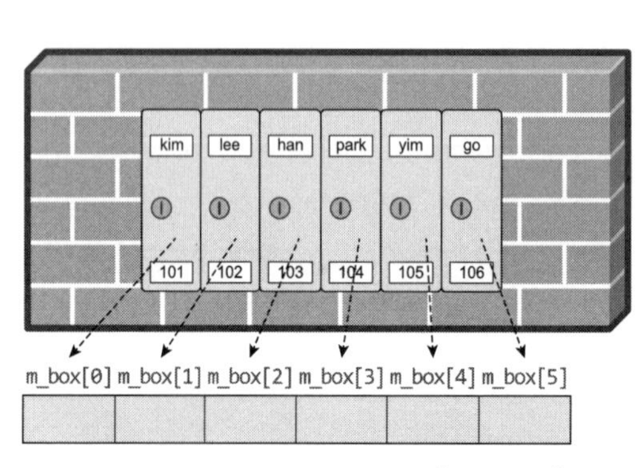

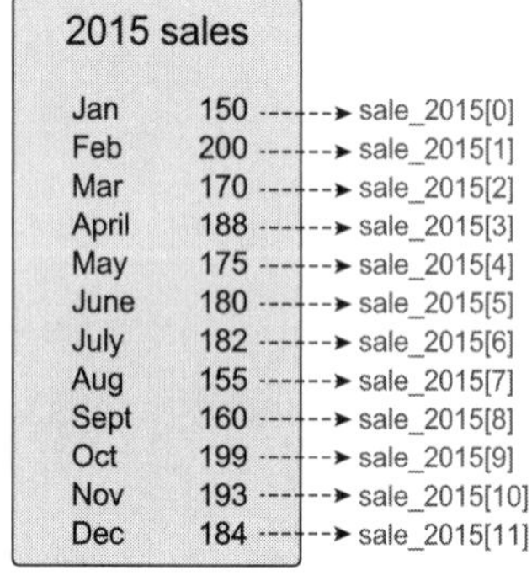

[그림 7-40] 배열의 지정

프로그램 내에서 배열을 사용하기 위해서는 먼저 배열을 정의하여야 한다. 정의할 때 다음 그림의 m_box[6]는 m_box라는 배열이름으로 6개의 배열 공간을 설정한다는 뜻이고, sale_2015[12]는 sale_2015이라는 배열이름으로 12개의 배열 공간을 설정한다는 뜻이다.

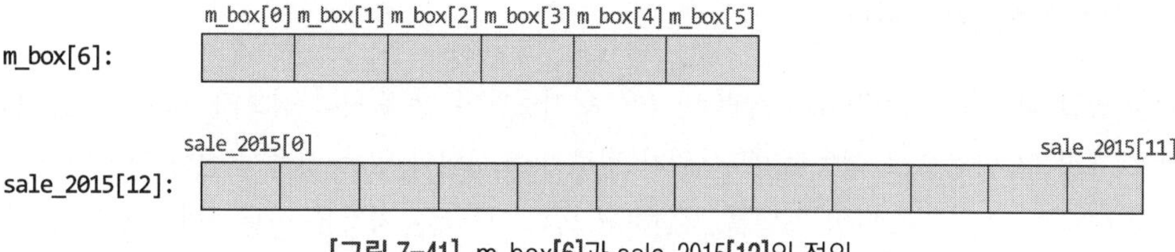

[그림 7-41] m_box[6]과 sale_2015[12]의 정의

그림에서 데이터가 저장되는 표시된 한 칸의 크기는 의미가 없다. 여기서 처음에 있는 데이터의 첨자는 0을 갖는 것에 주목하여야 한다. 논리적으로는 1부터 시작하는 것이 맞으나, 여러 프로그래밍 언어(C++, Java, 파이썬 등)에서 배열의 첫 번째 데이터의 첨자를 0으로 지정하여 사용한다.

배열의 특정 위치에 데이터를 저장할 경우 또는 기존의 값을 변경하고자 할 경우에는 아래와 같이 표시하면 된다.

배열명[첨자] = 새로운 값

예를 들어, a[5]에 100을 저장할 경우 a[5]=100을 수행하면 된다.

배열은 데이터를 저장하는 공간의 크기가 고정되어 있다. 즉, 사용하기 전에 정한 개수 보다 많은 데이터를 저장할 수 없다. 다만, 동적으로 할당되는 배열인 경우에는 이 조건이 적용되지 않는다.

7.4.2 연결 리스트

종이 리스트를 구현할 수 있는 또 다른 방법으로 연결 리스트를 사용하는 방법이 있다.

(1) 단순 연결 리스트

일반적으로 연결 리스트(linked list)라고 할 때는 단순 연결 리스트(singly linked list)를 의미한다. 여기서는 이후에 설명하는 이중 연결 리스트와 구분하기 위해 단순 연결 리스트라고 표시하기로 한다.

단순 연결 리스트는 한 지점에 가면 다음으로 이동해야 할 위치의 정보가 있고, 다음 지점으로 가면 그 다음으로 이동해야 할 위치 정보가 표시되어 있는 것을 구현한 것이다. 다음 그림은 단순 연결 리스트의 개념을 설명하고 있다. 사람은 지점을 이동하면서 선물상자를 찾는다.

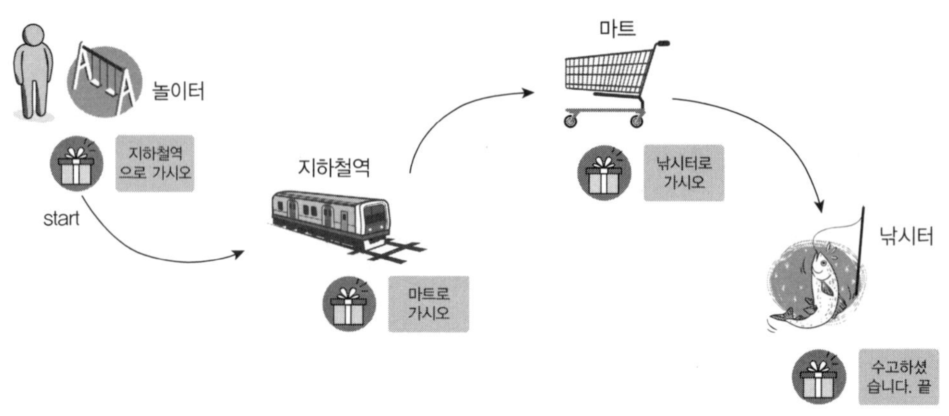

[그림 7-42] 단순 연결 리스트

단순 연결 리스트의 처음 시작 지점은 놀이터이고, 사람이 놀이터에 있다고 가정한다. 놀이터에는 선물상자가 있고 다음 지점인 지하철역으로 가라는 메모가 있다. 사람은 메모에 따라 지하철역으로 이동한다. 지하철역으로 이동하니 거기에는 선물상자가 있고, 다음 지점인 마트로 가라는 메모가 있다. 다시 마트로 이동하니 선물상자가 있고, 그곳의 메모를 확인하니 낚시터로 이동하라고 되어있다. 낚시터에 도착하니 선물상자가 있고, 수고하셨다는 메모를 발견하고, 더 이상의 이동은 없다. 결과적으로 사람은 놀이터에서 출발하여 각 지점을 방문하면서, 선물상자를 발견하고 다음의 위치로 이동하다가, 더 이상 이동할 위치가 없으면 종료하는 과정을 거치게 되었다.

단순 연결 리스트에서 방문한 지점의 물리적인 위치는 중요하지 않다. 방문한 지점의 논리적인(상대적인) 위치가 중요하다. 즉, 어느 지점 다음에 어느 지점을 방문하였는지가 중요한 정보가 된다.

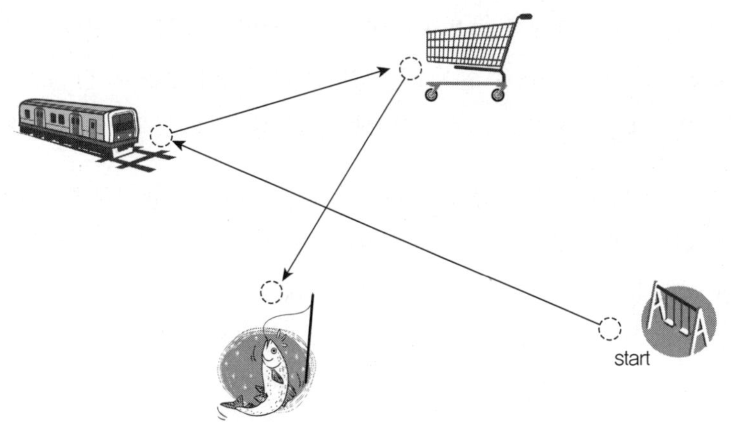

[그림 7-43] 방문한 지역의 물리적인 위치(단순 연결 리스트)

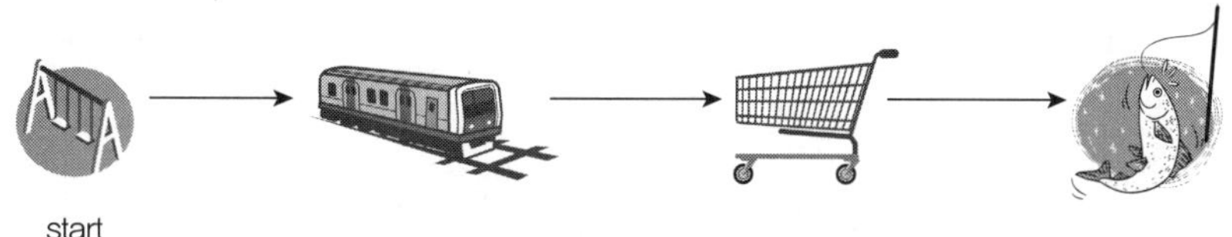

[그림 7-44] 방문한 지역의 논리적인 위치(단순 연결 리스트)

이것을 추상화시키면 다음과 같다.

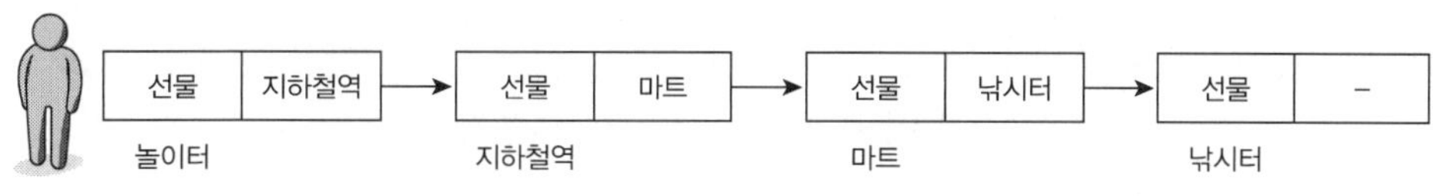

[그림 7-45] 단순 연결 리스트의 추상화

단순 연결 리스트에서 하나의 노드(지점)는 데이터와 포인터의 묶음으로 표현된다. 데이터는 그 노드에 저장된 정보(선물)를 나타내고, 포인터는 다음으로 이동해야 할 지점의 주소(위치정보)를 나타낸다. 다음 위치 주소에 - 표시가 있을 경우는 연결 리스트의 끝을 나타낸다.

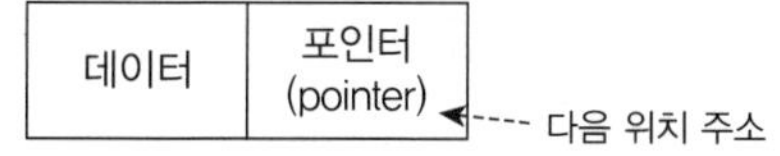

[그림 7-46] 단순 연결 리스트의 한 노드의 정보 형식

단순 연결 리스트는 출발점에서 시작하여 한 방향으로만 이동할 수 있는 특징이 있다. 예를 들어, 지하철역에서 놀이터로 돌아오는 방법이 제공되지 않는다. 단순 연결 리스트의 제일 끝에 위치한 데이터를 찾고 싶을 경우에는 출발점부터 모든 노드들을 이동해야 한다.

[그림 7-47]은 컴퓨터의 메모리 공간상에서 단순 연결 리스트가 어떻게 사용되는지를 설명하고 있다. 메모리의 주소는 행과 열의 정보를 결합하여 표시한다. 첫 번째 행의 첫 번째 열에 위치한 메모리의 주소는 A1번지로 표현한다. best라는 정보가 다음과 같이 저장되어 있다고 가정하자. 처음 시작을 F5번지에서 시작하여, b라는 정보를 읽는다. 여기서 다음 정보는 C3번지에 있다고 되어 있으므로, C3으로 이동하여 e를 읽는다. 다음으로 B4번지로 이동하여 s를 읽고 E3번지에 도달하여 t를 읽은 후, 더 이상 정보가 없다는 것을 알게 된다. 따라서 best라는 정보를 읽을 수 있는 것이다.

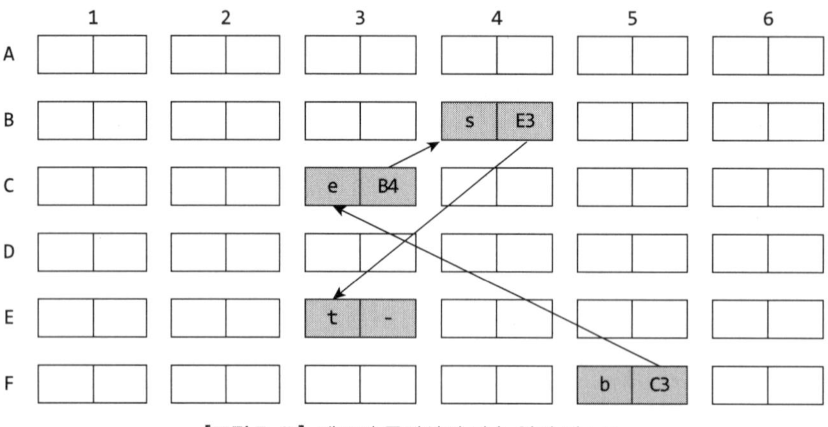

[그림 7-47] 메모리 공간상의 단순 연결 리스트

b, e, s, t가 저장된 공간은 물리적으로 연속적이지 않지만(인접하지 않지만), 컴퓨터는 b, e, s, t가 연속적인 공간에 다음과 같이 저장된 것처럼 읽을 수가 있게 된다.

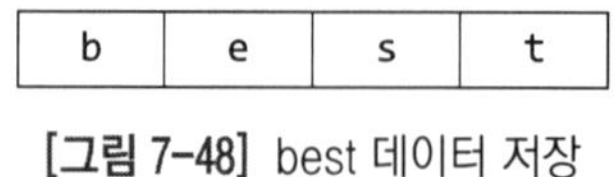

[그림 7-48] best 데이터 저장

이것은 다음과 같은 그림으로 표현할 수 있다. 여기서 •(가운데 점)은 포인터를 의미한다.

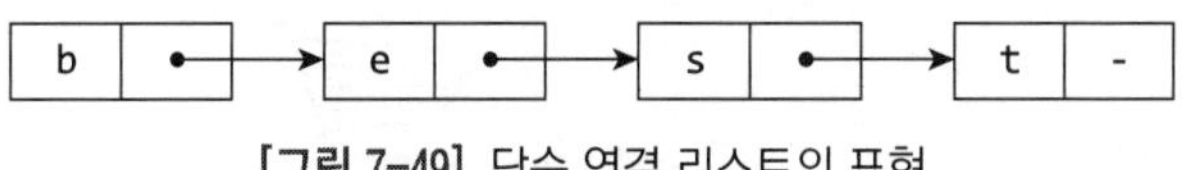

[그림 7-49] 단순 연결 리스트의 표현

(2) 이중 연결 리스트(doubly linked list)

단순 연결 리스트는 리스트의 한쪽 방향으로 다음(next) 방향으로만 이동할 수 있었다. 이중 연결 리스트는 단순 연결 리스트와 달리 리스트의 다음(next) 방향 또는 이전(previous) 방향으로 이동할 수 있는 구조이다. 이전의 선물찾기 상황을 이중 연결 리스트 구조로 설명하는 그림이다.

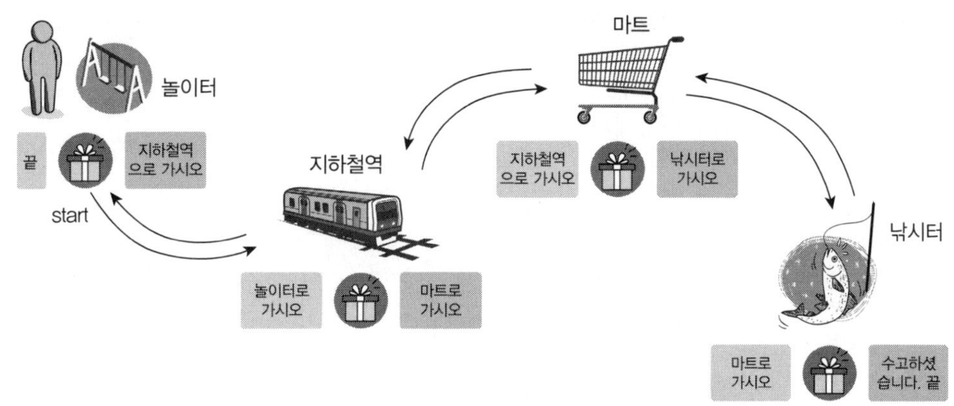

[그림 7-50] 이중 연결 리스트

방문하는 각 지점은 두 개의 메모를 갖고 있다. 하나는 다음 방향으로 가는 지점의 위치정보이고, 다른 하나는 이전 방향으로 가는 지점의 위치정보이다. 출발점에서 다음으로 가는 앞쪽 지점은 지하철역이라고 되어 있고, 이전 방향으로의 다음 지점은 없다는 것을 알 수 있다. 지하철역에는 선물상자가 있고, 다음으로는 마트로 이동하고, 이전으로는 놀이터로 이동하라는 메모가 있다. 마트로 이동하면 거기에는 다음으로는 낚시터로 이동하고, 이전으로는 지하철역으로 이동하라는 메모가 있다. 낚시터에는 다음으로는 더 이상의 이동지점이 없고, 이전으로는 마트로 가라는 메모가 있다. 각 지점에는 선물상자가 있다. 놀이에 참가한 사람은 현재의 위치에서 이동할 지점의 정보가 있다면 다음으로도 이동할 수 있고, 이전으로도 이동할 수 있게 된다.

단순 연결 리스트와 마찬가지로, 이중 연결 리스트도 물리적인 위치는 중요하지 않다.

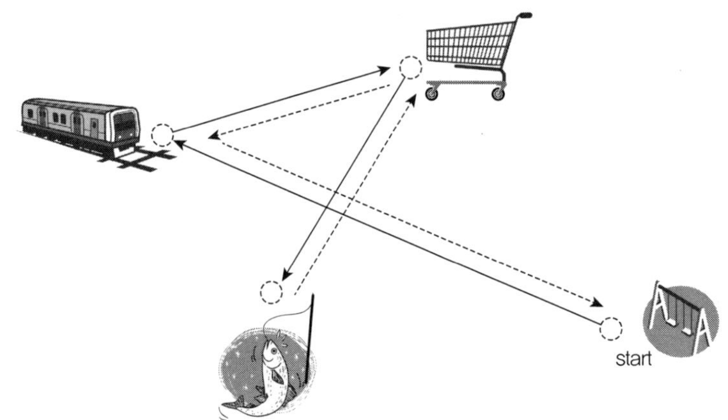

[그림 7-51] 방문한 지역의 물리적인 위치(이중 연결 리스트)

방문하는 지역들의 논리적인(상대적인) 위치가 중요한 의미를 갖는다.

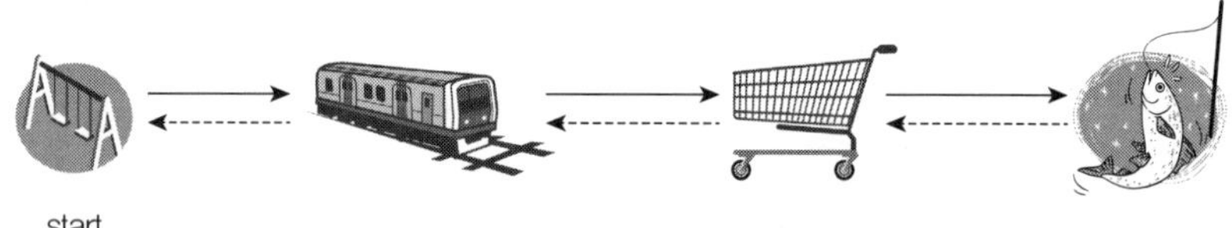

[그림 7-52] 방문한 지역의 논리적인 위치(이중 연결 리스트)

이를 추상화 하면 다음과 같다.

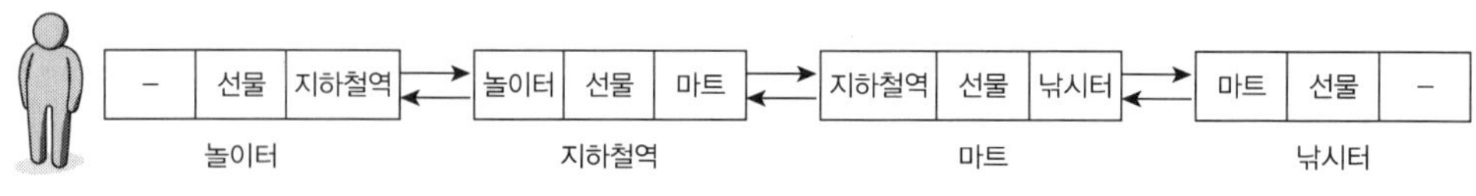

[그림 7-53] 이중 연결 리스트의 추상화

이중 연결 리스트를 구성하는 각 노드는 두 개의 포인터와 하나의 데이터를 갖는다. 두 포인터는 다음으로 이동할 때의 지점의 주소(위치정보)와 이전으로 이동할 때의 지점의 주소이고, 데이터는 그 지점에 저장된 정보이다. 두 종류의 포인터를 이용하여 다음과 이전으로 이동이 가능하게 된다.

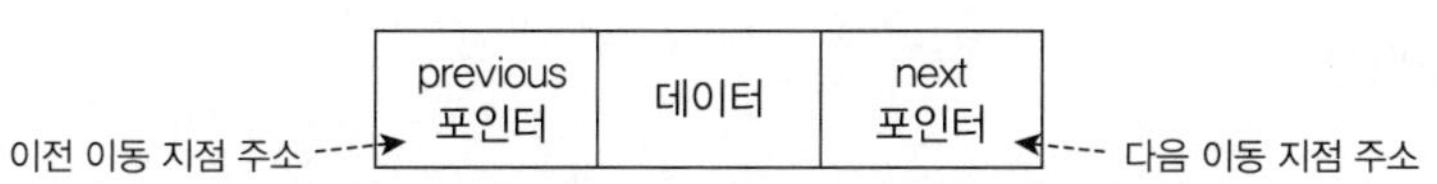

[그림 7-54] 이중 연결 리스트의 한 노드의 정보 형식

다음은 메모리 공간상에 best라는 정보가 이중 연결 리스트 자료구조를 이용하여 저장된 것을 보여주고 있다.

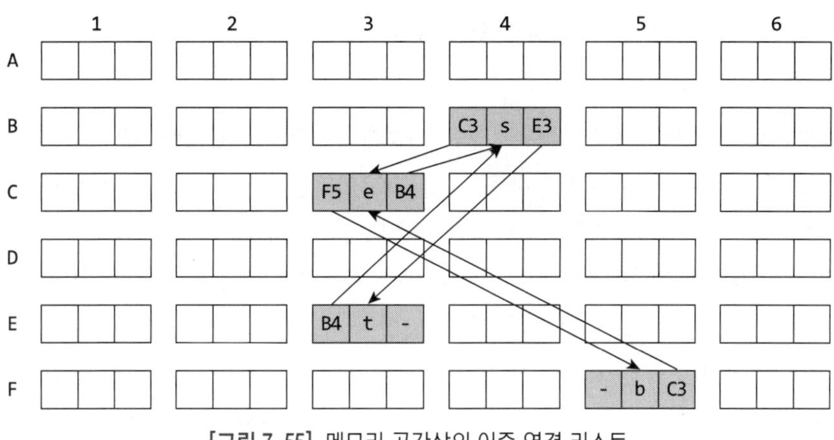

[그림 7-55] 메모리 공간상의 이중 연결 리스트

단순 연결 리스트와 마찬가지로 best라는 정보가 다음과 같이 연속된 공간상에 저장된 것처럼 정보를 읽을 수 있다.

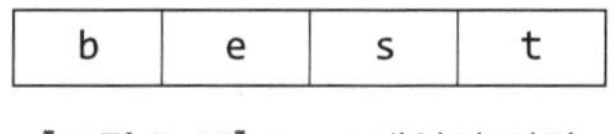

[그림 7-56] best 데이터 저장

이것은 다음과 같은 그림으로 표현할 수 있다. 여기서 •(가운데 점)은 포인터를 의미한다.

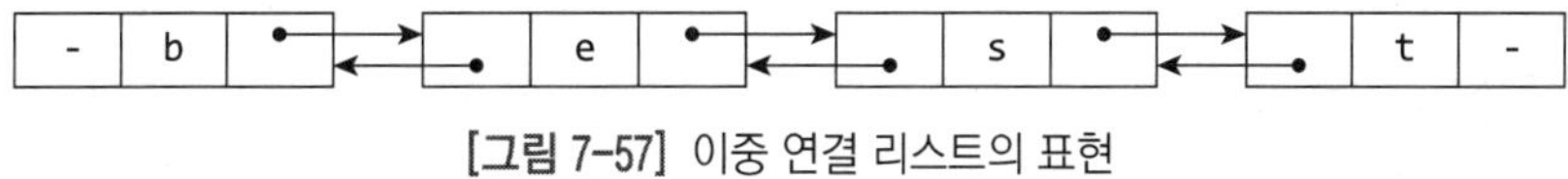

[그림 7-57] 이중 연결 리스트의 표현

7.4.3 큐(queue)

우리는 일상생활에서 서비스를 받기 위해 줄 서는 경우가 매우 흔하다. 다음은 병원에서 진료를 기다리는 환자들이 줄 서는 것을 추상적으로 묘사한 것이다.

[그림 7-58] 병원에서의 환자 대기

프로그램에서는 줄 서는 것과 같은 기능을 어떻게 구현할 수 있을까? 줄 서는 것을 구현하기 위해 큐(queue: 대기열)라는 자료구조를 갖고 있다. 큐는 리스트 형태의 구조를 갖고 있는데 특별한 성질을 갖고 있다, 일반적인 리스트에서는 새로 추가된 데이터가 아무 곳에나 저장될 수 있으므로, 리스트는 데이터의 발생 순서를 나타내지 않는다. 그러나 큐에서는 데이터가 발생한 순서를 나타낼 수 있다. 만일 서비스를 받는 사람들의 줄을 큐로 나타낸다면, 큐는 먼저 도착한 사람이 먼저 서비스를 받게 할 수 있는 성질을 갖게 된다. 즉, 큐는 선입선출(first-in, first-out)의 특징을 갖는다. 이러한 큐를 추상화시키면 다음과 같다.

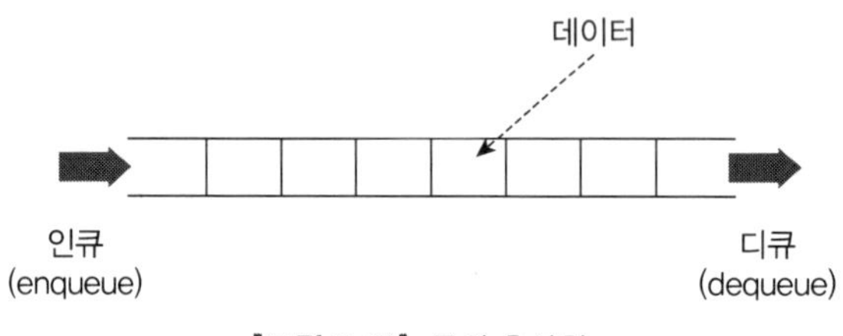

[그림 7-59] 큐의 추상화

큐에 있는 박스 하나하나는 데이터를 나타낸다. 인큐는 큐에 데이터를 하나 저장(추가)하는 작업이고, 디큐는 큐에서 데이터가 하나 빠져 나가는(삭제) 동작이다. 예를 들어, 인큐는 병원에 환자가 한 명 도착하는 상황이고, 디큐는 의사가 환자 한 명을 진료한 후, 환자가 병원을 나가는 상황을 의미한다. 다음은 일련의 데이터 추가, 삭제된 상황을 보여주는 그림이다. 먼저 1, 2, 3, 4, 5, 6의 순서로 데이터가 입력된 후, 데이터 7이 추가 된다. 그리고 데이터 1, 2가 빠져 나간다(삭제). 데이터 8, 9가 추가되고 데이터 3이 빠져나가는 과정을 보여주고 있다.

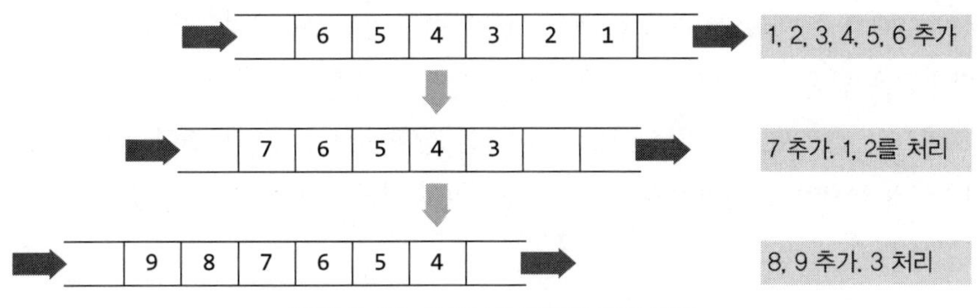

[그림 7-60] 큐에서의 데이터 처리 과정

7.4.4 우선순위 큐(priority queue)

사람이 서 있는 줄에서 먼저 온 사람이나 나중에 온 사람이나 우선순위에는 차이가 없고, 다만 줄에 도착한 순서대로 서비스를 받는다. 우선순위 큐는 큐에 들어온 사람들은 몇 개의 등급이 있는 경우에 사용할 수 있다. 예를 들어, 공항에 가서 비행기 탑승권(boarding pass)을 받는 상황을 생각해보자. 비행기 티켓은 일반적으로 1등석(first class), 비즈니스석(business class), 일반석(이코노미(economy) class)으로 나뉜다. 티켓을 갖고 있는 사람은 해당 등급의 탑승권을 발급하는 줄에 서게 된다. 1등석, 비즈니스석, 일반석의 분류에서 1등석이 제일 비싸고, 일반석이 제일 저렴하며, 그 순서대로 서비스의 질이 달라진다. 따라서 비즈니스석의 승객들에게는 신속한 서비스를 해주고, 일반석의 승객들에게는 서비스를 천천히 제공한다.

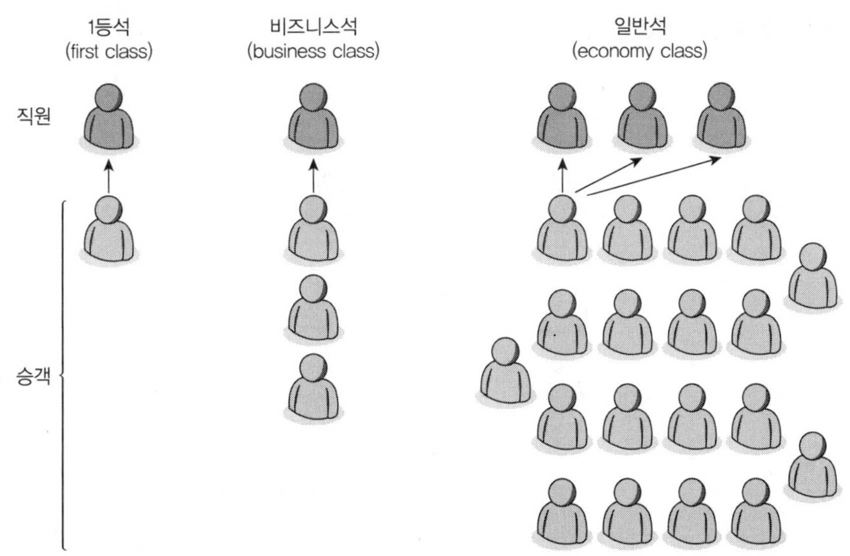

[그림 7-61] 공항에서 비행기 탑승권 발급 상황

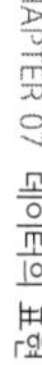

일반석의 승객 A가 1등석의 승객 B보다 공항에 먼저 도착하더라도, 승객 B가 승객 A보다 먼저 탑승권을 받을 수 있다. 즉, 승객들은 자신의 우선순위를 갖게 되고, 그 우선순위에 따라 서비스의 순서가 결정되는 것이다. 이러한 상황에서 1등석의 줄이 늘어날 경우에는 비즈니스석의 직원이나, 일반석의 직원이 1등석의 승객들을 처리할 수도 있다.

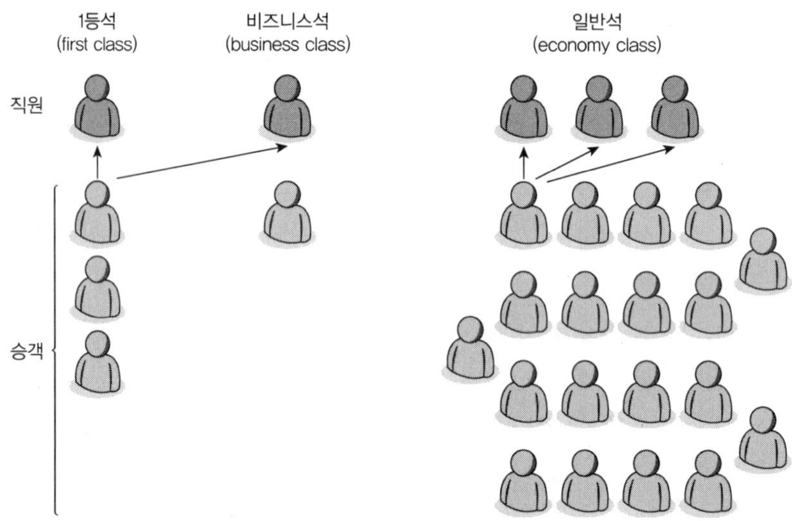

[그림 7-62] 높은 우선순위의 줄이 길어질 경우

만일 1등석의 승객 줄이 없고, 비즈니스석의 승객 줄이 있을 경우에는 1등석의 직원이 비즈니스석의 승객들을 처리할 수 있다.

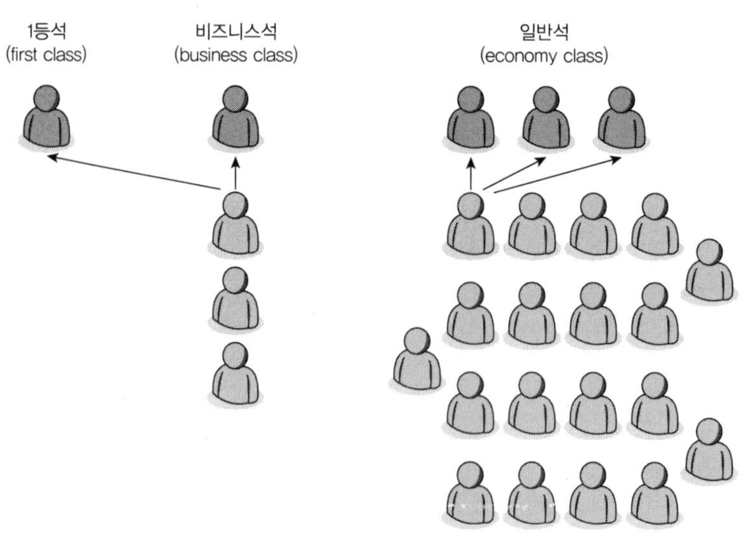

[그림 7-63] 높은 우선순위의 줄이 없을 경우

이와 같이 우선순위를 적용하여 서비스를 하는 경우를 병원의 응급실 운영에서도 찾아볼 수 있다. 의사는 응급실에서 일반 환자를 진료하다가 자동차 사고에 의한 중환자가 도착하면, 일반 환자들을 진료하던 것을 중지하고 위중한 환자를 진료하게 된다.

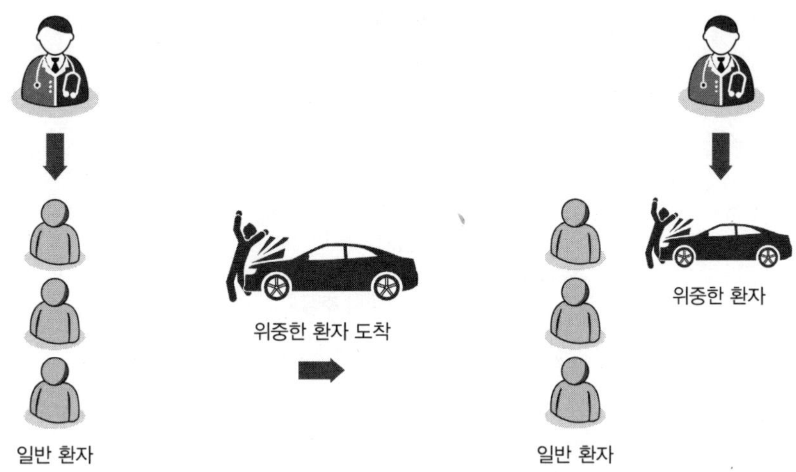

[그림 7-64] 병원의 응급실에서 위중한 환자를 일반 환자보다 우선 진료

프로그램에서 우선순위 큐는 힙(heap) 구조를 이용하여 구현한다. 다음은 힙의 한 예를 보여주고 있다.

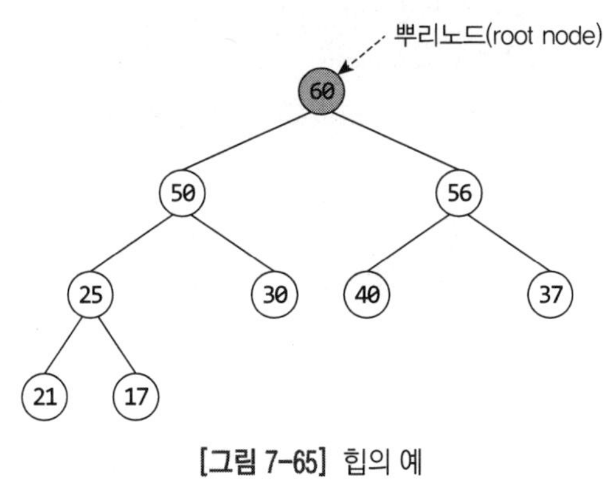

[그림 7-65] 힙의 예

힙은 트리 구조의 특수한 경우이다. 이 힙은 max 힙의 예이고, 우선순위가 제일 높은 데이터가 힙의 뿌리노드에 위치하게 된다. 데이터가 추가되고 삭제될 때에는 힙의 성질을 유지하기 위해 적절한 작업이 이루어져야 한다.

7.4.5 스택(stack)

스택은 데이터가 쌓여있는 형태를 나타낸다.

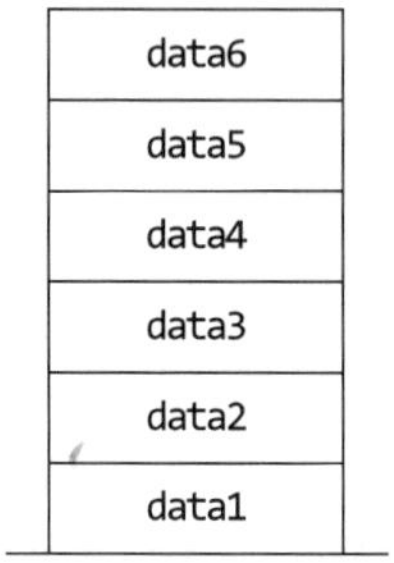

data6
data5
data4
data3
data2
data1

[그림 7-66] 스택의 추상화

스택에서는 제일 위에 위치한 데이터(그림에서 data6)만이 외부에 보이고, 쌓여있는 데이터 중에서 유일하게 삭제 가능하다. 만일 data5를 확인하기 위해서는 반드시 data6을 스택에서 제거해야 한다. 다음 그림은 하노이타워 문제(CHAPTER 9의 9.7.2에서 자세히 설명한다)에서 사용된 스택구조를 보여주고 있다.

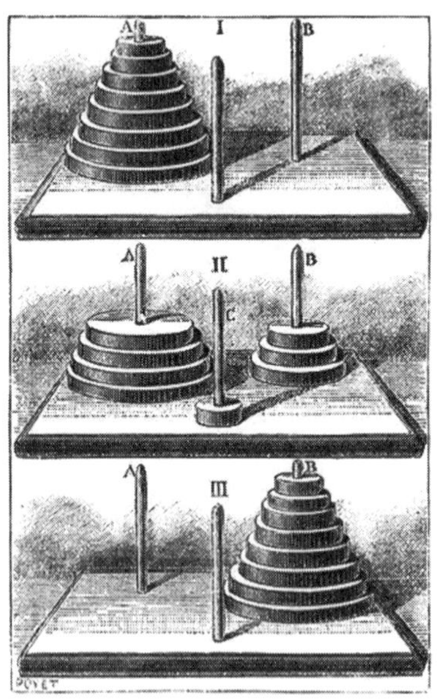

[그림 7-67] 하노이타워 문제의 스택구조

스택 자료구조는 미로 탐색에서 시작지점으로 되돌아가기 위해 지나온 지점의 위치를 저장할 때 사용할 수 있다. 미로를 출발할 때, 지점의 정보를 스택에 계속 쌓는다. 그런 후 되돌아가야 할 상황이 발생하면, 스택에 저장된 정보를 위에서부터 확인하면 돌아가는 길을 확인할 수 있다.

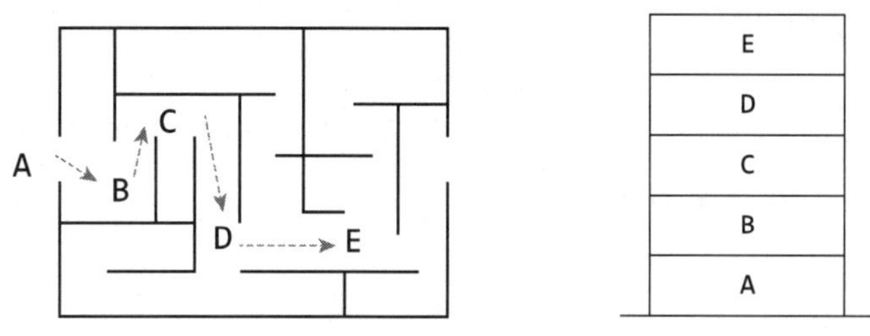

[그림 7-68] 미로 탐색과 스택

지점 E에서 되돌아가야 할 지점을 찾기 위해서는 스택에서 E를 제거한 후, 스택의 제일 위에 위치한 데이터를 읽으면 된다. 따라서 다음으로 되돌아가야 할 지점은 지점 D가 된다.

스택에 적용할 수 있는 작업으로는 푸시(push)와 팝(pop)만이 가능하다.

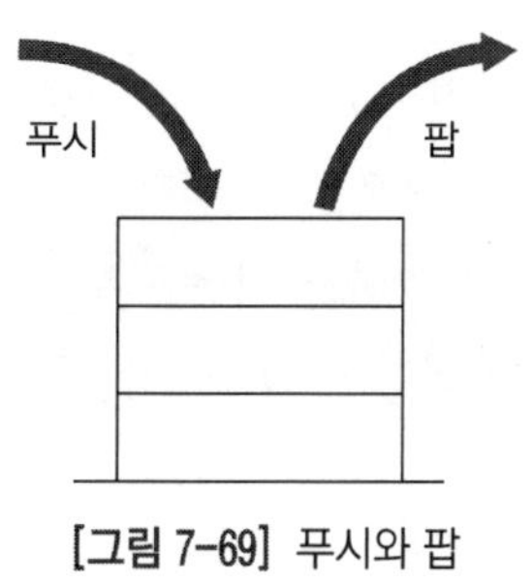

[그림 7-69] 푸시와 팝

푸시는 스택에 데이터를 추가하는 기능이고, 팝은 스택의 제일 위에 위치한 데이터를 제거하는 과정이다. 다음은 스택에 아무것도 없는 초기상태에서 A를 푸시하고, B를 푸시하고, 한 번의 팝이 수행된 과정을 보여주고 있다.

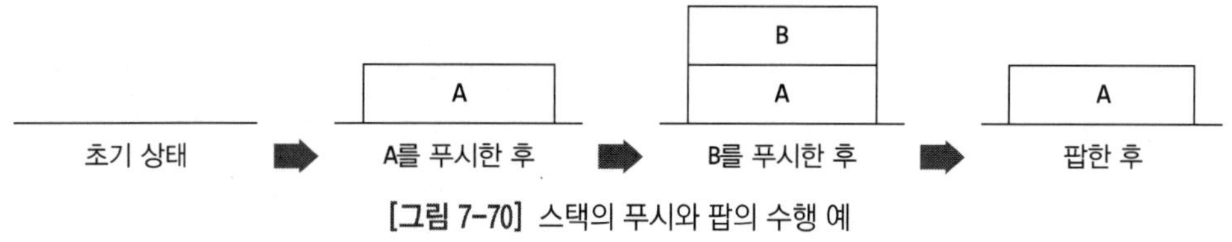

[그림 7-70] 스택의 푸시와 팝의 수행 예

컴퓨터 과학에서 스택은 데이터를 검색하는 여러 방법 중의 하나인 되추적(backtracking) 방법을 구현하는 기본 구조로 사용된다. 그리고 컴퓨터 프로그램에서 함수 호출을 구현할 때 사용한다.

7.4.6 그래프(graph)

그래프는 객체 간의 관계를 추상화시켜서 만든 구조이다. 만일 두 사람 간에 친분이 있는 경우에는 다음과 같이 서로 연결하여 나타낼 수 있다.

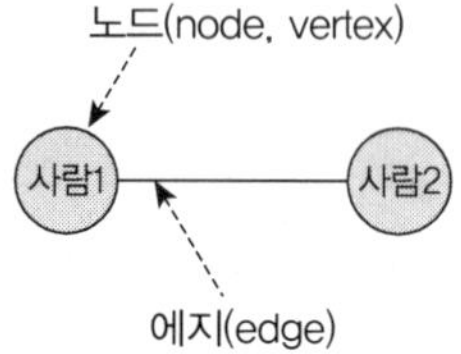

[그림 7-71] 두 사람 간의 관계를 나타내는 그래프

여기서 객체인 사람은 노드(node, vertex, point)로 표현되고, 두 객체 간에는 에지(edge, arc, line)로 연결된다. 여기서는 두 객체 간을 연결하는 에지에는 방향이 없다. 만일 방향이 있는 경우 두 객체를 화살표로 연결하고 이것을 특별히 아크(arc)라고 한다. 만일 여러 사람 간의 관계를 나타낸다면 보다 복잡한 그래프가 만들어진다. 다음은 6명의 객체 간의 관계를 나타내는 그래프이다.

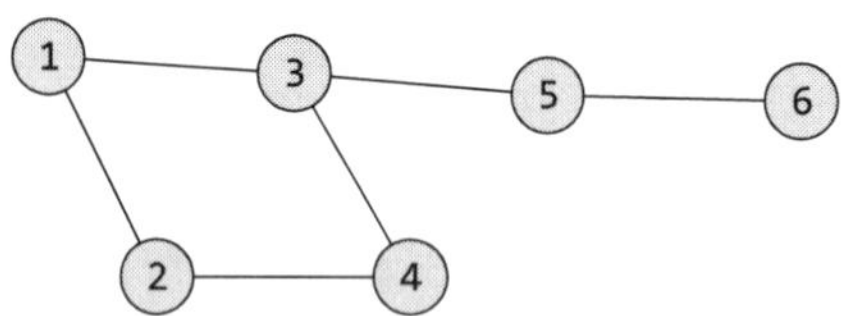

[그림 7-72] 6개의 객체가 있는 그래프 예

다음은 수도권의 지하철 노선을 표시한 그래프이다. 지하철역은 노드로 표시되고, 두 역 사이는 에지로 연결된다.

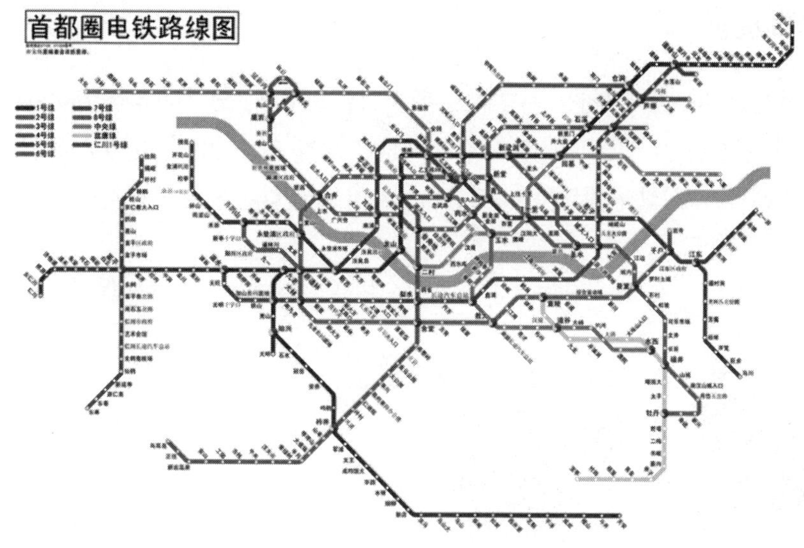

[그림 7-73] 수도권 지하철역 그래프

다음은 컴퓨터공학과의 교과목이수체계도 일부이다. 과목은 노드로 표시되고, 선수과목의 관계가 있는 과목들이 아크로 표시되었다. 예를 들어 이 그래프는 컴퓨터공학개론을 이수한 후에만 이산수학을 배울 수 있는 관계를 표시하고 있다.

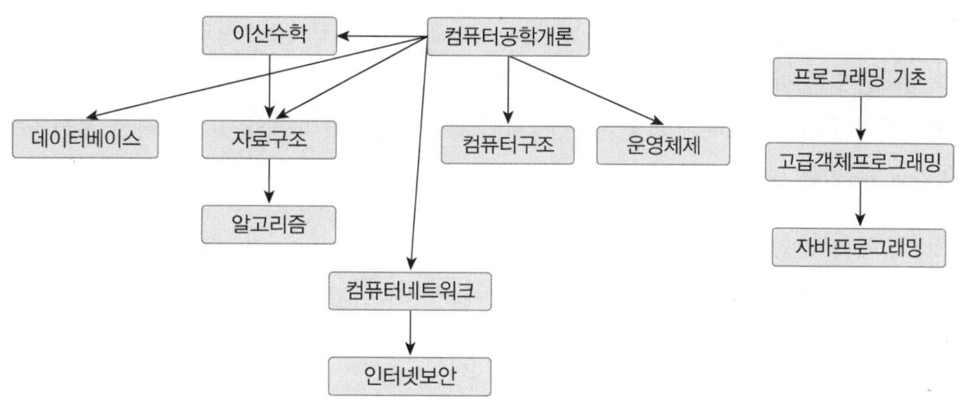

[그림 7-74] 교과목이수체계도

일반적으로 그래프는 객체 간의 관계를 종합적으로 보여준다. 많은 사용자가 있는 SNS의 관계를 표시하게 되면, 거대한 그래프가 만들어진다. 거대 그래프를 분석하는 분야에 대해 최근 많은 연구를 하고 있다.

7.4.7 트리(tree)

컴퓨터 프로그램에서 사용하는 자료구조 중에 계층적인 구조를 이용하여 데이터를 효과적으로 저장, 탐색할 수 있는 자료구조 중의 하나가 트리 구조이다. 자연에서 볼 수 있는 나무를 뒤집은 뒤 추상화 시킨 것이 자료구조의 트리이다. 다음은 트리의 예이다.

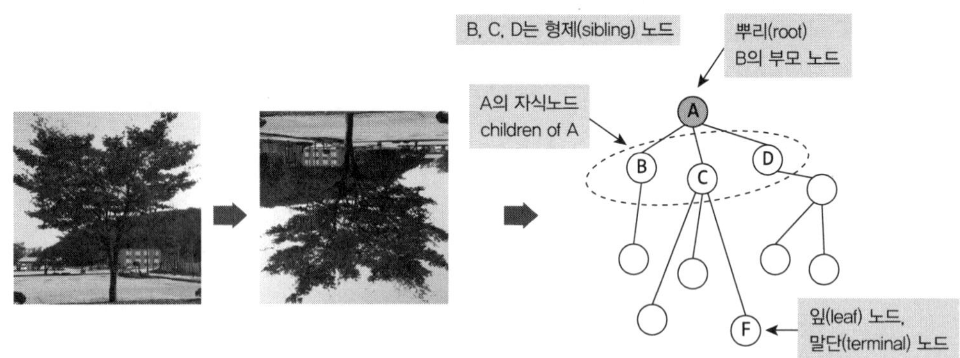

[그림 7-75] 트리의 예

[그림 7-75]에서 A는 트리의 뿌리 노드이다. 뿌리 노드 A는 노드 B, C, D를 자식 노드로 갖는다. 노드 B, C, D들은 서로 형제(sibling) 노드라고 한다. 자식을 가지지 않는 노드 F와 같은 노드를 잎(leaf) 노드 또는 말단(terminal) 노드라고 한다. 트리는 그래프의 특수한 형태인데, 하나의 뿌리(root) 노드를 갖고 각 노드는 자식 노드들을 가질 수 있다. 트리에는 사이클(cycle)이 존재하지 않는다. 사이클이란 하나의 노드에서 출발하여 자신에게 돌아올 수 있는 경로(길)를 의미한다.

트리 중에서 단순하면서도 특수한 형태로 이진트리(binary tree)가 있다. 각 노드는 최대 2개의 자식 노드를 가질 수 있다. 이진트리는 데이터베이스의 자료 저장의 기본 구조로 사용된다.

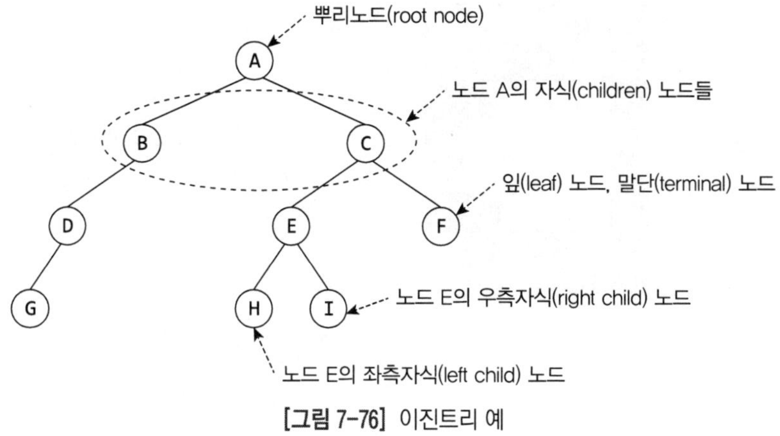

[그림 7-76] 이진트리 예

7.5 인코딩 및 압축

인코딩(encoding)이란 코드를 이용하여 데이터를 표현하는 것을 말한다. 코드로 표현된 정보에서 정보를 추출하는 것은 디코딩(decoding)이라고 한다. 정보를 디지털 데이터로 표현할 때, 총 용량을 가능한 한 줄이기 위한 여러 가지 방법들이 있다. 저장 공간을 줄이고, 전송할 때 소요되는 시간을 줄이기 위해 인코딩을 통해 데이터를 압축(compression)하게 된다.

7.5.1 run-length 인코딩

흑백 이미지를 데이터를 저장할 때 사용할 수 있는 간단한 방법인 run-length 인코딩 방법을 소개한다.

7.1.3에서 팩스 기계가 문서를 이진수인 비트맵으로 변환하여 문서의 이미지를 전송한다고 설명하였다. 하얀색 픽셀을 0, 검은색 픽셀을 1로 표현하면, 문자 D의 첫 두 줄은 다음과 같이 표현된다.

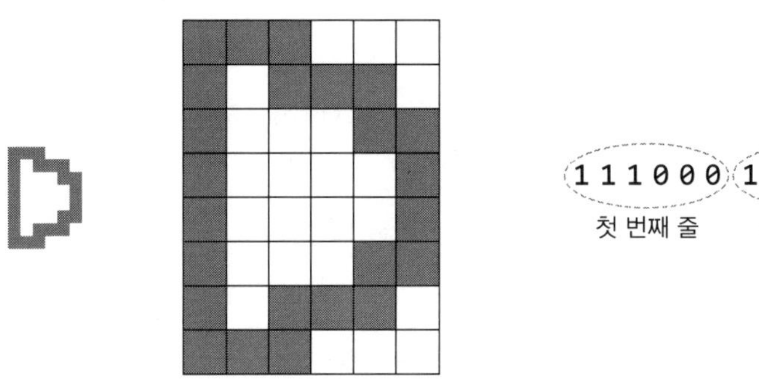

[그림 7-77] 문자 D의 비트맵 데이터 전송

여기서, 첫 두 줄에 대한 팩스 데이터를 전송하기 위해서 필요한 데이터의 양은 12개의 픽셀에 해당하는 12비트가 필요하다. 여기서 해결해야 할 문제는 다음과 같다.

문제 흑백의 이미지를 인코딩(encoding)한 후 전송한다. 전송된 이미지를 디코딩(decoding)해서 이미지를 원본과 동일하게(무손실, lossless) 재구성한다.

[제한 조건]

- 압축한 후의 텍스트 크기가 압축 전보다 줄어들어야 한다.
- 압축과 복원이 쉽게 이루어져야 한다.
- 데이터의 손실이 없어야 한다.

문제를 해결하기 위해 주어진 데이터를 관찰해보면, 여기에는 0 또는 1이 여러 번 반복한다는 것을 쉽게 발견될 수 있다. 반복하는 데이터를 굳이 여러 번 전송할 필요가 있을까? 동일한 데이터가 반복될 때는 그 반복의 횟수만 보낸다면 전송하는 데이터의 양을 줄일 수 있다. 각 줄을 검은색의 픽셀 수, 하얀색의 픽셀 수, 검은색의 픽셀의 수… 이와 같은 방식으로 이미지를 표현한다면 첫 번째 줄은 3 3으로 표현되고, 두 번째 줄은 1 1 3 1로 표현된다. 이와 같은 방식의 인코딩 방식을 run-length 인코딩이라고 한다. run이란 반복하는 부분을 뜻한다. 즉, 반복되는 부분의 길이 정보를 이용한 인코딩 방법이다.

전송받은 3 3 1 1 3 1을 이용하여 원래의 이미지를 복원하는 것을 디코딩(decoding)이라고 한다. 수신한 데이터에는 줄 바꿈의 기호가 없어도 된다. 왜냐하면 송신하는 기계가 수신 기계에게 송신하기 전에 미리 한 줄에 있는 픽셀의 개수를 알려 주면, 수신 기계는 수신하는 숫자들을 확인해서 줄 바꿈을 정확하게 수행할 수 있다. 다음 그림의 우측에 있는 숫자들은 문자 D를 run-length 인코딩 방식으로 인코딩한 결과이다.

3,3
1,1,3,1
1,3,2
1,4,1
1,4,1
1,3,2
1,1,3,1
3,3

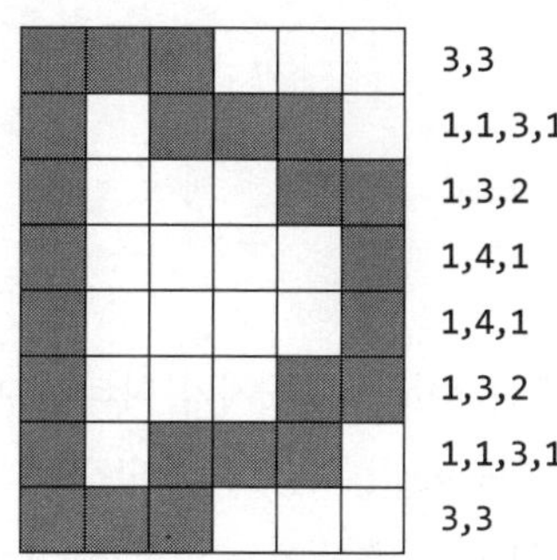

[그림 7-78] 문자 D의 run-length 인코딩 결과

다음은 문서를 팩스로 전송하기 위해 작은 격자를 이용하여 이진수로 그 정보를 표현하는 과정을 보여 주고 있다.

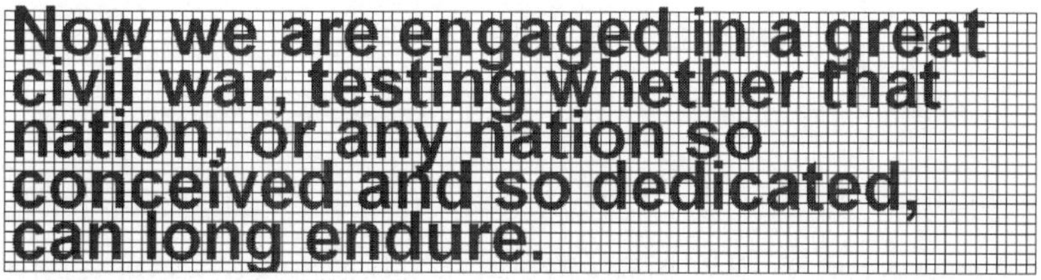

Now we are engaged in a great
civil war, testing whether that
nation, or any nation so
conceived and so dedicated,
can long endure.

[그림 7-79] 문서를 팩스로 송신할 때 이진수로 표현하기 위한 격자 모양

컴퓨팅 사고력

- 컴퓨팅 사고력 개념
  - 패턴 확인
    - 패턴을 찾는다.
    - 연속된 검은색의 픽셀, 하얀색의 픽셀 개수를 파악
  - 알고리즘 설계
    - 검은색의 픽셀, 하얀색의 픽셀 개수를 전송하는 알고리즘 설계
    - 수신 후 이미지 재구성 알고리즘 설계
  - 데이터 표현

– 전체 종이를 여러 개의 픽셀로 그리드 형성
– 각 픽셀의 색깔(백, 흑)을 구분

■ 문제 해결 전략
  • 패턴을 찾는다.
  • 그림을 그린다.

이 방법은 픽셀의 데이터가 0 또는 1이므로, 숫자가 나타날 때마다, 하얀색 또는 검은색으로 해석하면 되었다. 따라서 run-length 인코딩의 단순한 형태이다. 칼라 이미지처럼 픽셀의 데이터가 단순히 0 또는 1이 아닐 경우에는 어떻게 run-length 인코딩 방법을 적용할 수 있는지 설명한다.

정보의 종류가 여러 개인 경우는 정보의 종류와 그 정보의 반복횟수를 표시하는 방법을 사용한다.

정보종류 + 반복횟수 + 정보종류 + 반복횟수 + …

이 방법을 이용하면 bbbbb는 b5로 인코딩된다. 예를 들어, 원래의 데이터가 aaaakk bbbbbbbbgggggcccccc 인 경우 인코딩하게 되면, a4kkb8g5c6가 된다. 그런데, 여기서 kk는 왜 인코딩되지 않았을까? k의 반복횟수는 2회이므로, 만일 인코딩 된다면, k2로 표시될 것이다. 그런데, k2의 길이나 kk의 길이는 모두 2가 되어, 인코딩 하더라도 원래의 길이를 줄일 수 없기 때문에 인코딩이 적용되지 않았다. 여기서 하나의 문자와 하나의 숫자를 표현하는데 필요한 비트수가 동일하다고 가정한다. 원래의 데이터의 길이가 25이고, 인코딩한 후의 길이가 10이므로, 압축률(compression ratio)은 10/25=0.4가 된다.

그런데, 예로 든 데이터의 형태는 일반적인 문장에서는 거의 볼 수 없는 형태이다. 즉, 일반적인 문장에서 a 또는 동일한 텍스트가 4번 반복되는 형태는 쉽게 찾아볼 수 없다. 이와 같은 데이터는 사진과 같은 이미지인 경우에 나타날 수 있다. 다음의 이미지를 압축할 때, 동일한 색깔이 인접한 픽셀에서 연속적으로 여러 번 나타날 수 있다.

[그림 7-80] 동일한 데이터가 존재하는 이미지

컬러 이미지인 경우 전송해야 할 데이터는 흑·백만이 아닌, 색깔의 정보를 갖게 되어 여러 종류의 픽셀 값을 표현할 수 있어야 한다. 따라서 반복되는 색깔의 정보를 직접 전송하는 데이터에 포함하여야 한다.

컴퓨팅 사고력

- run-length 인코딩 방식이 효과적인 예를 생각해보자.
- 인코딩, 디코딩 알고리즘을 흐름도나 의사코드로 표현할 수 있는가?

7.5.2 텍스트 압축

본 절에서는 텍스트 압축에 사용되는 LZSS 압축 알고리즘을 설명한다. 텍스트에는 단어, 문장들이 반복적으로 사용될 수 있다. 반복된 부분을 이미 전에 사용된 부분으로 대체하면, 텍스트의 길이를 줄일 수 있다.

문제 텍스트를 압축한 후 무손실(lossless) 방식으로 복원할 수 있는 방법을 찾으시오.

[제한 조건]

- 텍스트는 무손실(lossless)로 압축되어야 한다. 즉, 인코딩 한 파일을 디코딩하였을 때, 원래의 텍스트와 동일하여야 한다.
- 압축한 후의 텍스트 길이는 압축 전의 텍스트 길이보다 줄어들어야 한다.
- 압축과 복원이 쉽게 이루어져야 한다.

다음의 문장들을 이용하여 압축하는 방법을 설명한다. 다음은 텍스트를 이전에 나타난 동일한 문자열을 이용하여 표현하는 방법을 보여주고 있다. 여기서 단어와 단어 사이에는 빈칸이 한 개 존재한다. 그리고 두 개 이상의 문자로 구성되어 있는 문자열만 이전에 사용하였는지 확인한다고 가정한다. 개념을 설명하기 위해 빈칸을 문자열과 연결하여 압축하는 것은 고려하지 않았다.

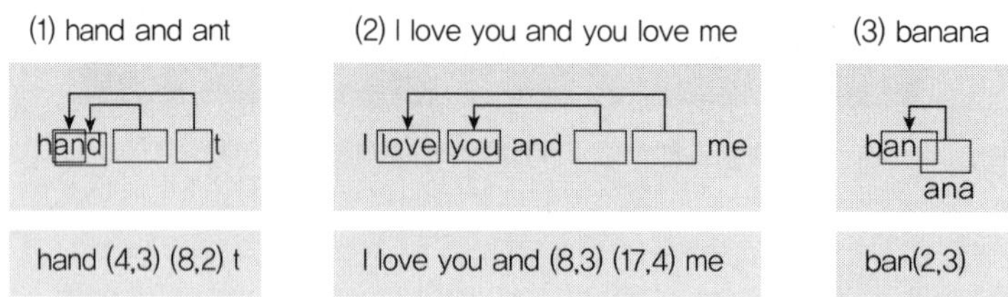

[그림 7-81] 이전에 나타난 텍스트를 이용하여 텍스트를 표현하는 방법

(1)에서 'and'는 'hand' 단어의 뒷부분에 위치하는 형태와 동일하다. 따라서 'and'는 'hand'의 'and'를 가리키는 것으로 대체할 수 있다. 마찬가지로, 'ant'의 'an'은 'hand'의 'an'을 가리키도록 하였다. (4,3)이 뜻하는 것은 '현 위치에서 4칸을 좌측으로 이동하여, 3칸을 복사한다'라는 것이다. 즉, 'hand'의 'and'를 가져와 복사한다는 뜻이다.
(2) 마찬가지 방법으로 'love'와 'you' 단어를 앞에서 사용한 부분으로 대체할 수 있다.
(3) 'banana'에서 두 번째로 나타나는 'an'을 앞에서 나타나는 'an'으로 대체할 수 있다.

그런데 두 번째 'an' 다음에 있는 문자는 'a'가 되어, 자신의 첫 번째 문자와 동일하다. 따라서 좌측으로 두 칸 이동한 후, 그곳으로부터 3칸을 복사하면 된다.

다음은 밀양아리랑 가사와 이 가사를 LZSS 방법으로 압축한 결과이다.

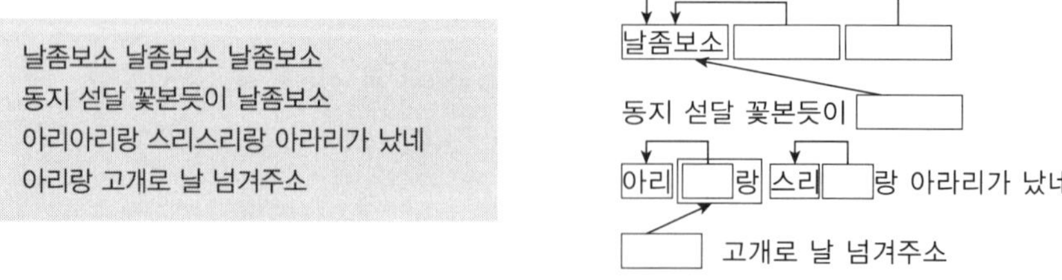

[그림 7-82] 밀양아리랑 가사의 LZSS 개념의 압축

다음의 반복되는 문장이 있는 텍스트는 간단한 형태로 압축된다.

This is a sample. This is a sample. This is a sample. This is a sample.

This (3,2) a sample. (18,18) (36,36)

압축의 기본적인 아이디어는 동일한 문자열을 찾아서 이전에 사용한 부분으로 대체하는 것이다. 대체된 부분에는

(앞으로 이동하여야 할 길이, 복사하여야 할 길이)

를 끼워 넣는 것이다. 앞으로 이동하여야 할 길이는 그 지점을 나타내는 포인터로도 나타낼 수 있다. 즉, 포인터와 길이로 표시할 수 있다. 그런데 현재 보고 있는 문자열과 동일한 문자열이 앞 부분에 있는지를 확인할 때, 너무나 긴 문자열이거나, 너무나 먼 앞쪽의 문자열을 찾게 된다면, 압축의 효율이 떨어질 것이다. 예를 들어, 200자로 된 문자열과 동일한 문자열이 이미 앞에 있었는지 확인한다든지, 책의 맨 마지막 쪽에 있는 단어를 책의 맨 앞에 있는 쪽에서 찾는다는 것은 비효율적일 것이다. 따라서 일정한 크기의 search window와 look-ahead buffer로 제한한다. search window는 현재 보고 있는 문자열과 동일한 문자열을 찾는 이미 지나간 텍스트의 부분을 말하고, look-ahead buffer는 동일한 패턴을 찾으려는 문자열의 최대 크기가 된다.

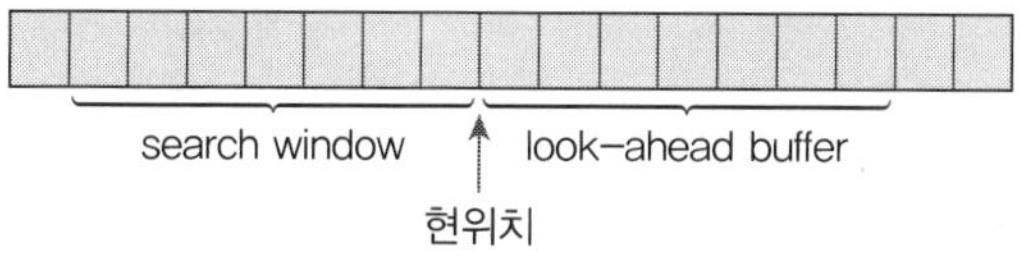

[그림 7-83] search window와 look-ahead buffer

압축의 목적에 의해 압축 후의 텍스트 길이가 압축 전의 텍스트 길이 보다 작아져야 한다. 만일 동일한 패턴이라고 하더라도, 인코딩한 길이가 원래 길이 보다 더 길어진다면 압축 효과가 없어지게 된다. 다음 'I love you and you love me'에서 a, b, c, d가 문자열의 크기

라고 하면 c<b, d<a 이어야 한다.

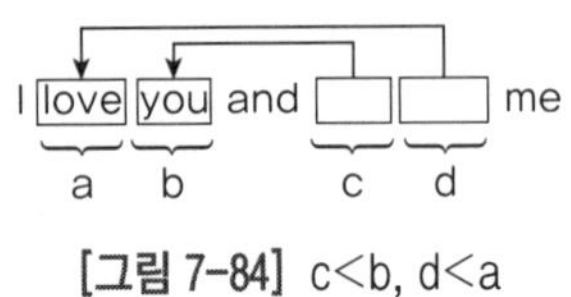

[그림 7-84] c<b, d<a

예를 들어 'in' 단어를 압축하는데, 2개 이상의 문자가 필요하다면 압축효과가 없어지게 된다. 따라서 일정 길이 이상의 문자열에 대해서만 압축을 수행해야 한다. 다음은 Abraham Lincoln의 게티스버그 연설문(1863) 중의 일부이다. 여기서는 문자의 길이가 세 개 이상인 경우에 대해서만 전에 사용한 것을 확인했다.

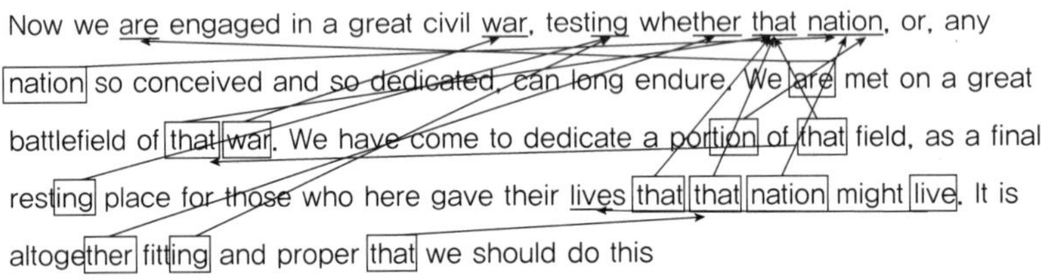

[그림 7-85] 압축의 예

여기서 소개한 압축방법은 LZSS(Lempel-Ziv-Storer-Szymanski)(1982)이다. LZSS는 LZ77(1977)의 개선된 형태이고, LZ77은 Abraham Lempel과 Jacob Ziv가 개발한 무손실(lossless) 데이터 압축 알고리즘이다. LZ77로부터 LZW, LZSS, LZMA 등 다양한 압축알고리즘이 개발되었다.

컴퓨팅 사고력

- 컴퓨팅 사고력 개념
  - 패턴 확인
    - 패턴을 찾는다.
    - 문자열에서 패턴을 찾는 것은 또 다른 문제이다.
  - 알고리즘 설계
    - 인코딩와 디코딩할 때 사용할 수 있는 알고리즘을 설계해보자.

- 데이터 표현
  - 반복된 텍스트를 나타내기 위해 숫자를 이용하여, 반복된 텍스트가 있는 위치와 길이를 나타냈다.

■ 문제 해결 전략

- 패턴을 찾는다.

7.5.3 후프만코드

본 절에서는 전체 텍스트를 인코딩할 때, 인코딩 된 후의 전체 코드길이가 최소가 되는 인코딩 방식을 찾는 알고리즘을 소개한다. 먼저 다음과 같은 문제를 소개한다.

문제 영문 알파벳으로 구성된 텍스트를 인코딩할 때 인코딩된 파일의 크기를 최소로 하는 인코딩 방법을 설계한다.

[제한 조건]

- 최소 길이의 인코딩된 파일을 생성
- 무손실 인코딩

먼저 단순한 방법인 [방법 1]을 생각해본다.

방법 1 모든 알파벳에 같은 길이의 코드를 부여한다. 예를 들어 알파벳에 대해 아스키코드를 부여하여 인코딩할 수 있다. 이 때 아스키코드는 8비트를 사용한다.

[방법 1]에 따라 코드를 부여하면, 자주 나타나는 문자나 자주 나타나지 않는 문자가 모두 같은 길이의 코드를 갖게 되는 문제점을 갖는다. 예를 들어, 텍스트 AAAAABCCC에 대해, 문자가 3개 종류가 사용되고 있으므로, 문자를 구분하기 위해서 각 문자에 2비트를 부여하여, A:00 B:01 C:11의 코드를 부여하면, 텍스트를 인코딩 한 후에는 000000000001111111 가 되고, 이것은 총 18비트의 길이를 갖게 된다. 따라서 자주 나타나는 문자는 짧은 코드, 자주 나타나지 않는 문자는 긴 코드를 부여하는 개선 방법을 생각할 수 있다[방법 2].

방법 2 자주 나타나는 문자는 짧은 코드, 자주 나타나지 않는 문자는 긴 코드를 부여한다.

[방법 2]를 이용하여 다음의 텍스트를 인코딩하는 경우를 고려해보자. 이전의 예에서 사용한 텍스트 AAAAABCCC에서 A는 5번, B는 1번, C는 3번 나타나고 있다. 데이터가 나타나는 빈도수가 A, C, B의 순서이므로, A는 0, C는 1, B는 01을 부여하여 인코딩하게 되면 0000001111을 얻게 되고, 총 10비트가 소요된다. 이전의 [방법 1]을 적용할 때보다 8비트를 줄일 수 있었다. 그런데 이 방법은 문제점을 갖고 있다.

만일 인코딩된 데이터가 01일 때, 이 데이터가 의미하는 것이 AC인지 B인지 구분할 수 없게 된다. 두 경우 모두 01로 표현된다. 그래서 코드가 문자를 나타내는 영역을 구분하기 위해 구분자(delimiter)를 넣어야만 올바르게 코드를 해석하여 텍스트를 복원할 수 있게 된다. 그런데 구분자를 넣게 되면 인코딩한 후의 파일 크기가 증가하는 문제점이 발생한다. 예를 들어, /로 구분자를 정의한다면 AC는 0/1로 인코딩 된다. 따라서 인코딩 후 0/0/.../01/1/1/1와 같은 데이터가 생성되고 그 길이가 증가하게 된다.

[방법 2]의 개념은 인코딩한 후의 데이터의 길이를 줄일 수 있는 방법을 제공하지만, 기술적으로 구분자를 필요로 하지 않는 방법이 고안되어야 한다. 코드의 길이가 가변적이면서, 구분자 없이 코드를 구분해낼 수 있는 방법을 설계하여야 한다. 이 조건을 만족하기 위해 [방법 3]을 사용한다.

방법 3 전치(prefix)코드이면서 가변길이코드(variable-length code)로 만든다.

여기서 전치코드란 한 문자의 코드는 다른 문자에 해당하는 코드의 앞부분이 될 수 없다는 성질을 갖고 있는 코드를 말한다. abc의 전치는 a, ab, abc를 의미한다. 예를 들어, a는 11, b는 0, c는 10일 때 이것은 전치코드가 된다. 즉, b의 0은 다른 a 또는 c의 코드의 앞부분이 될 수 없다. 그러나 만일 a가 01, b가 0 이면 0을 어떻게 해석할지 결정할 수 없게 되고, 이 코드는 전치코드가 아니다. 즉, 0을 보고, 이것이 b를 나타내는지, a의 01의 앞에 있는 0을 나타내는지 구분할 수 없게 된다.

전치코드로 인코딩된 것은 코드를 읽어 나가면서 바로 원래의 문자를 알아낼 수 있다. 즉,

앞으로 읽을 비트를 확인하지 않아도 코드를 해석할 수 있게 된다. 따라서 코드 간에 구분자가 있지 않아도 코드를 해석할 수 있다.

이러한 전치코드는 이진트리(binary tree) 구조를 이용해서 생성할 수 있다. 다음으로 이진트리를 이용하여 전치코드를 생성하는 방법을 설명한다.

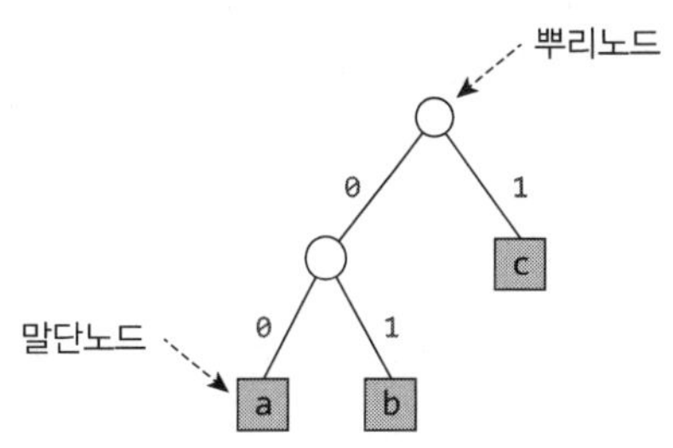

[그림 7-86] 전치코드 부여 방법

트리가 이진트리이므로 최대 2개의 자식노드들을 갖는데, 각 노드에 연결된 왼쪽 자식노드로 가는 에지에는 0, 오른쪽 자식노드로 가는 에지에는 1을 부여한다. 그리고 뿌리(root)에서 시작하여 말단노드(leaf node)로 이동하면서, 에지에 부여된 0,1을 연속적으로 읽는다. 이 방법으로 a는 00, b는 01, c는 1의 코드를 부여받고, 이 코드는 전치코드가 된다.

예를 들어, 파일 F=abbaca를 전치코드를 이용하여 인코딩한다고 가정하자. 다음 표는 가능한 전치코드 두 종류와 이들을 이용하여 인코딩한 후의 크기를 보여주고 있다.

[표 7-5] 전치코드와 인코딩한 후의 크기

문자	전치코드 1	전치코드 2
a	0	10
b	10	11
c	11	0
총 비트 수	9	11

전치코드 1을 이용하면, 인코딩한 후 010100110가 되어 총 9비트가 필요하고, 전치코드 2를 이용하면 인코딩한 후 10111110010이 되어 총 11비트가 필요하다. 따라서 F=abbaca에

대해서는 전치코드 1을 이용하여 인코딩하는 것이 전치코드 2를 이용하는 것보다 효과적이라는 것을 알 수 있고, 이 사실로부터 전치코드들을 이용하더라도 어떤 전치코드를 사용하느냐에 따라 인코딩한 후의 전체 길이가 달라진다는 것을 알 수 있다.

따라서 인코딩하려는 텍스트에 따라서 최적의 전치코드를 구해서 사용해야 한다는 것을 알 수 있다. 다음은 파일에 a, b, c, d, e, f, g의 문자가 6, 3, 1, 2, 5, 2, 2의 빈도로 나타날 때(a:6, b:3, c:1, d:2, e:5, f:2, g:2로 표시) 전치코드를 부여하는 두 가지 예를 보여주고 있다.

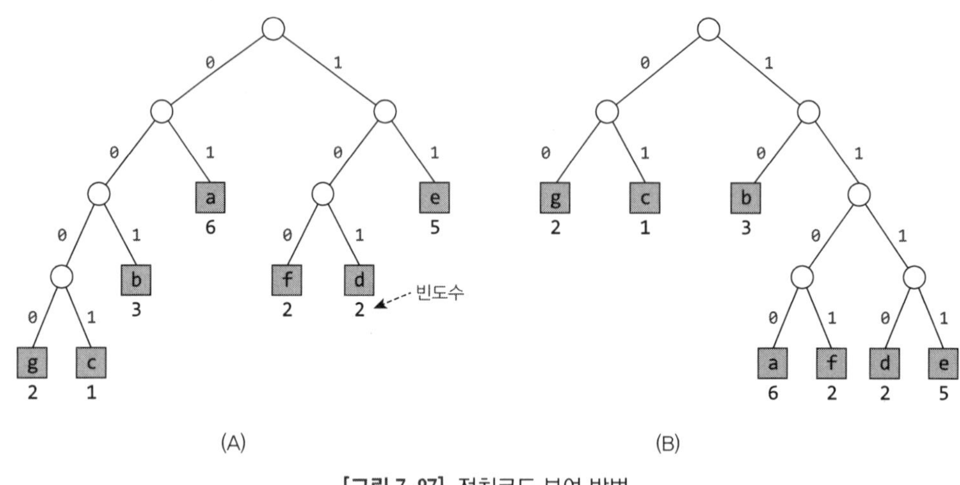

[그림 7-87] 전치코드 부여 방법

다음으로 어떻게 전치코드 중에 최적의 코드, 즉 인코딩한 후의 데이터의 크기가 가장 작게 되는 전치코드를 찾는 방법을 설명한다. 최적의 전치코드를 후프만(Huffman)코드라고 한다.

후프만코드 구축 방법은 다음과 같다.

[후프만코드 생성 방법]

(1) 인코딩하려는 n개의 데이터에 대해 빈도수를 표시하여 n개의 노드 생성

(2) 두 노드의 빈도수의 합이 최소가 되는 노드를 찾는다.

(3) 두 노드를 합병시켜서 이진트리로 만든다.

(4) 모든 노드가 하나의 이진트리로 합쳐질 때까지 단계(2), (3)을 반복한다.

[알고리즘 7-1] 후프만코드 생성 방법

a:6, b:3, c:1, d:2, e:5, f:2, g:2의 데이터에 대해 후프만코드를 찾는 과정은 다음과 같다.
[1] 먼저 6개의 데이터에 대해 빈도수를 이용하여 6개의 노드를 만든다.

[2] 빈도수를 나타내는 6, 3, 1, 2, 5, 2, 2 숫자 중에서 2+1이 가장 작은 합이 되므로 g와 c를 합병하여 이진트리로 만든다. 새로 만들어진 노드에 2+1=3 이므로 3이라고 표시한다. 이 때 g 대신 f 또는 d를 c와 합병해도 무방하다. 만일 그렇게 한다면 다른 형태의 전치코드가 만들어지는데, 그 코드도 후프만코드가 되고, 인코딩한 후의 파일 크기는 다른 후프만코드의 결과물과 같아지게 된다.

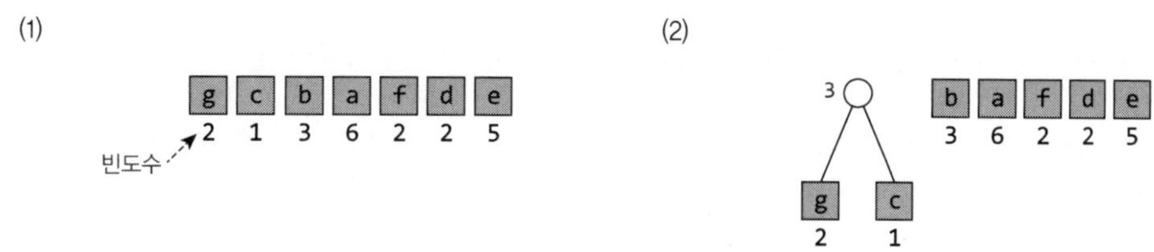

[3] 3, 3, 6, 2, 2, 5에서 f와 d의 빈도수를 합친 것 2+2=4가 가장 작은 값이 되므로, f와 d를 합하여 이진트리로 만들고, 새로 만들어진 노드에 4를 표시한다.

[4] 3, 3, 6, 4, 5에서 합이 가장 작아지는 두 수가 3과 3을 합치는 것이므로, 이진트리로 합치고, 새로운 노드에 6을 표시한다.

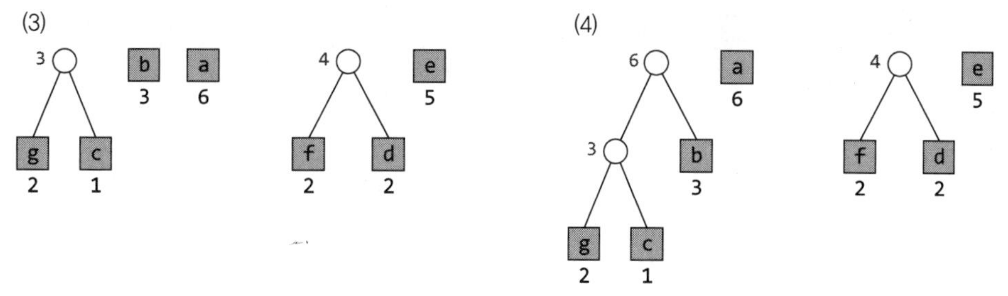

[5] 6, 6, 4, 5에서 합이 가장 작아지는 두 수가 4와 5를 합치는 것이므로, 이진트리로 합치고, 새로운 노드에 9를 표시한다.

[6] 6, 6, 9에서 합이 가장 작아지는 두 수가 6과 6을 합치는 것이므로, 이진트리로 합치고, 새로운 노드에 12를 표시한다.

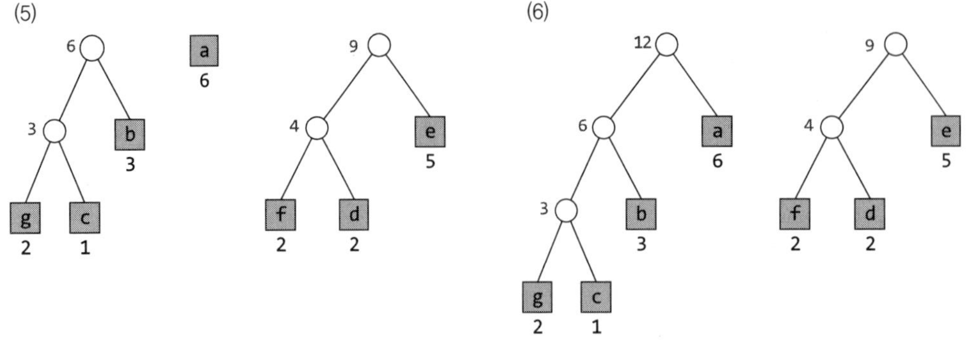

[7] 12와 9를 합쳐서 전체가 하나의 이진트리가 된다. 과정을 종료한다.

[8] 각 노드에서 왼쪽 자식노드로 가는 에지에는 0을 부여하고, 오른쪽 자식노드로 가는 에지에는 1을 부여한다. 뿌리노드에서 시작하여 문자가 있는 말단노드로 이동하면서, 0과 1을 읽어 주면 해당 문자에 대한 후프만코드가 된다. 예를 들어, b는 001이 된다.

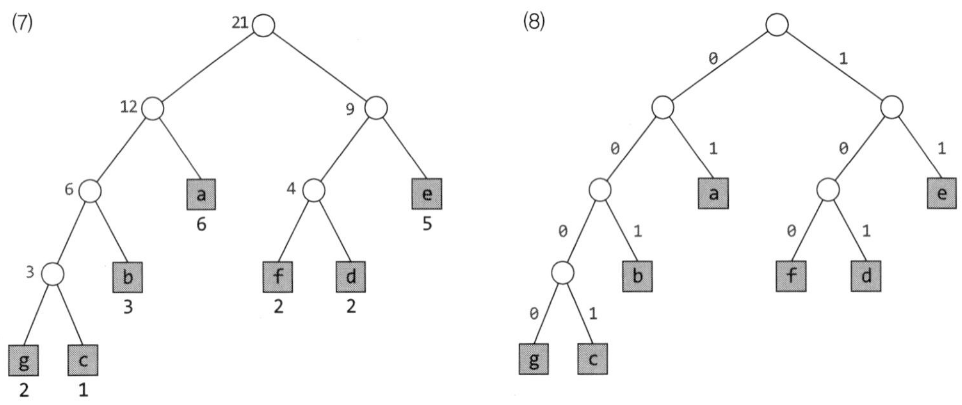

이 방법에 의하면, 결과적으로 자주 나타나는 문자는 나중에 트리에 합병되므로, 짧은 코드를 갖게 되고, 빈도수가 작은 문자는 초기에 트리에 합병되므로, 뿌리노드에서 멀리 떨어져 있게 되면서 긴 코드를 갖게 된다. 그리고 트리의 성질에 따라 이들 코드는 전치코드의 성질을 갖게 된다. 또한 코드마다 크기가 다르므로 가변길이 코드가 된다.

컴퓨팅 사고력

- 컴퓨팅 사고력 개념
  - 추상화
  - 알고리즘 설계
  - 데이터 표현
- 문제 해결 전략
  - 그림을 그린다.
  - 창조적 생각

7.6 오류확인

정보를 디지털 데이터로 표현한 후 어떤 이유에 의해 변경될 수 있다. 제 3자에 의한 변조 또는 통신 경로 상에서 발생하는 오류에 의해 데이터가 변경될 수 있다. 따라서 변경된 데이터가 있는지, 있다면 어느 곳에 있는지를 확인하는 절차가 필요하다. 본 절에서는 데이터 내에 존재하는 오류를 확인할 수 있는 다양한 방법들을 설명한다.

7.6.1 반복코드(repetition code)

다음과 같이 송신자(sender)가 수신자(receiver)에게 보낸 정보가 중간 단계에서 변조되는 상황을 가정해보자.

[그림 7-88] 송신자가 수신자에게 보낸 데이터가 중간에 변조되는 상황

수신자(receiver)는 수신자가 받은 정보가 송신자(sender)가 보낸 정보와 일치하는지 일치하지 않는지를 확인할 수 없다는 것이 문제이다. 따라서 송신자가 보낸 정보가 변조없이 수신되었는지를 확신할 수 있는 방법이 수신자는 필요하다.

이 문제를 해결할 수 있는 방법 중 가장 단순한 방법은 송신자가 동일한 데이터를 미리 정해진 횟수만큼 반복하여 보내는 것이다. 이 방법을 반복코드(repetition code)라고 한다.

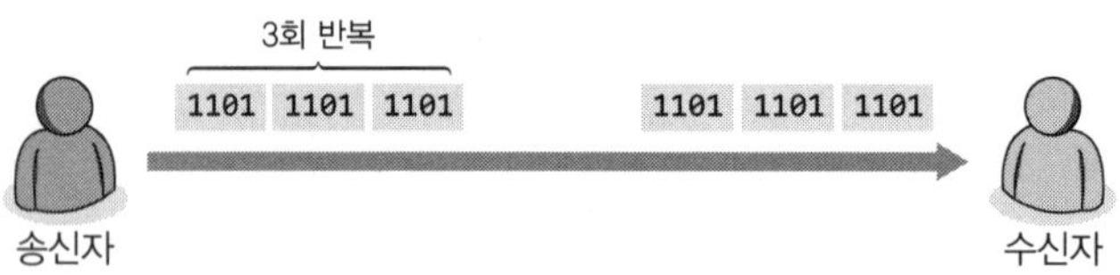

[그림 7-89] 반복코드를 통해 정상 수신 확인

그림에서 송신자는 1101이라는 정보를 3회 반복하여 송신한다. 수신자는 수신한 3개의 정보가 모두 같으면 변조가 없음을 확인할 수 있다. 여기서 기본적으로 3개의 정보가 모두 동일하게 달라질 확률은 없다고 가정한다. 따라서 3개의 정보가 모두 같지 않으면 변조 발생을 확인할 수 있다. 다음 그림에서는 송신자가 3회 반복하여 동일한 정보를 송신하였지만, 수신자 측에는 3개의 정보 중 1개가 서로 다른 형태로 수신되었다. 수신자는 수신한 정보 중에 일부에 변조가 있다는 것을 알 수 있다.

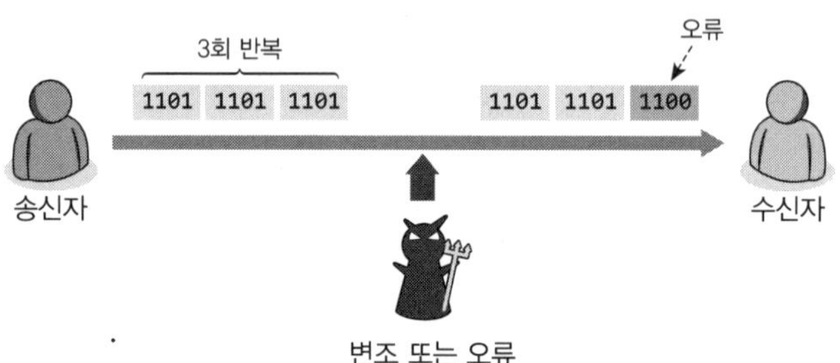

[그림 7-90] 반복코드를 통해 비정상 수신 확인

컴퓨팅 사고력

이 방법은 컴퓨터의 파일을 별도의 공간에 중복하여 저장(백업)하는 것과 같은 개념이다. 만일 자신이 사용하는 컴퓨터의 디스크가 고장나서 데이터의 오류가 발생하면, 백업된 데이터를 확인하여 복원할 수 있다. 그러나 데이터를 여러 개의 복사본으로 만들게 되면, 작

업의 복잡도가 증가하게 된다. 작업의 복잡도가 증가하는 것과 데이터의 오류를 확인하는 것과의 trade-off를 고려하여야 한다.

- 컴퓨팅 사고력 개념
  - 알고리즘 설계
  - 데이터 분석

- 문제해결 전략
  - 대칭성질을 이용
  - 모델 사용
  - 창조적 생각

7.6.2 패러티 비트

다음과 같이 6개의 비트로 되어 있는 데이터 A가 있다고 하자.

```
100011
```

[그림 7-91] 전송 데이터

송신자는 데이터 A를 수신자에게 보낼 때, 수신자는 데이터 B를 수신하였다. 수신자는 자신이 수신한 정보에 오류가 있는지 어떻게 확인할 수 있을까?

[그림 7-92] 정보 송신 시 변조 또는 오류가 있는 상황

수신자는 도착한 데이터가 중간 단계에서 변조되었는지, 또는 어떠한 장애에 의해 데이터에 오류가 발생하였는지 알 수 없다. 따라서 수신자가 수신한 데이터 B에 송신자가 보낸 원래의 데이터 A와 상태가 다른 정보가 존재하는지를 수신자가 알아낼 수 있는 방법이 필요하다. 해결방안은 송신자가 데이터를 송신할 때, 패러티 비트(parity bit)를 추가하여 데이터 A'를 생성하여 이것을 송신하는 것이다. 실제 송신하는 데이터는 1000111이 된다.

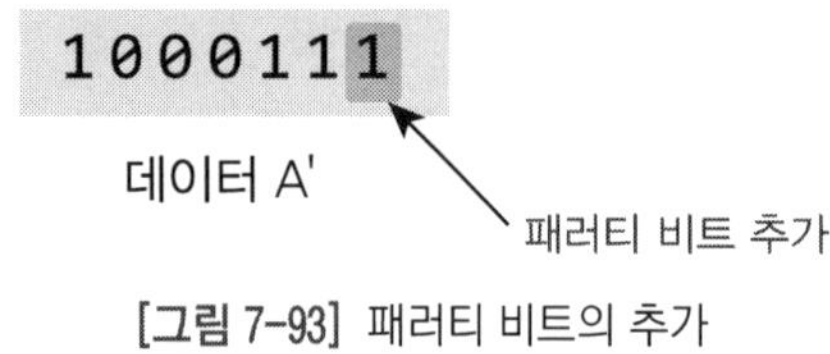

[그림 7-93] 패러티 비트의 추가

여기서 패러티 비트는 1이므로 데이터에 있는 1의 개수가 4개가 되었다. 이는 패러티 비트를 포함한 전체 데이터의 1의 개수가 짝수가 되게 한 것이다. 이것을 짝수 패러티(even parity)라고 한다. 다음 그림에서 송신자는 패러티 비트를 추가하여 1000111을 송신하고, 수신자는 1000111을 수신한다. 미리 짝수 패러티로 설정해서 송신한다는 사실을 알고 있으므로, 받은 데이터의 1의 개수를 확인해보니, 짝수이므로 수신자는 수신한 정보가 정확한 정보라는 것을 알게 된다.

[그림 7-94] 패러티 비트를 추가한 후 정상 수신 상황

만일 수신자가 수신한 정보가 1001111이면 어떻게 될까?

[그림 7-95] 패러티 비트를 추가한 후 비정상 수신 상황

이전 그림에서 수신한 정보의 1의 개수는 5개가 된다. 화살표 표시된 곳에서 원래는 0이었으나, 수신측에는 1로 변경되어 있다. 미리 정한 패러티가 짝수 패러티였으나, 수신한 데이터는 짝수 패러티가 아님을 수신자가 확인한 후, 수신된 정보가 정확한 정보가 아님을 수신자는 알 수 있다. 수신자는 데이터가 정확하지 않다는 것을 알 수 있지만, 어느 지점에서 오류가 발생했는지는 수신자가 패러티 비트를 이용하여 확인할 수는 없다.

패러티 비트를 여기서는 짝수 패러티가 되도록 설정하였는데, 홀수 패러티(odd parity)가 되도록 설정할 수도 있다. 이것은 송신자와 수신자가 미리 정한 규칙을 따르면 된다.

컴퓨팅 사고력

패러티 비트라는 추가 정보 항목을 설정하여, 정보의 변경을 쉽게 확인할 수 있는 방법을 고안하였다. 모든 디지털 데이터는 0과 1로 표현되고 있으므로, 모든 디지털 데이터에 이와 같은 방법을 이용하여 변조 또는 오류를 확인할 수 있다. 추가 정보 항목을 설정하는 방법은 문제 해결 전략 중에서 창조적인 방법을 사용한 것이다.

만일 두 번의 데이터 오류가 발생하면 어떻게 될까? 다음 그림에서 화살표로 표시된 위치의 정보가 변경되었다. 데이터가 변경되었으나, 전체 데이터가 갖고 있는 1의 개수는 여전히 짝수가 된다. 따라서 패러티 비트는 계속 유효하여, 수신자는 데이터의 변경을 인식할 수 없다.

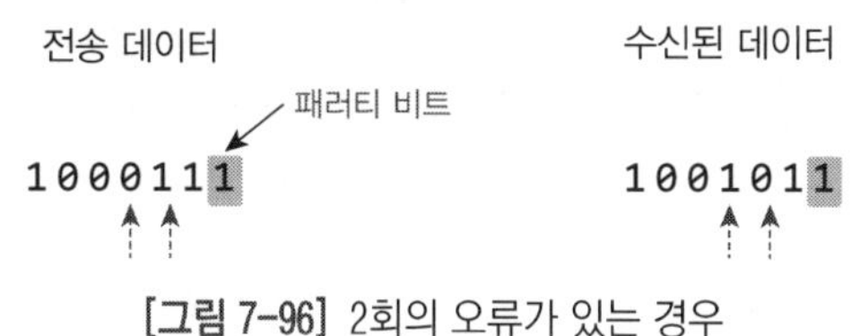

[그림 7-96] 2회의 오류가 있는 경우

그러나 짧은 데이터인 경우, 두 군데에서 데이터의 오류가 일어날 가능성이 낮다는 가정하에 패러티 비트 방법을 사용할 수 있다.

- 컴퓨팅 사고력 개념
  - 알고리즘 설계
  - 데이터 분석

■ 문제해결 전략
- 모델 사용
- 창조적 생각

7.6.3 2차원 패러티 비트

7.6.2에서 설명한 바와 같이, 송신자는 데이터를 수신자에게 보내고자 한다. 수신자는 수신한 데이터가 송신자가 보낸 것과 일치하는지를 확인하는 방법이 필요하다. 일반 패러티 비트의 기본 개념을 이용하여 그 방법을 2차원으로 확장하는 방법을 설명한다. 다음과 같은 데이터를 송신자가 송신하려고 한다.

```
1000101001101101100110010
```

[그림 7-97] 전송 데이터

이 데이터를 5비트씩 끊어서 2차원으로 배치하면 다음과 같다.

```
10001
01001
10110
11001
10010
```

[그림 7-98] 전송 데이터의 2차원 표현

여기에 행(row) 패러티, 열(column) 패러티를 추가하면 다음과 같은 형태가 된다. 짝수 패러티 비트를 각 행과 각 열에 추가하여, 각 행과 열에 있는 1의 개수가 짝수가 되도록 하였다.

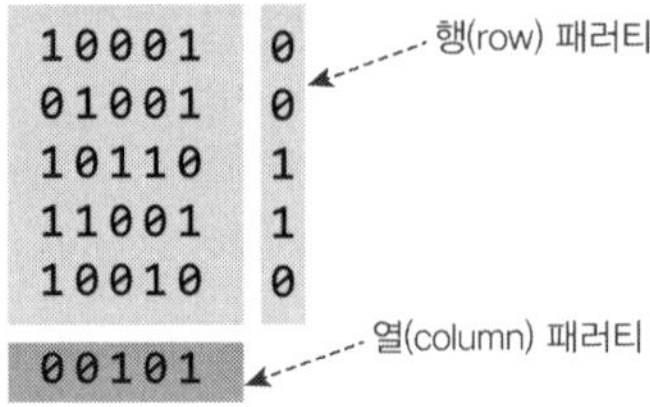

[그림 7-99] 2차원 패러티

2차원으로 데이터를 나열한 것은 사람이 패러티 비트를 확인하기 위한 것이고, 실제적으로는 다음과 같이 데이터 + 행 패러티 + 열 패러티의 형태로 전송 가능하다.

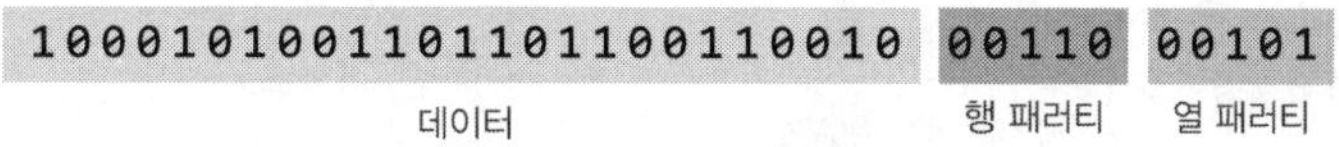

1000101001101101100110010 00110 00101

데이터 행 패러티 열 패러티

[그림 7-100] 데이터와 2차원 패러티의 전송 형태

소프트웨어에 의해 수신자는 수신된 1차원으로 나열된 데이터에서 행 패러티와 열 패러티를 해석해낼 수 있다.

만일 데이터의 일부가 송신 도중에 변조되거나 오류가 발생하면 어떻게 될까? 다음 그림은 18번째 비트가 0에서 1로 변경되었을 경우, 어떻게 그 위치를 확인할 수 있는지를 설명한다.

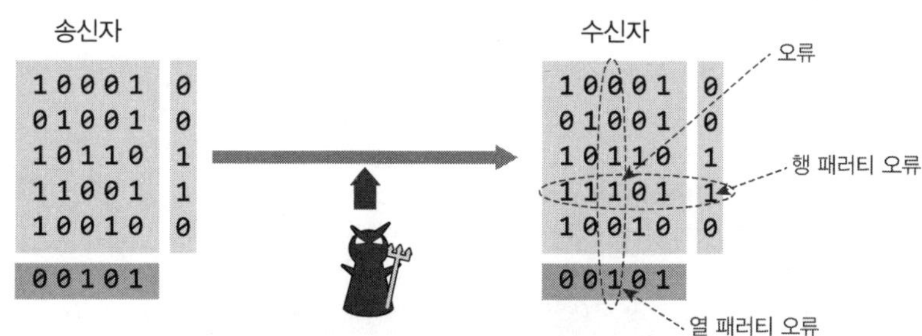

[그림 7-101] 데이터의 변조 또는 오류 발생

그림에서 변경된 데이터는 18번째인데, 2차원으로 해석하면 4행, 3열의 위치에 해당한다. 그런데 4행의 행 패러티는 일치하지 않고 있고, 또 3열의 열 패러티도 일치하지 않는 것을 확인할 수 있다. 그 외의 행 패러티와 열 패러티는 이상이 없다. 수신자는 행 패러티와 열 패러티 중 오류가 있는 곳의 위치를 확인하여, 해당 위치의 데이터가 변경되었다는 것을 알 수 있다.

만일 서로 다른 행과 열에서 두 곳의 비트에 변조가 발생하면 어떻게 될까? 다음은 8번째, 19번째 비트에 오류가 발생할 경우를 보여준다. 행 패러티에서 2행, 4행에서 오류가 발생하고, 열 패러티에서 3열, 4열에서 오류가 발생한다.

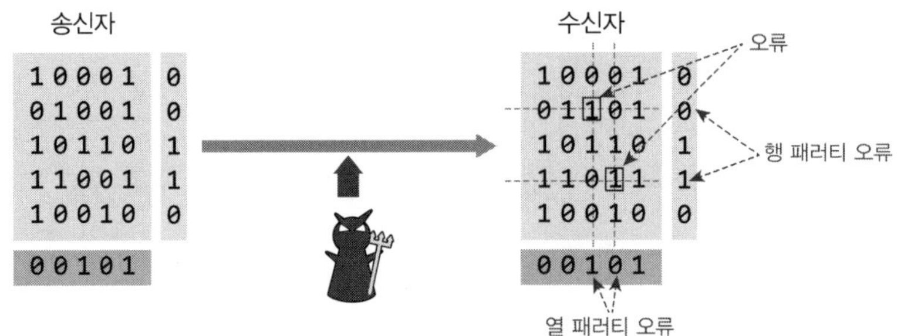

[그림 7-102] 다른 행, 다른 열의 두 곳의 오류

따라서 2행의 3열, 4열, 4행의 3열, 4열의 비트에서 오류가 발생했을 가능성이 있다. 4개의 비트 중, 오류가 발생한 두 개의 비트의 정확한 위치를 찾을 수는 없다.

만일 하나의 행에서 두 곳의 비트에 오류가 발생하면 어떻게 될까? 다음 그림은 8번째, 9번째 비트에서 오류가 발생한 상황이다.

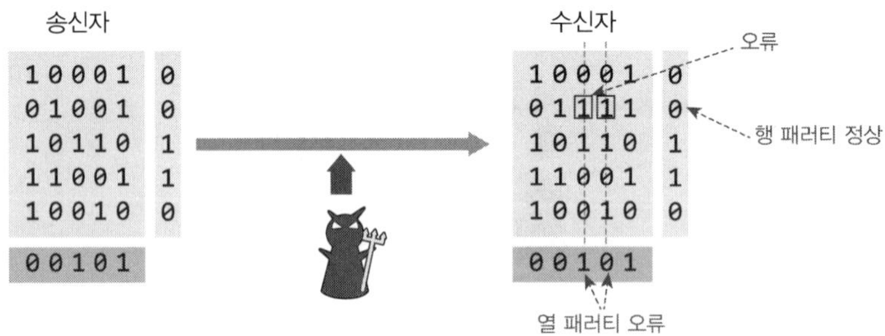

[그림 7-103] 같은 행의 두 곳에서 오류 발생 상황

이 경우에 행 패러티는 정상이고, 열 패러티는 3열과 4열에서 오류가 발생한다. 따라서 3열과 4열의 비트들 중에 오류가 있다는 사실만을 확인할 수 있고, 더 정확한 오류 발생 위치는 확인할 수 없다.

이상에서 보면 데이터 중에 하나의 오류가 발생하면, 2차원 패러티 비트는 오류가 발생한 위치를 정확히 확인할 수 있는 반면, 두 곳에서 오류가 발생하면 정확한 오류의 위치를 확인할 수 없다는 것을 알 수 있다. 패러티 비트는 두 개 이상의 오류가 발생하지 않는다는 가정 하에 효과적으로 사용할 수 있다.

컴퓨팅 사고력

- 컴퓨팅 사고력 개념
  - 알고리즘 설계
  - 데이터 분석
- 문제해결 전략
  - 모델 사용
  - 창조적 생각

7.6.4 바코드(bar code), ISBN

물건을 살 때 대부분의 계산대에서는 기계장치를 이용하여 물건에 부착된 바코드를 읽어 들여 가격을 계산하는 것을 볼 수 있다.

[그림 7-104] 제품의 포장에 있는 바코드

바코드는 제품의 고유한 번호를 가는 막대형 표시를 이용하여 나타내고 있다. 바코드를 사용하는 목적은 제품의 고유번호를 사람이 일일이 입력하지 않고, 바코드리더를 통해 기계장치에 신속하게 입력할 수 있도록 하기 위함이다. 따라서 바코드리더가 오류없이 바코드를 정확히 읽어서 제품의 고유번호를 인식하여야 한다. 바코드리더는 제품 포장의 훼손 상태라든지, 제품 포장의 반사 정도, 구김 정도에 의해 정확하게 바코드를 인식하지 못할 수도 있다. 만일 콜라 한 병을 살 때, 의자로 인식한다든지 하면, 일대 혼란이 발생할 것이다. 이러한 오류를 가능한 한 줄이기 위해 체크디지트(check digit)를 추가하여, 읽어 들인 바코드가 정확하게 읽어 들였는지를 확인할 수 있도록 하였다.

소개하는 바코드는 EAN(European Article Number)을 바코드로 표시한 것으로, 십진수 13자리의 숫자를 나타낸다. 여기서 제일 오른쪽 숫자가 체크디지트가 되고, 체크디지트는 나머지 12자리의 숫자들에 의해 계산된다. 제품의 바코드를 읽을 때 12자리의 숫자를 이용한 계산의 결과와 체크디지트가 일치하지 않으면, 바코드리더가 바코드를 잘못 읽은 것으로 판단한다.

체크디지트(check digit)

880 607 168 448 2

[그림 7-105] 바코드 예

바코드 번호는 13자리의 10진수로 표현되고, 일반적으로 각 자리 숫자를 $x_i, i=1, \cdots, 13$으로 표시하면 다음과 같다.

$$x_1 x_2 x_3 \cdots x_{12} x_{13}$$

여기서 x_{13}이 체크디지트이다. 체크디지트는 다른 12자리의 숫자들을 이용해 다음의 연산을 통해서 계산된다.

$$x_{13} = 10 - (x_1 + 3x_2 + x_3 + 3x_4 + \cdots + x_{11} + 3x_{12}) \bmod 10$$

여기서, mod는 나머지를 구하는 연산자이다. 예를 들어, 8 mod 3은 8을 3으로 나누었을 때의 나머지를 구하는 연산으로, 답은 2가 된다.

바코드가 나타내는 숫자가 880 607 168 448 2일 때, 체크디지트 2를 계산하는 식은 다음과 같다.

s = 8×1+8×3+0×1+6×3+0×1+7×3+1×1+6×3+8×1+4×3+4×1+8×3

= 8+24+0+18+0+21+1+18+8+12+4+24

= 138

138/10= 몫 13 나머지 8

체크디지트 = 10−8=2

다음 그림은 콜라병에 있는 바코드의 숫자 중 9번째 숫자인 0을 5로 인식하는 오류가 발생하여 의자로 인식하였으나, 체크디지트에 오류가 있음을 확인한 상황이다.

바코드 리더

979 115 600 012 9

979 115 605 012 9

체크디지트를 이용해 오류 확인 가능

[그림 7-106] 바코드 인식의 오류

ISBN(International Standard Book Number)은 국제적으로 책에 부여된 고유번호이다. 모든 책마다 13자리 십진수의 ISBN이 부여되어 있는데, ISBN도 코드의 인식오류를 줄이기 위해 EAN 바코드와 같이 체크디지트를 갖고 있다.

체크디지트

979 115 600 012 9

[그림 7-107] ISBN 예

```
s = 9×1+7×3+9×1+1×3+1×1+5×3+6×1+0×3+0×1+0×3+1×1+2×3
  = 9+21+9+3+1+15+6+0+0+0+1+6
  = 71
71/10= 몫 7 나머지 1
체크디지트 = 10−1=9
```

컴퓨팅 사고력

패러티 비트, 2차원 패러티 비트, 바코드는 데이터의 무결성을 확인하는 방법들이다. 이들 방법을 이용하여 데이터를 자동으로 처리할 때 데이터의 오류를 쉽게 확인할 수 있어, 자동화 장치의 신뢰성을 확보할 수 있다. 창조적인 문제해결 방법을 적용하여 간단히 구현할 수 있는 방법을 생성하였다. 이 방법을 이용하여 학번의 무결성을 확인할 수 있는 방법을 고안할 수 있을까?

- 컴퓨팅 사고력 개념
  - 알고리즘 설계
  - 데이터 표현
  - 데이터 분석
  - 자동화
- 문제해결 전략
  - 창조적 생각

7.6.5 체크섬(checksum)

패러티 비트는 데이터의 일부에 오류가 발생하였을 때 오류가 있음을 확인하는 방법을 제공하였다. 유사하게 데이터들의 관계로부터 데이터 오류의 존재를 확인할 수 있는 방법이 체크섬(checksum)을 이용하는 방법이다. 다음과 같은 원래의 데이터가 있다고 하자.

	국어	영어	수학	체크섬
김 ○ ○	100	90	85	275
이 ○ ○	90	90	90	270
…	…	…	…	…
한 ○ ○	80	90	90	260

[그림 7-108] 원래의 데이터

이 데이터의 체크섬은 각 학생의 세 과목의 성적 합을 기재한 것이다. 예를 들어, 김○○의 체크섬은 100+90+85=275가 된다. 그런데 누군가가 이 데이터를 변조하여 일부 데이터를 변경시키면 어떻게 그 사실을 알 수 있을까? 만일 한○○의 영어 성적을 90점에서 100점으로 변경하였다면, 체크섬과 그 값이 일치하지 않게 된다. 즉, 80+100+90=270≠260가 되어, 한○○의 성적에는 변조가 있다는 것을 알 수 있다. 그러나 어느 과목의 성적이 변조되었는지는 확인할 수 없다.

변조

	국어	영어	수학	체크섬
김 ○ ○	100	90	85	275
이 ○ ○	90	90	90	270
…	…	…	…	…
한 ○ ○	80	100	90	260

[그림 7-109] 한 과목의 성적이 변조된 경우

그런데 악의를 갖은 사람이 체크섬의 원리를 알고, 한 과목의 성적과 체크섬을 동시에 변조시키면 어떻게 될까?

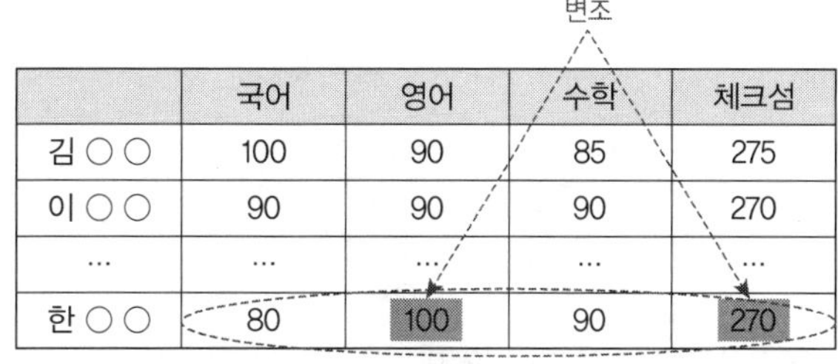

	국어	영어	수학	체크섬
김 ○ ○	100	90	85	275
이 ○ ○	90	90	90	270
…	…	…	…	…
한 ○ ○	80	100	90	270

[그림 7-110] 한 과목의 성적과 체크섬이 변조된 경우

불행히도 만일 누군가가 체크섬의 원리를 알아낸 후, 과목의 성적과 체크섬을 동시에 변조시키면, 체크섬을 이용하여 변조사실을 확인할 수 없게 된다. 그래서 체크섬을 구하는 공식을 매우 복잡하게 하여, 악의를 갖고 있는 사람이 과목 성적들과 체크섬의 관계를 알아내는 것이 거의 불가능하게 만들 수 있다. 예를 들어, 체크섬 = (35*국어+56*영어+2*수학*수학)/6 등과 같이 정의하면, 관계식을 유추하는 것이 거의 불가능하게 되어, 과목 성적과 체크섬을 동시에 변조하는 것이 불가능하므로, 체크섬을 통한 데이터의 변조사실을 확인할 수 있게 된다.

이 예에서 설명한 체크섬 개념을 이용하여 보다 더 정교한 방법을 고안할 수 있다. 다음 그림에서는 각 학생별로 성적합의 체크섬과 별도로, 각 과목 성적의 체크섬을 설정한다. 그 체크섬은 과목 성적의 각 자리수의 합으로 정의하기로 한다. 예를 들어, 한○○의 영어 성적은 95점이므로 과목 체크섬은 9+5=14로 설정한다.

	국어		영어		수학		체크섬
김○○	100	1	91	10	85	13	276
이○○	94	13	93	12	92	11	279
…	…		…		…		…
한○○	82	10	95	14	91	10	268

[그림 7-111] 각 학생의 과목 성적별 체크섬

만일 이 상태에서 누군가가 한○○의 영어 성적을 95점에서 99점으로 변조하고, 성적합의 체크섬 계산법을 알아내어 성적합의 체크섬도 변조했다면, 성적합의 체크섬으로는 변조사실을 확인할 수 없게 된다. 그러나 과목 성적 체크섬이 현재 14인데, 99점으로 표시되어 있으므로, 그 값이 일치하지 않는다는 것을 알고 변조 사실을 발견할 수 있을 것이다.

	국어		영어		수학		체크섬
김○○	100	1	91	10	85	13	276
이○○	94	13	93	12	92	11	279
…	…		…		…		…
한○○	82	10	99	14	91	10	272

[그림 7-112] 한○○의 영어성적이 과목 체크섬과 불일치

여기서도 과목 성적의 체크섬 구성방식을 쉽게 유추할 수 있다면, 이 방법은 안전하지 않을 것이다. 그러나 과목 성적 체크섬을 구하는 공식을 복잡하게 설정하여, 다른 사람들이 생성방법을 유추하는 것이 거의 불가능하게 하여, 체크섬을 이용한 방법을 유용하게 사용할 수 있다.

이러한 방법은 데이터를 전송할 경우에도 사용할 수 있고, 또는 데이터를 장기간 저장할 때, 외부로부터의 침입에 의해 데이터가 변조되었는지를 주기적으로 확인할 때도 효과적으로 사용할 수 있다. 많은 데이터에 대해 체크섬을 주기적으로 검사하고, 체크섬에서 불일치가 발생한다면, 데이터의 변경 로그기록을 확인하여 불일치의 원인을 찾아낼 수 있다.

컴퓨팅 사고력

- 컴퓨팅 사고력 개념
  - 알고리즘 설계
  - 데이터 분석
- 문제해결 전략
  - 공식 사용
  - 창조적 생각

7.6.6 메시지 다이제스트(message digest)

다음과 같이 송신자는 그림 파일을 수신자에 송신한다. 수신자는 수신한 그림 파일이 전송 과정에서 변조되었는지 확인하고자 한다. 어떻게 확인할 수 있을까? 여기서는 체크섬과

[그림 7-113] 그림 파일의 전송

유사한 방법을 사용한다.

이미 우리는 이미지 파일이든 텍스트 파일이든 모든 데이터는 0 또는 1로 구성되어 있다는 것을 알고 있다. 0과 1로 구성된 파일은 일련의 숫자들로 다양하게 해석할 수 있다. 몇 자리씩 끊어 읽느냐에 따라 다양한 숫자를 생성할 수 있다. 그림의 데이터 A를 복잡한 해시(hash)함수 h에 입력으로 주면, 결과값(메시지 다이제스트, b)이 생성된다. 해시함수는 데이터를 입력받으면 미리 정해진 연산을 수행하여 하나의 값을 만들어내는 함수이다. 그러면, 송신자는 그림 파일 A와 메시지 다이제스트 b를 모두 송신한다. 수신자는 데이터 A를 미리 공유한 해시함수 h에 입력으로 주고, 그 결과값이 b가 되는지를 확인한다. 만일 h(A)=b 이면, 수신한 데이터는 A임에 틀림없게 된다.

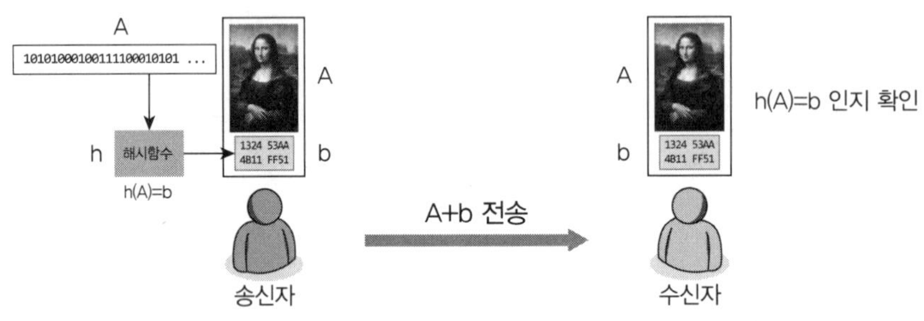

[그림 7-114] 정상 수신인 경우

만일 h(A)≠b이면, 수신한 A가 송신한 A와 동일하지 않다는 것을 알 수 있다. 즉, 수신자는 결과값의 동일 여부를 확인하여 위변조 여부를 확인할 수 있다.

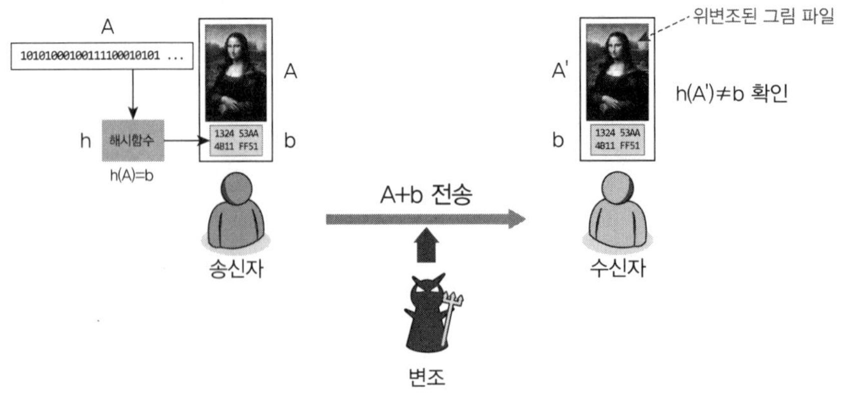

[그림 7-115] 그림 파일에 위변조가 있을 경우

이 방법은 메시지 다이제스트 부분에는 오류가 없다는 가정을 하고 있다. 이와 같은 방법을 암호화 해시함수(cryptographic hash function)를 이용한 메시지 다이제스트 방법이라고 한다. 메시지 다이제스트는 이전 절에서 설명한 체크섬보다 더 긴 결과값, 즉 메시지 다이제스트를 생성한다.

[그림 7-116] 체크섬과 메시지 다이제스트 비교

사용된 해시함수는 다음과 같은 성질을 갖고 있어야 한다. 먼저 해시함수는 쉽게 연산이 가능한 함수여야 한다. 연산에 많은 시간이 소요된다면 효용성이 떨어지게 된다. 그리고 생성된 메시지 다이제스트를 이용해서 원래의 데이터를 재현하는 것이 거의 불가능해야 한다. 만일 메시지 다이제스트를 이용하여 원래의 데이터(여기서는 그림 파일)를 생성할 수 있다면, 위변조를 하는 사람이 쉽게 원래의 파일을 생성해낼 수 있게 된다.

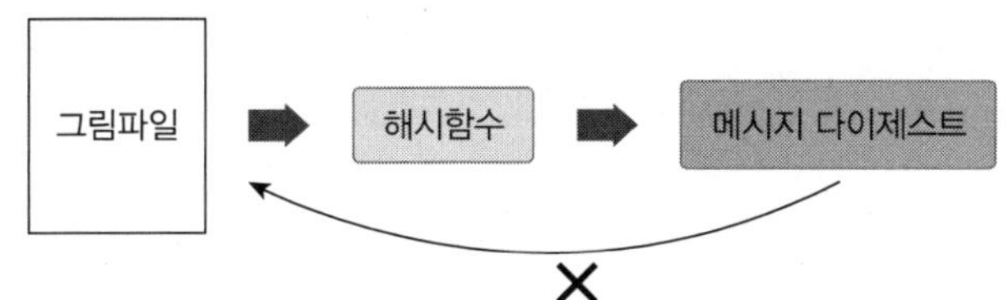

[그림 7-117] 메시지 다이제스트로부터 원래의 그림 파일 복원 불가능

또한 데이터가 바뀌면 메시지 다이제스트도 바뀌는 성질을 갖고 있어야 한다.

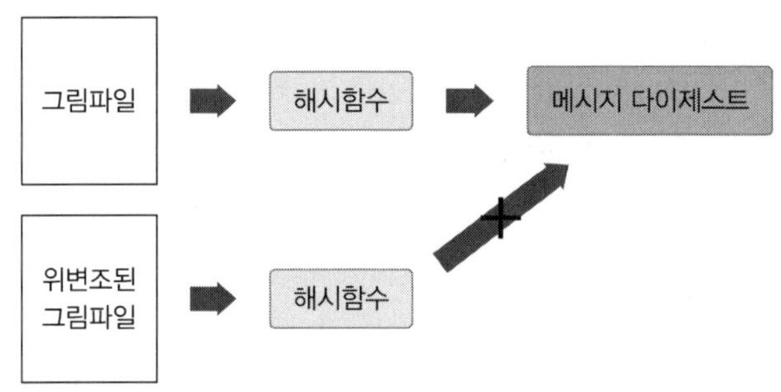

[그림 7-118] 다른 그림 파일일 경우 다른 메시지 다이제스트 생성

만일 해시함수가 위변조 된 그림 파일에 대해서 원래의 그림 파일로부터 생성하는 메시지 다이제스트와 동일한 메시지 다이제스트를 생성한다면, 메시지 다이제스트를 확인했을 때, 정상적인 결과가 나올 것이다. 따라서 원래의 파일에 작은 변화가 있더라도, 다른 메시지 다이제스트를 생성하도록 해시함수가 정의되어야 한다. 이 방법은 디지털 컨텐츠의 저작권을 확인하는 방법으로 사용할 수 있다.

컴퓨팅 사고력

■ 컴퓨팅 사고력 개념

- 알고리즘 설계
- 데이터 표현
- 데이터 분석
- 자동화

■ 문제해결 전략

- 공식 사용
- 창조적 생각

연습문제

01 다음을 run-length 인코딩 방식으로 인코딩하라.

[그림 7-119] 연습문제 그림

02 run-length 인코딩 방식의 다음 데이터를 수신하였다. 아래의 칸에 이미지를 생성하라. 처음 숫자가 하얀색의 픽셀의 개수이다. 한 줄은 15칸으로 구성되어 있다. 11은 숫자 11을 의미한다.

```
4 7 4 3 2 5 2 3 2 1 9 1 2 1 2 9 2 1 1 1 2 2 3 2 2 1 1 1 1 2 2 3 2 2 1 1 0 2 11
2 0 1 6 1 6 1 0 1 6 1 6 1 0 1 6 1 6 1 0 2 11 2 1 1 3 1 3 1 3 1 1 1 1 4 3 4 1 1 1
2 9 2 1 2 2 7 2 2 3 1 7 1 3 4 3 1 3 4 6 3 6
```

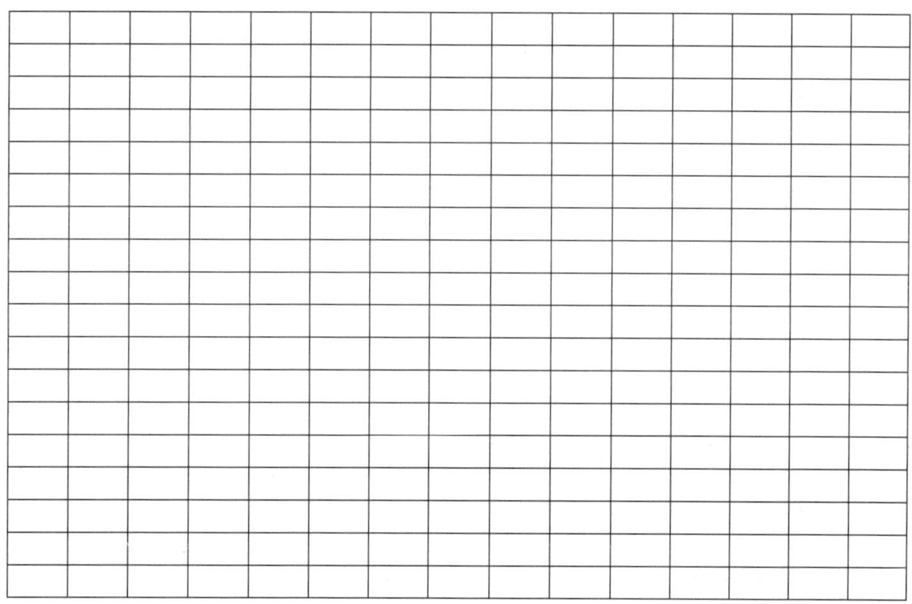

03 다음은 동요의 가사이다. LZSS 방법으로 압축해보라. 세 문자 이상으로 구성된 문자열만 이전에 사용하였는지 확인한다고 가정한다.

> Twinkle, twinkle, little star, How I wonder what you are! Up above the world so high, Like a diamond in the sky! Twinkle, twinkle, little star, How I wonder what you are

04 문자와 그 문자가 사용된 빈도수는 다음과 같다. a:5, b:4, c:3, d:7, e:2 이들의 후프만코드를 생성해보라.

05 주변의 물건에서 바코드의 체크디지트를 확인해보라.

06 우리가 자주 사용하고 있는 은행 계좌번호에서 체크디지트를 어떻게 활용할 수 있는지 생각해보라.

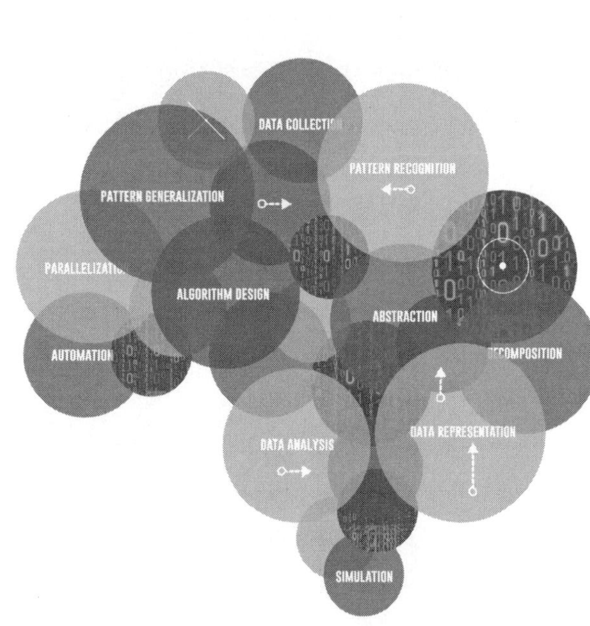
PATTERN RECOGNITION
PATTERN GENERALIZATION
ALGORITHM DESIGN
ABSTRACTION
AUTOMATION
DATA ANALYSIS
DATA REPRESENTATION
SIMULATION

>>>

데이터의 저장과 검색

7장에서는 컴퓨터가 소프트웨어를 가동하는데 필요한 데이터를 어떻게 표현하는지 설명하였다. 8장에서는 데이터들을 어떻게 저장하고 검색하는지 설명한다. 모든 데이터들은 추후에 어떠한 목적으로 사용하기 위해 저장한다. 효과적으로 사용하기 위해서는 저장이 용이하고, 쉽게 해당 데이터들에 접근하여 데이터들을 활용할 수 있어야 한다.

일상생활에서 우리는 여러 물건들을 사용한다. 가정에서 간단한 공구로부터, 제조공장에서 사용하는 다양한 공구나 자동차 정비공장에서 갖고 있는 자동차의 부품들은 향후 사용을 위해 미리 사용하기 편한 방법으로 일정한 체계에 따라 저장되어 있다. 물건들을 쉽게 찾을 수 있고, 가능한 한 저장 공간을 줄이는 방법으로 저장한다.

[그림 8-1] 공구의 저장, 박물관의 수장고

아무리 많은 물건을 갖고 있다고 하더라도, 쉽게 찾을 수 있도록 잘 분류되어 저장되어 있지 않다면, 물건의 사용성이 많이 떨어질 것이다. 다음은 도서관에서 책을 쉽게 찾을 수 있도록, 서가에 색인(인덱스, index)을 부착한 모습이다. 색인을 통해 사용자가 책의 위치를 쉽게 찾을 수 있도록 도와준다.

[그림 8-2] 색인이 부착된 도서관의 서가

다음 그림은 윈도우 탐색기에서 저장된 파일들을 나타내는 화면그림이다. 저장된 많은 파일들을 체계적으로 분류하여 사용자가 찾고자 하는 파일을 쉽게 찾을 수 있도록 도와준다.

컴퓨터 ▸ 로컬 디스크 (F:) ▸ work ▸ course ▸ CT ▸ 강의자료 ▸ part3_CT_application ▸ 2_data_collection

구성 ▾ 라이브러리에 포함 ▾ 공유 대상 ▾ 슬라이드 쇼 굽기 새 폴더

☆ 즐겨찾기
다운로드
바탕 화면
최근 위치
SkyDrive

이름	날짜	유형	크기	태그
data_storage_search.pptx	2016-01-13 오후 4:01	Microsoft PowerP...	3,025KB	
그림1.png	2016-01-13 오후 3:59	PNG 이미지	1,469KB	
그림2.jpg	2016-01-13 오후 4:00	JPEG 이미지	31KB	
그림3.png	2016-01-13 오후 4:00	PNG 이미지	1,438KB	

[그림 8-3] 윈도우 파일 탐색기

컴퓨터 소프트웨어는 데이터를 저장하고 탐색하는 기능을 필수적으로 갖고 있어야 한다. 데이터의 저장 방법과 검색 방법은 직접적인 관계를 갖고 있다. 본 장에서는 많은 데이터들은 어떠한 방식으로 저장되고, 어떠한 방식으로 찾는지를 설명한다. 저장의 기본적인 방법인 배열과 단순 연결 리스트를 이용한 방법을 설명하고, 선형검색, 이분검색, 색인순차검

색을 설명한다. 데이터의 신속한 저장과 검색방법을 제공하는 해싱 방법을 설명한 후 데이터베이스에 데이터를 저장할 때 사용하는 이진검색트리를 이용한 데이터 저장방법을 설명한다. 그리고 최댓값 및 최솟값 검색 방법들을 설명한다.

8.1 배열 및 연결 리스트

CHAPTER 7의 7.4.1과 7.4.2에서 자료구조에 속하는 배열과 연결 리스트에 대해서 간단히 설명했다. 여기서는 데이터의 저장 측면에서 두 자료구조의 특징을 설명한다. 다음은 배열이름이 m_box이고, 6개의 데이터를 저장하는 배열과 배열이름이 sale_2015이고, 12개의 데이터를 저장하는 배열이다.

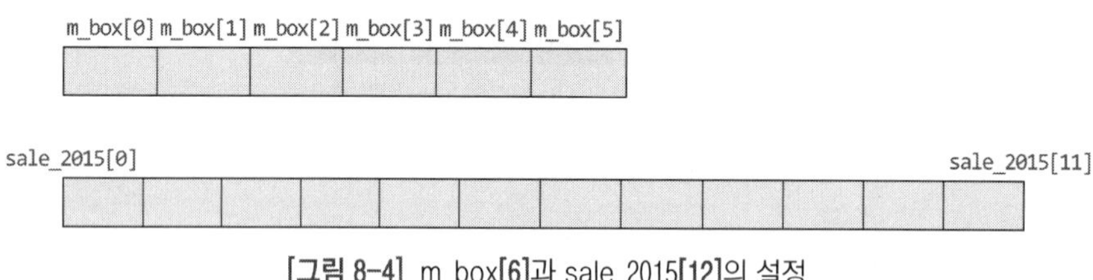

[그림 8-4] m_box**[6]**과 sale_2015**[12]**의 설정

배열은 프로그램의 초기에 사용할 공간의 크기(저장할 데이터의 최대 개수)를 결정하면 이후에는 그 크기의 변경이 불가능하다. 따라서 초기에 설정한 데이터의 개수보다 더 많은 데이터가 입력될 경우 저장이 불가능하다. 그러므로 크기가 고정된 데이터 저장에 사용한다. 예를 들어, 월별 판매액을 저장하는 변수는 데이터의 개수가 12개로 고정되어 있으므로, 배열에 쉽게 저장할 수 있다. 배열을 사용할 때의 장점은 데이터가 저장된 위치(첨자, 인덱스)를 아는 경우 데이터 값을 쉽게 확인할 수 있다는 것이다. 예를 들어, 2015년 5월의 판매액을 변수 value에 저장할 때는 아래와 같은 코드를 사용하면 된다.

```
value = sale_2015[4]
```

여기서, 배열은 첨자 0에서 시작하여, 0인 경우가 1월을 의미하므로, 5월인 경우 첨자 4를 사용하였다. 배열에 저장되어 있는 특정 데이터의 저장 위치(첨자, 인덱스)를 모르는 상태에서 특정 데이터를 찾기 위해서는 배열의 제일 처음부터 위치를 변경하면서 하나씩 찾아나가야 한다.

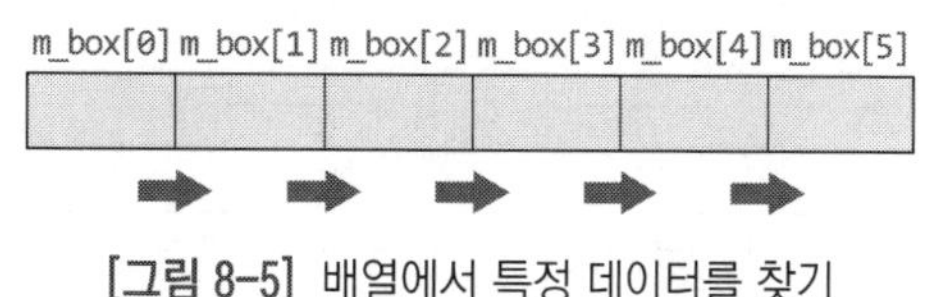

[그림 8-5] 배열에서 특정 데이터를 찾기

연결 리스트(여기서는 단순 연결 리스트를 말한다)에서 데이터는 연속된 저장 공간에 저장되어 있지 않지만, 데이터가 저장된 주소 정보를 이용하여 논리적으로 연속된 저장 공간에 있는 것처럼 구현할 수 있었다. 예를 들어, b, e, s, t가 저장된 공간은 서로 인접하여 연속적으로 되어 있지 않지만, 컴퓨터는 b, e, s, t가 연속적인 공간에 다음과 같이 저장된 것처럼 읽을 수가 있게 된다.

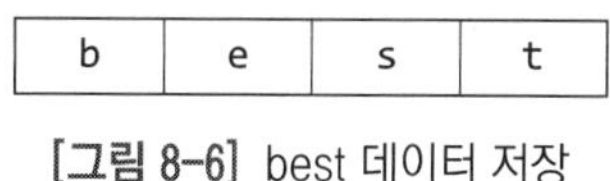

[그림 8-6] best 데이터 저장

이것은 다음과 같은 그림으로 표현할 수 있다. 여기서 •(가운데 점)은 포인터를 의미한다.

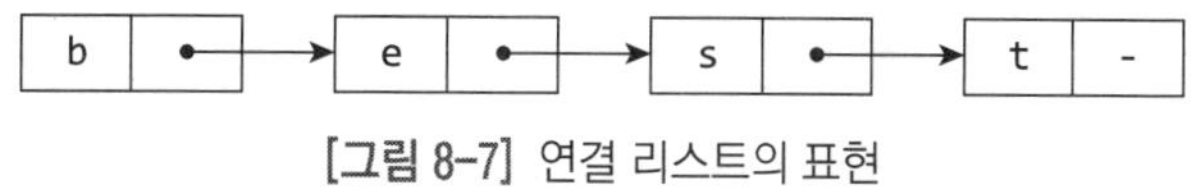

[그림 8-7] 연결 리스트의 표현

이러한 구조는 배열이 갖지 못한 장점을 갖게 된다. 배열은 사용하기 전에 저장할 수 있는 데이터의 개수를 고정시켜야 하는 반면, 연결 리스트는 저장할 수 있는 데이터의 개수가 가변적이어서 미리 데이터의 개수를 한정지을 수 없는 경우에도 사용할 수 있다. 따라서 메모리의 효과적인 사용이 가능하다. 또한 메모리 크기의 한도에 도달하지 않는 한, 데이터를 추가할 수 있다.

연결 리스트에는 데이터를 쉽게 추가할 수 있다. 데이터를 추가할 위치는 연결 리스트의 어느 곳에서도 가능하다. 포인터 조작을 통해 연결 리스트의 제일 처음 위치, 내부 위치, 제일 마지막 위치 등에 추가할 수 있다. 다음은 best의 연결 리스트에 p라는 데이터를 추가할 때의 결과 예이다. 다양한 위치에 p를 추가할 수 있다.

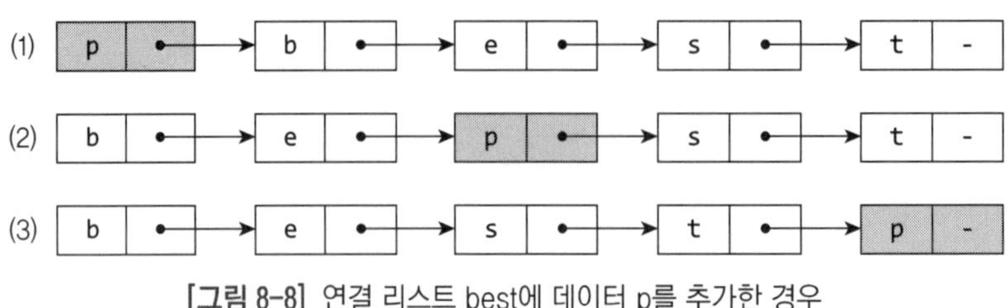

[그림 8-8] 연결 리스트 best에 데이터 p를 추가한 경우

(1)은 연결 리스트의 시작 위치에 추가한 모양이고, (2)는 연결 리스트의 내부에 추가한 모양이다. 그리고 (3)은 연결 리스트의 제일 마지막에 추가한 모양이다.

연결 리스트에서 특정 데이터를 삭제하는 것도 포인터 조작으로 쉽게 수행할 수 있다. 다음은 연결 리스트에 저장된 best에서 데이터 s를 삭제한 모양이다. 연결 리스트 두 번째 노드의 포인터가 s를 가리키고 있는데, 이 포인터를 t를 가리키게 변경함으로써, 데이터 s를 삭제하는 효과가 발생한다.

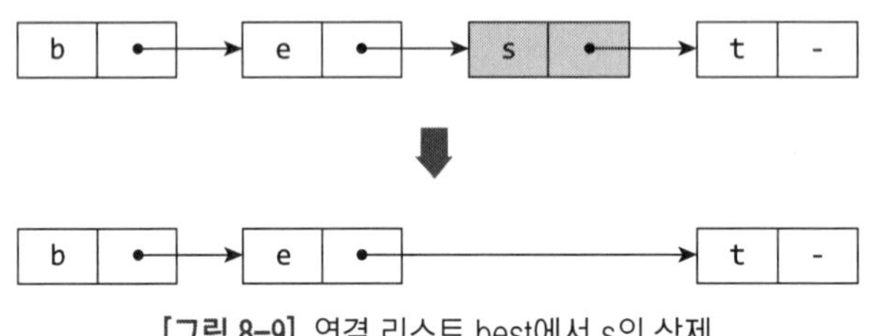

[그림 8-9] 연결 리스트 best에서 s의 삭제

연결 리스트에서 특정 데이터를 찾기 위해서는 연결 리스트의 처음에 있는 데이터부터 시작하여 다음 노드를 가리키고 있는 링크를 따라 이동하면서 데이터를 찾아야 한다. 다음은 데이터 t를 찾는 과정을 보여주고 있다.

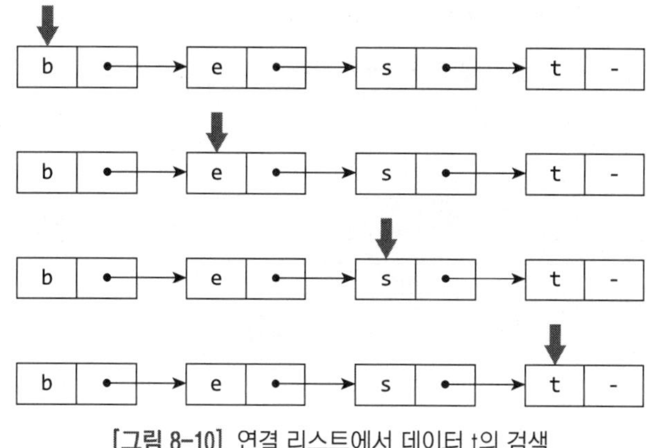

[그림 8-10] 연결 리스트에서 데이터 t의 검색

연결 리스트가 갖고 있는 데이터의 개수가 많아질 경우, 특정 데이터의 검색에 많은 시간이 소요될 수 있다.

8.2 선형검색(linear search)

다음과 같이 문자가 표시되어 있는 카드 16장이 무작위로 있다. 이 카드들을 뒤집어 문자가 보이지 않게 한 상태에서 특정 문자(예 K)를 찾는 문제를 생각해보자.

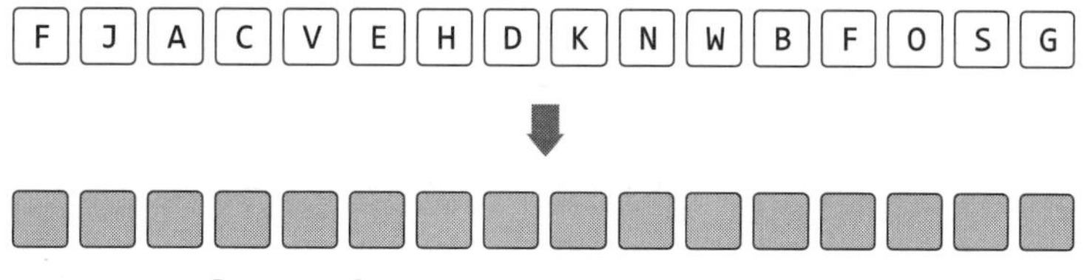

[그림 8-11] 카드 16장 중에서 특정 문자 카드 찾기

문제의 조건에 의해 한 번에 한 장의 카드만을 뒤집어서 문자를 확인할 수 있다. 그리고 찾으려고 하는 문자의 카드가 이 카드열 중에 있는지 없는지는 모르고 있다고 가정하자. 어떠한 방법으로 특정 카드를 찾을 수 있을까? 그리고 여기서 사용한 방법으로 카드를 찾을 때까지의 최소, 평균, 최대의 카드 확인 횟수는 어떻게 될까? 특정 카드가 이들 카드들 중에 있을 때와 없을 때의 최소, 평균, 최대의 카드 확인 횟수는 어떻게 달라질까?

생각할 수 있는 가장 단순한 방법은 카드열의 제일 왼쪽(처음)부터 시작하여 한 장씩 뒤집으면서 찾는 카드가 맞는지를 확인하는 방법이다. 찾는 카드가 맞으면 종료하고, 아니면 오른쪽에 있는 다음 카드로 이동한다.

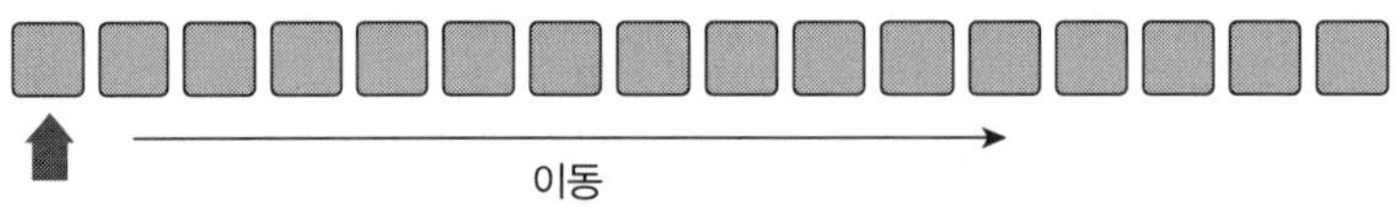

[그림 8-12] 오른쪽으로 이동하면서 카드 확인

다음은 이 알고리즘의 의사코드와 흐름도이다.

```
현재 위치 = 첫 번째 카드의 위치
while (카드열에 확인할 카드가 있고 아직 카드를 못 찾은 상태)
    if (현재 위치의 카드 == 찾는 카드)
        특정 카드를 찾았다.
    else
        다음 위치로 이동
```

[알고리즘 8-1] 카드를 찾는 의사코드(선형검색)

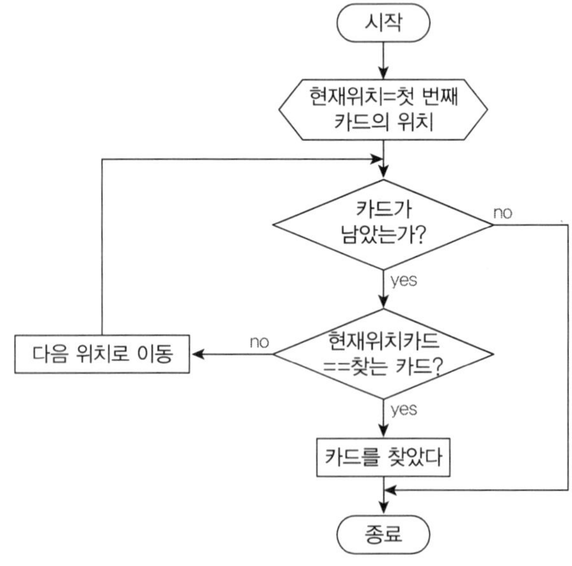

[그림 8-13] 카드를 찾는 흐름도(선형검색)

다음은 이 카드열에서 카드 K를 찾는 과정을 보여주고 있다.

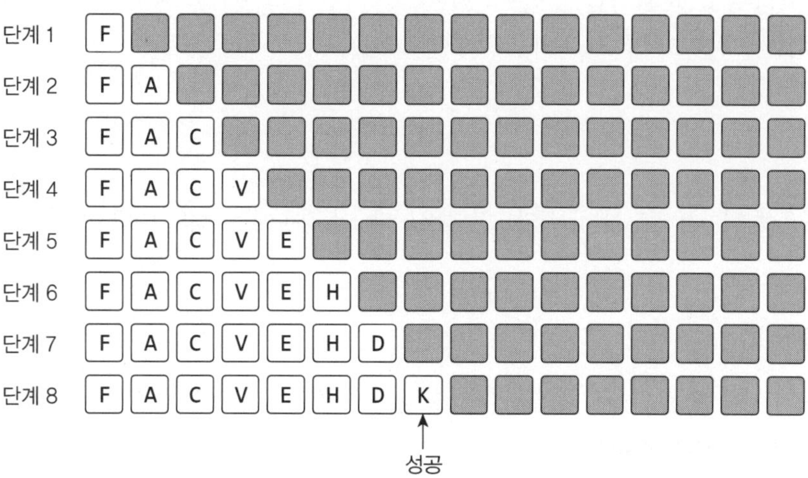

[그림 8-14] 카드 K를 찾는 과정

찾는 카드인지 확인하기 위해서는 한 장의 카드를 뒤집어서 확인하는 작업이 필요하다. 처음에 있는 카드부터 시작하여 총 8회의 카드 확인 작업을 수행하여 카드 K를 찾을 수 있었다. 이러한 방식으로 진행하는 데이터 검색 방법을 선형검색(linear search) 또는 순차검색(sequential search)이라고 한다. 이 방법은 데이터가 선형적으로 정리되어 있을 때 사용 가능하다. 책꽂이에 책이 일렬로 나열되어 있을 때 책이 선형적으로 정리되어 있다고 한다. 일반적으로 데이터가 배열이나 연결 리스트에 저장되어 있을 때 사용할 수 있다.

[그림 8-15] 책꽂이에서 책의 검색

선형검색 알고리즘은 단순하여 구현이 쉽다. 그러면 카드 16장 중에서 특정 카드를 찾는 문제에서 카드 한 장을 찾는데 필요한 최소, 평균, 최대 카드 확인 횟수는 어떻게 될까? 먼저 카드열 내에 찾는 카드가 있다고 가정하자.

(1) 최소

제일 처음에 위치한 카드가 찾는 카드인 경우이다. 이 경우에는 1회의 확인 작업이 필요하다.

(2) 평균

각 카드의 검색 요청 확률이 동일하다고 가정하면, 카드열 중에서 중간의 위치까지 평균적으로 확인하게 된다. 따라서 총 카드 장수의 반(1/2)에 해당하는 값이 된다. 여기서는 8 또는 9회가 된다.

(3) 최대

카드열에서 제일 마지막에 위치한 카드가 찾는 카드인 경우이다. 이 경우에는 16회의 확인 작업이 필요하다.

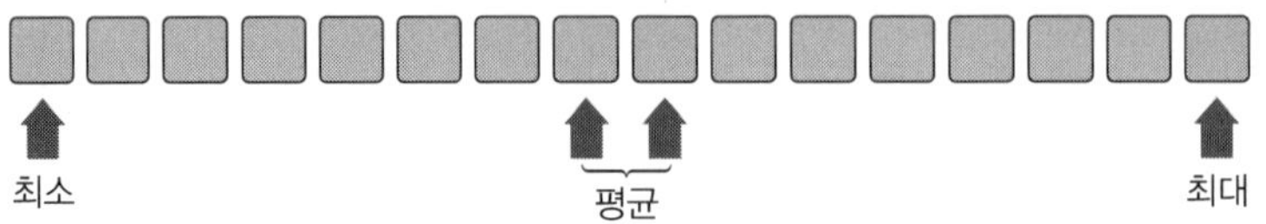

[그림 8-16] 검색 횟수의 최소, 평균, 최대(찾는 카드가 존재하는 경우)

카드열 내에 찾는 카드가 없는 경우에는 카드열의 제일 마지막 위치까지 가서 확인해야지만, 카드가 없다는 것을 알 수 있다. 따라서 최소, 평균, 최대는 모두 16회의 확인 작업이 필요하다.

[그림 8-17] 검색 횟수의 최소, 평균, 최대(찾는 카드가 존재하지 않는 경우)

컴퓨팅 사고력

- 데이터가 일직선으로 저장되어 있는 것처럼 생각할 수 있다. 즉, 데이터가 배열 또는 연결 리스트에 저장되어 있을 경우 사용 가능하다.
- 이 방법을 사용하기 위해서는 데이터가 정렬(sort)되어 있어야 할까?
- 만일 문자를 선택할 확률이 서로 다르다면 어떻게 될까?
- 일반적으로 데이터의 개수가 n개일 때 검색 횟수 결과를 어떻게 표시할 수 있을까?
- 이 선형검색 방법은 데이터의 개수가 많은 경우 비효율적이다. 왜 그럴까?

■ 컴퓨팅 사고력 개념
  - 알고리즘 설계
  - 데이터 모음

■ 문제 해결 전략
  - 순서 리스트 작성
  - 그림을 그린다.

컴퓨터 과학

- [찾는 데이터가 존재할 경우] n개의 데이터에서 특정 데이터를 하나를 찾는데 필요한 비교횟수는 최소 1회, 최대 n회, 평균은
  (n+1)/2, n이 홀수일 때,
  n/2 또는 n/2+1, n이 짝수 일 때

- [찾는 데이터가 존재하지 않는 경우] 마지막에 있는 데이터까지 확인해야 찾는 데이터가 없다는 것을 확인할 수 있다. n번의 데이터 비교가 필요하다.

참고 **정렬(sort)**

데이터는 숫자, 문자로 구성되어 있고, 각 구성 요소는 값의 대소 순서가 미리 정해져 있다. 예를 들어, 알파벳은 a, b, c…의 순서로 정의되어 있고, 숫자는 0, 1, 2…로 순서가 정의되어 있다. 이들 정의된 순서를 이용하여 데이터들의 순서를 재조정하는 것을 정렬이라고 한다. 순서를 재조정할 때, 데이터들의 값이 증가하는 순서(오름차순) 또는 감소하는 순서(내림차순)로 정리할 수 있다. 다음은 데이터 값이 증가 순서로 정렬한 데이터를 보여주고 있다.

예 • 101, 129, 250, 295, 307, 408
- base, cartoon, fire, moon, park, young
- 김, 바둑, 사회, 우주, 카누

8.3 이분검색(binary search)

다음과 같이 카드의 문자가 오름차순으로 정렬된 16장의 카드가 있다고 가정하자. 모든 카드를 뒤집어 놓아서 카드의 문자가 보이지 않은 상태에서 특정 카드(예, G)를 찾는 문제를 생각해보자.

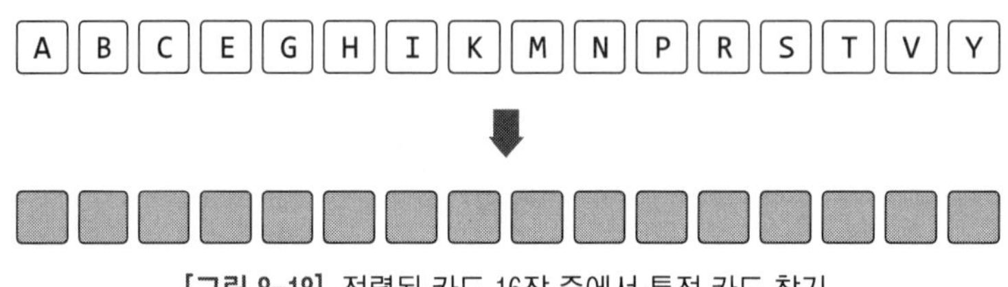

[그림 8-18] 정렬된 카드 16장 중에서 특정 카드 찾기

알파벳의 순서에 따라 카드에 표시된 문자들의 대소 관계가 있다. 예를 들어, A는 E보다 알파벳 순서로 앞에 오기 때문에, A의 값이 E의 값보다 작다고 표현한다. 그리고 카드의 장수가 짝수인 경우 카드장수/2를 중앙이라고 하고, 홀수인 경우는 (카드장수+1)/2의 위치를 중앙이라고 하자. 현재의 카드 장수가 16이므로, 8을 중앙 위치로 한다. 다음과 같은 방법으로 특정 카드를 찾는다.

[이분검색(binary search)]

단계 1: 카드열의 중앙에 있는 카드를 뒤집어 카드의 문자를 확인한다. 그러면 다음의 3가지 경우가 발생한다.

(경우 1) 찾는 문자가 지금 보고 있는 문자보다 작으면 현 카드부터 오른쪽에 있는 카드들을 없앤다.

(경우 2) 찾는 문자가 맞다.

(경우 3) 찾는 문자가 지금 보고 있는 문자보다 크면 현 카드부터 왼쪽에 있는 카드들을 없앤다.

단계 2: 남아 있는 카드들에서 단계 1을 반복하여 문자를 찾는다.

[알고리즘 8-2] 이분검색 알고리즘

다음은 이분검색 방법으로 카드 G를 찾는 과정을 보여주고 있다.

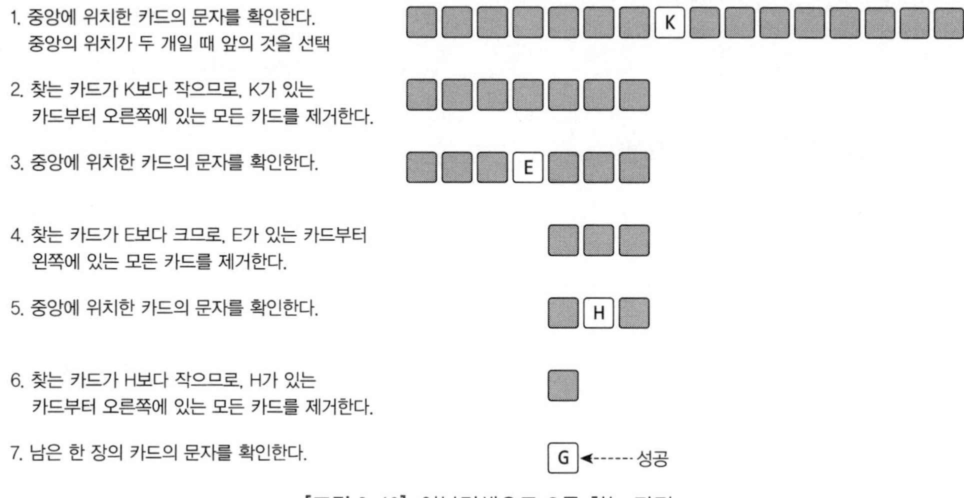

[그림 8-19] 이분검색으로 G를 찾는 과정

카드 G를 찾을 때까지 총 4회의 카드 확인 작업이 필요하다. 카드열의 제일 마지막에 위치한 카드 Y를 찾을 때는 어떻게 될까? [그림 8-20]은 이분검색 방법으로 카드 Y를 찾는 과정을 보여주고 있다.

매 단계에서 남아 있는 카드열의 장수가 이전 단계의 카드열 장수에 비해 반(1/2)으로 줄어든다. 따라서 이 방법을 이분검색이라고 한다. 찾는 카드를 변경하면서 동일한 작업을 수행해본다. 어느 경우에 카드 비교 횟수가 가장 적거나 컸는가? 만일 찾으려는 카드가 카드열 내에 없을 때는 어떤 일이 발생하는가?

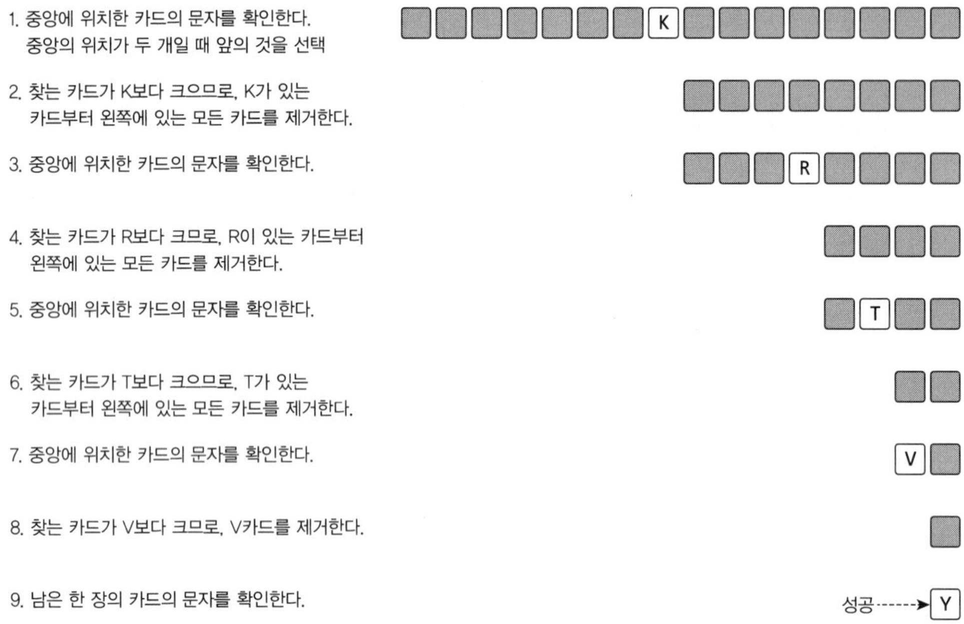

1. 중앙에 위치한 카드의 문자를 확인한다.
   중앙의 위치가 두 개일 때 앞의 것을 선택

2. 찾는 카드가 K보다 크으므로, K가 있는
   카드부터 왼쪽에 있는 모든 카드를 제거한다.

3. 중앙에 위치한 카드의 문자를 확인한다.

4. 찾는 카드가 R보다 크므로, R이 있는 카드부터
   왼쪽에 있는 모든 카드를 제거한다.

5. 중앙에 위치한 카드의 문자를 확인한다.

6. 찾는 카드가 T보다 크으므로, T가 있는
   카드부터 왼쪽에 있는 모든 카드를 제거한다.

7. 중앙에 위치한 카드의 문자를 확인한다.

8. 찾는 카드가 V보다 크므로, V카드를 제거한다.

9. 남은 한 장의 카드의 문자를 확인한다.

[그림 8-20] 이분 검색으로 Y를 찾는 과정

다음은 이분검색의 의사코드와 흐름도이다.

```
while (카드열의 개수가 1개 이상이고 아직 카드를 못 찾았을 때)
    m = 가운데 위치한 카드
    if (찾는 카드 == m)
        카드를 찾았다.
    else if (찾는 카드 < m)
        처음부터 m 이전의 카드들을 새로운 카드열로 설정
    else
        m 다음 카드부터 끝까지의 카드들을 새로운 카드열로 설정
```

[알고리즘 8-3] 이분검색의 의사코드

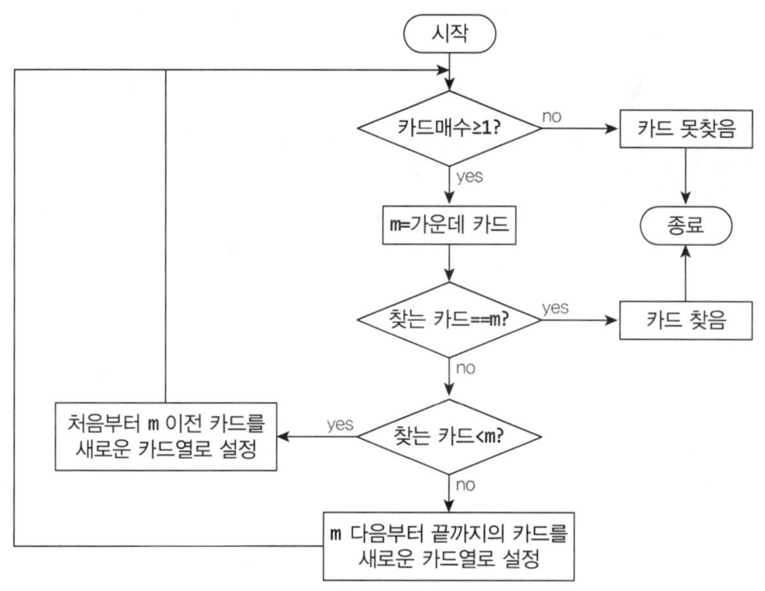

[그림 8-21] 이분검색의 흐름도

컴퓨팅 사고력

이분검색 방법은 문제해결 전략 중 가능성이 없는 부분을 제거하는 방법을 사용한다. 찾는 데이터가 있을 영역을 확인하고, 가능성이 없는 영역을 제외시킨다. 또한 문제의 대칭성질을 이용하여, 같은 방식을 순차적으로 작아진 문제에 동일하게 적용한다. 이러한 방법을 분할정복(divide and conquer) 알고리즘이라고 한다. 분할정복 알고리즘은 CHAPTER 9의 9.2에서 자세히 설명한다. 이분검색 방법은 정렬되어 있는 은 데이터에서 특정 데이터를 찾는데 효과적으로 사용할 수 있다. 전화번호부에서 특정 이름을 찾거나 사전에서 단어 검색 시 사용 가능하다.

[그림 8-22] 단어 사전

데이터가 A B C… 순서가 아니어도, 즉 정렬되어 있지 않아도 이 방법을 적용할 수 있을까? 이 방법은 데이터가 정렬되어 있지 않으면 정상적으로 사용할 수 없게 된다. 정렬되어 있지 않다면 선형검색 방법을 사용하여 데이터를 찾을 수 있다.

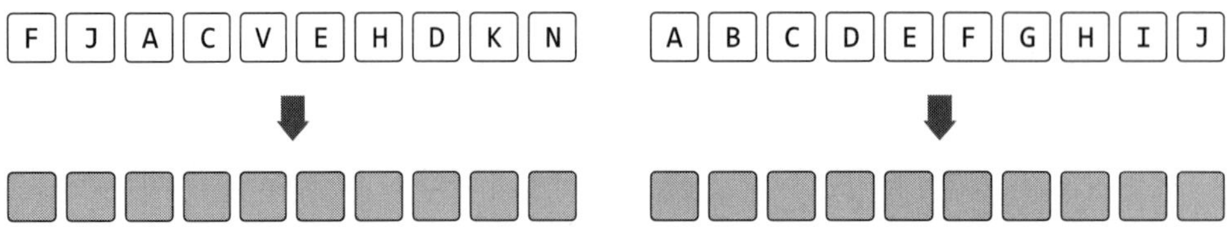

[그림 8-23] 정렬되어 있지 않은 데이터, 정렬되어 있는 데이터에서의 이분검색

- 컴퓨팅 사고력 개념
  - 분해
  - 알고리즘 설계
  - 데이터 모음
- 문제 해결 전략
  - 가능성들을 제거
  - 대칭 성질을 이용

컴퓨터 과학

n개의 데이터가 존재하는 자료에서 이분검색(binary search) 방법을 사용하여 하나의 데이터를 찾는데 필요한 데이터 비교 횟수는 최소 1회이고 최대는

$$\lfloor \log_2 n \rfloor + 1$$

이다. $n=16$일 때, 특정 카드를 찾기 위해 최대 5장을 확인해야 한다. 이것은 $\lfloor \log_2 16 \rfloor + 1 = 5$이다. $\lfloor \log_2 n \rfloor$는 마루함수(floor function)라고 한다. $\log_2 n$을 넘지 않는 최대 정수를 나타낸다. 예를 들어, $\lfloor 3.5 \rfloor = 3$이다. 만일 $n=2^{10}$이면 최대 11번의 데이터의 비교가 필요하고, n이 대한민국 인구수, 즉 대략 5,100만 명이라고 하면, 이 데이터에서 특정 인물 데이터를 찾는데 필요한 비교 횟수는 27회가 되어 매우 빠르게 데이터를 찾을 수 있다.

8.4 색인순차검색(indexed sequential search)

색인(인덱스)이란 사전, 전화번호부에서 특정 알파벳으로 시작하는 단어의 위치를 쉽게 찾을 수 있도록 만들어놓은 표시이다. 찾으려는 단어의 첫 번째 알파벳을 보고, 그 문자의 색인 위치를 찾는다. 이후에는 단어가 순서적으로 정렬되어 있으므로, 순차검색(선형검색) 방법으로 단어를 찾는다.

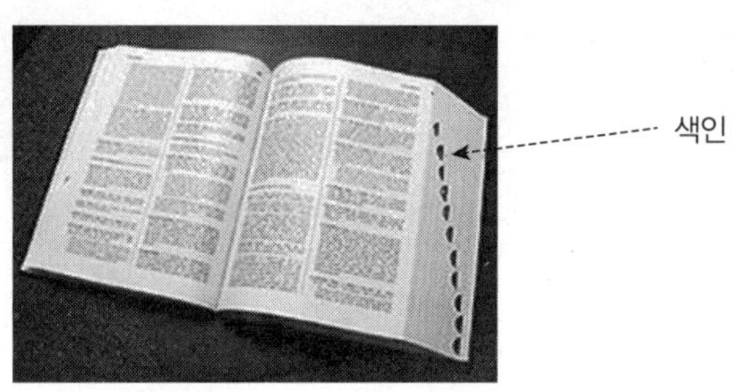

[그림 8-24] 사전의 색인

도서관의 책꽂이에서 책을 쉽게 찾을 수 있도록 부착한 것도 일종의 색인이다. 책을 찾을 때 먼저 책꽂이의 색인을 확인한 후, 해당 책꽂이에서 순서대로 정렬되어 있는 책 중에서 특정 책을 찾게 된다.

[그림 8-25] 책꽂이의 색인

길 이름과 번지수를 표시한 안내판도 일종의 색인이 된다. 먼저 사거리 등에 있는 길 안내판을 확인한 후, 순차적으로 표시되어 있는 해당 번지수로 이동할 수 있다.

[그림 8-26] 길 안내판

다음은 추상화시킨 색인순차검색을 보여주는 예이다.

[그림 8-27] 색인순차검색

만일 데이터 27을 찾는다면, 먼저 색인에서 20을 찾고 20번대의 데이터가 저장된 위치로 이동한다. 이동한 후에는 순차검색으로 데이터 27을 찾는다.

결론적으로 색인순차검색 방법에서는 특정 데이터를 검색할 때 먼저 색인을 확인하고, 해당 위치로 이동한 후 순차적으로 검색하는 방법을 사용한다. 모든 데이터를 선형적으로 나열하여 순차검색으로 데이터를 찾는 방법보다 색인순차검색 방법이 효과적이다.

8.5 해싱(hashing)

다음과 같은 문제를 생각해보자.

> **문제** 5명의 학생에게 4자리의 수를 이용해서 학번을 부여했다. 학생을 4자리 학번으로 구분하려니, 매번 4자리 수를 표시해야 하므로 이 일을 단순화시키기로 한다. 5명의 학생들을 0, 1, 2, 3, 4 숫자를 이용하여 학생들을 나타낼 수 있는 방법을 설계하라.

즉, 복잡한 숫자로 되어 있는 5명의 데이터를 특정한 장소 5개에 저장하는 방법과 동일하다.

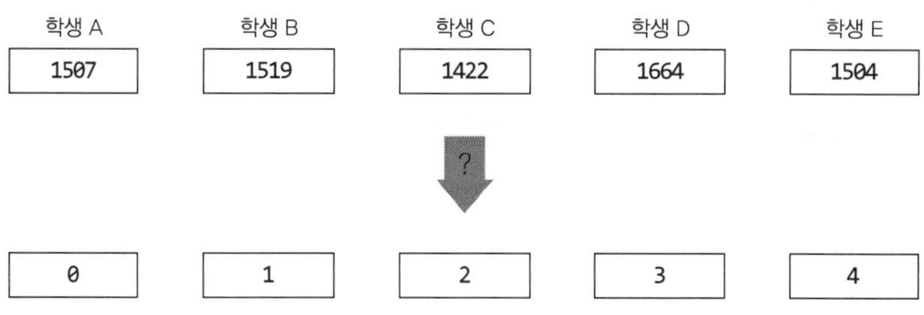

[그림 8-28] 5명의 학생을 5개의 공간에 저장하는 방법

만일 학생들을 아무런 규칙 없이 현재의 순서대로 0, 1, 2, 3, 4번 공간에 저장한다면, 나중에 특정 학생의 정보를 찾을 때, 어느 곳에서 그 학생의 정보를 찾을 수 있는지 모르게 된다.

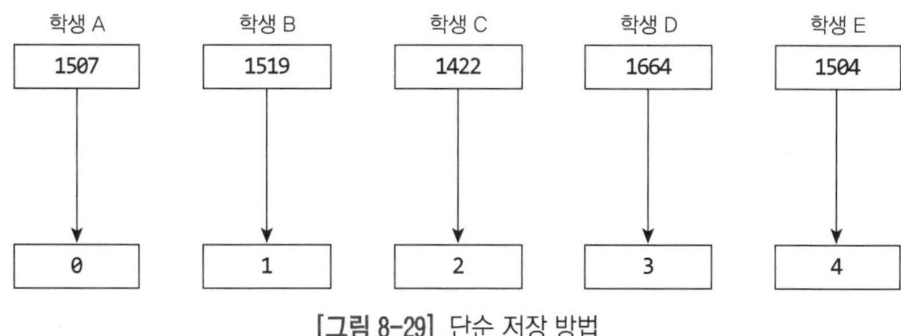

[그림 8-29] 단순 저장 방법

따라서 학생의 정보를 쉽게 찾을 수 있도록 즉, 특정 학생의 정보가 어느 곳에 저장되어 있는지 쉽게 알아낼 수 있는 규칙이 필요하다. 그리고 이 저장 규칙에 의해 학생들의 정보를 저장할 때, 하나의 저장 공간에는 하나의 학생만이 저장되는 것이 바람직하다.

하나의 해결방안은 다음과 같다. 먼저, 각 학생의 학번의 각 자릿수를 합친 후 5로 나눈다. 이 때 나머지의 값을 학생의 새로운 구분번호, 즉 저장 공간의 번호로 한다. 예를 들어, 학생 A의 학번은 1507이므로, 각 자릿수의 합은 1+5+0+7=13이 된다. 이 값을 5로 나누면, 13/5, 몫은 2, 나머지는 3이 된다. 따라서 학생 A의 새로운 번호는 3이 되고, 학생 A의 정보는 3번 칸에 저장한다. 이러한 방법을 해싱이라고 하고, 이것은 체크섬(checksum)을 구하는 방법의 일종이다. 다음 그림은 이 방법으로 5명의 학생들에게 새로운 번호를 부여하는 방법을 보여주고 있다.

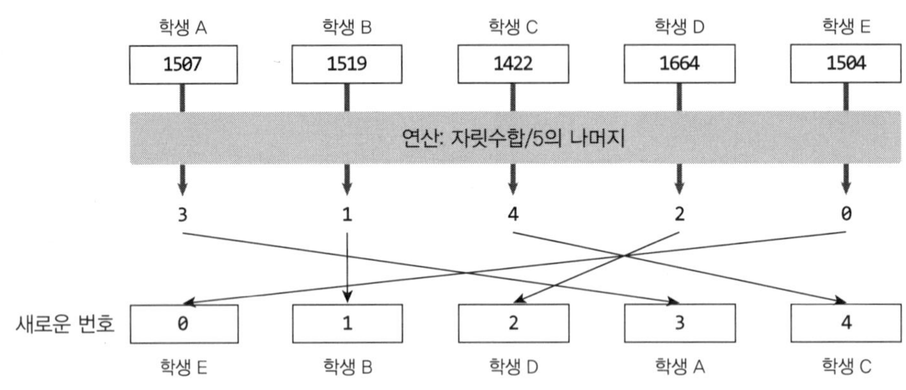

[그림 8-30] 해시함수를 이용한 새로운 번호 부여 방법

여기서 자릿수합/5의 나머지를 구하는 연산을 해시(hash)함수라 한다. 여기서 설명한 자릿수의 합을 5로 나누는 연산 이외의 다양한 해시함수가 가능하다. 해시함수를 이용해 새로운 값을 부여하는 것을 해싱(hashing)이라고 한다. 해시함수가 간단한 연산을 포함하고 있으므로, 학생의 학번만 알게 되면 새로 부여된 번호를 쉽게 계산할 수 있다. 따라서 데이터의 검색이 쉽게 이루어질 수 있다. 일반적으로 해싱은 다음과 같은 식으로 표현된다.

해시값 = 해시함수(키값)

만일 두 학생의 학번이 해시함수를 통해 동일한 새로운 번호를 생성하게 되면 어떻게 될까? 두 학생이 우연히 동일한 새로운 번호를 부여 받을 수 있다. 만일 학생 B의 학번이 1621이라고 하면 다음과 같은 결과가 생성된다.

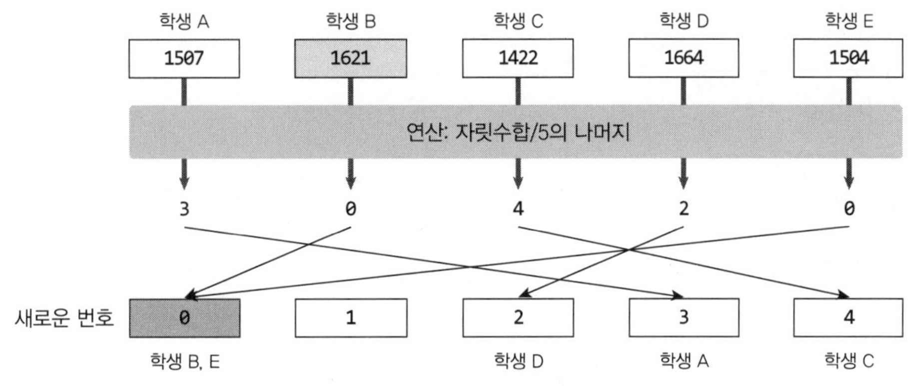

[그림 8-31] 두 학생이 동일한 해시값을 갖는 상황

학생 B와 학생 E가 동일한 새로운 번호를 갖게 된다. 이러한 상황은 데이터에 새로운 번호를 부여하는 체계가 유효하지 않을 경우 발생한다. 이 경우 해시함수가 적절하지 않으므로 새로운 해시함수를 고안해야 한다. 또는 두 개 이상의 데이터가 하나의 공간에 저장될 경우를 처리할 수 있는 충돌해결(conflict resolution) 방법을 사용하여야 한다.

컴퓨팅 사고력

- 데이터를 어떻게 표현하고, 변환했는가?
- 데이터의 변환 공식을 어떻게 작성했는가?
- 5명의 학생이 있을 때 미리 10개의 새로운 번호를 준비해서, 5명의 학생에게 새로운 해시함수를 이용해서 부여하면 어떻게 될까? 데이터의 개수보다 부여할 수 있는 새로운 번호(저장 공간)가 많이 있다면, 두 데이터가 동일한 새로운 번호를 가질 가능성이 줄어든다.
- 10명의 사람이 있다. 이 사람들이 공통적으로 갖고 있는 정보를 이용하여, 이들에게 0부터 9까지의 새로운 번호를 부여할 수 있는 해시함수를 설계해보라. 설계한 해시함수가 적절한지 10개의 데이터를 이용해서 검증하라.

■ 컴퓨팅 사고력 개념

- 알고리즘 설계
- 데이터 모음
- 데이터 표현
- 데이터 분석

■ 문제 해결 전략

- 공식 사용
- 창조적 생각

8.6 이진검색트리(binary search tree)

CHAPTER 7의 7.4.7에서 자료구조를 설명할 때, 트리에 대해서 간단히 설명하였다. 트리는 하나의 뿌리노드를 갖고 있고, 하나의 부모노드는 여러 개의 자식노드들을 가질 수 있다. 그리고 내부에 사이클(cycle)을 갖지 않는 구조이다. 이 트리구조 중에 부모노드가 최대 2개의 자식노드를 갖는 트리를 이진트리(binary tree)라고 한다.

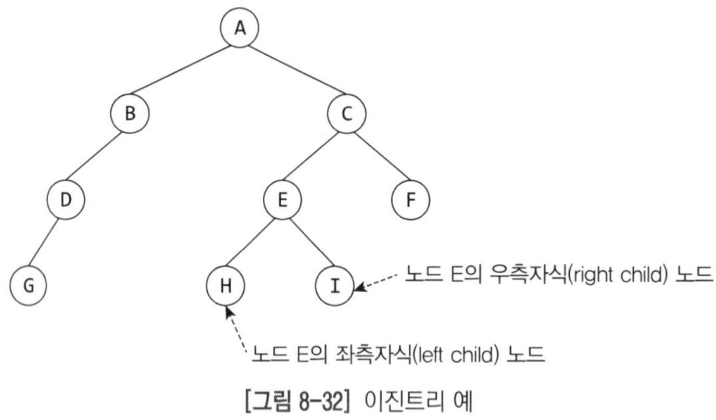

[그림 8-32] 이진트리 예

이 그림에서 노드 A, C, E는 두 개의 자식노드를 갖고, 노드 B, D는 한 개의 자식노드를 갖는다. 그리고 노드 F, G, H, I는 잎노드(말단노드)이다.

다음 그림의 노드 B의 아래에 연결된 트리를 B의 하위트리(subtree)라고 한다. 특히 노드

B의 왼쪽 하위에 위치한 트리를 B의 왼쪽 하위트리, B의 오른쪽 하위에 위치한 트리를 B의 오른쪽 하위트리라고 한다.

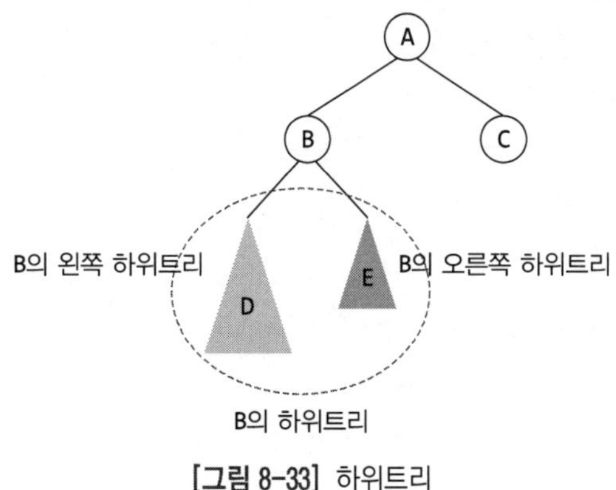

[그림 8-33] 하위트리

이진트리는 데이터베이스에서 데이터를 저장하는 자료구조로 사용된다.

이진트리를 이용하여 데이터를 쉽게 찾을 수 있는 방법을 제공하는 이진검색트리를 설명한다. 다음과 같은 길이 있다고 하자. 각 갈림길은 왼쪽 또는 오른쪽으로 길이 갈라지거나, 한 쪽으로만 가는 길이거나 막다른 길이다. 출발점에 서 있는 사람은 각 갈림길에 있는 안내판을 보고, 가고자 하는 번지수를 찾아간다. 이 그림에서 안내판과 번지수에는 어떤 관계가 있을까?

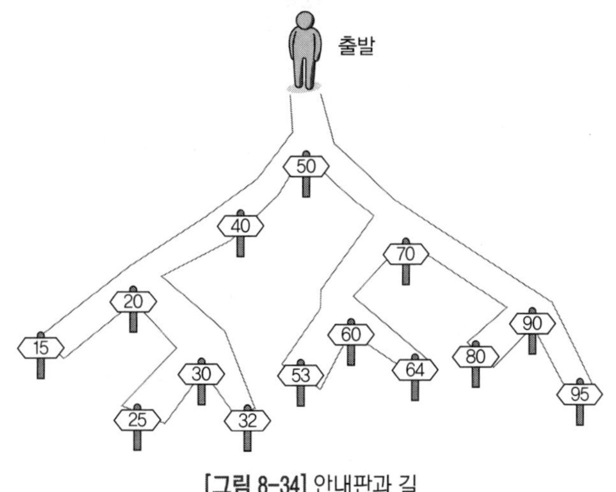

[그림 8-34] 안내판과 길

이 그림에서 우리가 보는 방향에서 안내판의 왼쪽으로 가게 되면 그 안내판보다 작은 번지수들이 위치하고 있고, 안내판의 오른쪽으로 가게 되면 그 안내판보다 큰 번지수들이 위치한다는 것을 알 수 있다. 이러한 성질이 각 갈림길에 적용되고 있다. 따라서 만일 32번지를 찾아 간다면, 다음과 같은 경로로 찾아 갈 수 있다.

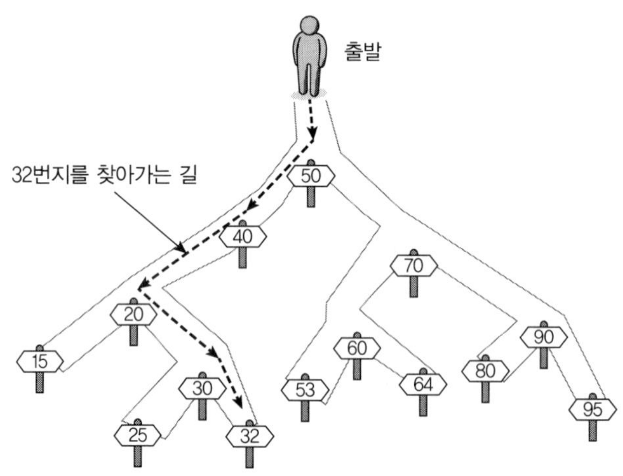

[그림 8-35] 32번지를 찾아가는 길

이 그림을 추상화시키면 다음과 같다.

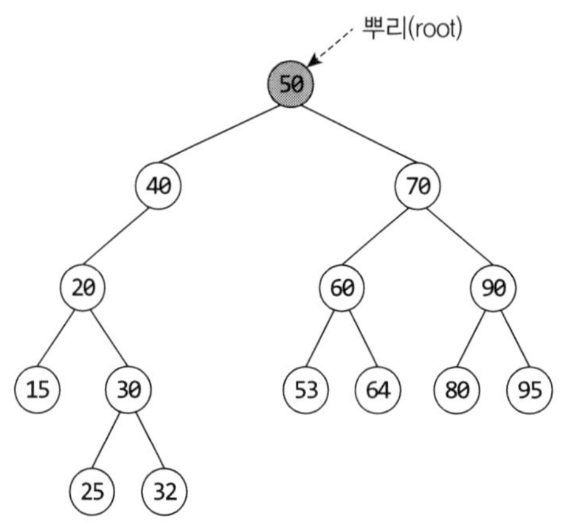

[그림 8-36] 안내판이 있는 길의 추상화

이 그림은 우리가 알고 있는 이진트리의 구조를 갖고 있다. 각 노드는 갈림길의 안내판에 있던 번지수를 갖고 있다. 이 트리는 하나의 뿌리노드를 갖고 있고 모든 노드들은 최대 2개의 자식노드를 갖고 있다. 이진트리의 구조를 바탕으로 하여 이와 같이 데이터를 저장한 트리를 이진검색트리(binary search tree)라고 한다. 이진검색트리는 트리구조를 이용하고 데이터의 성질을 고려한 저장 구조이다. 노드 A의 왼쪽에 있는 하위트리의 노드들에는 A보다 작은 데이터가 저장되고, 노드 A의 오른쪽에 있는 하위트리의 노드들에는 A보다 큰 데이터가 저장된다. 이러한 성질을 각 노드마다 재귀적으로(recursively) 적용한 트리이다.

다음의 이진검색트리에서 데이터 32를 찾는 과정을 확인해보자. 검색은 항상 뿌리(root)에서 출발한다.

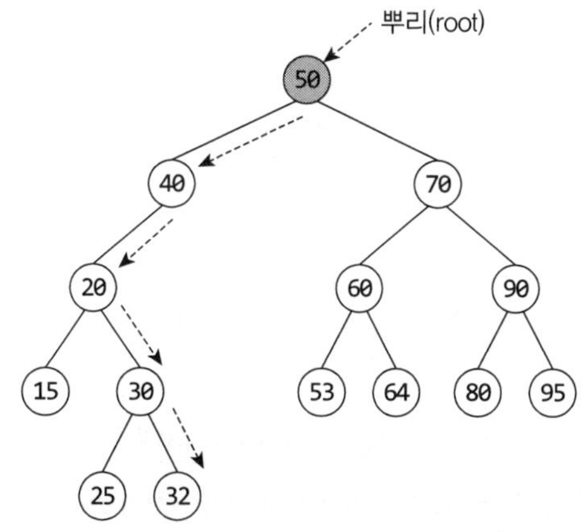

[그림 8-37] 이진검색트리에서 데이터 32찾기

뿌리노드인 50에서 출발하는데, 32는 50보다 작으므로 왼쪽방향으로 내려간다. 거기서 40을 보게 된다. 32는 40보다 작으므로 다시 왼쪽으로 내려간다. 20을 만나게 되면, 32는 20보다 크므로 오른쪽으로 내려간다. 거기서 30을 보게 된다. 32는 30보다 크므로 오른쪽으로 내려간다. 그 곳에서 32를 찾는다. 다음은 이진검색트리에서 특정 데이터를 찾는 알고리즘의 의사코드와 흐름도이다.

```
현재노드 = 뿌리노드
while (아직 찾지 못했음)
    if (찾는데이터 == 현재노드)
        데이터를 찾았다.
    else if (찾는데이터 < 현재노드)
        현재노드의 왼쪽 자식노드로 이동
    else
        현재노드의 오른쪽 자식노드로 이동
```

[알고리즘 8-4] 이진검색트리에서 특정 데이터 찾기 알고리즘 의사코드

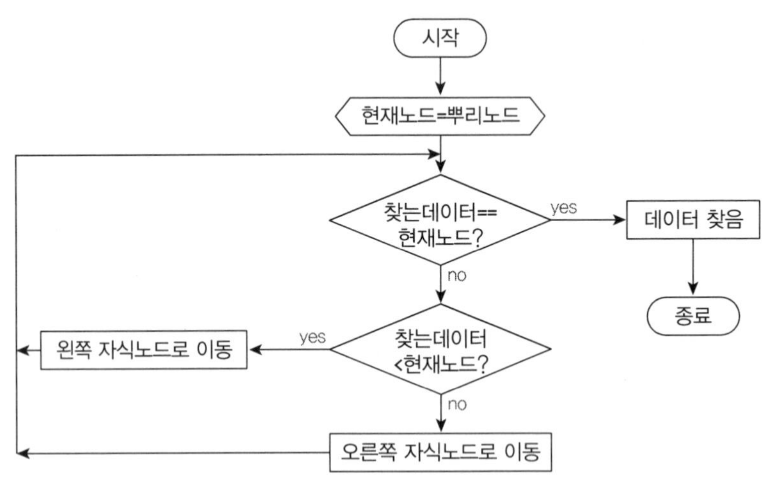

[그림 8-38] 이진검색트리에서 특정 데이터 찾기 알고리즘 흐름도

각 갈림길에 섰을 때마다 사람은 찾는 데이터와 안내판의 숫자를 비교해보아야 한다. 이것을 1회의 데이터 비교라고 할 수 있다. 32를 찾을 때까지 데이터의 비교횟수는 어떻게 될까? 마지막으로 32를 발견하는 횟수까지 포함하여 총 5회의 데이터 비교횟수가 필요했다. 만일 찾는 데이터가 50이면 어떻게 될까? 뿌리노드에 50이 있으므로, 출발하는 순간, 즉 50이라는 안내판을 보는 순간, 데이터 50을 찾게 된다. 따라서 1회의 데이터 비교가 필요하다.

일반적으로 이진검색트리에서 최소의 데이터 비교횟수는 뿌리노드를 찾을 때 발생하고, 최대의 데이터 비교횟수는 뿌리노드로부터 가장 멀리 있는 노드를 찾을 때 발생한다. 위 그림에서는 25 또는 32를 찾을 때 발생한다.

데이터들로부터 이진검색트리는 어떤 방법으로 만들 수 있을까? 데이터들로부터 이진검색트리를 만드는 과정은 하나하나의 데이터가 이진검색트리에 추가되는 과정을 반복하는 것이다. 데이터의 추가 저장은 트리의 뿌리에서 시작하여 합당한 자리를 찾은 후 저장한다. 데이터가 한 개씩 50 40 70 20 30 25 15 90 85 60 64 53 의 순서로 데이터가 발생한다고 가정하고, 이진검색트리를 만들면 초기 일부 과정은 다음과 같다.

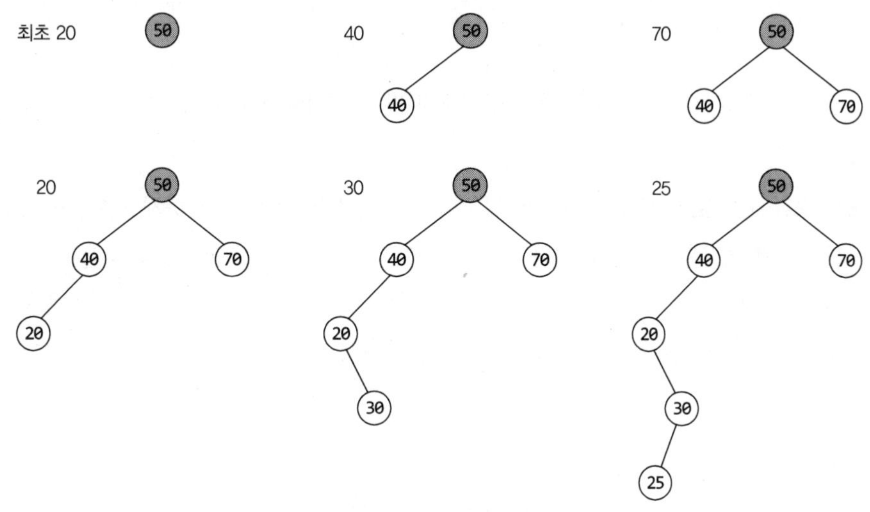

[그림 8-39] 이진검색트리의 구축 과정

최초의 50은 뿌리노드가 된다. 두 번째 40은 뿌리노드의 값보다 작으므로 왼쪽으로 이동한다. 이동한 곳에는 아무런 데이터가 없으므로, 그 자리에 새로운 노드 40을 생성하고, 뿌리노드인 부모노드와 연결한다. 마찬가지 방법으로 노드들을 추가한다. 25까지 입력한 그림 이후 15 90 85 60 64 53 데이터가 추가되어 이진검색트리에 저장하는 과정을 완성해보라.

데이터가 5 10 16 21 30 의 순서로 발생할 때(오름차순)와 데이터가 30 21 16 10 5 의 순서로 발생할 때(내림차순), 이 데이터들을 저장하는 이진검색트리를 작성하면 다음과 같다.

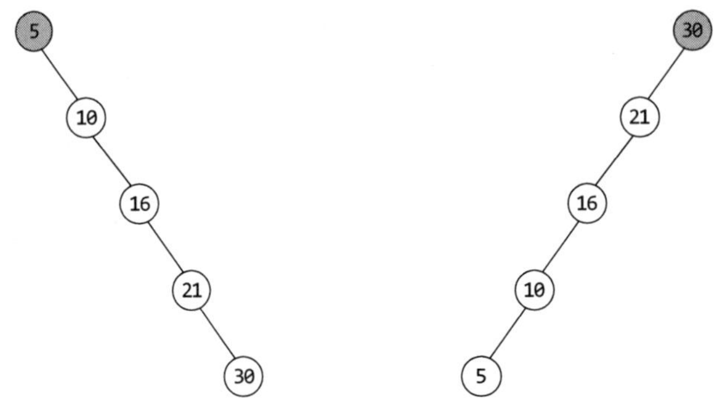

[그림 8-40] 오름차순, 내림차순으로 데이터가 생성될 때의 이진검색트리

데이터가 오름차순 또는 내림차순으로 입력되어 이진검색트리를 구축하게 되면, 한 쪽으로 기울어진 트리가 만들어진다. 이러한 트리는 마지막에 위치한 말단노드를 찾을 경우 모든 노드들을 통과해야만 하므로, 검색 시 많은 시간이 필요하다. 따라서 매우 비효율적인 상황이 된다. 그러나 무작위로 생성되는 데이터에 대해서는 이러한 특별한 경우가 발생할 가능성이 매우 적다.

이진검색트리에서 하나의 노드가 삭제될 경우는 어떻게 될까? 데이터가 추가될 경우에는 해당하는 위치를 찾아 노드를 생성하더라도 이진검색트리 성질을 계속 유지할 수 있었다. 삭제할 경우에는 삭제 후에도 이진검색트리의 성질을 만족하도록 약간의 조작이 필요하다. 다음은 노드 70이 삭제될 원래의 이진검색트리를 보여주고 있다.

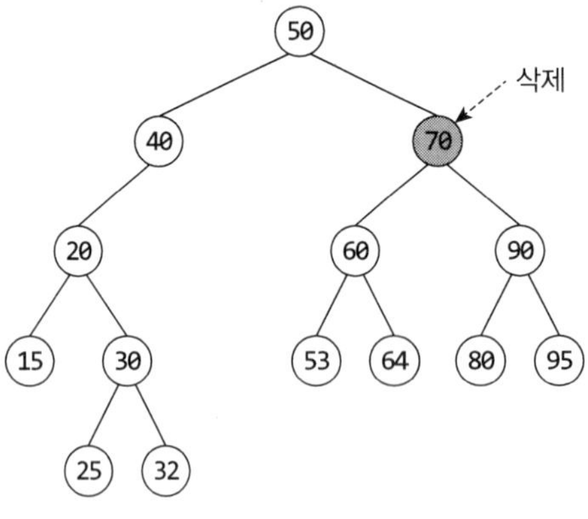

[그림 8-41] 원래의 이진검색트리

노드 70을 삭제하게 되면, 그 자리를 어떤 데이터로든 채워야만 한다. 여기에 올 수 있는 데이터로는 두 개의 데이터가 있다. 70보다 작은 데이터 중에서 가장 큰 데이터 64가 올 수 있고, 또는 70보다 큰 데이터 중에서 가장 작은 데이터 80이 올 수 있다.

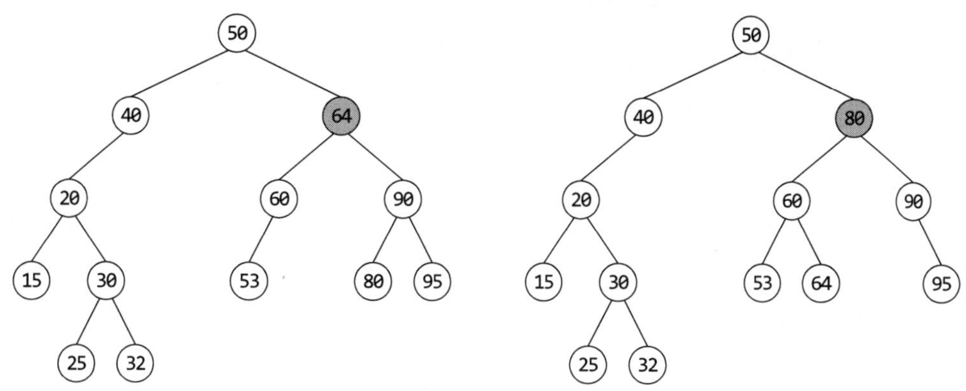

[그림 8-42] 노드 70을 삭제한 경우의 이진검색트리

이진검색트리를 inorder로 방문하면 정렬된 데이터의 순서를 얻을 수 있다. 다음은 5개의 데이터로 구성된 이진검색트리이다. 이 이진검색트리의 각 노드마다 아래로 향하는 작은 막대를 추가한 후, 뿌리노드로부터 시계반대방향으로 이동하면서, 작은 막대를 만나는 순서대로 노드번호를 읽으면, 그 순서가 inorder이다. 따라서 2 4 6 8 9 순서로 읽을 수 있고, 이 순서는 데이터가 오름차순으로 정렬된 순서이다.

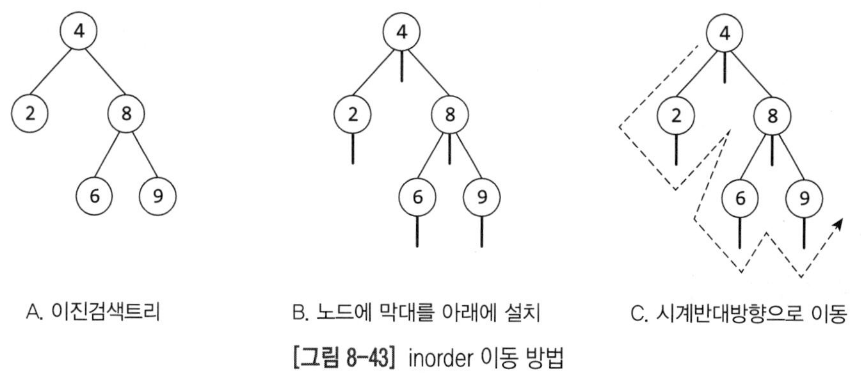

[그림 8-43] inorder 이동 방법

컴퓨팅 사고력

- 데이터는 선형적이지 않은 어떤 구조에 저장되었는가?
- 선형적인 구조보다 데이터를 빨리 찾을 수 있는 요인은 무엇인가?
- 특정 데이터가 더 이상 필요 없을 때는 어떤 작업을 해야 하나?
- 데이터를 이진검색트리에 저장했더니 데이터가 정렬되었다. 무슨 이유에서 그렇게 될 수 있을까?

■ 컴퓨팅 사고력 개념

- 알고리즘 설계
- 데이터 모음
- 데이터 표현

■ 문제 해결 전략

- 그림을 그린다.
- 모델 사용

컴퓨터 과학

- 이진검색트리는 데이터베이스에서 데이터를 저장하는 기본 구조로 사용된다.
- 데이터의 생성 순서에 따라 이진검색트리의 모양이 달라진다.
- 어떤 경우에는 이진검색트리가 단순히 연결 리스트의 구조를 갖게 되어 검색시간이 많이 필요하게 된다.
- n개의 데이터가 저장된 이진검색트리에서 하나의 데이터를 찾는 평균시간은 $1.38\log_2 n$으로 매우 우수한 성능을 보인다.

8.7 최댓값 및 최솟값 검색

우리는 저장된 데이터 중에서 가장 큰 값이나, 가장 작은 값을 찾는 경우가 있다. 작은 개수의 데이터가 있을 때, 우리는 쉽게 한눈에 보고 데이터 중의 가장 큰 값과 작은 값을 쉽게 찾을 수 있다. 먼저 다음과 같은 데이터가 있다고 하자.

5	17	2	66	22	91	9	14	58	36

여기에는 10개의 데이터가 있고, 쉽게 최댓값, 최솟값을 찾을 수 있다. 그런데, 데이터의 개수가 1,000개, 10,000개가 될 경우 당연히 컴퓨터를 이용하여 최댓값, 최솟값을 찾게 되는데, 어떤 방법으로 그 값들을 찾을 수 있을까? 본 절에서는 컴퓨터가 데이터들 중에서 어떻게 최댓값과 최솟값을 찾는지 설명한다.

데이터는 선형적으로 저장되어 있다고 가정한다. 따라서 데이터는 배열이나 연결 리스트의 자료구조에 저장되어 있다고 가정한다. 또한 데이터 내에 같은 값을 갖는 데이터는 없다고 가정한다. 모두 다른 값이라고 가정하는 이유는 최댓값이 여러 개일 때, 하나만을 찾는 것과 최댓값 모두를 찾는 것에 따라 알고리즘이 달라지기 때문이다. 최솟값 찾기 문제는 최댓값 찾기 문제와 대칭이므로, 최댓값 찾는 방법을 기반으로 하여, 데이터 비교 시 반대로 수행하는 방법으로 최솟값 찾기 문제를 풀 수 있다.

8.7.1 최댓값 검색

먼저 최댓값의 데이터를 찾는 알고리즘을 설명한다. 다음은 최댓값을 찾는 알고리즘의 의사코드이다.

(단계 1) 데이터의 제일 처음(제일 왼쪽)에 있는 데이터를 임시로 최댓값 데이터 M이라고 하자
(단계 2) 오른쪽 방향으로 이동하면서, 다음 데이터와 M의 값을 비교한다. 이 때 다음 두 가지 경우가 발생한다.
  (경우 1) 만일 다음 데이터가 M보다 작으면 오른쪽 다음 데이터로 이동
  (경우 2) 만일 다음 데이터가 M보다 크면 그 데이터를 M이라고 재설정한 후 오른쪽 다음 데이터로 이동
(단계 3) 아직 확인해야 할 데이터가 남아 있으면 (단계 2)를 반복한다. 더 이상 데이터가 없으면 종료
M은 데이터 중의 최댓값이다.

[알고리즘 8-5] 최댓값을 찾는 알고리즘의 의사코드

알고리즘은 제일 처음에 있는 데이터가 최댓값이더라도 나머지 데이터를 확인하지 않고서는 최댓값인지 확신할 수 없으므로, 끝에 있는 데이터까지 확인하여야 한다. 다음은 최댓값을 찾는 알고리즘의 흐름도이다.

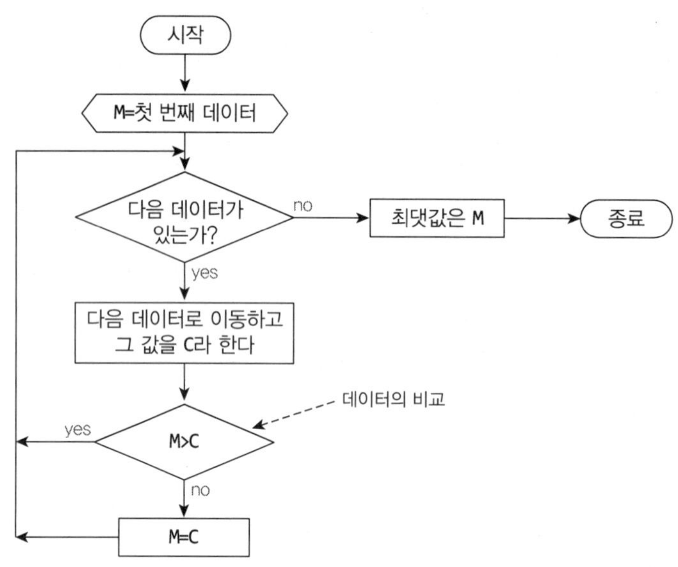

[그림 8-44] 최댓값을 찾는 알고리즘의 흐름도

데이터의 비교는 M>C, 즉 현재 알고 있는 최댓값이 현재 보고 있는 데이터보다 큰지를 확인할 때 수행된다. 데이터의 비교횟수는 데이터의 개수 – 1이 된다. 다음은 앞에서 언급한 데이터 10개를 갖고 있는 예를 이용하여, 이 알고리즘이 수행되는 과정을 보여주고 있다.

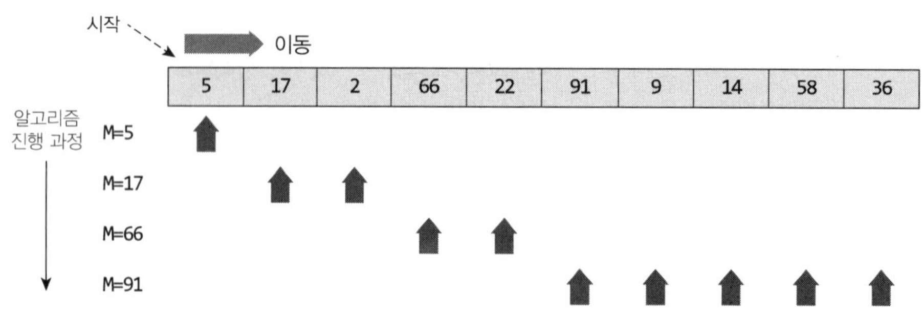

[그림 8-45] 최댓값을 찾는 알고리즘의 수행 과정

이 예에서는 총 9회의 데이터 비교횟수가 필요하다.

8.7.2 최솟값 검색

다음으로 최솟값을 찾는 알고리즘을 설명한다. 최댓값을 찾는 알고리즘을 기본으로 하여, 약간의 변형을 하여 최솟값을 찾는 알고리즘을 다음과 같이 구축한다. 먼저 최초 데이터의 값을 최솟값으로 설정한다. 이동하면서 데이터를 비교하는 과정에서 비교하는 데이터가 클 때 하는 작업을 작을 때에 수행한다. 최종 얻는 데이터가 M은 데이터 중의 최솟값이다. 다음은 최솟값을 찾는 알고리즘의 의사코드이다.

(단계 1) 데이터의 제일 처음(제일 왼쪽)에 있는 데이터를 임시로 최솟값 데이터 M이라고 하자
(단계 2) 오른쪽 방향으로 이동하면서, 다음 데이터와 M의 값을 비교한다. 이 때 다음 두 가지 경우가 발생한다.
　(경우 1) 만일 다음 데이터가 M보다 크면 오른쪽 다음 데이터로 이동
　(경우 2) 만일 다음 데이터가 M보다 작으면 그 데이터를 M이라고 재설정한 후 오른쪽 다음 데이터로 이동
(단계 3) 아직 확인해야 할 데이터가 남아 있으면 (단계 2)를 반복한다. 더 이상 데이터가 없으면 종료
M은 데이터 중의 최솟값이다.

[알고리즘 8-6] 최솟값을 찾는 알고리즘의 의사코드

알고리즘의 흐름도도 최댓값을 찾는 알고리즘의 흐름도로부터 쉽게 구성할 수 있다. 여기서는 생략한다. 다음은 이전의 데이터의 예를 이용하여 알고리즘의 수행 과정을 보여주고 있다.

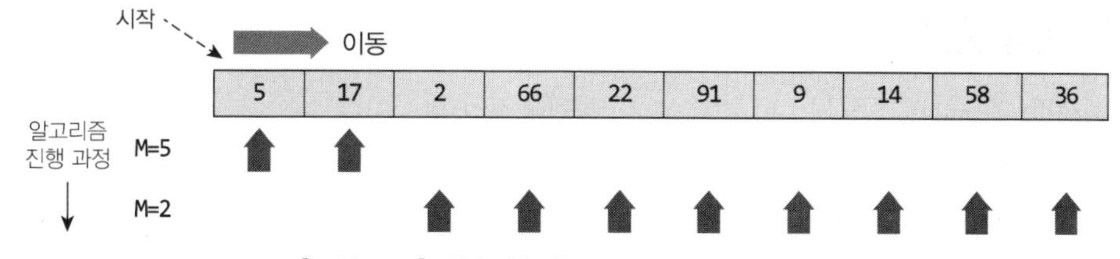

[그림 8-46] 최솟값을 찾는 알고리즘의 수행 과정

최댓값을 구하는 알고리즘과 마찬가지로, 최솟값을 구하는 알고리즘도 데이터개수 – 1의 데이터 비교횟수가 필요하다. 여기서는 총 9회의 데이터 비교가 수행되었다.

컴퓨팅 사고력

- 실생활에서 이러한 방법을 쓰는 경우를 생각해보자.
- 데이터가 선형적이지 않은 구조에 저장되어 있을 때는 어떻게 하면 최댓값(최솟값) 데이터를 찾을 수 있을까?
- 데이터의 개수가 n일 때, 최댓값(최솟값)을 찾으려면 몇 번의 데이터 비교가 필요할까?
- 데이터가 선형적으로 저장되어 있을 때, 여기서 설명한 방법보다 더 빨리 최댓값(최솟값) 데이터를 찾는 방법이 있을까?

[풀이과정 재점검]

- 한 번 확인한 데이터는 더 이상 확인하지 않는다.
- 최댓값(최솟값)을 구하는 문제는 서로 대칭적인 문제이므로, 최댓값을 구하는 해법은 간단한 변경으로 최솟값을 찾는 문제에도 활용할 수 있다.

■ 컴퓨팅 사고력 개념
  - 알고리즘 설계
  - 데이터 모음

■ 문제 해결 전략
  - 가능성들을 제거
  - 직접 추론 사용
  - 잔꾀를 사용

컴퓨터 과학

- 최댓값(최솟값)을 구하는 이 방법은 가장 기본적인 방법이다.
- 다른 방법으로 최댓값(최솟값)을 구할 수는 있으나, 이 방법보다 데이터의 비교횟수가 작은 방법은 존재하지 않는다.
- n개의 데이터가 있을 때 n−1번의 데이터 비교가 있어야만, 최댓값(최솟값)을 찾을 수 있다.
- n이 큰 경우, 최댓값(최솟값)을 찾는 시간이 많이 소요되므로, 다른 자료구조를 이용해서 데이터를 저장한다(트리 구조 사용).

8.7.3 최댓값, 최솟값 동시에 검색

이전의 절에서는 최댓값 또는 최솟값 하나를 찾는 알고리즘을 설명하였다. 데이터 중에서 최댓값, 최솟값을 동시에 모두 찾는 문제는 어떻게 해결할 수 있을까? 물론 최솟값을 찾는 알고리즘을 수행한 후, 최댓값을 찾는 알고리즘을 수행하는 방법을 사용할 수 있다.

방법 1 먼저, 최솟값을 찾은 후, 최댓값을 찾는 방법을 적용한다.

다음은 8개의 데이터를 이용해서 이 방법이 진행하는 과정을 보여주고 있다.

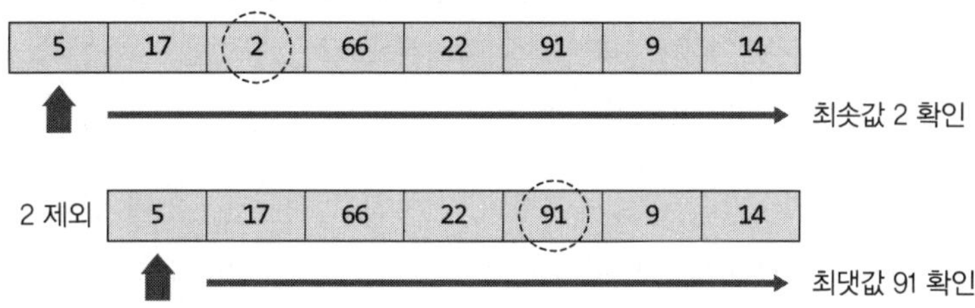

[그림 8-47] [방법 1]에 의해 최솟값을 찾은 후, 최댓값을 찾는 방법 수행 과정

[방법 1]을 수행할 때 총 몇 번의 데이터 비교가 있었나? 최솟값을 찾을 때 7번, 최댓값을 찾을 때 6번, 따라서 총 13회의 데이터 비교가 필요하다. 데이터의 비교 횟수를 이것보다 줄일 수 있는 방법이 있을까? [방법 1]보다 효과적인 [방법 2]를 설명한다.

방법 2 데이터의 개수는 n(짝수)라고 가정한다.

(단계 1) 모든 데이터에 대해 인접한 두 개의 데이터를 비교하여, 둘 중 작은 값, 큰 값을 구분한다.
(단계 2) 작은 값들의 집단 S, 큰 값들의 집단 L을 구성한다. S와 L의 크기는 n/2이다.
(단계 3) S에서 최솟값을, L에서 최댓값을 찾는다.

[알고리즘 8-7] 최댓값, 최솟값 동시에 검색(방법 2)

이 방법에서 (단계 3)은 이전의 절에서 설명한 최솟값, 최댓값을 구하는 방법을 사용한다. 따라서 일종의 함수와 같은 역할을 한다. 다음은 8개의 데이터에 대해 [방법 2]를 적용하고 있는 과정의 그림이다.

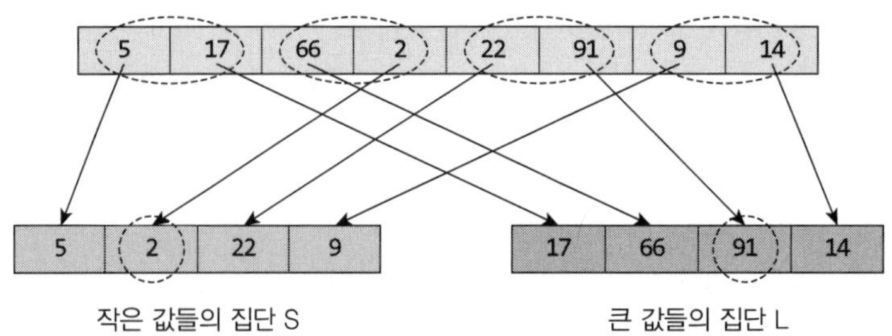

[그림 8-48] [방법 2]에 의한 작은 값들의 집단 S와 큰 값들의 집단 L

[그림 8-48]의 5와 17을 비교하여, 5는 작은 값들의 집단 S에 넣고, 17은 큰 값들의 집단 L에 넣는다. 66과 2, 22와 91, 9와 14에 대해서도 같은 방법을 수행한다. 결과적으로 S={5, 2, 22, 9}와 L={17, 66, 91, 14}를 얻는다.

전체 데이터 중에서의 최솟값은 반드시 S에 있어야 하고 최댓값은 L에 있어야만 한다. 따라서 최솟값을 찾기 위해서는 S의 데이터에서만 찾으면 되고, 최댓값을 찾기 위해서는 L의 데이터에서만 찾으면 된다. S와 L이 갖고 있는 데이터의 개수가 4개이므로, 이들 집단에서 최솟값, 최댓값을 찾는데 필요한 데이터의 비교횟수는 각각 3회가 된다.

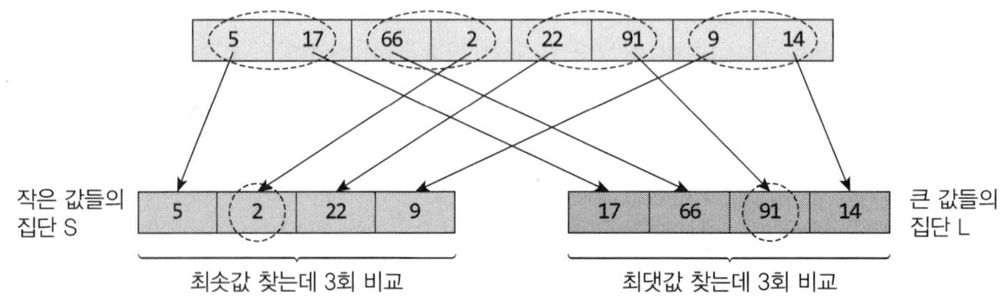

[그림 8-49] S에서 최솟값 찾기와 L에서 최댓값 찾기

따라서 [방법 2]에서는 두 집단 S, L로 나누는데, 4회, S와 L에서 최솟값, 최댓값을 찾는데 각각 3회의 데이터 비교가 필요하므로, 총 10회의 데이터 비교횟수가 필요하다. [방법 1]은 13회의 데이터 비교횟수가 필요했으므로, [방법 2]가 [방법 1]보다 효과적이다.

대규모의 데이터가 있는 경우는 알고리즘의 성능의 작은 차이도 문제해결능력에서 큰 차이가 발생한다.

컴퓨팅 사고력

- 두 방법 간의 효율성의 차이는 어디로부터 기인했는지 생각해보라.
- 알고리즘의 초기 단계에서 작은 값들의 집단, 큰 값들의 집단으로 나누어서 불필요한 비교를 없앴다. 왜 그렇게 했을까?
- 이 경우 복합문제(최솟값과 최댓값을 동시에 구하는 문제)는 단위 문제(최솟값 또는 최댓값을 구하는 문제)의 합이 아니었다.

■ 컴퓨팅 사고력 개념

- 알고리즘 설계
- 데이터 모음

■ 문제 해결 전략

- 가능성들을 제거
- 직접 추론 사용
- 잔꾀를 사용

컴퓨터 과학

n개의 데이터가 있는 자료에서 [방법 1]은 $2n-3$의 데이터 비교가 필요하고, [방법 2]는 $\frac{3}{2}n-2$ (n이 짝수), $\frac{3}{2}n-\frac{3}{2}$ (n이 홀수)의 데이터 비교가 필요하다.

연습문제

01 출석부에 100명의 학생이 가나다 순서로 정리되어 있다. 특정 한 학생을 이름으로 찾을 때 어떤 방법으로 찾을 수 있을지 생각해보라.

02 도서관에 가서 특정한 책을 찾는 과정을 확인해보라.

03 32개의 데이터가 정렬되어 있다. 이분검색 방법으로 특정한 데이터를 찾을 때 데이터 비교 횟수의 최댓값과 최솟값을 확인해보라.

04 15, 8, 21, 1, 36, 29, 9, 7, 11, 19의 데이터를 이용하여 이진검색트리를 구축해보라.

05 (4)에서 구축한 이진검색트리에 25를 추가해보라.

06 (5)에서 구축한 이진검색트리에서 8을 제거해보라.

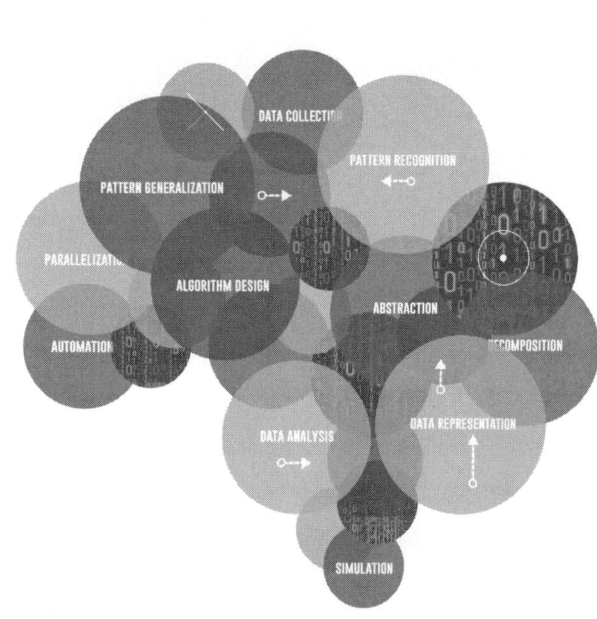
DATA COLLECTION
PATTERN RECOGNITION
PATTERN GENERALIZATION
PARALLELIZATION
ALGORITHM DESIGN
ABSTRACTION
AUTOMATION
DECOMPOSITION
DATA ANALYSIS
DATA REPRESENTATION
SIMULATION

알고리즘 설계

9장에서는 실제 생활에서 쉽게 볼 수 있는 문제들과 그 문제들을 해결하는 다양한 알고리즘에 대해 설명한다. 여기서 다루는 문제와 알고리즘들은 다음과 같다.

- 데이터를 대소 순서로 정리하는 정렬(sort)
- 큰 문제를 작은 문제로 나눈 후, 각 작은 문제를 해결하고, 작은 문제의 해를 모아서 큰 문제의 해를 구성하는 분할정복(divide and conquer) 알고리즘
- 단계별로 최적의 해를 모아서 전체의 해를 구성하는 탐욕적 알고리즘(greedy algorithm)
- 미로 탐색에서 사용할 수 있는 되추적(backtracking) 방법
- 그래프에서 각 에지를 한 번씩만 방문한 후 출발 지점으로 돌아오는 경로가 있는지를 확인하는 오일러 그래프 문제
- 최소신장트리를 구하는 방법
- 재귀 알고리즘
- 매칭 문제
- 최단경로를 찾는 문제

9.1 정렬 알고리즘(sorting algorithm)

데이터의 분석을 위해서는 데이터가 일정한 순서로 되어있어야 할 필요가 있다. 예를 들어, 학생들의 명단을 학생들의 성적순으로 정리하거나, 직원들의 명단을 입사 순으로 정리한다거나, 백화점에서 구매금액이 큰 순서로 고객들을 정리할 필요가 있다.

데이터는 숫자, 문자로 구성되어 있고, 각 구성 요소는 순서가 미리 정해져 있다. 예를 들어, 알파벳은 A, B, C…의 순서가 미리 정해져 있고, 숫자 0, 1, 2, 3. …의 순서, 한글은 ㄱ, ㄴ, ㄷ, …, ㅎ의 순서가 정해져 있다. 정렬(sort)은 데이터 값이 증가 또는 감소하는 순서로 데이터를 정리하는 작업을 말한다. 다음은 데이터가 증가하는 순서(오름차순)로 정렬된 것을 보여준다.

- 101, 129, 250, 295, 307, 408
- base, cartoon, fire, moon, park, young
- 김, 바둑, 사회, 우주, 카누

반대로 감소하는 순서(내림차순)로 데이터를 정렬할 수도 있다.
데이터를 정렬하기 위한 다양한 정렬 알고리즘이 있는데, 각 알고리즘 마다 특징이 있어 데이터의 조건에 따라 사용하는 알고리즘이 달라질 수 있다. 또한 정렬 알고리즘의 특징에 따라 수행 시간이 크게 다르므로, 문제의 종류에 따라 효과적인 정렬 알고리즘의 선택이 중요하다.

정렬은 한 번에 두 개의 데이터를 비교하여 어느 데이터가 큰지, 작은지를 확인하는 과정을 여러 번 반복하여 진행한다. 두 개의 데이터를 천칭(balance)에 놓고 무게를 비교하는 개념으로, 두 데이터 간의 상대적인 대소 관계만을 알 수 있다. 예를 들어, 오름차순으로 정렬할 때 base와 hot이라는 두 데이터는 base가 hot보다 값이 작으므로, base가 hot보다 먼저 위치해야 한다는 것을 이용한다.

[그림 9-1] 천칭

여기서는 천칭을 사용하므로 특정 데이터의 값(예, 체중계의 수치) 자체를 알 수는 없다고 가정한다. 따라서 여기서 주의할 사항은 일반적인 정렬은 데이터의 값 자체를 이용해서 정렬하는 것은 아니라는 것이다.

예를 들어, 학생이 10명 있고, 학생들은 십진수 3자리 학번을 갖고 있다고 가정하자. 학번은 000~999의 범위에 있다. 이 경우 교실에 의자를 1,000개 준비하고, 각 의자에 000~999의 번호를 붙여놓은 후, 학생들에게 한 번에 한 명씩 교실에 들어와, 학번에 해당하는 자리에 앉게 한다. 모든 학생이 교실에 들어와서 해당 의자에 앉게 되면, 빈 의자가 많기는 하지만 앉아 있는 학생들을 순서대로 확인하면 학생들은 학번에 따른 정렬이 이루어지게 된다. 그렇지만 여기서는 이러한 방법은 고려하지 않는다.

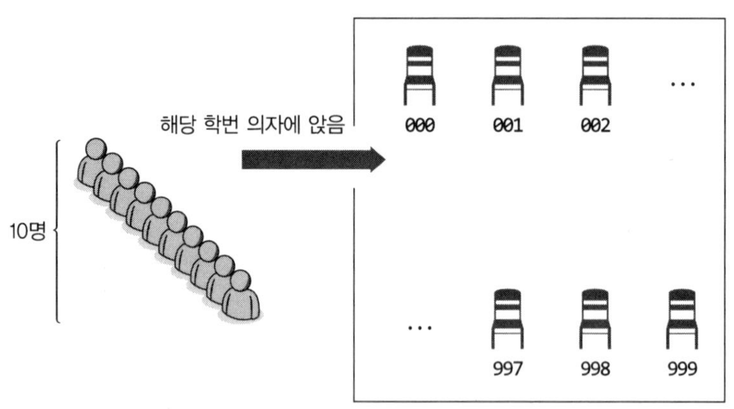

[그림 9-2] 데이터의 값을 이용한 정렬

이 방법은 학생의 학번과 앉은 의자 번호를 일치시키게 하여, 학생들이 학번의 순서대로 앉아 있는 상태가 되어 결과적으로 학번의 순서로 정렬되는 효과를 갖게 된다. 그런데 이 방법은 두 학생의 학번을 천칭을 이용하여 비교하여 대소 관계를 설정하는 것이 아닌, 학번 자체의 값을 이용한 방법이다.

정렬의 문제의 예는 다음과 같다. 서로 다른 무게의 돌 8개가 있고, 두 개의 돌 무게를 비교할 수 있는 천칭(balance)이 있다. 천칭을 사용하여, 한 번에 두 개의 돌 무게를 비교하는 방법만을 이용하여 8개 돌들의 무게가 오름차순이 되도록 돌들을 정렬한다. 돌의 모양은 동일하다고 가정한다. 설명을 위해 돌의 무게를 표시하였지만, 작업자는 돌의 무게숫자를 볼 수 없다고 가정한다.

[그림 9-3] 천칭을 이용하여 8개의 돌을 무게에 따라 정렬

9.1.1 선택정렬(selection sort)

8개의 돌을 데이터라고 가정하고 이들을 무게의 오름차순으로 정렬하는 선택정렬 방법을 설명한다. 데이터는 일렬로 저장되어 있다고 가정한다. 선택정렬의 기본적인 개념은 다음과 같다.

먼저 매 단계에서 정렬된 부분 A와 정렬되지 않은 부분 B로 데이터가 나누어져 있다고 가정하자. B 부분에서 가장 작은 데이터를 찾아 B 부분의 제일 왼쪽의 데이터와 교환한 후 그 데이터를 A 부분으로 편입한다. 이 방법을 제일 처음(왼쪽) 데이터부터 끝까지 적용한다. 처음 알고리즘이 시작할 때는 A부분은 없고, 모든 데이터가 B부분에 속한다. 알고리즘을 의사코드로 작성하면 다음과 같다. 데이터는 a[1]부터 a[n]까지에 저장되어 있다고 하자.

```
i=1
while (i<n)
    a[i] ... [n]중 제일 작은 값을 찾는다. 그 값이 a[k]라 가정
    a[i]와 a[k]의 저장위치를 서로 바꾼다.
    i=i+1
```

[알고리즘 9-1] 선택정렬 알고리즘 의사코드

다음 그림은 8개의 숫자를 이용하여 선택정렬이 이루어지는 한 단계를 보여주고 있다. 현재 i는 네 번째 데이터를 가리키고 있다. 첫 번째부터 세 번째 데이터까지는 정렬되어 있고, 나머지 데이터는 아직 정렬이 이루어지지 않았다. 아직 정렬이 되지 않은 다섯 개의 데이터 중 가장 작은 데이터가 9이다. 따라서 9와 15를 자리바꿈한 후 9를 정렬된 부분 A에 편입하고 다음 단계로 진행한다.

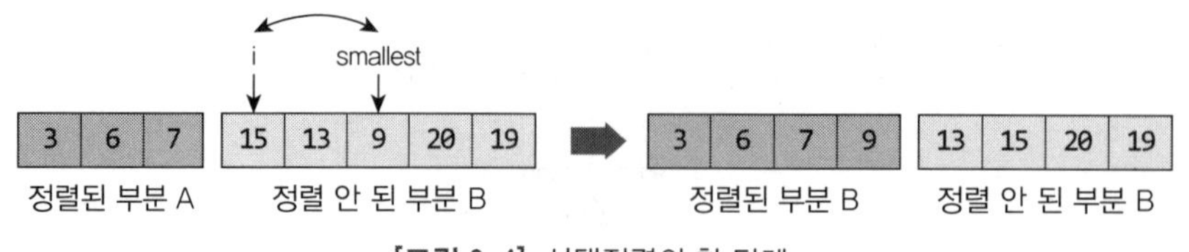

[그림 9-4] 선택정렬의 한 단계

다음 그림은 선택정렬 알고리즘의 흐름도이다.

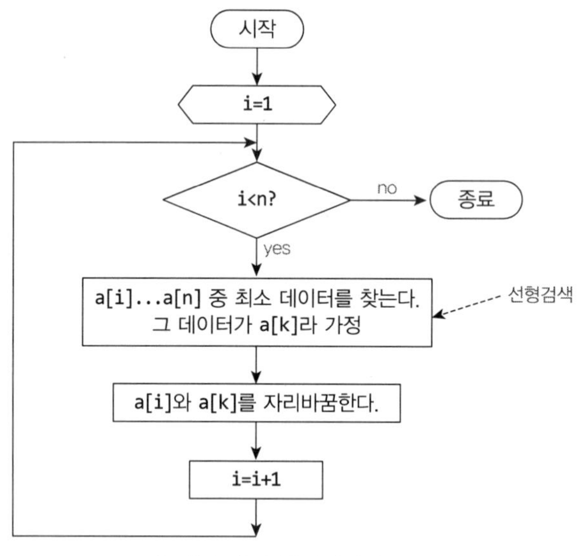

[그림 9-5] 선택정렬의 흐름도

여기서 a[i]...a[n] 중 최소 데이터를 찾기 위해서 CHAPTER 8의 8.2절에서 설명한 선형검색 방법을 사용할 수 있다. 이 절차는 하나의 함수처럼 사용된다.

다음은 8개의 돌들을 이용한 선택정렬의 진행과정을 보여주고 있다. 돌에 부착되어 있는 숫자가 돌의 무게를 나타내고, 또 돌들을 구분하기 위한 돌의 명칭이라고 하자. 최초 단계는 8개의 돌들에서 제일 가벼운 무게의 돌을 찾는 과정이다. 7번의 비교를 통해 1번 돌을 찾았다. M은 최솟값을 나타낸다.

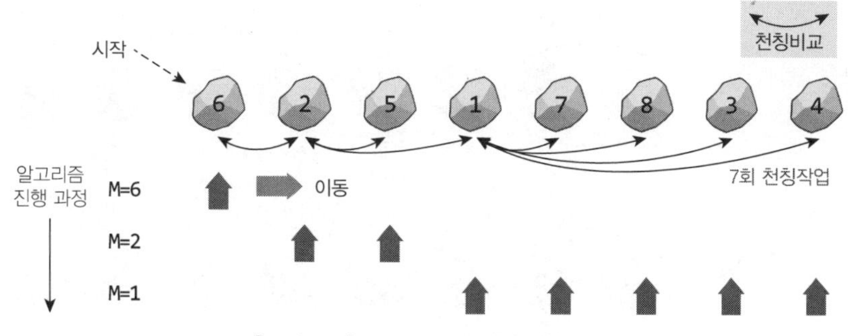

[그림 9-6] 제일 가벼운 돌을 찾는다.

1번 돌을 찾았으므로, 제일 왼쪽에 있었던 6번 돌과 자리바꿈을 한다.

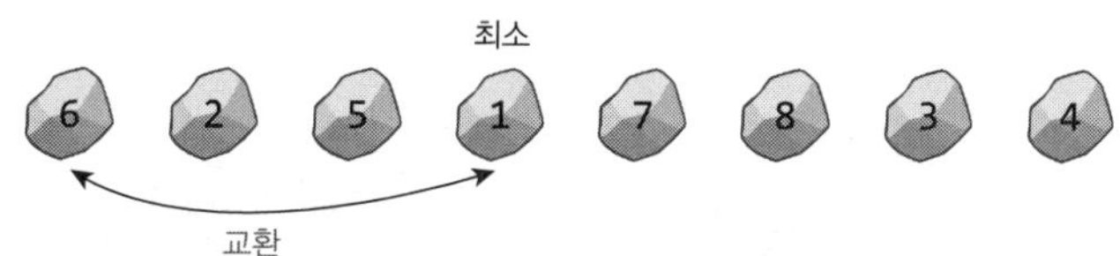

[그림 9-7] 1번 돌과 6번 돌이 자리바꿈한다.

(1)

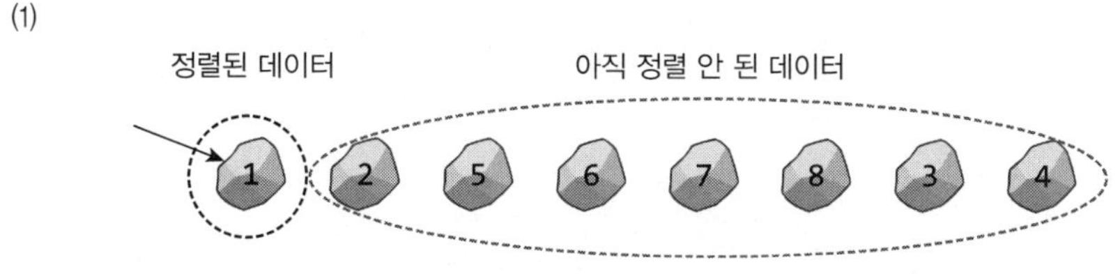

[그림 9-8] 1번 돌과 6번 돌이 자리바꿈 후 결과

다음 과정은 아직 정렬 안 된 데이터들에 대해 이전과 동일한 방법을 적용한다. 정렬 안 된 돌들 중에서 가장 가벼운 돌을 찾은 후, 아직 정렬 안 된 돌들 집단 중의 제일 왼쪽에 있는 돌과 자리바꿈하고, 그 돌을 정렬된 돌 집단으로 편입하는 과정을 반복한다.

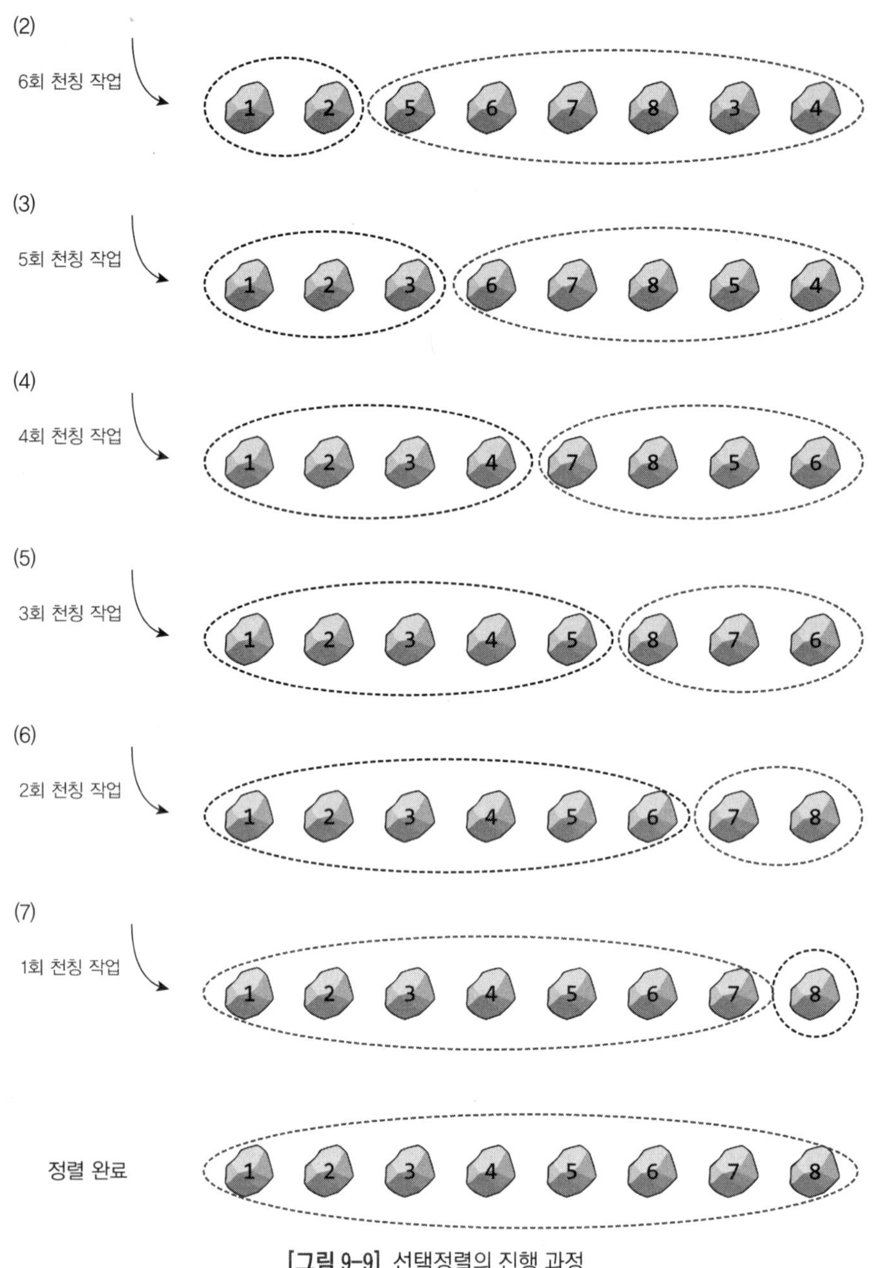

[그림 9-9] 선택정렬의 진행 과정

데이터의 개수가 8개였다. 총 천칭 작업 횟수는 얼마인가? 최초의 천칭횟수와 중간 과정의 천칭 작업 횟수를 누적하면 7+6+5+4+3+2+1=28회가 된다.

컴퓨팅 사고력

- 이미 정렬되어 있는 데이터에 대해 선택정렬을 수행해보시오.

■ 컴퓨팅 사고력 개념
- 알고리즘 설계
- 데이터 분석

■ 문제 해결 전략
- 가능성들을 제거
- 대칭 성질을 이용
- 직접 추론 사용

컴퓨터 과학

- 선택정렬은 데이터의 개수가 n일 때 총 n(n−1)/2회의 데이터 비교가 필요하다.
- 이미 정렬되어 있는 데이터라고 하더라도 총 n(n−1)/2회의 데이터 비교가 필요하다.

9.1.2 삽입정렬(insertion sort)

이전 절과 마찬가지로 8개의 돌을 데이터라고 가정하고, 이들을 무게의 오름차순으로 정렬하고자 한다. 데이터는 일렬로 저장되어 있다고 가정한다. 삽입정렬의 기본적인 개념은 다음과 같다. 먼저 매 단계에서 데이터는 정렬된 부분 A와 정렬되지 않은 부분 B로 나누어진다. B 부분에서 가장 왼쪽 데이터(b)를 A부분으로 왼쪽으로 이동하면서 위치할 수 있는 자리를 찾아준다. 자리를 찾았으면, 그 데이터를 A부분으로 통합한다. 초기 단계에서 제일 왼쪽에 있는 데이터는 A부분에 속하고, 나머지 모든 데이터는 B부분에 속한다. 이 방법을 제일 처음(왼쪽) 데이터부터 끝까지에 적용한다. 데이터 b를 A부분에서 왼쪽으로 이동하면서 자리를 찾아주는 방법은 다음과 같다. 만일 데이터 b가 현재 보고 있는 데이터 보다 작으면, 왼쪽으로 한 칸 이동하여 새로운 데이터와 비교하게 되고, 데이터 b가 현재 보고 있는 데이터 보다 크다면 b는 현 위치가 b가 위치할 수 있는 자리가 되므로 더 이상 이동하지 않는 방법을 사용한다.

다음은 삽입정렬의 의사코드이다. 데이터는 a[1]부터 a[n]까지에 저장되어 있다고 하자.

```
i=2
while(i≤n)
      a[i] 데이터를 왼쪽에 위치한 데이터들과 비교하여 움직일 수 있는 만큼 이동하여 위치를 잡는다.
         - 왼쪽의 데이터보다 작으면 왼쪽으로 이동
         - 왼쪽의 데이터보다 크면 정지
      i=i+1
```

[알고리즘 9-2] 삽입정렬 알고리즘 의사코드

다음은 8개의 숫자를 이용하여 네 번째 데이터인 5가 자기 자리를 찾는 과정을 보여주고 있다.

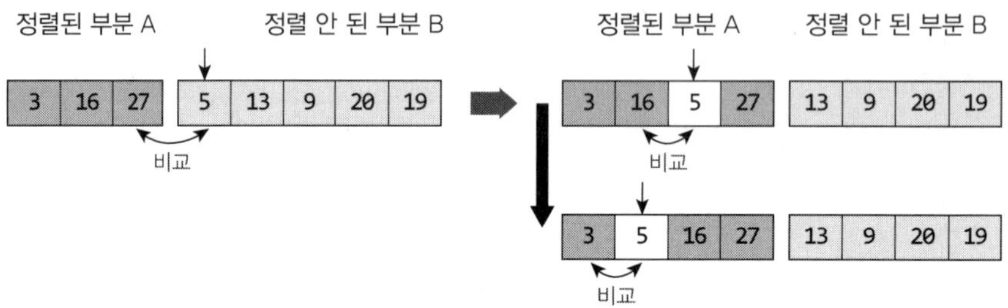

[그림 9-10] 삽입정렬의 한 단계

5는 27과 비교하여 27보다 작으므로, 왼쪽으로 한 칸 이동하여 다음에 있는 데이터 16과 비교하게 된다. 이 때 27은 오른쪽으로 1칸 이동한 결과가 된다. 16보다도 작으므로 다시 왼쪽으로 한 칸 이동하여, 다음에 있는 3과 비교한다. 3보다는 크므로, 현 위치가 5가 위치할 장소가 된다. 다음으로 아직 정렬되지 않은 데이터 중에 가장 왼쪽에 있는 13을 같은 방법으로 자리를 찾아주게 된다. 다음 그림은 삽입정렬 알고리즘의 흐름도이다.

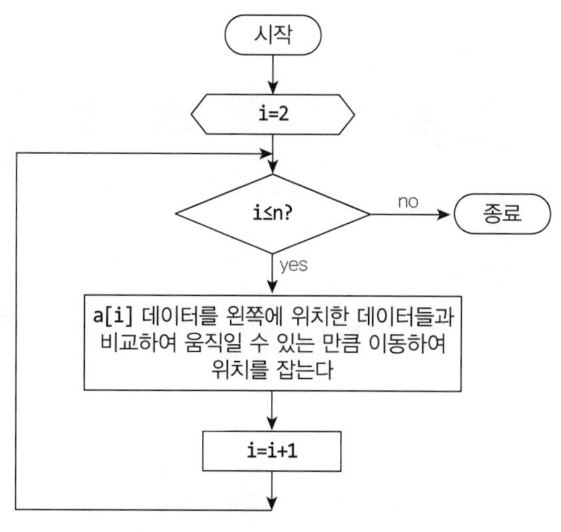

[그림 9-11] 삽입정렬의 흐름도

다음 그림은 전 절에서 설명한 것과 동일한 문제를 이용하여 삽입정렬이 진행하는 과정을 보여주고 있다.

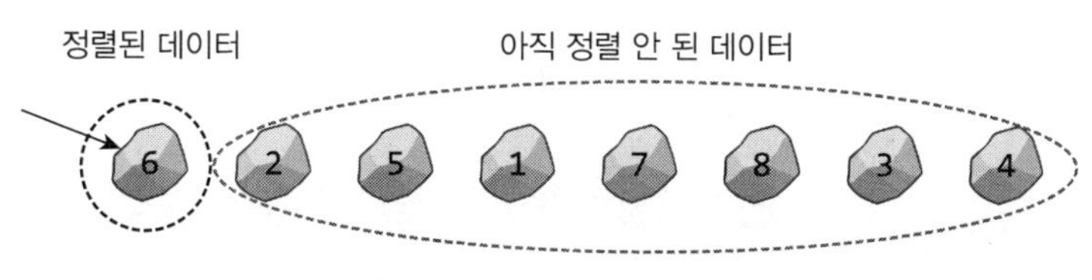

[그림 9-12] 삽입정렬의 초기 상태

여기서 첫 번째 데이터에 대한 작업 수행은 비교 대상이 없으므로 의미가 없다.

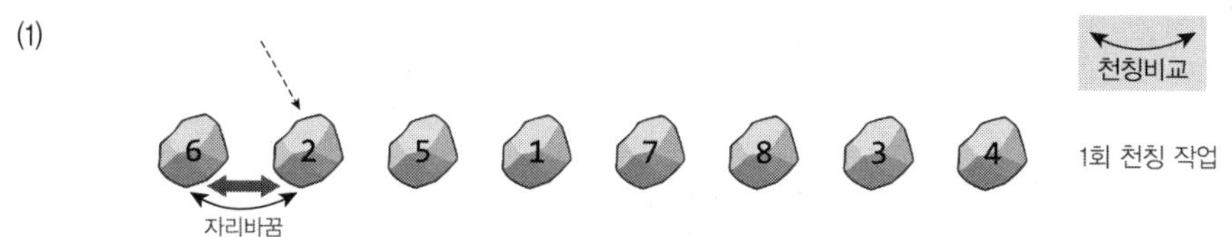

[그림 9-13] 두 번째 데이터의 이동

두 번째 데이터에 대해 왼쪽으로 이동할 수 있는지를 확인한다. 2는 6보다 작으므로 자리바꿈을 한다. 이 때 1회의 천칭작업이 필요하다. 다음은 나머지 데이터들에 대해 동일한 작업이 수행되어 삽입정렬이 진행되는 과정을 보여주고 있다.

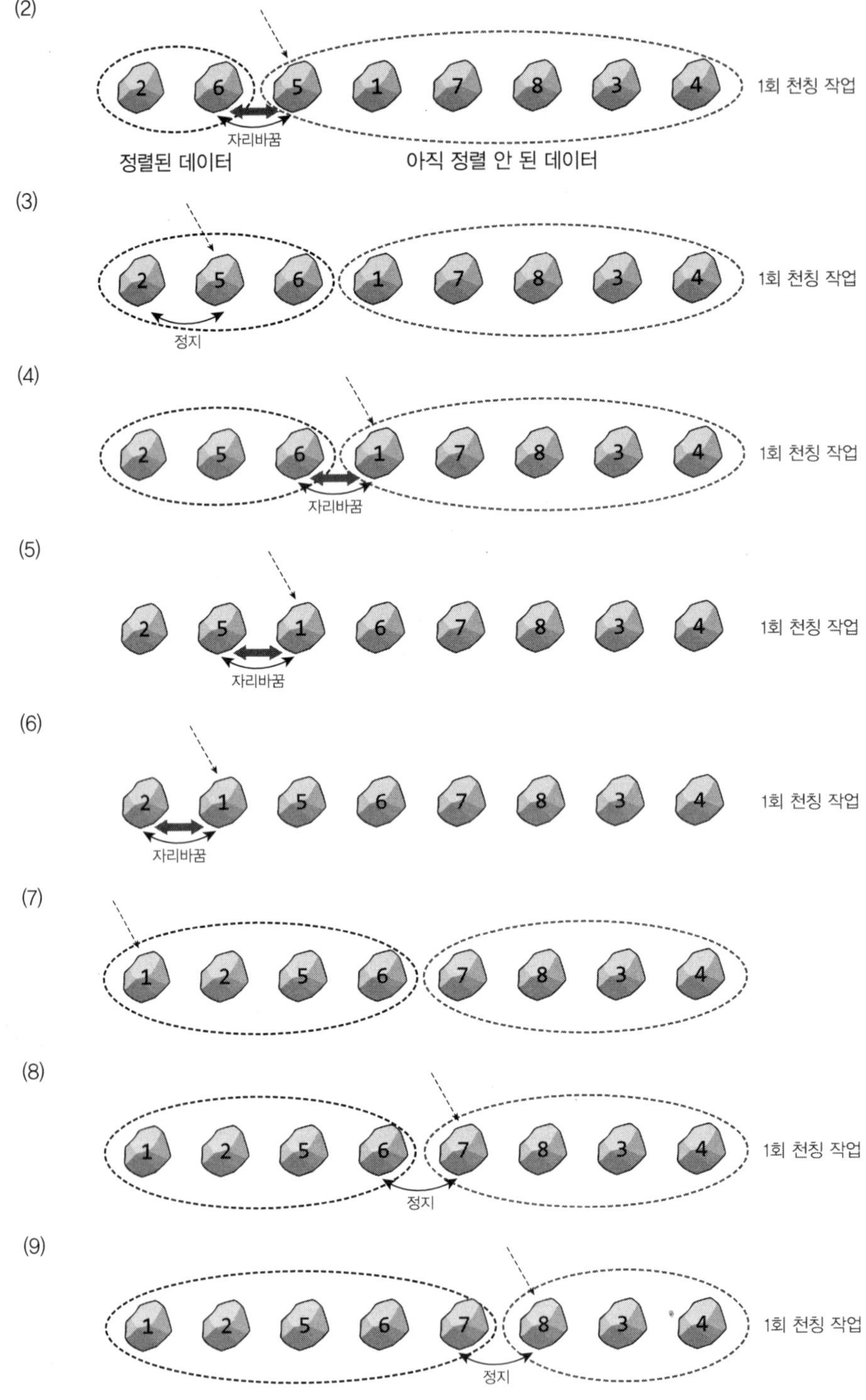
(2)
2
6
5
1
7
8
3
4
1회 천칭 작업
자리바꿈
정렬된 데이터
아직 정렬 안 된 데이터
(3)
2
5
6
1
7
8
3
4
1회 천칭 작업
정지
(4)
2
5
6
1
7
8
3
4
1회 천칭 작업
자리바꿈
(5)
2
5
1
6
7
8
3
4
1회 천칭 작업
자리바꿈
(6)
2
1
5
6
7
8
3
4
1회 천칭 작업
자리바꿈
(7)
1
2
5
6
7
8
3
4
(8)
1
2
5
6
7
8
3
4
1회 천칭 작업
정지
(9)
1
2
5
6
7
8
3
4
1회 천칭 작업
정지

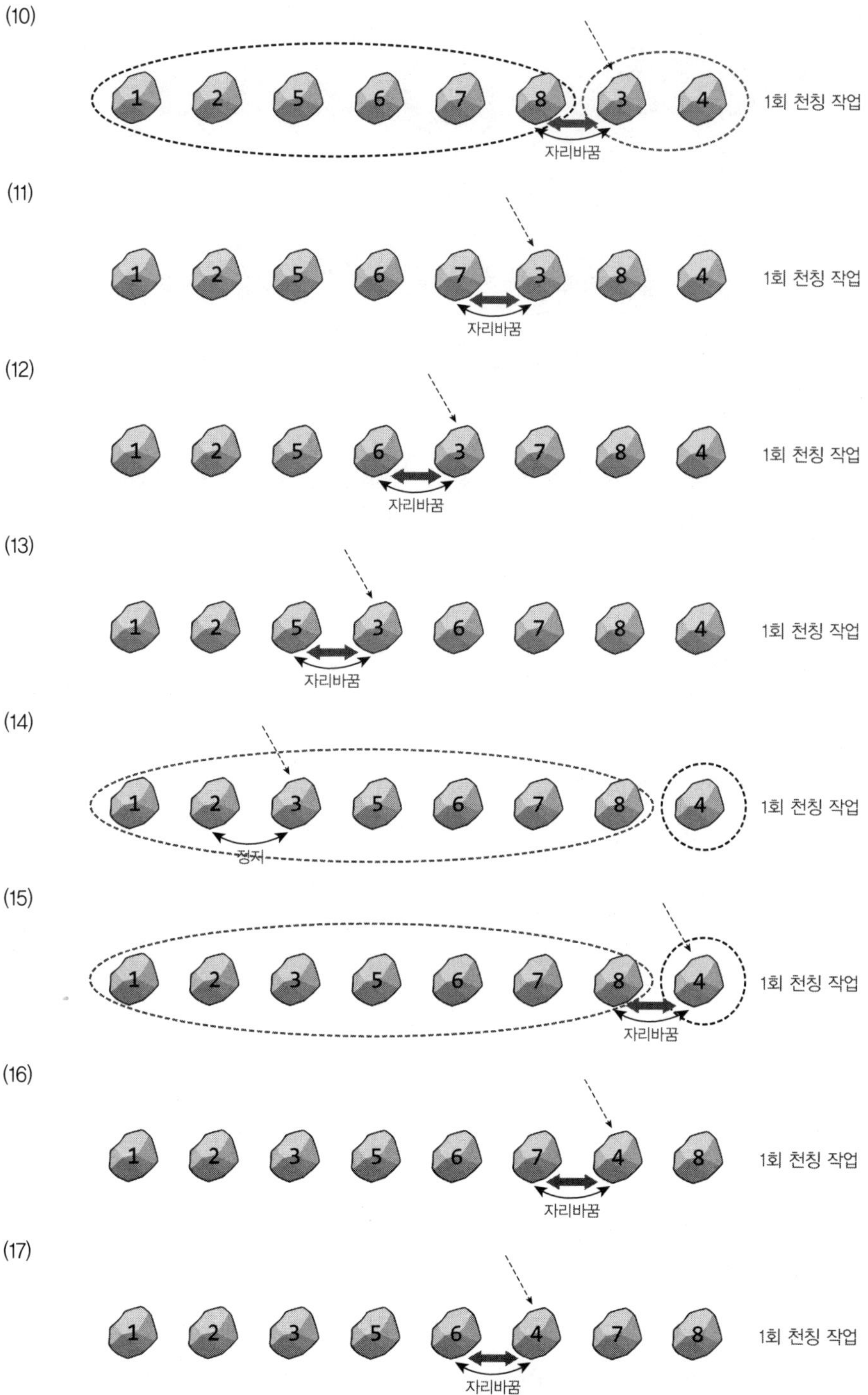
(10)
1회 천칭 작업
자리바꿈
(11)
1회 천칭 작업
자리바꿈
(12)
1회 천칭 작업
자리바꿈
(13)
1회 천칭 작업
자리바꿈
(14)
1회 천칭 작업
정지
(15)
1회 천칭 작업
자리바꿈
(16)
1회 천칭 작업
자리바꿈
(17)
1회 천칭 작업
자리바꿈

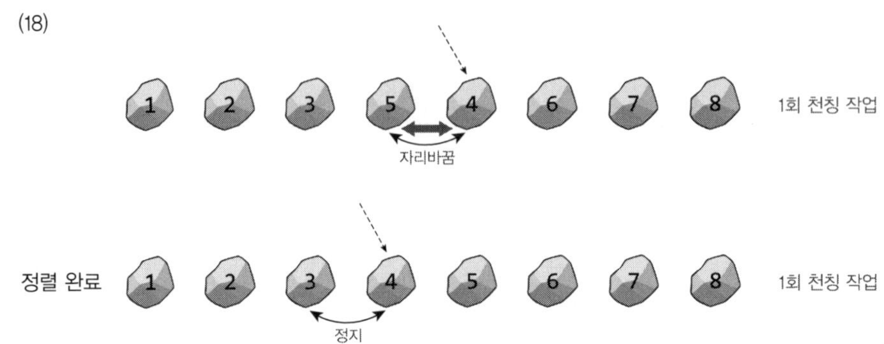

[그림 9-14] 삽입정렬의 진행 과정

데이터의 개수가 8개였고, 총 천칭작업 횟수는 18회였다. 동일한 데이터에 대해 선택정렬은 28번의 비교가 필요했다. 일반적으로 삽입정렬의 데이터 비교횟수가 선택정렬의 데이터 비교횟수보다 작다.

컴퓨팅 사고력

- 서로 다른 정렬 알고리즘은 성능의 차이가 있을 수 있다.
- 이미 정렬되어 있는 데이터에 대해 삽입정렬을 수행해보라.

■ 컴퓨팅 사고력 개념
- 알고리즘 설계
- 데이터 분석

■ 문제 해결 전략
- 가능성들을 제거
- 대칭 성질을 이용
- 직접 추론 사용

컴퓨터 과학

- 삽입정렬은 데이터의 개수가 n일 때 총 최대 n(n−1)/2회의 데이터 비교가 필요하고, 최소 (n−1)회의 데이터 비교가 필요하다.
- 평균적으로 n(n−1)/4회의 데이터 비교가 필요하다.
- 일반적으로 선택정렬보다 우수하다고 할 수 있다.

9.2 분할정복(divide and conquer) 알고리즘

분할정복 알고리즘은 문제를 해결하는 알고리즘 유형 중의 하나이다. 이 알고리즘은 큰 문제를 작은 문제들로 나누고, 작은 문제들을 해결한 해들을 모아 분할 이전의 큰 문제의 해를 구축하는 알고리즘이다. 그런데 작은 문제들은 다시 더 작은 문제들로 나누는 재귀적인 성격을 갖고 있다. 이 방법은 하나의 알고리즘을 나타내는 것이 아니고 문제를 해결하는 방식을 의미한다. 분할정복 알고리즘을 사용하는 알고리즘으로는 이분검색(binary search), 빠른 정렬(quick sort), 합병정렬(merge sort) 등이 있다. 여기서는 이분검색과 빠른 정렬을 이용하여 분할정복 알고리즘의 개념을 설명한다. 컴퓨팅 사고력의 개념 중 분해(decomposition)를 통해 문제를 해결하고 있다.

9.2.1 이분검색

CHAPTER 8의 8.3절에서 이분검색 알고리즘을 설명했다. 이분검색은 정렬된 데이터에서 중앙에 위치한 데이터와 찾고자 하는 데이터의 값을 비교하여, 중앙데이터의 오른쪽 또는 왼쪽의 데이터를 버리고, 나머지에 대해 동일한 방식으로 데이터를 찾는 알고리즘이다. 이전에 설명한 정렬된 16장의 카드들에서 특정 카드를 찾는 문제를 이용하여 이분검색에서 활용된 분할정복 알고리즘 개념을 설명한다.

[그림 9-15] 정렬된 카드 16장 중에서 특정 카드 찾기

다음은 이분검색의 의사코드이다.

단계 1: 카드열의 중앙에 있는 카드를 뒤집어 카드의 문자를 확인한다. 그러면 다음의 3가지 경우가 발생한다. **[분할]**

(경우 1) 찾는 문자가 지금 보고 있는 문자보다 작으면 현 카드부터 오른쪽에 있는 카드들을 없앤다.

(경우 2) 찾는 문자가 맞다.

(경우 3) 찾는 문자가 지금 보고 있는 문자보다 크면 현 카드부터 왼쪽에 있는 카드들을 없앤다.

단계 2: 남아 있는 카드들에 대해 단계 1을 반복하여 문자를 찾는다. **[정복]**

[알고리즘 9-3] 이분검색의 의사코드

[그림 9-16]은 이분검색 알고리즘으로 카드 G를 찾는 과정을 보여주고 있으며, [그림 9-17]은 이 문제를 해결해 가는 과정에 어떻게 분할과 정복 단계가 수행되는지를 보여주고 있다.

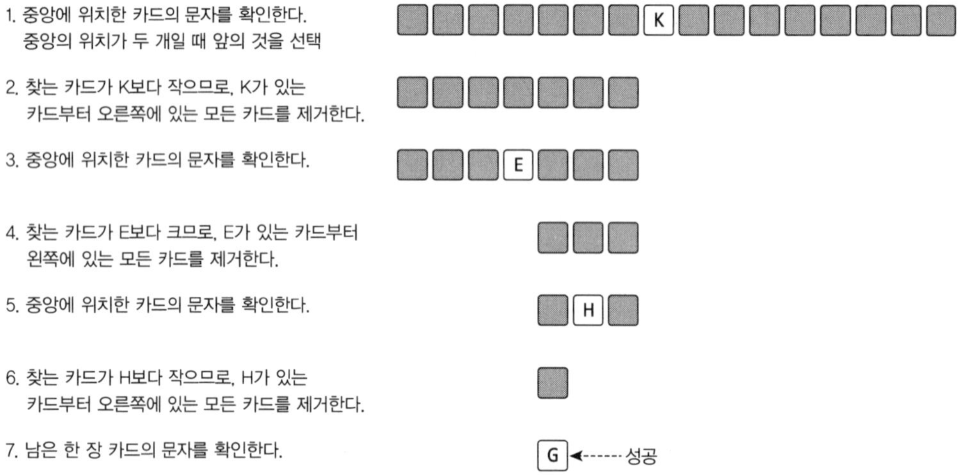

1. 중앙에 위치한 카드의 문자를 확인한다.
   중앙의 위치가 두 개일 때 앞의 것을 선택
2. 찾는 카드가 K보다 작으므로, K가 있는 카드부터 오른쪽에 있는 모든 카드를 제거한다.
3. 중앙에 위치한 카드의 문자를 확인한다.
4. 찾는 카드가 E보다 크므로, E가 있는 카드부터 왼쪽에 있는 모든 카드를 제거한다.
5. 중앙에 위치한 카드의 문자를 확인한다.
6. 찾는 카드가 H보다 작으므로, H가 있는 카드부터 오른쪽에 있는 모든 카드를 제거한다.
7. 남은 한 장 카드의 문자를 확인한다.

[그림 9-16] 카드 G를 이분검색 알고리즘으로 찾는 과정

[그림 9-17] 이분검색 수행 시의 분할, 정복 단계

문제의 크기가 반으로 줄어들면서, 분할과 정복이 번갈아 나타나게 된다. 정복이라고 표시된 부분은 문제를 해결하기 위해 문제가 재정립된 상태를 말한다. 재정립된 문제는 이전의 문제 크기보다 반으로 줄게 되고, 작은 문제의 답이 이전의 큰 문제의 답이 된다.

컴퓨팅 사고력

- 문제해결 전략으로 해가 포함될 수 없는 부분을 제거하는 것으로 가능성들을 제거하고, 문제의 대칭 성질을 이용하였다.
- 문제를 어떻게 나누었나?
- 나누어진 문제는 원래 문제보다 해결하기 쉬운가?
- 꼭 가운데 위치하는 데이터를 이용해야 하나?
- 분할된 문제는 원래의 문제와 같은 형태인가?
- 여기서는 2개의 문제로 분할된다. 3개로 분할할 수 있을까?
- 실생활에서 유사한 해결 방법을 찾을 수 있는가?

■ 컴퓨팅 사고력 개념

- 분해
- 알고리즘 설계

- 데이터 모음

■ 문제 해결 전략

- 가능성들을 제거
- 대칭 성질을 이용

9.2.2 빠른 정렬(quick sort)

9.1절에서 정렬을 설명하기 위해 소개한 문제를 다시 보도록 하자. 서로 다른 무게의 돌 8개가 있고 두 개의 돌 무게를 비교할 수 있는 천칭(balance)이 있다.

[그림 9-18] 돌 8개의 정렬 문제

천칭을 사용하여, 한 번에 두 개의 돌 무게를 비교하는 방법만을 이용하여 8개 돌들의 무게가 오름차순이 되도록 정렬한다. 돌의 모양은 동일하다고 가정하고, 설명을 위해 돌의 무게를 표시하였다. 작업자는 돌의 무게 숫자를 볼 수 없다고 가정한다. 문제를 해결하는 빠른 정렬 알고리즘의 의사코드는 다음과 같다.

(단계 1) 임의의 한 개 돌을 집어 천칭에 올린다. 그 돌을 A라 한다. 여기서는 제일 왼쪽에 있는 돌을 선택한다.

(단계 2) 나머지 돌들에 대해, 돌 한 개를 집어 천칭의 반대쪽에 올린다. 그 돌을 B라 한다. 천칭 결과는 다음 두 가지 경우다.

(경우 1) B가 A보다 무거우면, B를 무거운 그룹 H에 넣는다.

(경우 2) B가 A보다 가벼우면, B를 가벼운 그룹 L에 넣는다.

(단계 3) 돌들은 그룹 L, A, 그리고 그룹 H로 나뉜다. **[분할]**

(단계 4) (단계 1)~(단계 3)을 그룹 L, 그룹 H에 대해 각각 수행한다. **[정복]**

[알고리즘 9-4] 빠른 정렬 알고리즘의 의사코드

다음은 빠른 정렬 QS(S)의 흐름도이다. 여기서 QS는 절차(procedure)의 이름이고, S는 데이터가 저장된 배열의 이름이다.

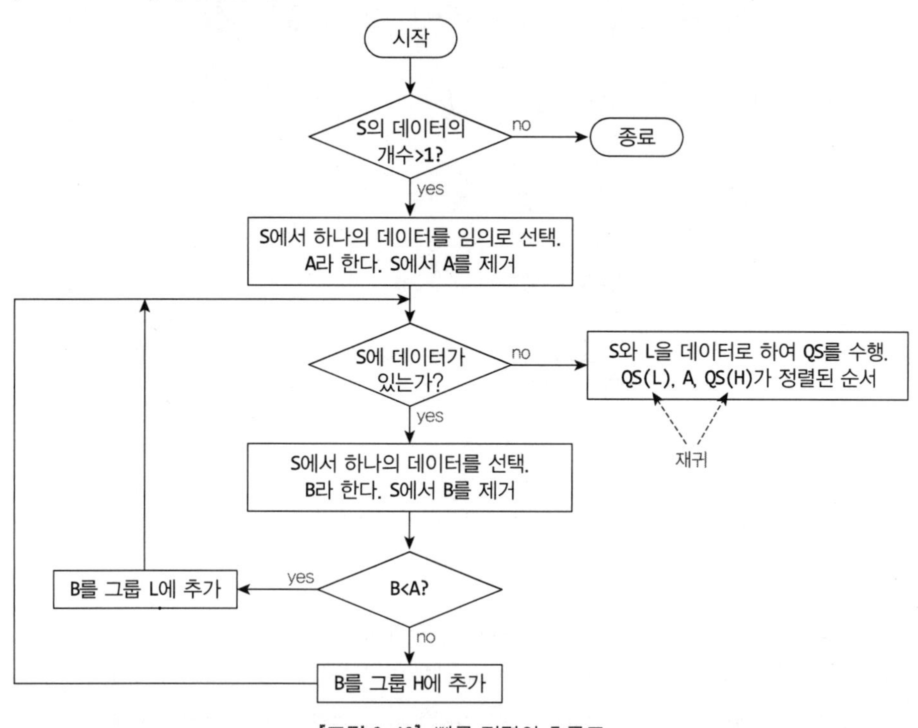

[그림 9-19] 빠른 정렬의 흐름도

빠른 정렬의 흐름도에서 전체는 procedure QS이고, 입력 데이터로 S가 정의되어 있다. QS는 작은 크기의 데이터를 이용하여 QS(H) 또는 QS(L)으로 자신을 다시 호출하고 있다. QS(L), A, QS(H)의 순서가 정렬된 순서가 된다. 이와 같은 방식을 재귀(recursion)라고 한다.

다음은 돌 8개를 이용하여 빠른 정렬이 진행하는 과정을 보여주고 있다. [그림 9-20]은 빠른 정렬이 각 부분을 기준돌을 기준으로 하여 데이터를 작은 값과 큰 값으로 구분한다는 것을 보여주기 위해 작성한 그림이다. 실제로 재귀를 고려한 알고리즘이 진행하는 순서는 이후에 자세한 단계로 나누어 설명한다.

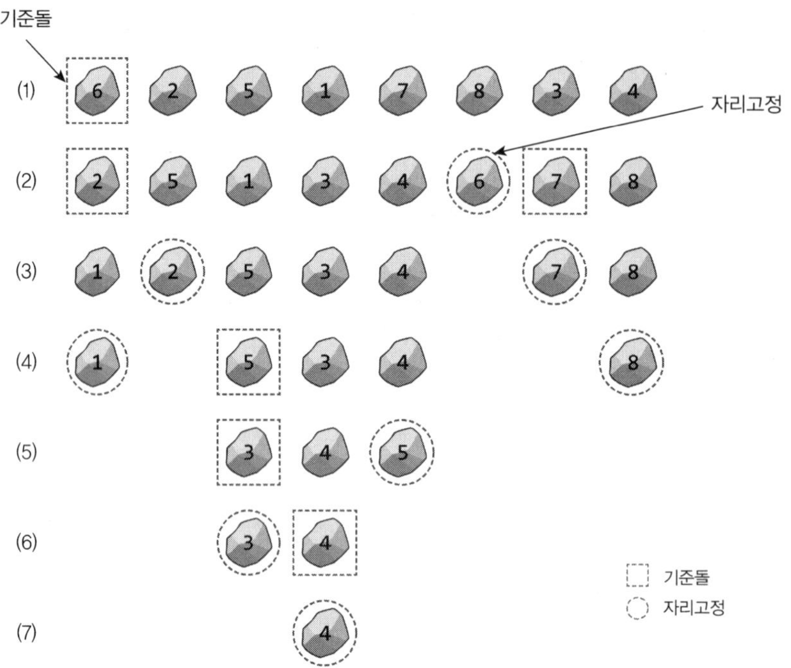

[그림 9-20] 돌 8개에 대해 빠른 정렬 알고리즘이 진행하는 과정

(1)에서 기준돌은 6번 돌(A로 표시)이 된다. 6번 돌을 기준으로 그것보다 가벼운 그룹과 그것보다 무거운 그룹으로 나누어야 한다. 이 때 6번 돌과 나머지 모든 돌들과 한 번씩 천칭을 이용하여 무게를 비교해야 하므로, 총 7번의 천칭 작업이 필요하다. (2)에서는 6번 돌을 기준으로 가벼운 돌의 그룹과 무거운 그룹의 돌로 나누어진 모양을 보여주고 있다. (3)부터 (7)까지의 그림은 6번 돌을 기준으로 나누어진 돌들이 다시 2번 돌과 7번 돌을 기준으로 나누어져서 정렬되어 가고, 또 다시 나눠지는 과정을 보여주고 있다.

지금부터는 알고리즘이 재귀적으로 진행하는 과정을 [그림 9-20]과 연관하여 자세히 설명한다. 초기 단계의 과정은 다음과 같다.

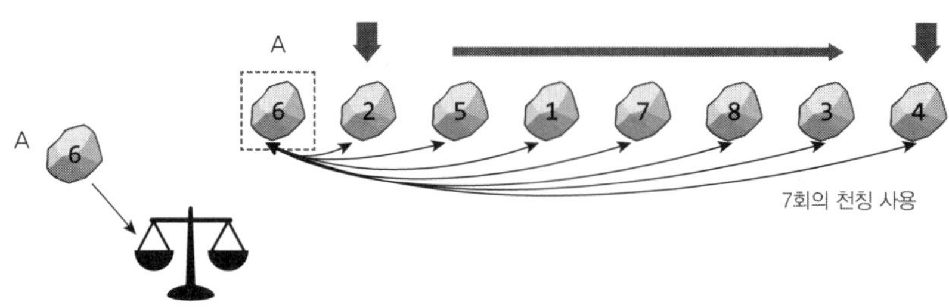

[그림 9-21] 7회의 천칭 작업

7번의 천칭 작업 후 기준돌인 6번 돌은 자기의 자리를 차지하고, 돌들은 두 개의 그룹으로 나누어진다.

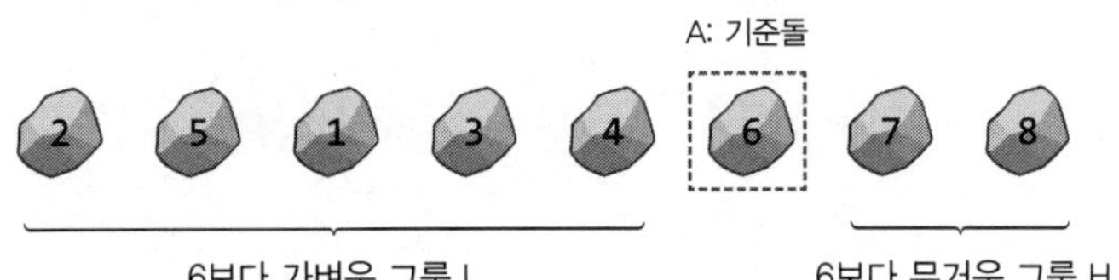

[그림 9-22] 6을 기준으로 나누어진 그룹

따라서 이제 원래의 문제는 다음의 두 문제로 분할된다.

[그림 9-23] 6을 기준으로 생성된 두 문제

이제는 5개의 데이터가 있는 문제와 2개의 데이터가 있는 문제로 나누어졌고, 각각 문제를 동일한 방법으로 해결할 수 있다. 이 때 6번 돌은 정렬 후에도 변경되지 않는 자신의 자리를 차지하게 된다.

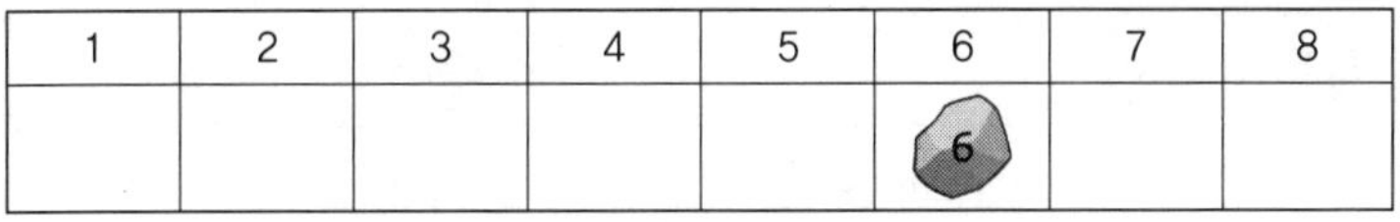

1	2	3	4	5	6	7	8
					6		

[그림 9-24] 6은 자신의 자리를 차지

(2)에서 두 개의 문제 p1, p2가 존재한다.

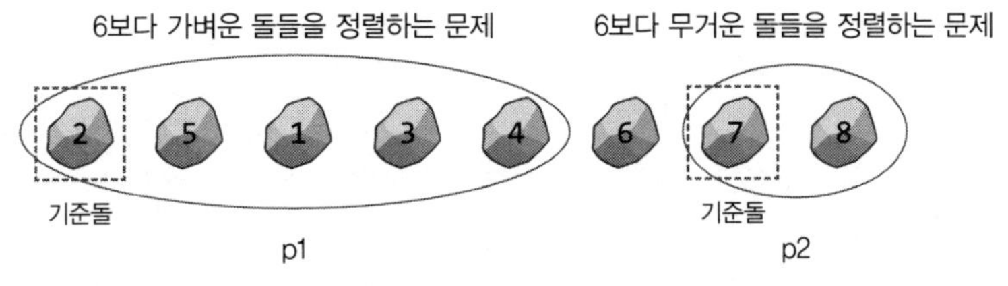

[그림 9-25] p1, p2의 문제

(3)에서 문제 p1은 2번 돌을 기준돌로 하여, 다시 p3, p4 문제로 분할된다.

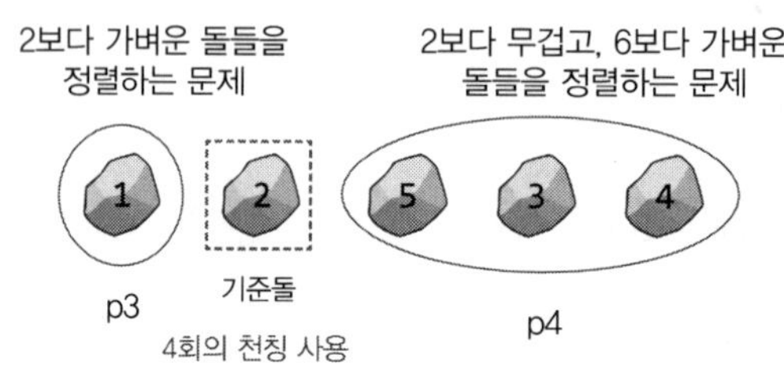

[그림 9-26] p1은 2를 기준으로 p3, p4로 분할

결과적으로 2번 돌은 정렬 후에 있어야 할 자신의 자리를 차지한다.

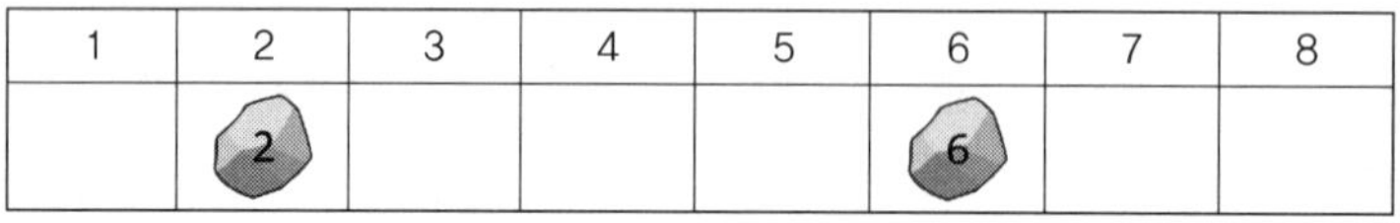

1	2	3	4	5	6	7	8
	2				6		

[그림 9-27] 2는 자신의 자리를 차지

2보다 가벼운 돌들을 정렬하는 문제 p3에는 1번 돌만이 있으므로 바로 문제가 해결되면서, 1번 돌은 제자리를 차지하게 된다.

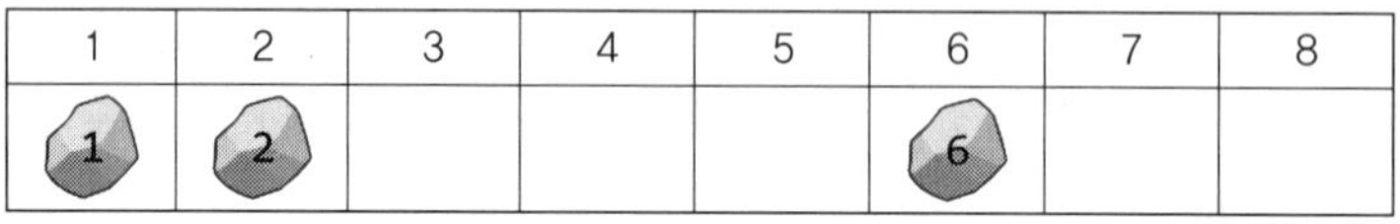

1	2	3	4	5	6	7	8
1	2				6		

[그림 9-28] 1은 자신의 자리를 차지

(4)에서 2보다 무겁고 6보다 가벼운 돌들을 정렬하는 문제 p4를 해결한다. (5)에서 기준돌이 5번 돌이므로, p4는 기준돌과 p5로 분할된다.

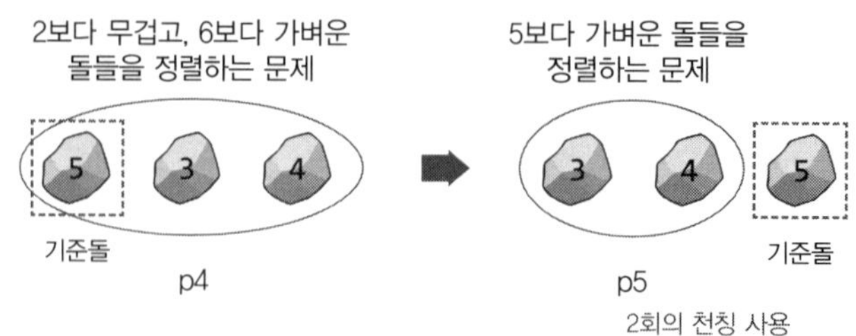

[그림 9-29] p4는 p5로 분할

따라서 5번 돌은 정렬 후의 자기 자리를 차지한다.

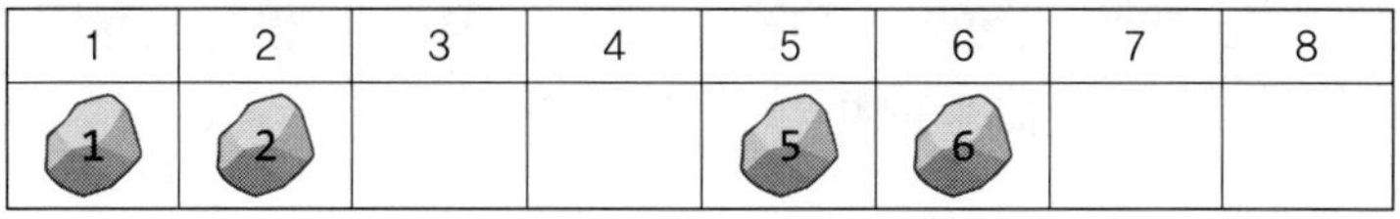

1	2	3	4	5	6	7	8
1	2			5	6		

[그림 9-30] 5는 자신의 자리를 차지

(6)에서 p5는 기준돌과 p6으로 분할된다.

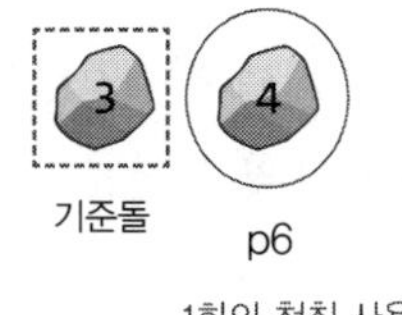

[그림 9-31] p5는 p6로 분할

p6은 1개의 돌만을 갖고 있으므로 더 이상 분할할 수 없다. 따라서 3번 돌과 4번 돌은 정렬 후의 자신의 자리를 차지한다.

1	2	3	4	5	6	7	8
1	2	3	4	5	6		

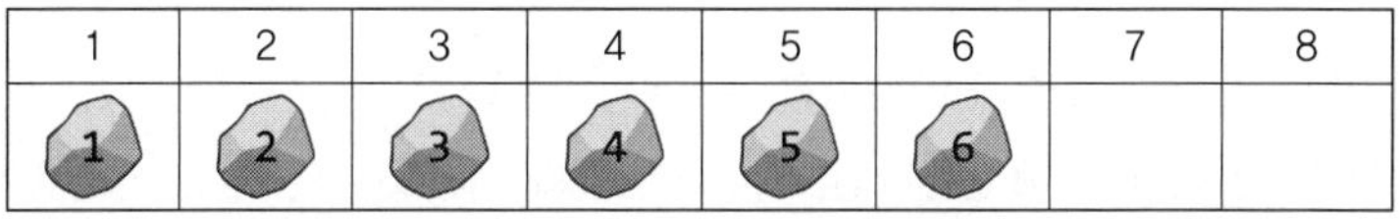

[그림 9-32] 3, 4는 자신의 자리를 차지

(3)에서 p2는 기준돌과 p7로 분할된다. p7은 1개의 돌만을 갖고 있으므로 더 이상 분할할 수 없다. 따라서 7번 돌과 8번 돌은 정렬 후의 자신의 자리를 차지한다.

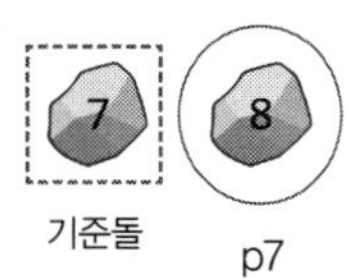

[그림 9-33] p2는 p7로 분할

1	2	3	4	5	6	7	8
1	2	3	4	5	6	7	8

[그림 9-34] 7, 8은 자신의 자리를 차지

QS(L), A, QS(H)의 순서로 함수 QS가 호출되므로, p2의 문제는 p1의 문제가 모두 해결된 후에 호출된 것을 알 수 있다. 8개의 돌들을 빠른 정렬 알고리즘으로 정렬하는데 총 15회의 천칭 비교가 필요하다. 9.1.1에서 설명한 선택정렬(selection sort)인 경우는 8*7/2=28회, 9.1.2의 삽입정렬인 경우는 18회의 천칭 비교가 필요하였다. 분할정복 알고리즘을 이용한 빠른 정렬은 데이터들을 무게로 정렬하였을 때 가운데 위치하는 데이터가 기준돌이 될 때 속도가 빨라진다. 그러나 돌의 무게를 미리 알 수 없으므로, 기준돌을 임의로 선택할 수밖에 없다.

컴퓨팅 사고력

- 빠른 정렬 알고리즘은 데이터의 개수 n=1,000,000일 때, 선택정렬보다 약 50,000배 빠르게 정렬을 수행한다.
- 예를 들어, 휴대폰서비스 회사의 가입자가 백만 명이라고 가정한다. 가입자의 이름 순서로 정렬하는 문제인 경우, 빠른 정렬 알고리즘이 1초에 수행하는 일을 선택정렬 알고리즘을 적용하여 문제를 해결한다면, 약 50,000초, 즉 13시간 이상이 걸리게 된다.
- 문제의 규모, 성질에 따라 적당한 정렬 알고리즘의 선택하는 것이 중요하다.
- 문제를 어떻게 나누었나?
- 꼭 가운데 위치하는 데이터를 이용해야 하나?
- 분할된 문제는 원래의 문제와 같은 형태인가?
- 데이터를 어느 한 군데에서도 직접 정렬을 실시하지는 않았지만, 전체가 정렬되는 효과가 나타났다. 기준 데이터를 중심으로 가벼운 데이터, 무거운 데이터로 나눈 것이 정렬의 본질이다.
- 실생활에서 유사한 개념으로 처리할 수 있는 일을 생각해보자.

■ 컴퓨팅 사고력 개념
  - 분해
  - 알고리즘 설계

- 데이터 모음
- 데이터 분석

■ 문제 해결 전략
- 가능성들을 제거
- 대칭 성질을 이용
- 직접 추론 사용

컴퓨터 과학

- 빠른 정렬은 여러 정렬 알고리즘 중에서 우수한 성능을 보이는 정렬 알고리즘이다. 데이터의 개수가 n일 때, 데이터의 비교 횟수는 $n \log n$에 비례한다.
- 문제를 분할할 때, 기준 데이터가 데이터들 중 가장 작은 값이거나, 가장 큰 값일 경우 빠른 정렬알고리즘은 나쁜 성능을 보여준다. 그러나 기준 데이터가 가장 작은 값이거나, 가장 큰 값이 될 가능성이 적으므로, 빠른 정렬 알고리즘은 평균적으로 좋은 성능을 보인다.
- 전형적인 분할정복 알고리즘의 예이다.

9.3 탐욕적 알고리즘(greedy algorithm)

탐욕적 알고리즘은 문제를 해결하는 방법 중의 한 유형이다. 단계별로 문제를 해결할 때, 이후에 발생하는 상황을 고려하지 않고, 현재 단계에서 가장 좋다고 판단되는 해를 선정하는 방식이다. 현재 단계에서 가장 좋다고 생각되는 해가 가능한 해(feasible solution)인지를 확인하고, 가능한 해가 아닌 경우는 차선의 해를 선정한다. 전체 해는 각 단계 별로 얻어진 해를 모아서 구성된다. 한 단계에서 결정된 해는 이후 단계에서 다시 고려하지 않으며, 전체 해에서 더 이상 변경되지 않는다. 그런데, 탐욕적 알고리즘이 항상 문제의 최적해를 찾는 것은 아니다.

탐욕적 알고리즘은 다음 세 가지의 요소로 구성된다.

(1) 선택과정 : 현재 단계에서 가장 적합한 해를 선택한다.

(2) 적정성점검 : 그 해가 가능한지를 확인한다. 가능하지 않을 경우는 다음의 차선해를 선택한다.
(3) 해점검 : 문제를 해결했는지를 확인한다.

다음의 문제를 통해 탐욕적 알고리즘의 개념이 어떻게 문제를 해결하는 구체적인 알고리즘으로 구성되는지를 설명한다. 문제는 동전의 개수가 최소가 되도록 거스름돈을 주는 문제이다. 우리는 일상생활을 통해 거스름돈을 동전으로 받을 때 어떻게 받아야 거스름돈의 동전 개수가 최소가 되는지를 잘 알고 있다. 그러면 그 안에 있는 탐욕적 알고리즘의 요소는 무엇이고, 전체적인 알고리즘은 어떻게 기술할 수 있을까? 다음은 탐욕적 알고리즘을 이용하여 알고리즘을 구성한 것이다.

[해결 방법] 탐욕적 알고리즘

거스름돈을 p라 하자.
가장 금액이 큰 동전부터 작은 동전 순서로 나열한다. $c_1 > c_2 > c_3 \cdots$.
(L1) 다음을 i=1,2,…에 대해 반복 수행한다.
(L2) (단계 1) p를 초과하지 않는 한도에서 c_i원 짜리 동전을 1개, 2개, …를 준다. y개까지 줄 수 있다고 가정한다.
(L3) (단계 2) 거스름돈을 갱신한다. $p = p - y \times c_i$.
(L4) (단계 3) p=0인지 확인한다. p=0이면 종료. p≠0이면 (단계 1)로 가서 반복

[알고리즘 9-5] 탐욕적 알고리즘을 이용한 최소 동전 알고리즘

(L1)은 동전금액이 큰 순서로 확인하는 절차를 이용하였다. 이것은 해의 선택과정이다. (L2)는 매번 동전을 추가할 때마다, p를 초과하는지 확인하는 절차를 포함한다. 이 과정은 해의 적정성점검 과정이다. (L3)는 p를 갱신한다. (L4)에서는 p=0인지를 확인한다. 이 과정은 해답을 점검하는 과정이다.

현재 우리나라에서 사용되는 동전 체계에서 이 알고리즘을 적용하여 거스름돈을 동전으로 준다면, 최소한의 동전 수를 얻을 수 있다. 따라서 탐욕적 방법을 기반으로 한 알고리즘이 최적해를 구할 수 있다.

다음의 실제 예를 통해 알고리즘이 수행되는 과정을 살펴보자. 우리나라에서 사용되는 동

전은 다음과 같다.

[그림 9-35] 우리나라에서 사용되는 동전

거스름돈으로 1,278원을 줘야 한다고 가정하자. 다음은 알고리즘이 진행하는 순서이다.

[그림 9-36] 최소 동전 개수를 찾는 탐욕적 알고리즘의 진행 과정

(1)에서 1,278원을 거슬러주기 위해 최대로 줄 수 있는 500원짜리 동전의 개수를 정하는 작은 문제가 단계별로 있는 작은 문제이다. 이 단계의 문제의 답은 500원짜리 동전 2개가 되는데, 3개가 되면 거스름돈을 초과한다는 사실을 확인하고 단계의 답으로 확정하게 된다. 이후에 500원짜리 동전의 개수를 정하는 문제는 더 이상 고려하지 않게 되며, 이 답은 이후에 변경되지 않는다.

이 알고리즘의 결과로 얻어진 거스름돈 동전이 최소의 동전 개수가 되었는지 확인할 수 있는가? 큰 액수의 동전부터 확인하는 것이 올바른 방법이라는 것을 어떻게 알 수 있을까? 매 단계의 문제는 이전 단계의 문제와 거스름돈의 액수, 고려하는 동전의 금액만 다르고 계산 방식은 동일하다.

컴퓨팅 사고력

- 문제를 어떻게 나누었나?
- 한 번 결정된 동전의 개수(이전 예에서, 500원 동전의 개수 2개)는 이후 알고리즘이 진행하면서 바뀌지 않는다. 이 점은 탐욕적 알고리즘의 특징이다.
- 다음 단계의 동전의 개수가 적절한지 어떻게 검증했나?
- 알고리즘이 끝나는 것을 어떻게 확인할 수 있나?
- 이 알고리즘은 문제의 대칭성을 이용하였고, 해가 될 수 없는 상황을 매번 제거하는 방식을 사용하였다.
- 하루 일과를 결정하는 문제, 미래의 인생을 준비하는 문제를 해결하는 데, 탐욕적 알고리즘을 사용하는 것이 적절할까?

■ 컴퓨팅 사고력 개념
  - 분해
  - 알고리즘 설계
  - 데이터 분석

■ 문제 해결 전략
  - 가능성들을 제거
  - 대칭 성질을 이용
  - 직접 추론 사용

탐욕적 알고리즘은 현재 단계 이후의 상황은 고려하지 않으므로, 문제에 따라 최적해를 찾지 못할 수도 있다. 다음은 탐욕적 알고리즘으로 최적해를 찾지 못하는 경우이다. 문제는 그래프에서 출발지점에서 도착지점까지의 최단 경로를 찾는 것이다. 탐욕적인 최단 경로 알고리즘의 개념은 다음과 같다.

> 출발점에서 다음으로 직접 갈 수 있는 지점(노드) 중 가장 가까운 지점을 찾는다. 그 지점으로 이동한 후, 도착지점에 도달할 때까지 같은 방법을 수행한다.

[알고리즘 9-6] 탐욕적인 최단 경로 알고리즘

다음의 그래프에서 노드 간에 있는 화살표에 표시된 숫자는 거리를 의미한다. 탐욕적 알고리즘인 최단 경로 알고리즘을 이용하여 문제를 해결해보자. 출발지점 s에서 a, b, c까지 도달하는 거리 100, 1, 5 중 제일 가까운 b를 선택하게 되고, 최종적으로 t에 도달할 때까지의 거리는 401이 된다. 만일 a를 선택한다면, 도착지까지의 총 길이는 104가 되고, c를 선택한다면, 총길이는 45가 된다. 따라서 이 알고리즘은 최적해를 못 찾게 된다. 이는 탐욕적 알고리즘이 항상 현 단계에서 선택할 수 있는 최선책만을 선택하기 때문이다. 즉, 전체적인 상황을 보고 의사결정을 하지 않기 때문이다.

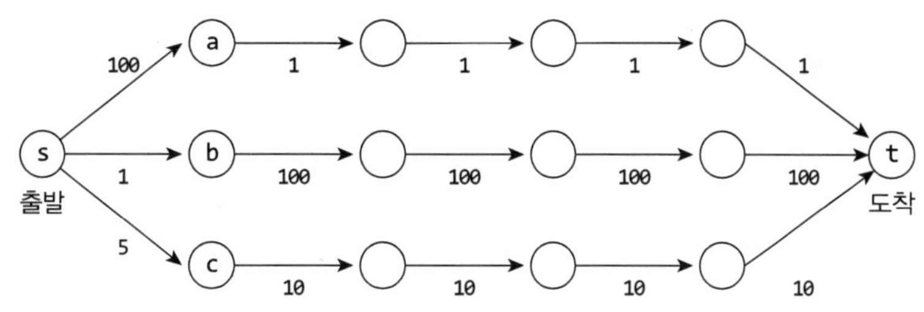

[그림 9-37] 탐욕적 알고리즘이 최적해를 못 찾는 문제

컴퓨터 과학

- 탐욕적 알고리즘은 해를 쉽게 구한다는 장점이 있다.
- 그러나 모든 문제에 대해 탐욕적 알고리즘이 최적해를 찾는 것은 아니다.
- 다른 금액의 동전을 이용하여 최적해가 되지 않는 경우를 구성해보라.

9.4 되추적(backtracking) 방법

되추적 방법은 문제를 해결하는 유형 중의 하나이다. 탐색하여야 할 해 공간(solution space)이 클 때 모든 해 공간을 탐색하게 되면 많은 시간이 소요될 수 있다. 만일 해가 될 수 없는 상황을 만나게 되면, 이전의 단계로 돌아가는 것을 되추적이라고 한다. 이러한 방법을 이용하여 해를 짧은 시간 내에 찾는 것이 이 방법의 목적이다. 미로탐사 문제와 4개의 여왕을 배치하는 문제를 이용하여 되추적 방법을 설명한다.

9.4.1 미로탐사 문제

다음과 같은 미로(maze)에서 출발지점에서 탈출지점으로 가는 길을 찾고자 한다. 미로 내에서 길을 찾을 때 막힌 길을 발견하면 되돌아가야 한다. 여기서 되돌아가는 것을 되추적(backtracking)이라고 한다. 미로의 위험성은 갔던 길을 반복하고, 어느 길로 되돌아가야 하는지를 모른다는 것이다.

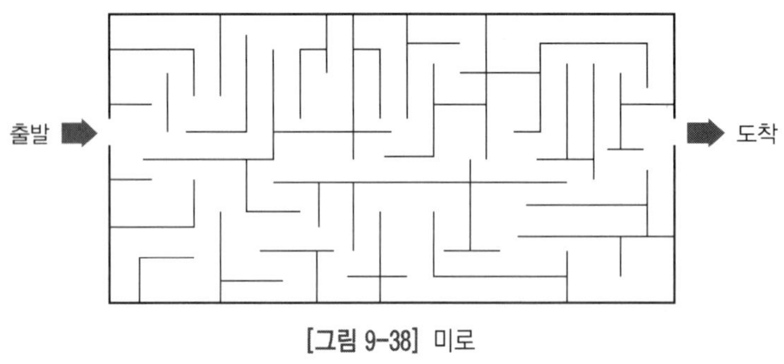

[그림 9-38] 미로

주어진 문제는 다음과 같다.

[미로 탐사하기]

다음 그림의 미로에서 시작지점 ①에서 출발하여 번호로 표시된 미로의 각 지점을 한 번씩 방문한 후 시작지점으로 돌아온다. 이미 방문한 지점은 돌아오는 길에서만 다시 방문이 가능하다. 같은 지점의 무한 반복 방문을 방지할 수 있는 알고리즘을 작성하라.

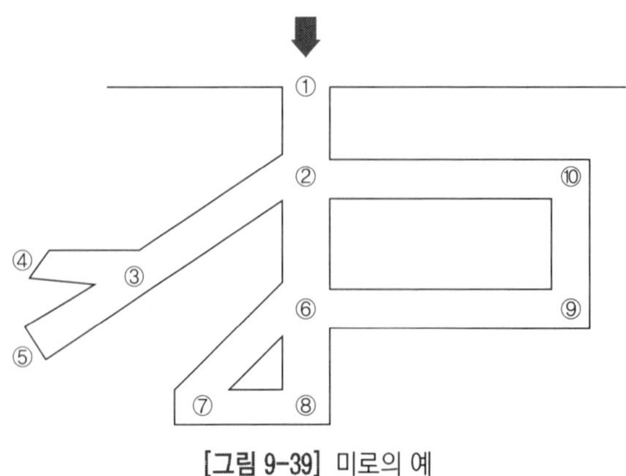

[그림 9-39] 미로의 예

이 문제를 해결하는 알고리즘은 다음의 조건을 만족해야 한다.

(1) 처음 시작 지점으로 돌아올 수 있는 정보, 즉 현 지점까지 거쳐 온 경로를 기록하고 있어야 한다.
(2) 어떤 지역이 이미 방문한 지역인지 아닌지를 확인할 방법이 있어야 한다.

다음은 미로 탐사문제를 해결하는 알고리즘의 기본 절차이다. 스택과 배열은 CHAPTER 7의 7.4절 자료구조에서 설명하였다.

스택과 배열 자료구조를 이용한다.
한 지점을 방문할 때
 (경우 1) 처음 방문한 지점인 경우 지점의 위치번호를 스택에 넣고, 배열의 지점위치 번호에 방문했다는 것을 표시한다.
 (경우 2) 이미 방문한 지점인 경우, 스택 상부에 있는 지점번호를 보고, 해당 지점으로 이동한다.
현 지점에서 더 이상 이동할 지점이 없을 경우, 스택 상부에 있는 지점번호를 제거한 후 스택 상부에 있는 지점으로 이동한다. – **되추적**
스택에 저장된 지점번호가 없고 모든 지점을 방문했을 때 종료한다.

[알고리즘 9-7] 미로 탐사문제 해결 알고리즘

이 알고리즘의 동작 원리 및 규칙은 다음과 같다.

- 돌아올 지점은 스택에 저장해 놓는다.
- 한 지점에서 갈 수 있는 지점이 여러 개가 있어서 지점을 선택할 때는, 지점 번호가 작은 번호부터 배열을 검사해서, 지점번호가 증가하는 순서로 이미 방문한 지점인지 검사한다.
- 따라서 한 지점에서 갈 수 있는 지점이 여러 개 있을 경우에는 지점번호가 작은 쪽을 선택한다.
- 배열을 검사해서 두 번 이상의 방문을 하지 않도록 한다.

위의 미로 예를 이용하여 되추적 방법을 사용하여 미로를 탐사하는 방법을 설명한다. 초기에는 빈 스택이 설정되고, 10개 지점을 나타내는 배열이 정의된다.

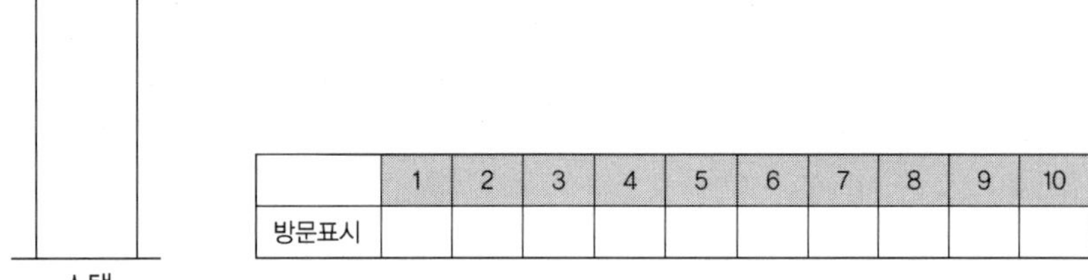

[그림 9-40] 초기 상태

1번 지점을 방문하면서, 스택에는 1을 푸시하고, 배열에는 1의 위치에 방문표시를 한다.

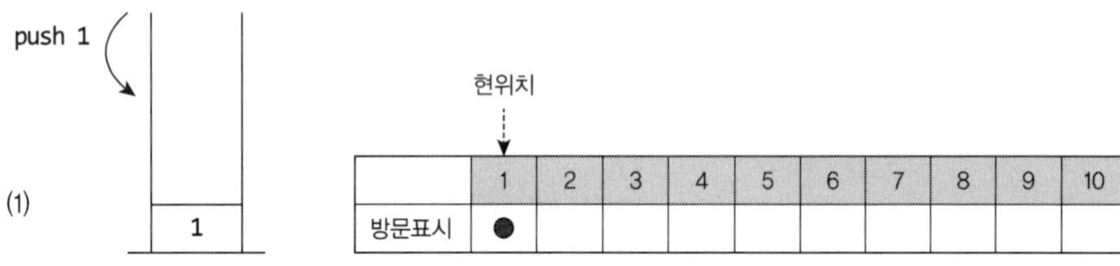

2번 지점을 방문하면서, 스택에는 2를 푸시하고, 배열에는 2의 위치에 방문표시를 한다.

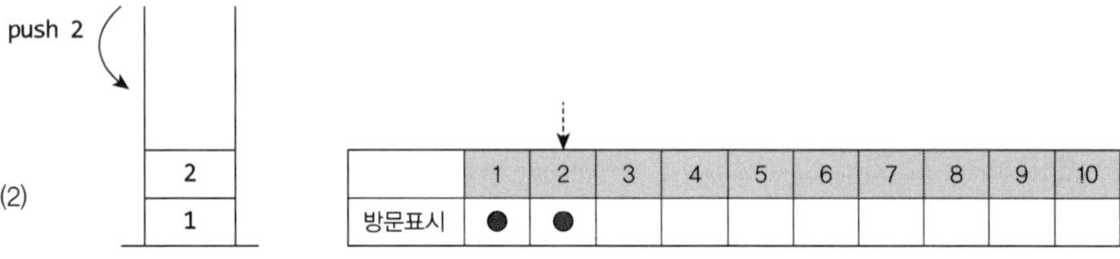

2번 위치에서 이동할 수 있는 지점은 3, 6, 10번 지점이 되는데, 이 중 가장 작은 번호인 3번 지점을 선택한다. 3번 지점을 방문하면서 스택에는 3을 푸시하고, 배열에는 3의 위치에 방문표시를 한다.

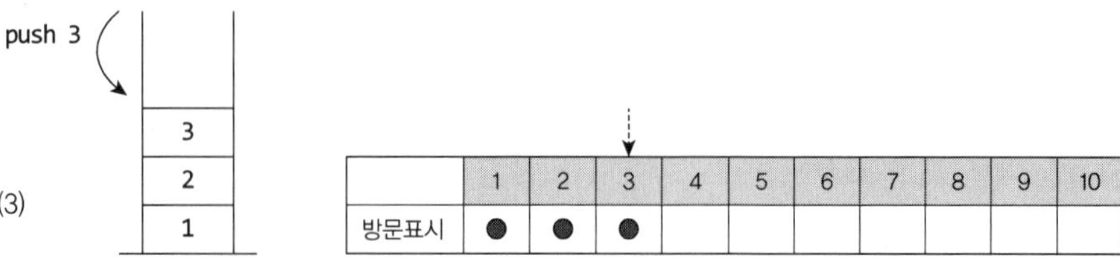

4번 지점을 방문하면서 스택에는 4를 푸시하고, 배열에는 4의 위치에 방문표시를 한다.

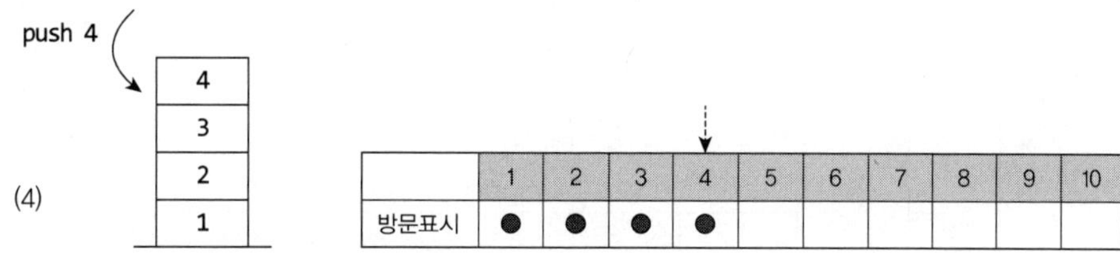

4번 지점에서 더 이상 이동할 지점이 없으므로 되돌아간다. 되돌아갈 지점은 스택에서 팝을 수행한 후 나타나는 지점번호가 된다. 팝하면 3번 지점이 보이므로, 3번 지점으로 이동한다.

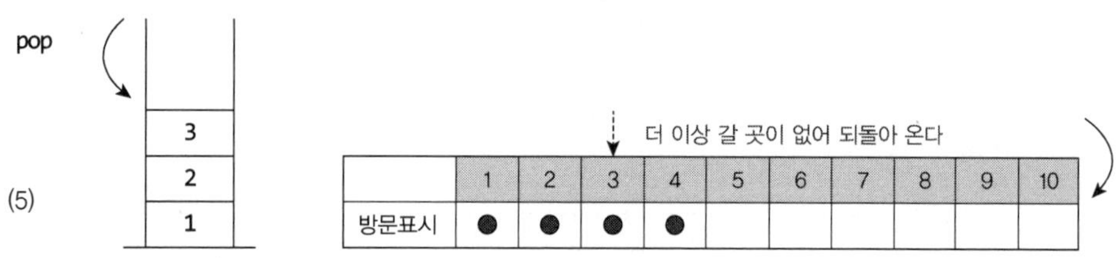

3번 지점에서 5번 지점으로 이동하여 스택에는 5를 푸시하고 배열에는 5의 위치에 방문표시를 한다.

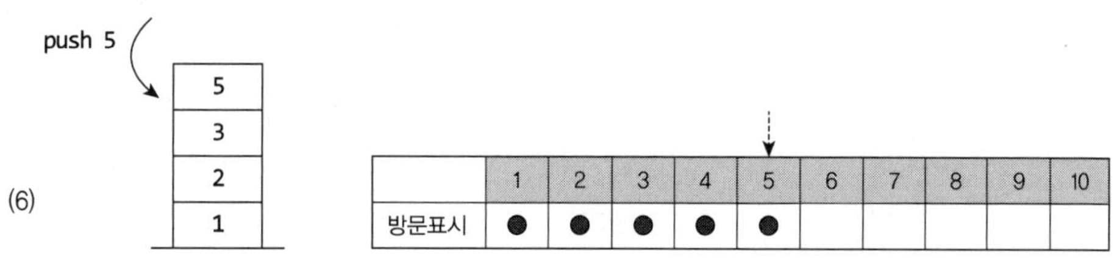

5번 지점에서 더 이상 이동할 지점이 없으므로 되돌아간다. 스택을 팝하면 3번 지점이 보이므로 3번 지점으로 이동한다.

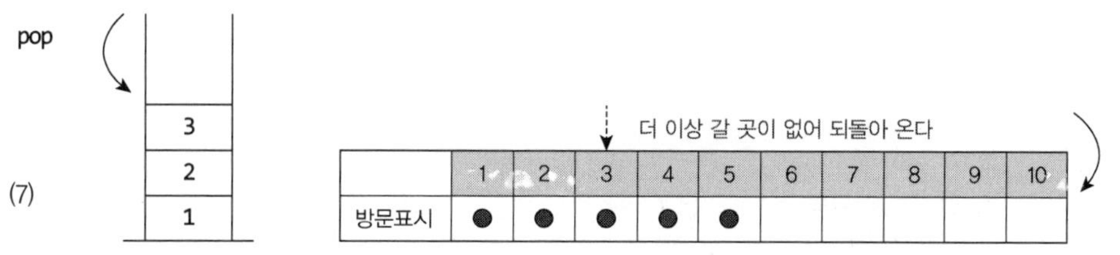

3번 지점에서 더 이상 이동할 지점이 없으므로 되돌아간다. 스택을 팝하면 2번 지점이 보이므로 2번 지점으로 이동한다.

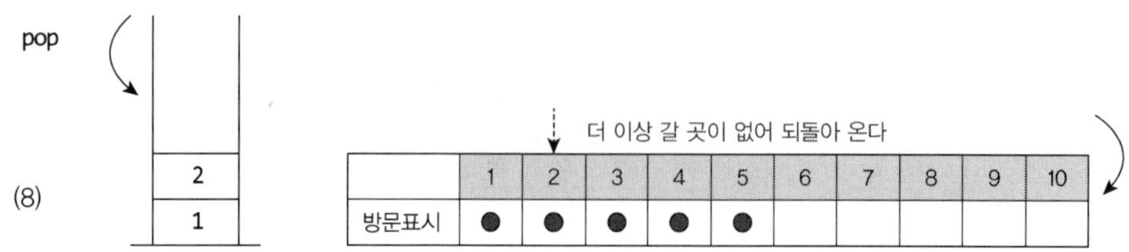

2번 지점에서 1, 3, 6, 10번 지점으로 이동할 수 있지만 1, 3번 지점은 배열에 이미 방문한 표시가 되어 있으므로 제외한다. 6, 10번 지점 중 6번 지점을 선택한다. 6번 지점으로 이동하여 스택에는 6을 푸시하고, 배열에는 6의 위치에 방문표시를 한다.

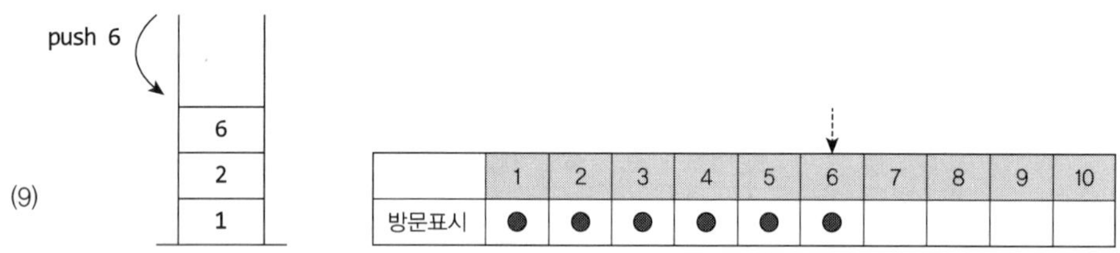

6번 지점에서 7번 지점으로 이동하여 스택에는 7을 푸시하고, 배열에는 7의 위치에 방문표시를 한다.

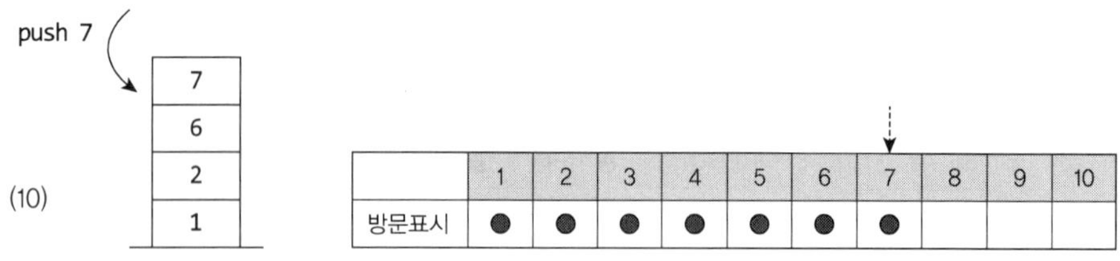

7번 지점에서 8번 지점으로 이동하여 스택에는 8을 푸시하고, 배열에는 8의 위치에 방문표시를 한다.

push 8

(11)
8
7
6
2
1

	1	2	3	4	5	6	7	8	9	10
방문표시	●	●	●	●	●	●	●	●		

8번 지점에서 6번 지점을 갈 수 있지만, 배열의 6번 칸에 표시되어 있는 것을 보고 이미 방문한 지점이라는 것을 확인할 수 있다.

(12)
8
7
6
2
1

	1	2	3	4	5	6	7	8	9	10
방문표시	●	●	●	●	●	●	●	●		

8번 지점에서 더 이상 이동할 지점이 없으므로 되돌아간다. 스택을 팝하면 7번 지점이 보이므로 7번 지점으로 이동한다.

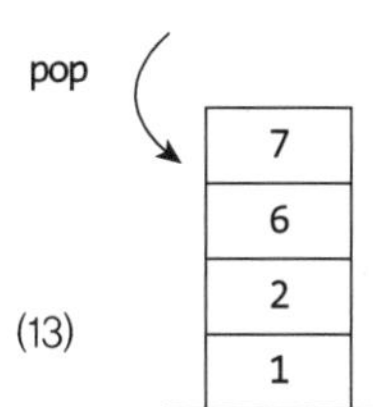

더 이상 갈 곳이 없어 되돌아 온다

	1	2	3	4	5	6	7	8	9	10
방문표시	●	●	●	●	●	●	●	●		

7번 지점에서 더 이상 이동할 지점이 없으므로 되돌아간다. 스택을 팝하면 6번 지점이 보이므로 6번 지점으로 이동한다.

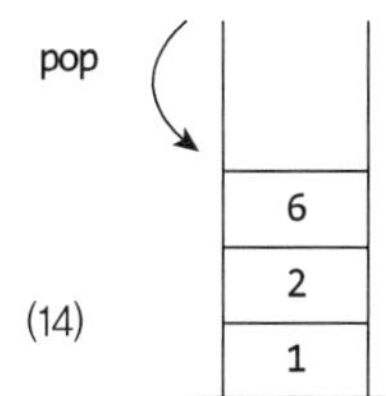

더 이상 갈 곳이 없어 되돌아 온다

	1	2	3	4	5	6	7	8	9	10
방문표시	●	●	●	●	●	●	●	●		

6번 지점에서 갈 수 있는 유일한 지점이 9번 지점이다. 9를 스택에 푸시하고 배열에서 9의 위치에 표시한다.

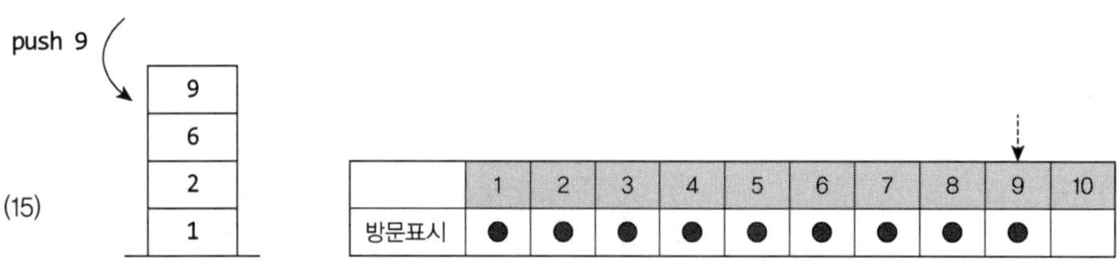

10번 지점을 방문하여 10을 스택에 푸시하고 배열에서 10의 위치에 표시한다.

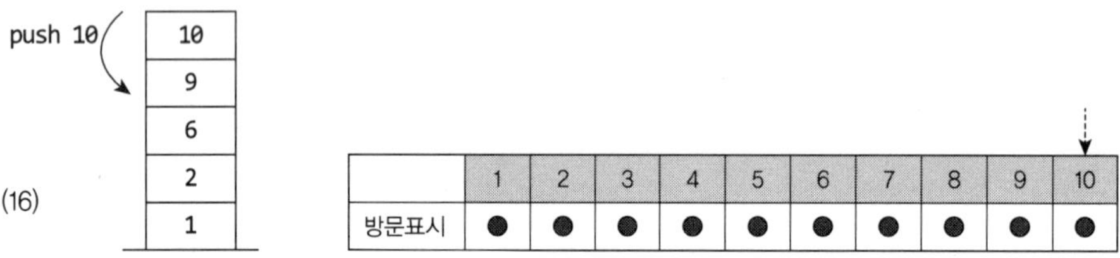

10번 지점에서 배열의 2번 칸에 표시되어 있는 것을 보고 이미 방문한 지점이라는 것을 확인할 수 있다.

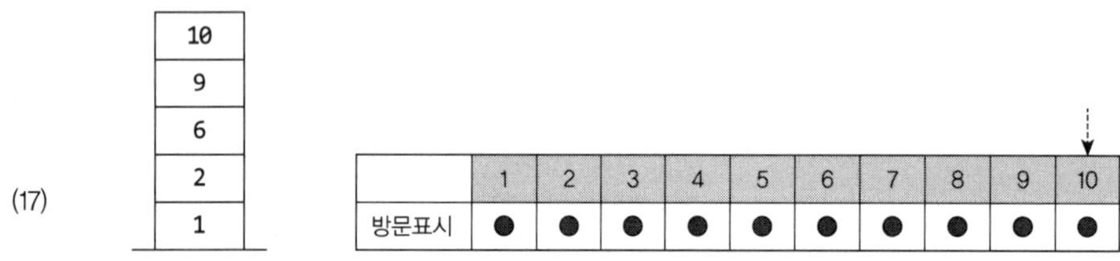

10번 지점에서 더 이상 이동할 지점이 없으므로 스택을 팝하고, 스택 상부에 있는 9번 지점으로 돌아간다.

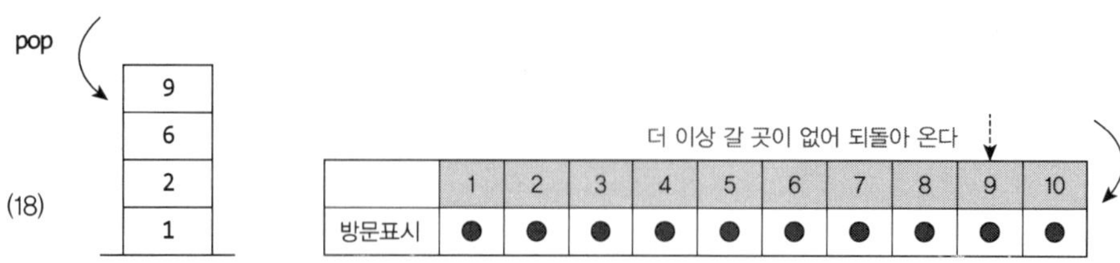

9번 지점에서 더 이상 이동할 지점이 없으므로 스택을 팝하고, 스택 상부에 있는 6번 지점으로 돌아간다.

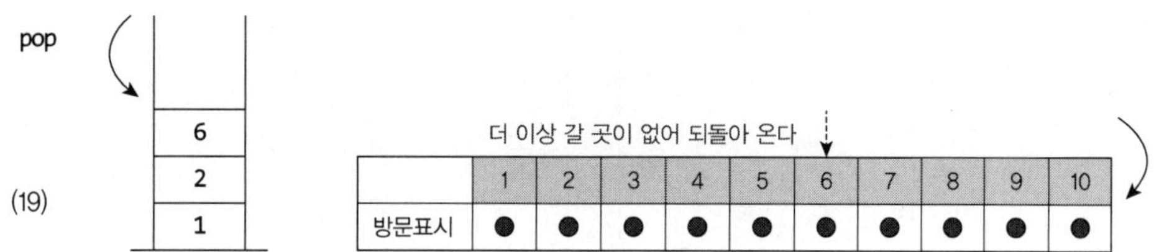

6번 지점에서 더 이상 이동할 지점이 없으므로 스택을 팝하고, 스택 상부에 있는 2번 지점으로 돌아간다.

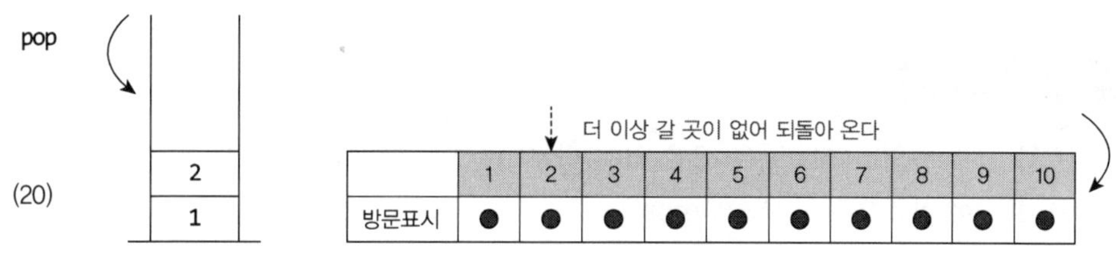

2번 지점에서 더 이상 이동할 지점이 없으므로 스택을 팝하고, 스택 상부에 있는 1번 지점으로 돌아간다.

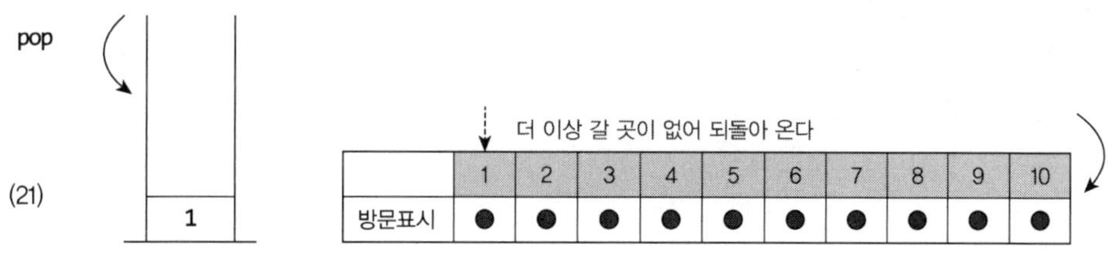

1번 지점에서 더 이상 이동할 지점이 없으므로 스택을 팝한다. 스택이 빈 상태가 되었고 배열의 모든 노드가 방문한 것으로 표시가 되었으므로 알고리즘을 종료한다.

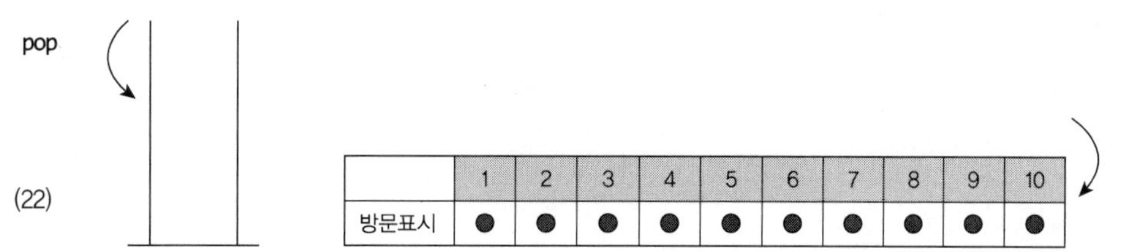

되추적 방법을 사용하여 미로를 탐사한 결과인 전체 이동 경로를 표시하면 다음과 같다.

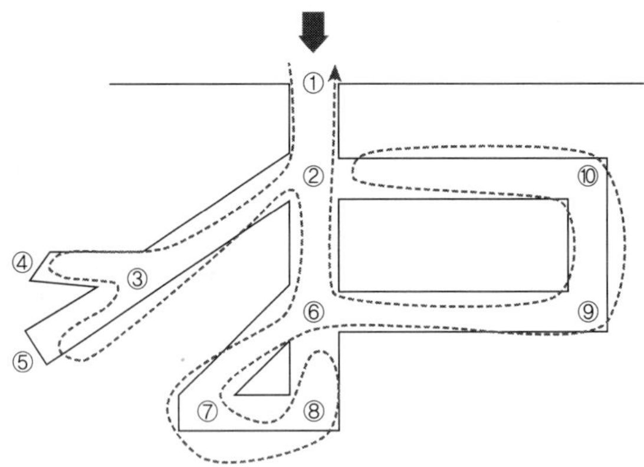

[그림 9-41] 되추적 방법을 사용한 탐사 경로

컴퓨팅 사고력

- 미로를 모두 순회하면서 같은 곳을 다시 방문하지 않는 알고리즘을 설명하였다.
- 스택과 배열 자료구조를 이용하였다.
- 스택은 돌아오는 지점의 정보를 저장하고, 배열은 방문한 지점인지를 확인하는 용도로 사용하였다.
- 일반적으로 스택은 지나온 경로를 저장하는 목적으로 사용한다.

■ 컴퓨팅 사고력 개념

- 추상화
- 알고리즘 설계
- 데이터 분석

■ 문제 해결 전략

- 가능성들을 제거
- 대칭 성질을 이용
- 직접 추론 사용
- 그림을 그린다.

컴퓨터 과학

- 여기서 설명한 내용은 검색 기법 중, 깊이우선검색(depth-first search) 방법이다.
- 깊이우선검색 방법은 현재 위치에서 아직 방문 안 한 지점이 있다면, 계속해서 미로를 깊숙이 전진해보는 것과 같다. 더 이상 전진할 지점이 없을 때만 이전의 지점으로 이동한다.
- 여기서는 깊이우선검색을 스택 구조를 이용해 설명했지만, 일반적으로 재귀(recursion) 함수를 이용해서 구현한다.
- 다음에 설명하는 되추적 방법은 깊이우선검색을 상태공간(state space)의 검색방법으로 사용한다.
- 상태공간: 문제의 풀이 과정에서 발생하는 상태들의 집합
- 다음 그림에서 노드 번호는 이진트리를 깊이우선검색으로 이동하는 순서를 나타낸다.

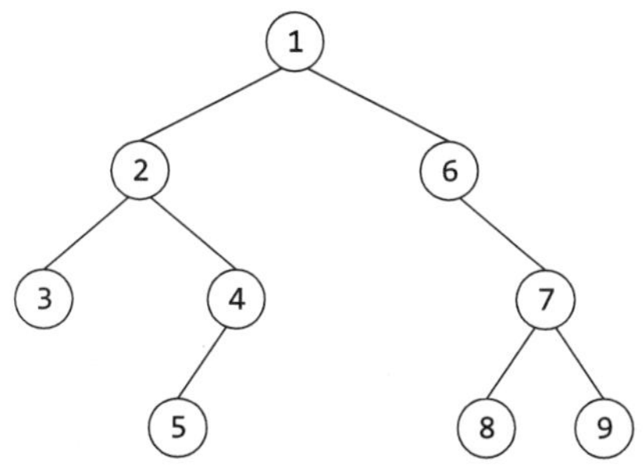

[그림 9-42] 이진트리를 깊이우선검색으로 이동하는 순서

9.4.2 4-여왕(4-Queens) 문제

전 절에서는 미로탐사 문제를 어떻게 해결하는지 설명하면서 되추적 방법의 개념을 설명하였다. 이 절에서는 격자에 4개의 여왕을 배치하는 문제를 이용하여 되추적 방법을 좀 더 설명한다. 되추적 방법은 주어진 문제의 가능한 해(solution) 모두 또는 일부를 생성하여 문제를 해결하는 알고리즘 유형 중의 하나이다. 후보해(candidate solution)를 생성한 후, 후보해가 유효한 해가 될 수 있는지 확인하는 절차를 수행하여, 유효한 해가 아닌 경우는 후보해를 제거한다. 이러한 방법은 바둑, 체스 등의 많은 후보해가 만들어지는 게임의 해결 방안을 찾을 때 사용한다.

다음의 4-여왕 문제를 되추적 방법을 이용해서 해결하는 방법을 설명한다. 4-여왕 문제

는 4×4 격자 내에 4개의 여왕을 위치시키는 문제인데, 같은 행이나, 같은 열, 같은 대각선 상에 두 개 이상의 여왕들이 배치되면 안 되는 조건이 있다.

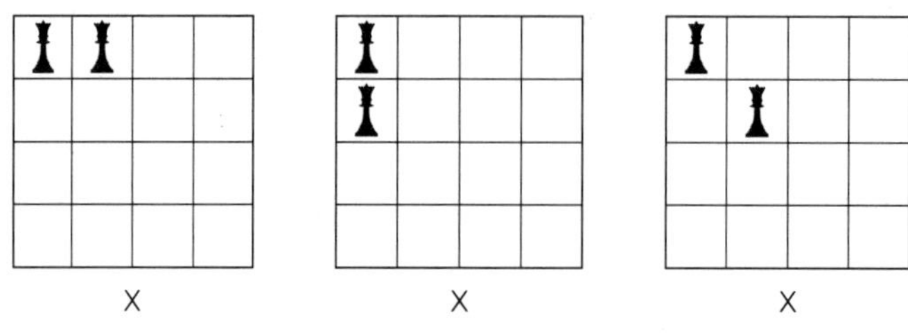

[그림 9-43] 여왕을 배치할 수 없는 유형 예

4개의 여왕을 Q1, Q2, Q3, Q4로 표시한다. 하나의 행에 하나의 여왕만 있어야 하므로, Q1은 1행에만 위치하고, Q2는 2행에만 위치하는 방식으로 4개의 여왕을 배치해야 한다.

Q1	Q1	Q1	Q1
Q2	Q2	Q2	Q2
Q3	Q3	Q3	Q3
Q4	Q4	Q4	Q4

[그림 9-44] 하나의 행에는 Q1, Q2, Q3, Q4 중 한 종류의 여왕만 배치

그러면 Q1이 1행에서 위치할 수 있는 지점의 개수는 4개이다. 마찬가지로 Q2가 2행에서 위치할 수 있는 지점의 개수는 4개이다. (a,b,c,d)를 여왕의 열 위치로 표시하여 a는 첫 번째 여왕의 열 위치, b는 두 번째 여왕의 열 위치, c는 세 번째 여왕의 열 위치, d는 네 번째 여왕의 열 위치를 표시하게 한다.

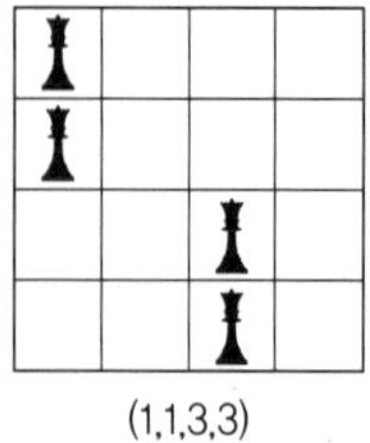

(1,1,3,3)

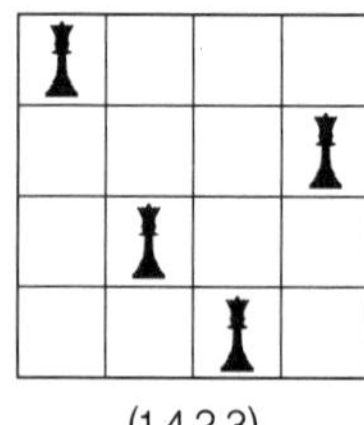

(1,4,2,3)

[그림 9-45] 여왕 배치의 표현

그러면 전체 4개의 여왕의 위치가 만들어내는 상태공간(state space)은 (1,1,1,1), (1,1,1,2)~(4,4,4,4)이 된다. 이 공간에 있는 상태의 개수는 $4\times4\times4\times4=4^4=256$이 된다. 이 공간을 계층적으로 표시하여 다음의 트리구조를 이용해서 표시한 것을 상태공간트리(state space tree)라고 하며, 다음은 문제의 상태공간트리이다.

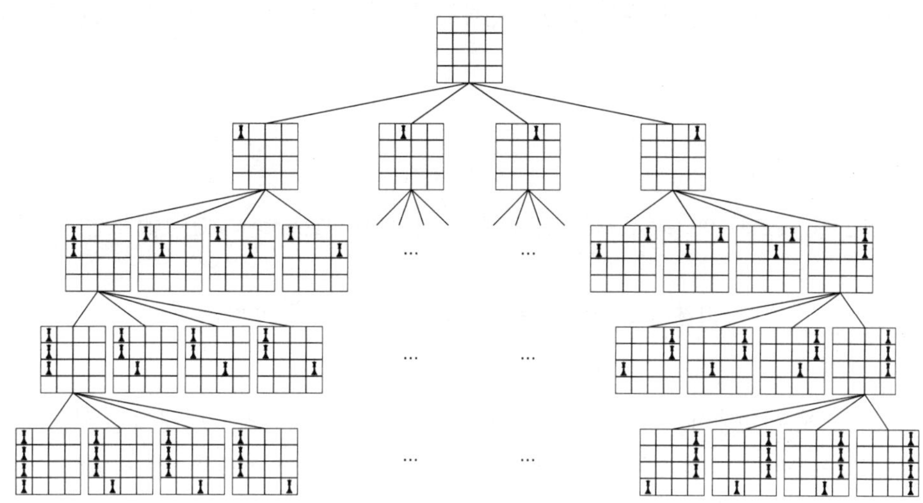

[그림 9-46] 여왕 배치의 상태공간트리

이것을 추상화시키면 [그림 9-47]과 같이 나타낼 수 있다.

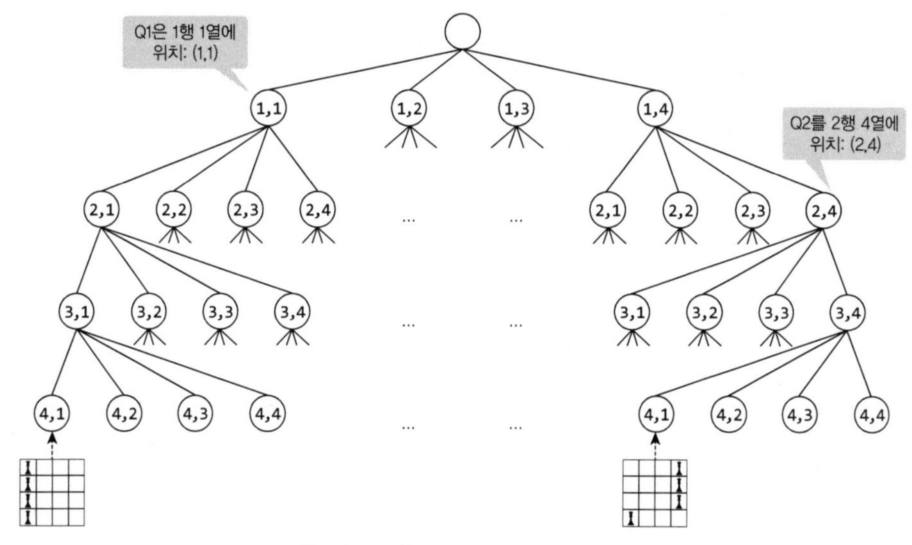

[그림 9-47] 추상화된 상태공간트리

CHAPTER 09 알고리즘 설계

여기서 잎노드의 개수는 256개가 되고, 그림의 제일 왼쪽 아래에 있는 잎노드 (4,1) 표시는 4번째 여왕을 1열에 위치시킨다는 뜻이므로, 뿌리노드로부터 이 노드로 가는 경로 상의 노드들의 정보를 이용하면 (1,1,1,1)을 나타낸다. 즉, (1,1), (2,1), (3,1), (4,1)을 모아서 분석하면, 모든 여왕들이 1열에 위치한 것을 의미하게 된다.

4-여왕 문제를 해결하는 단순한 방법은 상태공간트리의 모든 잎노드(leaf node, 단말노드)를 검사하는 방법이다.

[무작정 알고리즘]

상태공간트리의 모든 잎노드(leaf node, 단말노드)를 검사해서 해(solution)가 되는지를 확인한다.

[알고리즘 9-8] 4-여왕 문제를 해결하는 단순한 방법

모든 잎노드를 확인해서 그 노드가 해(solution)가 되는지를 확인하면 문제를 해결할 수 있다. 상태공간트리의 뿌리마디에서 잎노드로 이동하면서 모든 해답후보를 나열할 수 있고, 모든 해답후보 중에서 해답을 찾을 수 있다. 트리를 이동할 때는 트리의 위에서 아래, 왼쪽에서 오른쪽으로 이동하게 되는데, 아래로 이동할 수 있을 때는 우선적으로 아래로 이동해야 한다. 이 방법을 깊이우선검색(depth-first search)이라고 한다.

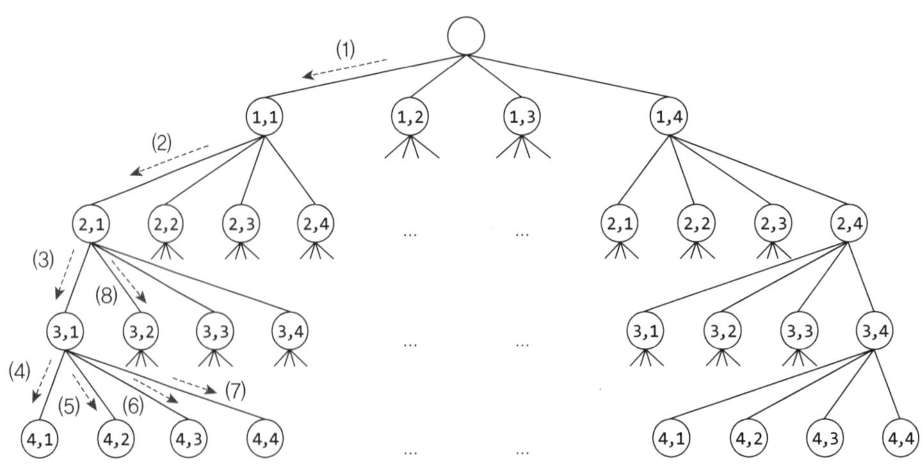

[그림 9-48] 깊이우선검색 순서

그런데 상태공간트리에 대한 깊이우선검색 단계에서 초기에 해답이 될 수 없는 경우를 확인할 수 있어서 트리의 모든 노드를 생성할 필요가 없게 된다. 그러므로 모든 노드를 생성해서 가능한 후보해를 찾는 이 방법은 비효율적이라는 것을 알 수 있다. 다음 그림에서 노드 (2,1)이나 (2,2) 이후의 노드는 해가 될 수 없다는 것을 알 수 있으므로, 상태공간트리에서 제외시킬 수 있다.

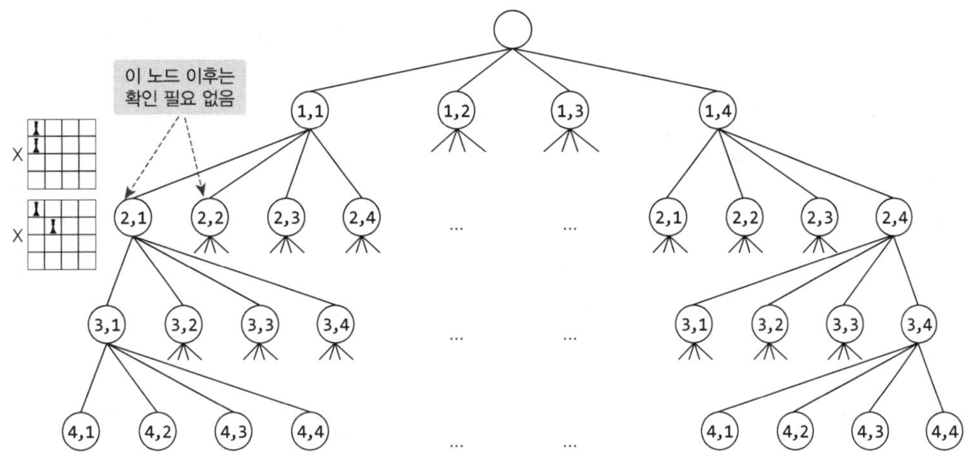

[그림 9-49] 단순한 방법의 비효율성

다음으로 되추적 방법을 사용하여 4-여왕 문제를 해결하는 방법을 설명한다. 여기서도 상태공간트리를 이용한다.

[되추적 방법]

상태공간트리의 뿌리노드부터 출발하여, 아래로 이동하고 더 이상 이동할 수 없을 때 위로 올라가서 오른쪽 다음으로 이동한다. – **깊이우선검색**

노드를 방문하면서 해를 만들어낼 수 있는지를 확인한다.

해를 만들어낼 수 없는 상황이라면 검색 순서의 전 지점으로 돌아간다. – **되추적**

[알고리즘 9-9] 되추적 방법을 사용하여 4-여왕 문제를 해결하는 알고리즘

다음 그림은 상태공간트리에서 노드 (2,1)에서 되추적하는 상황을 보여주고 있다. 노드 (2,1)은 1열에 두 개의 여왕이 배치된 상황이므로, 상태공간트리에서 그 이후로 검사할 필

요가 없게 된다. 하나의 해가 나타날 때까지의 상태공간트리를 생성했다.

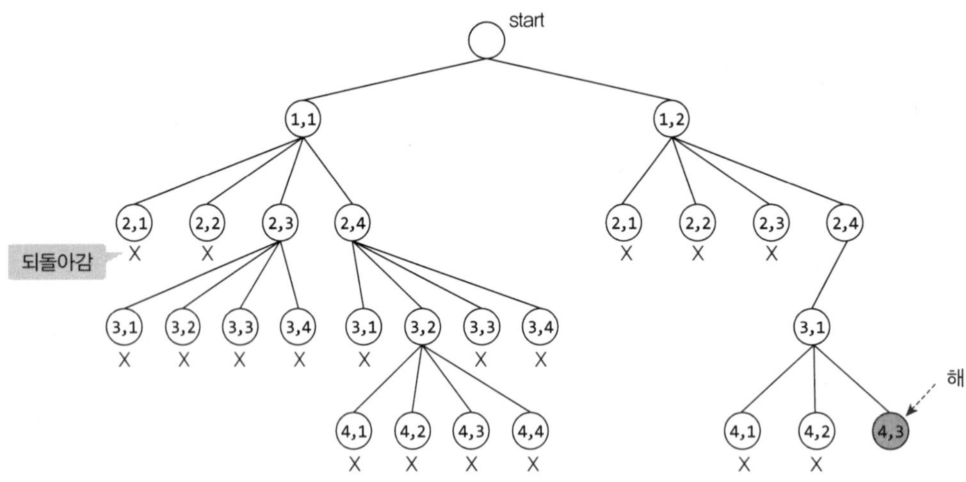

[그림 9-50] 되추적 방법으로 해를 찾는 상태공간트리

[그림 9-51]은 상태공간트리를 검색해 나가는 과정에 따른 여왕들의 배치 상황을 보여주고 있다.

(8)에서 3행에 위치할 수 있는 여왕의 위치가 어느 곳에도 가능하지 않으므로, 이전 단계로 올라가서 2행의 여왕이 한 칸 오른쪽으로 이동하였다. (15)에서 4행에 위치할 수 있는 여왕의 위치가 없으므로, 3행으로 올라가서 여왕을 3열, 4열에 위치시키는 것을 시도하였다(16, 17). 그림에서 제일 마지막의 상황이 해(solution)를 나타내고 있다.

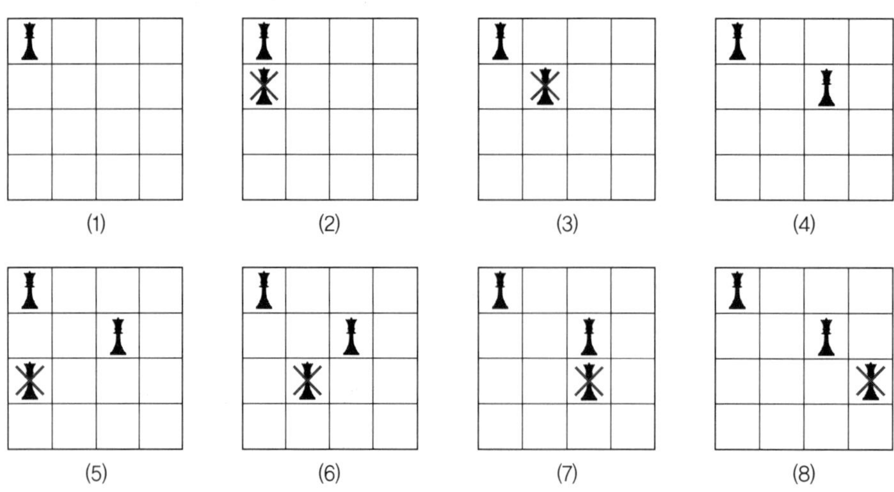

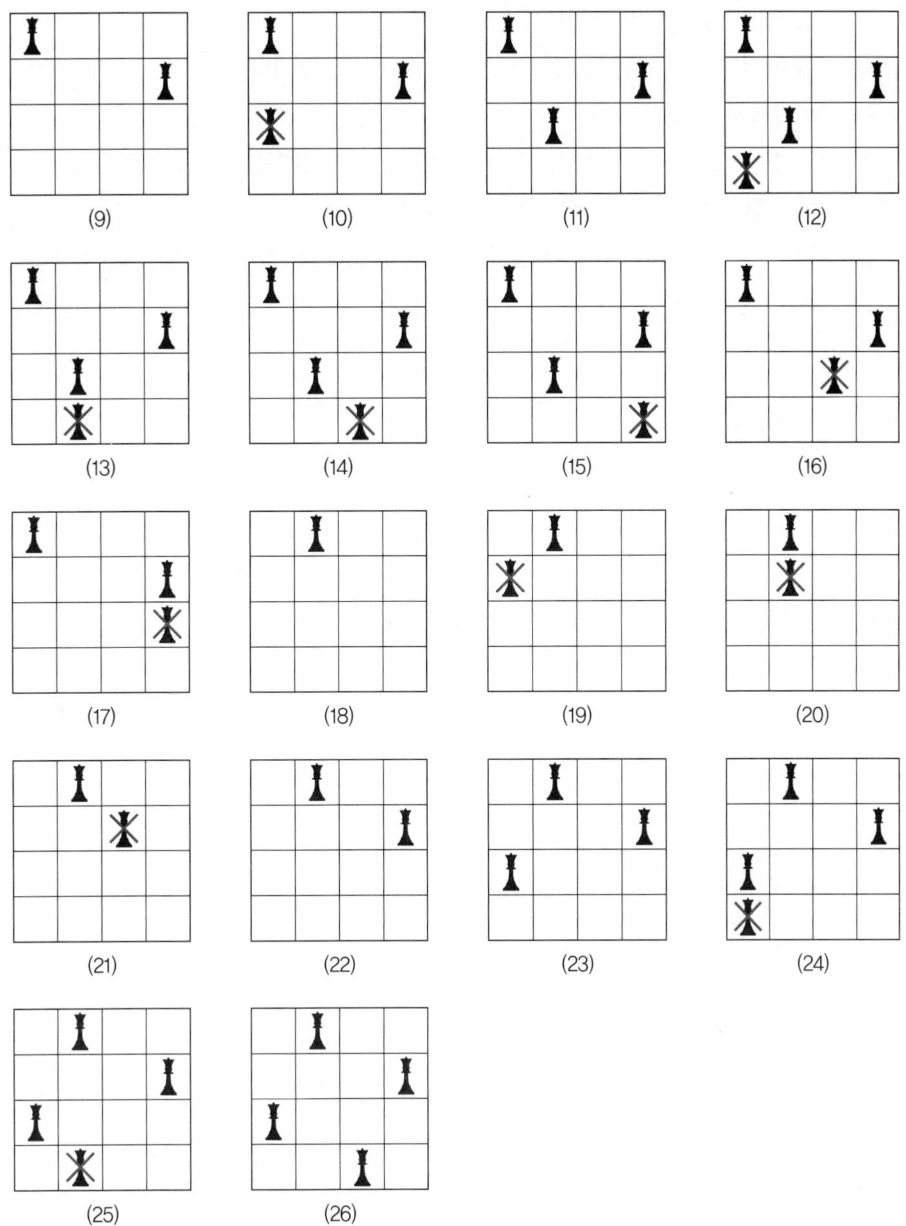

[그림 9-51] 상태공간트리를 검색하는 과정에 따른 여왕들의 배치 상황과 최종해

컴퓨팅 사고력

- 공간 상의 위치가 숫자 데이터로 표시된 방법을 생각해보라.
- 격자판에 여왕들을 배치하는 문제가 어떻게 트리의 모양으로 바뀌는지 추상화

(abstraction) 관점에서 생각해보라.

- 이 문제에서 사람들은 직관적으로 해를 찾을 수 있다. 그러나 그 과정이 어떻게 세분화되는지는 이해하기 어렵다.
- 문제 내에 있는 규칙을 잘 따르지 않으면 이미 확인한 상태를 다시 확인하는 잘못을 행하게 되어 해를 찾는데 많은 시간이 걸리게 된다.
- 알고리즘을 이용해서 불필요한 중복 확인 작업을 없애고, 효율적으로 해를 찾을 수 있는 방법을 설계하였다.
- 8-여왕 문제에 대해 이 방법을 적용해보라.

■ 컴퓨팅 사고력 개념

- 분해
- 추상화
- 알고리즘 설계
- 데이터 표현
- 데이터 분석

■ 문제 해결 전략

- 가능성들을 제거
- 대칭 성질을 이용
- 직접 추론 사용
- 그림을 그린다.

컴퓨터 과학

- 큰 상태공간을 갖는 여러 문제에 대해 되추적 방법은 효율적으로 해를 찾을 수 있게 해준다.
- 해밀토니안 회로(Hamiltonian Circuit) 문제, 그래프 칠하기(graph coloring) 문제, 배낭(knapsack) 문제, 부분집합의 합(sum of subset) 문제 등에도 활용할 수 있다.

9.5 오일러 회로(Eulerian circuit)

9.5.1 오일러 회로

본 절에서는 그래프이론의 효시가 되었던 내용을 설명한다. 그래프는 상상 속의 개념이 아니고 현실의 문제를 해결하기 위해 개념적으로 만들어낸 도구이다. 여기서 설명하는 문제를 통해서 컴퓨터가 있기 훨씬 전부터 사람들은 주위의 문제들을 어떻게 해결할 수 있는지 관심이 있었다는 것을 알 수 있다. 오일러(Leonhard Euler, 1707~1783)는 18세기의 학자로 수학·물리학·천문학·공학에서 많은 업적을 이룬 인물이다.

[그림 9-52] 오일러 사진이 들어간 스위스 화폐

그 당시에 유럽의 쾨닉스버그(Königsberg, 현재의 칼린그라드(Kaliningrad)) 지역에 관련되어서 사람들이 관심이 있었던 문제가 있었다.

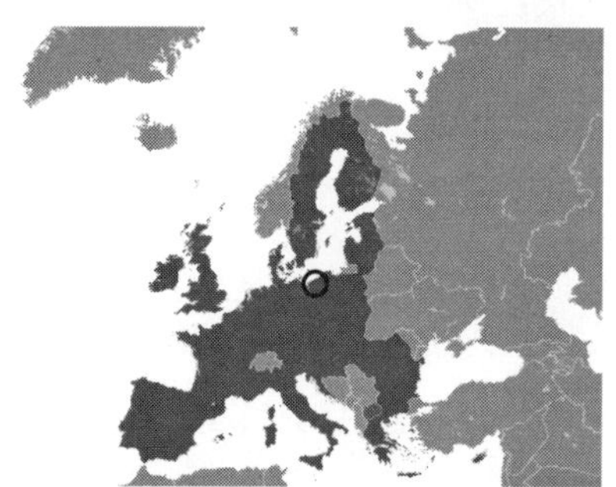

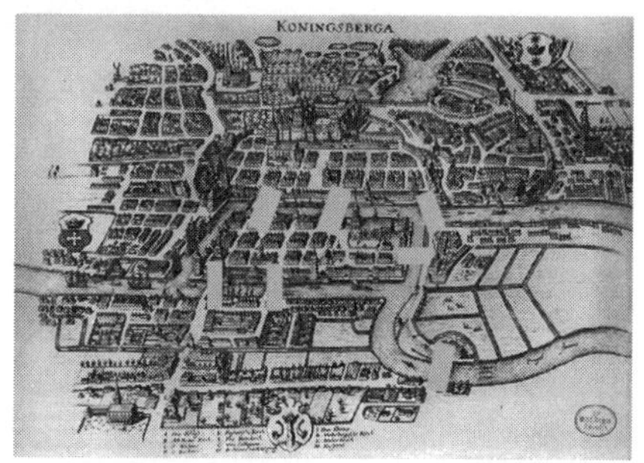

[그림 9-53] 유럽의 Königsberg

이 도시는 강을 끼고 있어서 도시에는 7개의 다리가 있었다. 사람들이 궁금해 하던 문제는 다음과 같다.

> 도시의 한 지점에서 출발하여 모든 다리를 한 번씩만 지나간 후 출발점으로 돌아오는 경로가 있는가?

도시의 지도를 추상화시키면 다음과 같다.

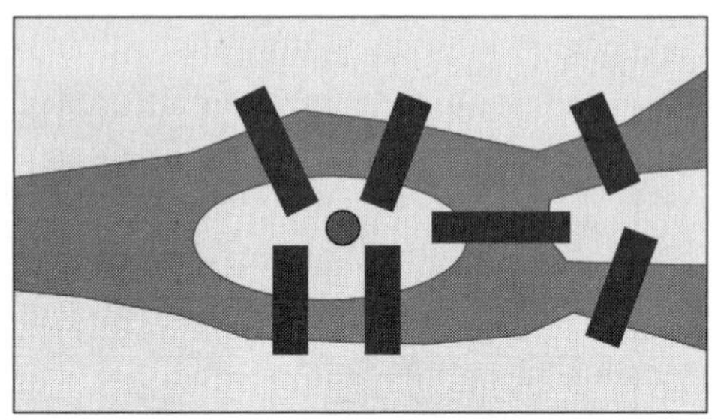

[그림 9-54] 지도의 추상화

이 지도에서 각 땅의 영역에 노드를 할당하면 다음과 같은 그림이 된다.

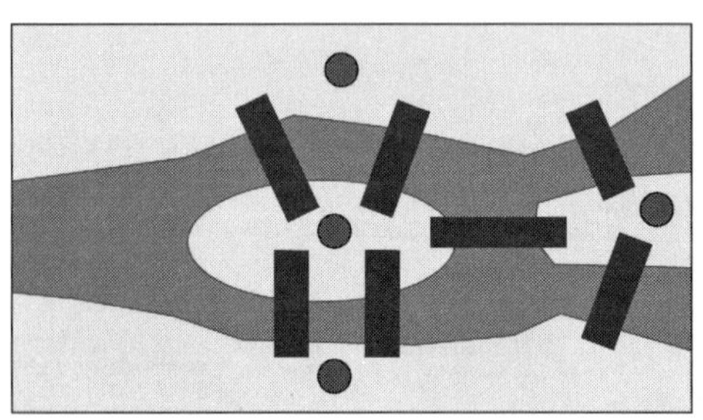

[그림 9-55] 육지 영역에 노드 할당

이 그림을 다시 추상화시키면 다음과 같다.

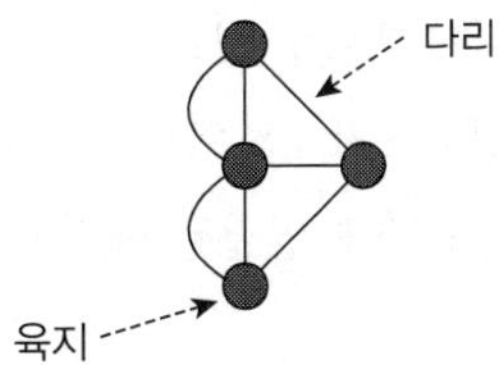

[그림 9-56] 육지와 다리의 추상화 결과인 그래프

그래프에서 노드는 육지를 추상화시킨 것이고, 에지는 다리를 추상화시킨 것이다. 추상화시킨 후의 그래프를 이용하여 다시 문제를 정의하면 다음과 같다.

> **[추상화 후의 문제]**
>
> 하나의 노드에서 출발하여 그래프의 모든 에지를 한 번씩만 방문한 후 출발 노드로 돌아오는 경로가 존재하는가?

만일 그러한 경로가 존재하면 그 경로를 오일러 회로(Eulerian circuit)라고 한다. 예를 들어 다음과 같은 그래프를 이용하여 오일러 회로를 설명한다.

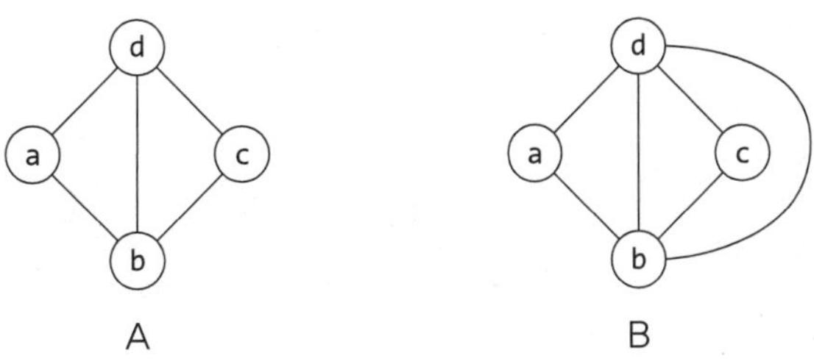

[그림 9-57] 그래프 예

A는 한 노드에서 시작해서 모든 에지를 한 번씩 방문해서 시작 노드로 돌아오는 경로가 없으나, B는 한 노드에서 시작해서 모든 에지를 한 번씩 방문해서 시작 노드로 돌아오는 경로가 있다. 가능한 경로 중의 하나는 d-a-b-c-d-b-d 이다. 여기서 한 노드는 경로 상에 여러 번 방문해도 무방하다. A와 B에는 어떤 차이가 있기에 하나는 오일러 회로를 갖고 하나는 오일러 회로를 갖지 않을까?

오일러는 쾨닉스버그 다리 문제에서 오일러 회로는 존재할 수 없다고 증명하였다. 오일러는 그러한 경로가 존재하기 위해서는 그래프에 있는 모든 노드의 연결도(degree)가 모두 짝수 이어야 하고, 또 모든 노드의 연결도가 짝수일 때만 오일러 회로를 갖는다는 것을 증명하였다(정리, theorem). 연결도는 노드에 연결된 에지의 개수이다. 이전 그림의 그래프 A의 노드 a의 연결도는 2이다.

이 정리의 증명을 위해서는 다음과 같은 관찰결과가 필요하다.

[관찰]

경로가 하나로 이어지려면, 노드에 들어오는 길이 있으면 그 노드로부터 나가는 길이 있어야 한다. 따라서 연결도는 항상 짝수여야 한다.

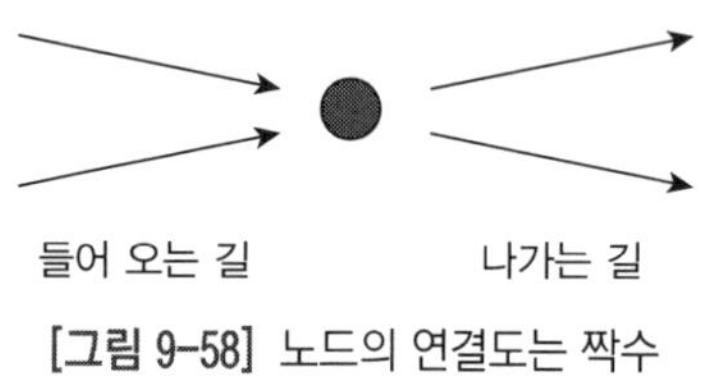

[그림 9-58] 노드의 연결도는 짝수

이 정리를 이용하여 다음의 그래프에 대해 오일러 회로가 있는지를 판단해보자.

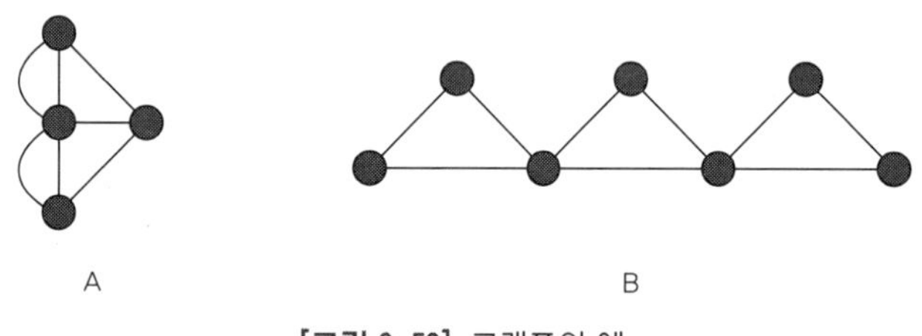

[그림 9-59] 그래프의 예

그래프 A는 쾨닉스버그의 다리 문제의 그래프이다. 이 그래프는 연결도가 홀수인 노드가 4개 있으므로, 오일러 회로는 존재하지 않는다. 그래프 B는 연결도가 모두 짝수이므로 오일러 회로가 존재한다.

간단한 그래프에서는 오일러 회로를 쉽게 발견할 수 있다. 그러나 다음 그림과 같이 그래프의 크기가 커져서 그래프의 노드와 에지의 수가 증가하면, 오일러 회로를 찾아주는 알고리즘이 필요하다.

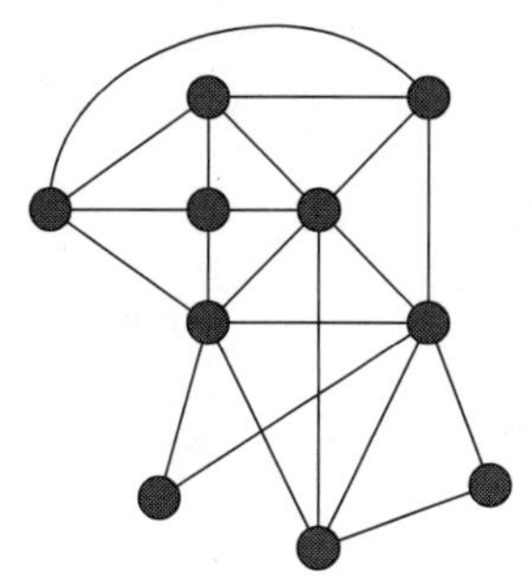

[그림 9-60] 오일러 회로를 찾기 어려운 그래프

다음은 오일러 회로를 찾는 Fleury 알고리즘이다.

(단계 1) 임의의 하나의 노드 u를 시작노드로 선정한다.
(단계 2) 현 노드에서 이동할 수 있는 에지를 따라 다음 노드로 이동한다. 선택할 에지가 없을 경우에는 브리지(bridge)를 따라 이동한다.
(단계 3) 에지를 이동한 후, 그 에지를 제거한다. 에지 제거 시 그 에지의 양편에 있는 노드 중 연결도가 0인 노드를 제거한다.
(단계 4) (단계 2)와 (단계 3)을 반복한다. 더 이상 에지를 선택할 수 없을 때 종료한다.
(단계 5) 선택된 에지들의 순서가 오일러 회로이다.

[알고리즘 9-10] 오일러 회로를 찾는 Fleury 알고리즘

여기서 브리지(bridge)는 그래프의 에지인데, 이것을 제거하면 그래프가 분할(연결되지 않은)되는 에지를 의미한다. 다음 그래프에서 에지 (a,b)를 제거하면 두 개의 그래프로 분리되므로 에지 (a,b)는 다음 그래프의 브리지이다.

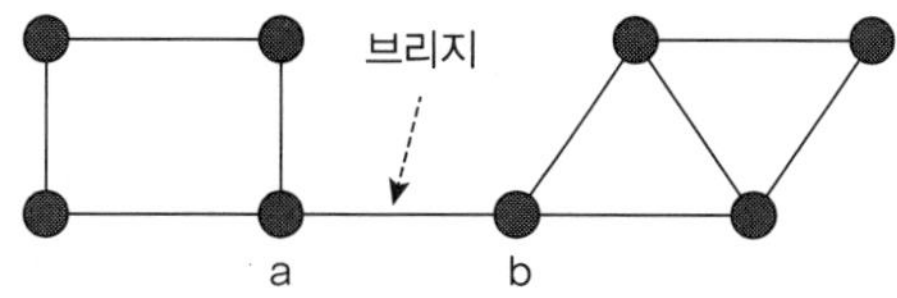

[그림 9-61] 그래프의 브리지

다음은 간단한 그래프에 대해 오일러 회로를 찾는 알고리즘이 진행되는 과정을 보여주고 있다. 이 그래프의 모든 노드의 연결도는 짝수이므로 오일러 회로가 존재하게 된다.

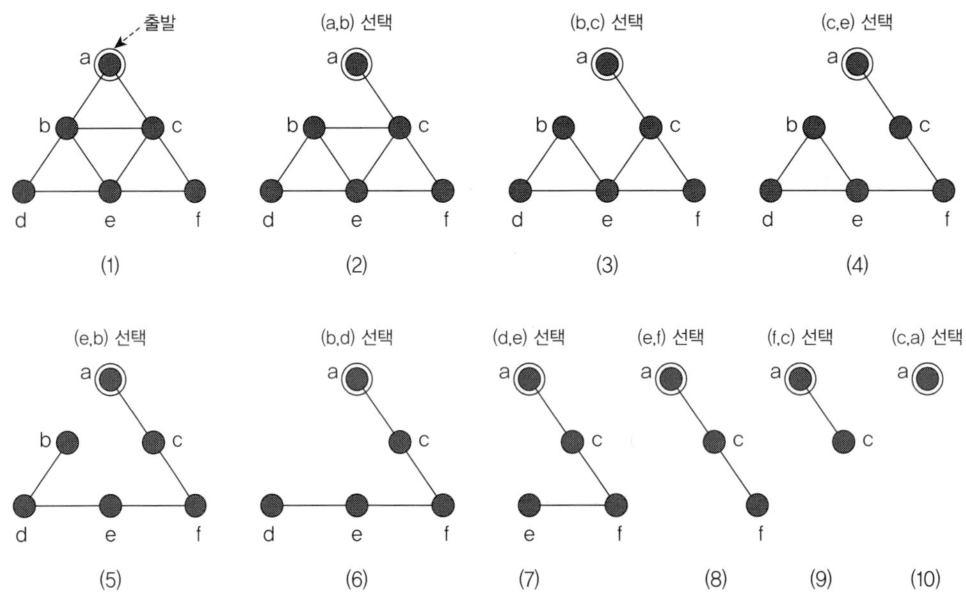

[그림 9-62] 오일러 회로를 찾는 Fleury 알고리즘이 진행되는 과정

(4)에서 에지 (c,e) 대신 (c,a)를 선택하면 a가 그래프에서 분리되어 그래프가 연결되지 않으므로 에지 (c,e) 선택하게 된다. (5)에서 에지 (b,d)를 선택하면 그래프가 연결되지 않지만, 선택할 에지가 없으므로 에지 (b,d)를 선택하고 노드 b를 제외시켰다. 선택된 에지들을 순서대로 나열해보면 최종 오일러 회로는 a-b-c-e-b-d-e-f-c-a가 된다. 이 경로를 따라 가면 노드 a에서 출발하여 모든 에지를 한 번씩 방문하여 노드 a에서 끝나게 된다.

9.5.2 최소 획(stroke) 횟수로 그래프 그리기

그래프에 오일러 회로가 존재하면 전체 그래프를 이어 그릴 수 있다. 다음 그래프를 한 번에 모두 그릴 수 있는가? 그릴 수 있는 이유는 무엇인가? 그릴 수 있다면 그 경로를 찾아보라. 한 노드는 2번 이상 방문할 수 있고 하나의 에지는 한 번만 그려야 한다.

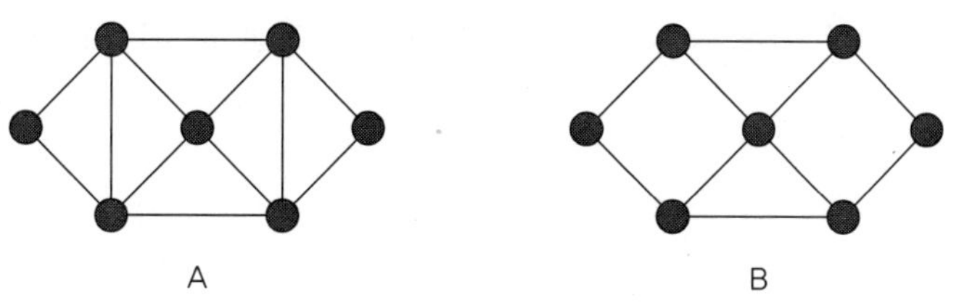

[그림 9-63] 연습문제 그래프

그래프 A는 한 번에 모든 에지들을 이어 그려서 그래프를 완성할 수 있다. 그러나 그래프 B는 한 번에 모두 그릴 수 없다. 적어도 2번의 획을 그려야만 완성할 수 있다. 본 절에서는 이어 그려서 그래프를 완성하는 데 필요한 최소의 획 횟수를 찾는 문제를 설명한다.

다음 그래프는 연결도가 홀수인 노드가 2개, 즉 노드 a, b가 있으므로, 오일러 회로가 존재하지 않는다. 그러나 연결도가 홀수인 노드가 2개인 경우는, a에서 출발하여 b에서 끝나면서 모든 에지를 한 번씩 방문할 수 있는 경로를 찾을 수 있다. 즉, a에서 출발하여 모든 에지들을 이어 그려서 그래프를 완성할 수 있다.

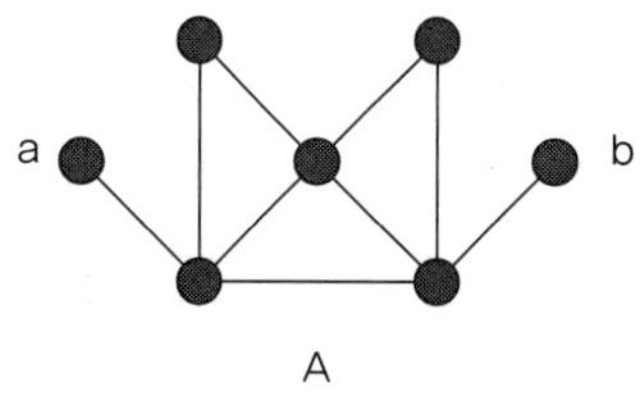

[그림 9-64] 오일러 회로는 존재하지 않지만, 한 번의 획으로 그릴 수 있는 그래프

여기서 다음과 같은 파생문제를 생각해볼 수 있다.

> **[파생문제]**
>
> 다음의 그래프를 최소의 획수로 이어 그리려고 한다. 그리는 방법을 강구하라. 하나의 에지는 한 번씩만 그려야 하고 한 노드는 2번 이상 방문이 가능하다.

만일 그래프에 오일러 회로가 존재하면 이 문제는 그래프의 오일러 회로를 찾는 문제가 되어 그래프의 모든 에지를 방문하는 하나의 경로를 찾을 수 있게 되고 하나의 획을 이용하

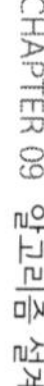

여 그래프를 완성할 수 있게 된다. 그렇지 않을 때는 가능한 한 최소의 획수를 찾는 문제가 된다.

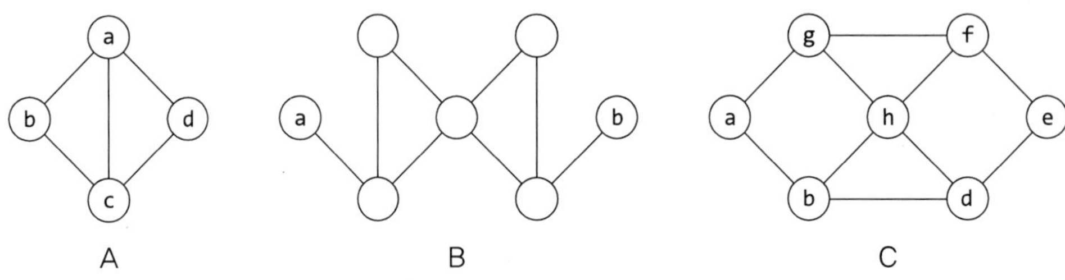

[그림 9-65] 최소 획수를 구하는 그래프

그래프 A에서는 a-b-c-a-d-c의 순서로 이동하면 모든 에지를 방문하고, 한 번의 획으로 그릴 수 있다. 만일 짝수 연결도를 갖는 노드 b 또는 d에서 경로를 출발한다면 최소 2번의 획이 필요하게 된다. 그래프 B에서도 연결도 1을 갖는 노드 a에서 출발하여 연결도 1을 갖는 노드 b에서 종료하는 모든 에지를 방문하는 경로를 찾을 수 있는데, 이 경로는 한 번의 획으로 그릴 수 있다. 그래프 A, B의 예에서 오일러 회로가 존재하지 않더라도 한 획으로 그릴 수 있다는 것을 알 수 있다. 그래프 C에서는 모든 에지를 방문하는 경로를 찾기 위해서는 g-a-b-h-g-f-h-d-b, d-e-f로 이동하는 두 번의 획이 필요하다.

모든 에지를 한 번씩 방문하는 최소의 획 횟수를 갖는 경로를 찾는 문제는 다음과 같은 성질을 갖고 있다.

(1) 홀수 연결도를 갖는 노드가 2개인 경우, 한 개의 연속된 획으로 모두 그릴 수 있다.
(2) 홀수 연결도를 갖는 노드가 4개인 경우, 두 개의 연속된 획으로 모두 그릴 수 있다.
(3) 홀수 연결도를 갖는 노드가 k개인 경우, k/2개의 연속된 획으로 모두 그릴 수 있다.

그래프의 모든 노드들의 연결도의 합은 짝수이어야 한다. 따라서 홀수 연결도를 갖는 노드의 수는 항상 짝수이어야 하므로 (3)에서 k는 짝수가 된다.

위의 그래프 A와 B는 연결도가 홀수인 노드가 2개 있으므로, 오일러 회로가 존재하지는 않는다. 그러나 a에서 출발하여 b에서 종료하는 경로를 한 번에 그릴 수 있다. 그래프 C는 연결도가 홀수인 노드가 4개 있으므로, 위의 성질에 의해 적어도 두 개의 연속된 획을 이용해야만 그릴 수 있다는 것을 알 수 있다.

다음 그래프에서 모든 에지를 방문하고, 하나의 에지는 한 번만 방문하는 경로를 만들 때 연속적인 획의 최소 개수는 얼마인지 확인하라.

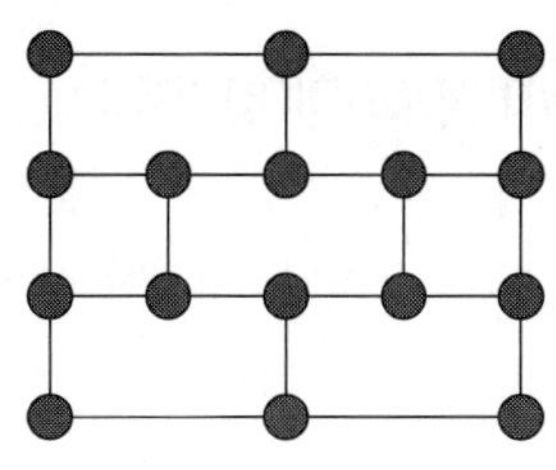

[그림 9-66] 그래프 예제

컴퓨팅 사고력

- 육지들을 연결하고 있는 도시의 다리들을 보면서 문제를 구성하였다.
- 추상화를 통해 어떻게 그래프로 문제를 구성하였는가?
- 각 노드에 연결된 에지의 개수가 짝수여야 한다는 간단한 관찰이 문제를 해결하는 핵심이 되었다.
- 단순한 이어 그리기 게임에는 이론적인 배경이 있다는 것을 알 수 있다.
- 그래프는 객체 간의 관계를 설명하는 좋은 방법이다.

■ 컴퓨팅 사고력 개념

- 추상화
- 알고리즘 설계
- 데이터 분석

■ 문제 해결 전략

- 직접 추론 사용
- 그림을 그린다.

컴퓨터 과학

- 그래프 이론의 최초 이론이다.
- 육지와 다리의 연결 관계를 그래프의 노드와 에지로 최초로 표시했다.

- 사물의 실제적인 위치보다는 사물들의 토폴로지(위상)를 설명하였다.
- 최근의 SNS를 분석하는 연구는 모두 그래프에 기반을 두고 있다.

9.6 최소신장트리(minimum spanning tree)

다음 그림과 같이 집이 배치되어 있다고 하자. 이러한 상황에서 다음과 같은 문제를 생각해보자.

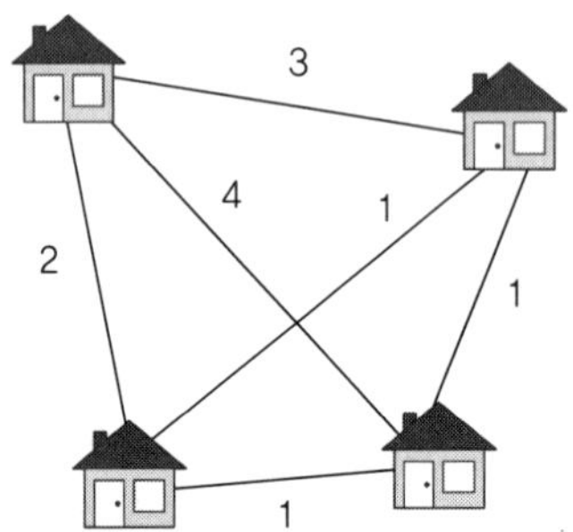

[그림 9-67] 네 채의 집과 거리 표시

> **문제** 그림의 네 채의 집에 전기를 공급할 수 있는 전선을 연결하라. 모든 집은 연결되어야 하고, 비용을 줄이기 위해 최소 길이의 전선으로 구축하여야 한다. 집 사이의 거리가 표시되어 있다.

네 채의 집이 있는 그림을 추상화시키면 다음의 그래프를 만들 수 있다. 각 집은 노드가 되고 각 집 사이의 연결은 에지로 표현된다. 그리고 각 집 사이의 길이는 에지의 길이로 표시된다.

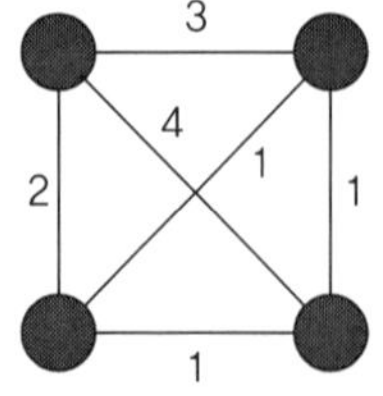

[그림 9-68] 네 채의 집 연결 그래프

주어진 문제를 그래프를 이용하여 재정립하면 모든 노드를 연결하는 최소 길이의 연결 형태를 찾는 문제로 바뀌게 된다. 최소 길이의 연결형태 그래프는 트리 구조를 가져야 한다. 네 채의 집을 최소의 길이로 연결하는 전선이 트리 구조를 갖는 이유를 확인해보자.

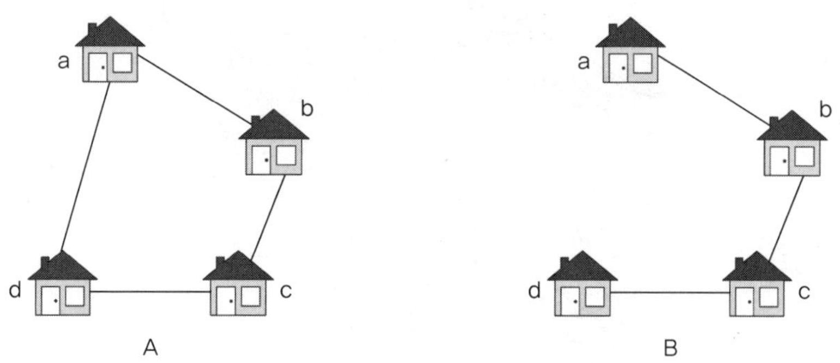

[그림 9-69] 최소 길이 연결은 트리 구조를 갖는다.

만일 그래프 A와 같이 연결한다면, 일부 전선 예를 들어, a와 d 사이를 제거하더라도 모두 연결된다(그래프 B). 즉, 불필요한 에지를 제거하여 총 전선 길이를 줄일 수 있다. 따라서 최소길이를 제공하는 연결 구조는 항상 트리 구조가 된다.

다음과 같이 15개의 건물이 배치되어 있을 때 각 건물에 전선을 연결할 때 최소의 비용이 드는 연결 방법을 찾는 문제를 생각해보자.

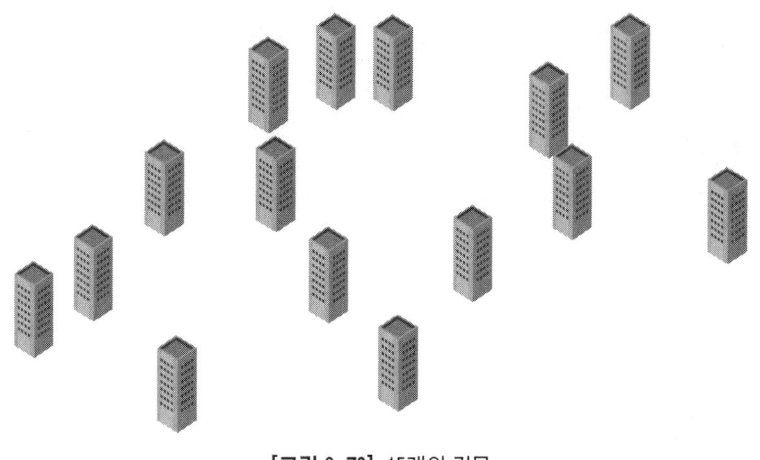

[그림 9-70] 15개의 건물

15개의 건물을 노드로 표시하고 두 건물들 간을 에지로 연결하면 다음과 같은 그래프를 얻는다. 여기서 에지의 길이는 표시하지 않았다.

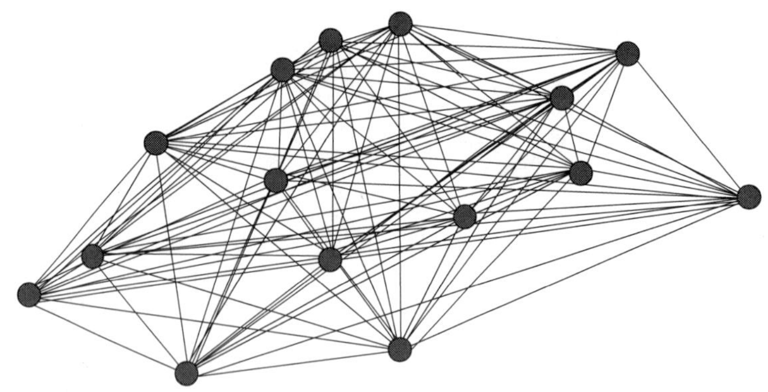

[그림 9-71] 노드 15개와 가능한 모든 에지를 표시한 그래프

여기서 각 노드는 14개의 에지와 연결되어야 하고, 그래프는 매우 복잡해진다는 것을 알 수 있다. 15개의 노드를 모두 연결하는 그래프 중에서 최소의 길이(에지들의 합)를 만드는 그래프도 반드시 트리 구조를 갖게 되고, 이것을 최소신장트리(minimum spanning tree)라고 한다. 최소신장트리는 그래프 내의 모든 노드를 포함하는 트리에 포함된 에지들의 길이의 합이 최소가 되는 트리이다. 이러한 문제의 사용 예는 전기선 배선, 수도 파이프 설치, 통신망 구축 등이 있다.

이제 문제를 보다 더 정형화 시킬 수 있다.

[최소신장트리 문제]

그래프의 모든 노드들을 연결할 수 있는 트리 중 트리의 총 길이를 최소로 하는 트리를 찾으시오.

이 문제를 해결하는 방법을 생각해보자. 먼저 단순한 방법은 다음과 같다.

[해결 방법 1]

주어진 그래프에서 만들어낼 수 있는 모든 트리를 만든다.
각 트리의 총 길이를 계산하고, 최소의 길이가 되는 트리를 찾는다.

[알고리즘 9-11] 최소신장트리 문제를 해결하는 단순한 알고리즘

이 방법은 단순하고 이해하기 쉽다. 그러나 하나의 그래프에서 너무나 많은 트리가 만들어 진다. 처음의 네 채의 집이 있는 문제에 대해 가능한 해로 총 16가지의 트리를 만들 수 있다.

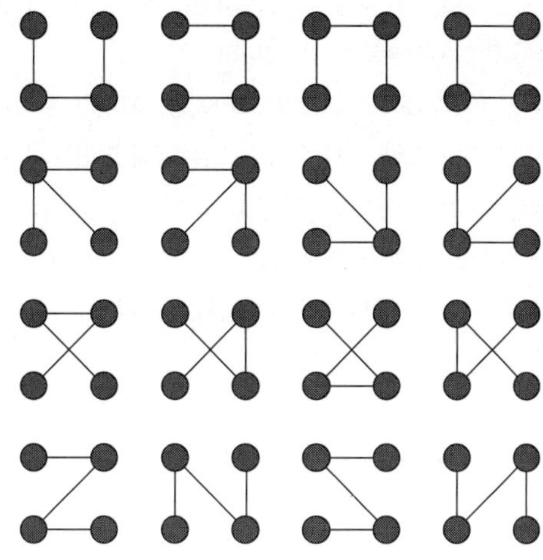

[그림 9-72] 네 개의 노드가 있는 그래프에서 만들 수 있는 16가지 트리 종류

16종류의 트리 중 다음의 트리가 총 길이가 4로 전체 길이가 최소가 되는 트리 중의 하나이다.

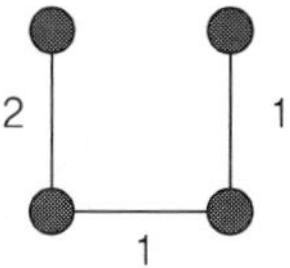

[그림 9-73] 네 채 집이 있는 문제의 최소신장트리

그런데, n개의 노드를 가진 그래프에서 최대 n^{n-2} 개의 트리를 만들 수 있다는 것이 증명되었다(Cayley의 공식). 따라서 15개의 건물 예에서 n=15가 되고, 만들 수 있는 트리의 개수는 15^{13}개가 된다. 그러므로 현실적으로 생성가능한 모든 트리를 고려하는 것은 불가능하다는 것을 알 수 있다.

최소신장트리를 구하는 알고리즘은 여러 개가 있는데 그 중 Kruskal의 알고리즘을 소개한다.

[해결 방법 2] Kruskal 알고리즘

(단계 1) 그래프에 있는 에지들을 에지 길이의 오름차순으로 정렬한다.
(단계 2) 에지의 길이가 짧은 순서로 에지를 선정한다.
(단계 3) 선정된 에지를 최소신장트리에 넣을 수 있는지 판단한다. 그 판단은 구축 중인 최소신장트리 내에서 사이클을 만드는지 확인하는 것이다.
　(경우 1) 사이클을 만들지 않으면 최소신장트리에 그 에지를 추가한다.
　　구축된 최소신장트리의 에지 수가 노드수–1이 되었는지 확인하여.
　　　만일 에지수 = 노드수–1이면 종료
　　　그렇지 않으면 (단계 2)로 이동한다.
　(경우 2) 사이클을 만들면, 그 에지는 포함시키지 않는다.
　　(단계 2)로 이동한다.

[알고리즘 9-12] Kruskal 알고리즘

여기서 사이클(cycle)이란 시작과 끝의 노드는 동일하고, 다른 노드들은 한 번씩만 나타나는 경로를 말한다. 이전에 소개한 네 채의 집을 표시한 다음 그래프에서는 a–b–c–d–a, a–b–c–a 등이 사이클이다.

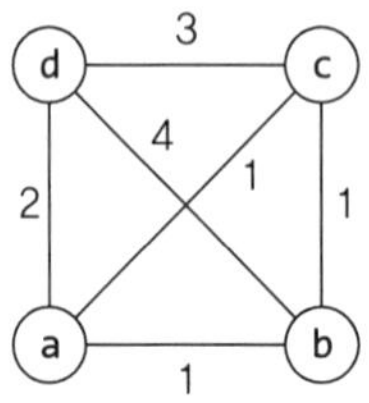

[그림 9-74] 네 채의 집을 나타내는 그래프

위 그래프에서 [해결 방법 2] Kruskal 알고리즘을 이용하여 최소신장트리를 찾는 과정은 다음과 같다. 동일한 길이의 에지가 다수 있을 때는 어떤 것을 선택하더라도 최소길이의 신장트리를 만들 수 있다.

(1) 에지들을 1 1 1 2 3 4 의 길이 순으로 정렬한다.
(2) 최초 최소신장트리는 아무 에지도 포함하고 있지 않다.
(3) 길이가 1인 에지 (a,b)를 트리에 넣는다. 사이클을 만들지 않는다.

(4) 길이가 1인 에지 (b,c)를 트리에 넣는다. 사이클을 만들지 않는다.

(5) 길이가 1인 에지 (a,c)를 트리에 넣는다. 사이클을 만든다. 에지 (a,c)를 포함시키지 않는다.

(6) 길이가 2인 에지 (a,d)를 트리에 넣는다. 사이클을 만들지 않는다.

(7) 에지의 개수가 4−1=3이 되므로 알고리즘을 종료한다. 트리는 최소신장트리이다.

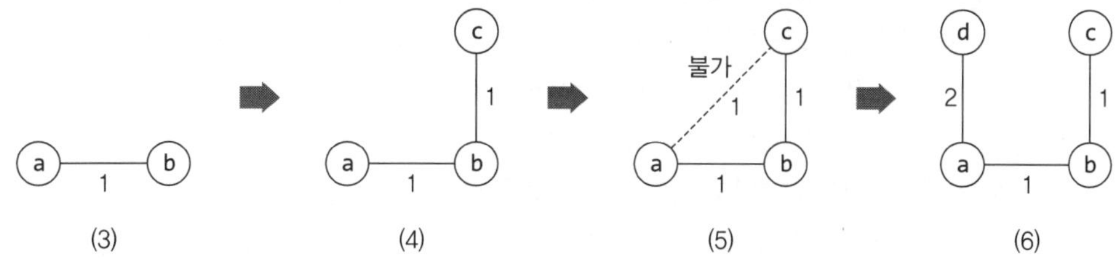

[그림 9-75] Kruskal 알고리즘을 이용하여 최소신장트리를 찾는 과정

컴퓨팅 사고력

- 문제를 해결하기 위해 정렬 알고리즘은 왜 사용되었는가?
- 건물들 간의 상대적인 위치를 어떻게 그래프로 표시했나?
- 지도상에 건물들 간의 간격은 그래프로 표현했을 때 그 길이가 비례적으로 나타나지는 않는다.
- 만일 그래프에서 노드의 개수와 에지의 개수가 매우 많다면, 단순한 문제라고 하더라도 효과적인 알고리즘을 사용하지 않으면 많은 시간이 걸릴 수 있다.
- SNS의 참여자들의 관계를 그래프로 만든다면, 노드의 수가 수백, 수천 만이 될 수 있다. 이 경우, 효과적인 알고리즘을 사용해야만 한다.
- 트리에는 사이클이 없다는 성질을 확인할 수 있는가?
- 본 알고리즘에서 선택한 에지가 그래프 내에서 사이클을 생성하는지 확인하는 문제는 또 다른 문제이다. 일반적으로 하나의 문제를 해결하는 알고리즘은 다른 문제를 해결하는 또 다른 알고리즘을 포함하고 있을 수 있다.
- 본 알고리즘은 탐욕적(greedy) 알고리즘의 형식을 채택하고 있다. 어느 측면에서 탐욕적 알고리즘의 형식을 채택하고 있다고 할 수 있는가?

[해결 방법 2]

(단계 1) 그래프에 있는 에지들을 에지 길이의 오름차순으로 정렬한다.

(단계 2) 에지의 길이가 짧은 순서로 에지를 선정한다. – **[선택과정]**

(단계 3) 선정된 에지를 최소신장트리에 넣을 수 있는지 판단한다. 그 판단은 구축 중인 최소신장트리 내에서 사이클을 만드는지 확인하는 것이다. **[적정성점검]**

(경우 1) 사이클을 만들지 않으면, 최소신장트리에 그 에지를 추가한다.

구축된 최소신장트리의 에지 수가 노드수–1 이 되었는지 확인하여. **[해점검]**

만일 에지수 = 노드수–1이면 종료

그렇지 않으면 (단계 2)로 이동한다.

(경우 2) 사이클을 만들면, 그 에지는 포함시키지 않는다.

(단계 2)로 이동한다.

[알고리즘 9-13] 탐욕적 알고리즘 형식

■ 컴퓨팅 사고력 개념

- 추상화
- 알고리즘 설계
- 데이터 분석

■ 문제 해결 전략

- 직접 추론 사용
- 그림을 그린다.
- 단순한 문제 해결 시도

컴퓨터 과학

- 최소신장트리를 구하는 알고리즘은 그 자체로도 중요한 의미를 갖지만, 그래프 이론분야에서 발견할 수 있는 많은 문제들을 해결하는 알고리즘에 사용되는 하나의 함수로도 활용된다.
- 그래프에서 사이클이 존재하는지 확인하는 문제는 깊이우선탐색 방법을 이용하여 해결할 수 있다.

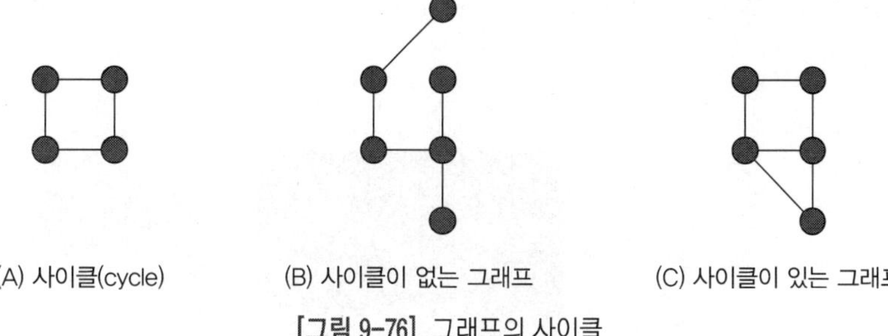

[그림 9-76] 그래프의 사이클

9.7 재귀(recursion) 알고리즘

9.7.1 재귀

재귀의 사전적인 뜻은 자신에게 돌아온다는 것이다. 만일 재귀라는 뜻을 사전에서 찾아보았더니 다음과 같이 되어 있다고 하자. 다음 글은 어떤 의미가 있는 것일까?

> 재귀 : 재귀를 확인하시오.

재귀의 뜻을 설명하는 내용에 재귀라는 단어를 포함에서 설명하고 있다. 설명의 재귀라는 뜻을 찾아보기 위해서는 또 다시 자신을 찾는 일을 반복해야 한다. 결국 재귀의 뜻을 설명하지 못하고 있는데, 이것은 재귀를 설명하는 유머이다.

재귀의 상황은 현실 세계에서 관찰할 수 있다. 다음 그림에서처럼 두 개의 거울을 마주보도록 놓았을 때 거울 속의 이미지가 무한히 반복된다.

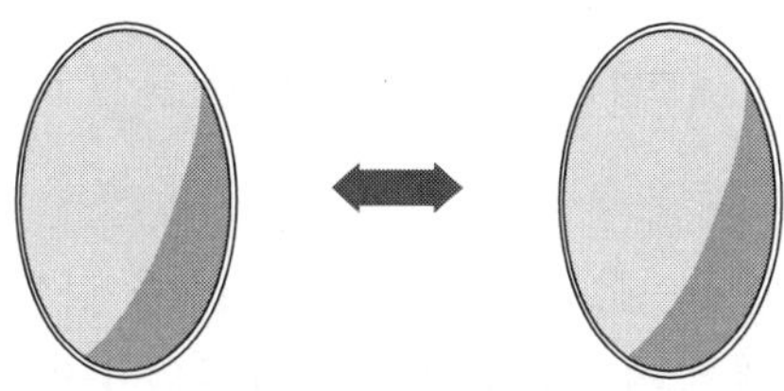

[그림 9-77] 마주 보고 있는 두 개의 거울

하나의 패턴이 크기를 달리하면서 반복적으로 나타나는 다음의 이미지들에서도 재귀의 성질을 확인할 수 있다.

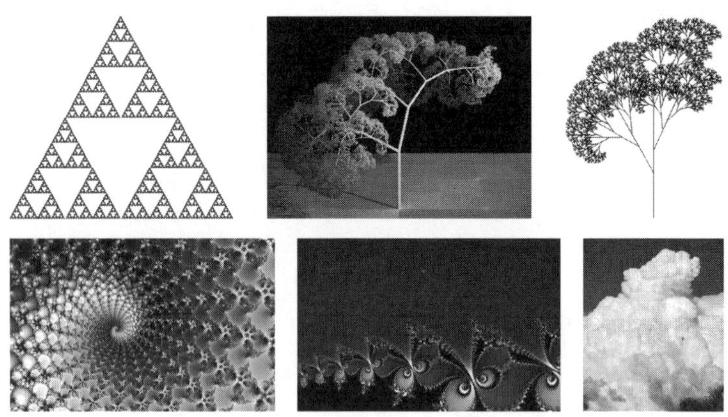

[그림 9-78] 재귀의 성질이 있는 이미지들

이들 이미지를 프렉탈(fractal) 이미지라고 한다. 이러한 이미지들은 나무나 구름의 형태와 같이 자연계에서 존재할 수도 있고, 이미지 생성 함수를 이용하여 인공적으로 생성할 수도 있다. 이들 이미지는 큰 형태 내에 자신의 작은 형태가 또 존재하는 특징을 이용하여 생성한 것이다.

컴퓨터 과학에서 재귀란 하나의 함수를 정의할 때, 자신의 함수를 이용하여 정의하는 것을 말한다.

```
함수 abc(...)
      문장
       ...
      abc(...)
      ...
      문장
```

[그림 9-79] 재귀를 갖고 있는 함수

위 그림은 함수 abc를 정의하는데, 함수의 정의에 자신을 다시 호출하고 있는 형태이다. 재귀를 갖고 있는 함수의 예로 피보나치(Fibonacci) 수열이 있다. 피보나치 수열에서 n번째 항을 fib(n)으로 표시한다면, fib(n)은 fib(n−1)과 fib(n−2)를 사용하여 다음과 같이 정의한다.

```
fib(0)=0, fib(1)=1
fib(n)= fib(n-1) + fib(n-2), n≥2
```

피보나치 수열은 n번째 항은 직전의 두 개의 항의 합으로 정의되어, 함수 정의가 자신의 정의를 갖는 형태를 갖고 있다. CHAPTER 6의 6.7절에서 파이썬에서 재귀를 사용하는 방법을 설명하였다.

컴퓨팅 사고력

- 컴퓨팅 사고력 개념
  - 패턴 확인
  - 추상화
  - 알고리즘 설계
  - 패턴 일반화

- 문제 해결 전략
  - 패턴을 찾는다.
  - 모델 사용
  - 공식 사용
  - 창조적 생각

9.7.2 하노이 타워

또 다른 재귀의 예로는 하노이 타워(Hanoi Tower) 문제가 있다.

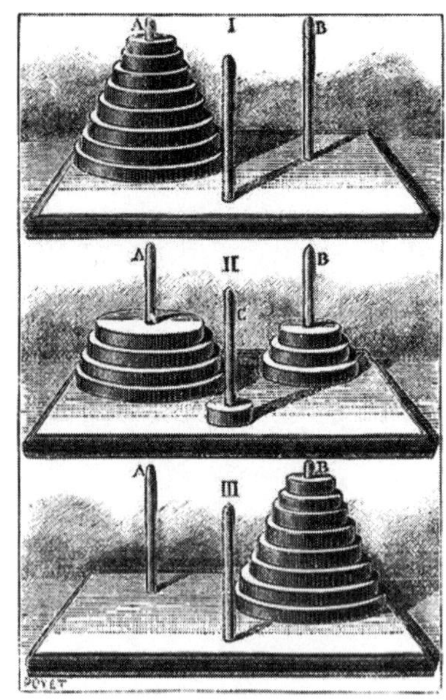

[그림 9-80] 하노이 타워

디스크가 5개 있는 하노이 타워 문제를 설명한다.

문제 그림과 같이 A에 쌓여 있는 크기가 다른 5개의 디스크를 B로 옮기는 방법을 고안하고 총 몇 회의 디스크 이동이 필요한지 확인하라.

조건 :

- 한 번에 한 개의 디스크만 옮길 수 있다.
- 큰 디스크는 작은 디스크 위로 올라갈 수 없다.
- 디스크는 A, B, C에만 위치할 수 있다.
- A, B, C를 사용할 수 있다.

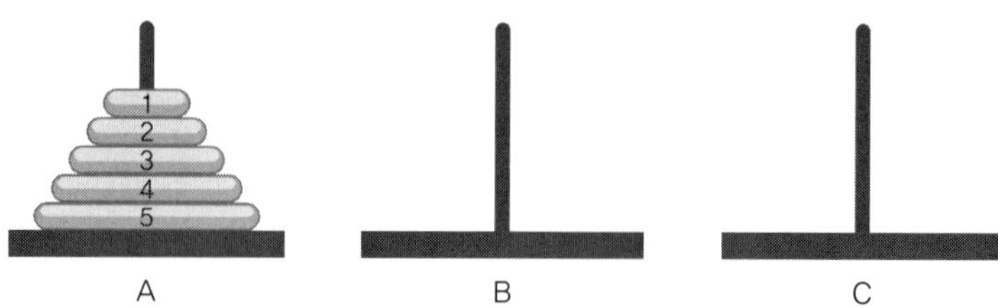

[그림 9-81] 디스크 5개를 가진 하노이 타워 문제

이 문제를 단순화시켜 하나의 디스크가 있는 경우, 두 개의 디스크가 있는 경우, 세 개의 디스크가 있는 경우를 살펴보기로 한다.

[문제의 단순화] 한 개의 디스크가 있을 때

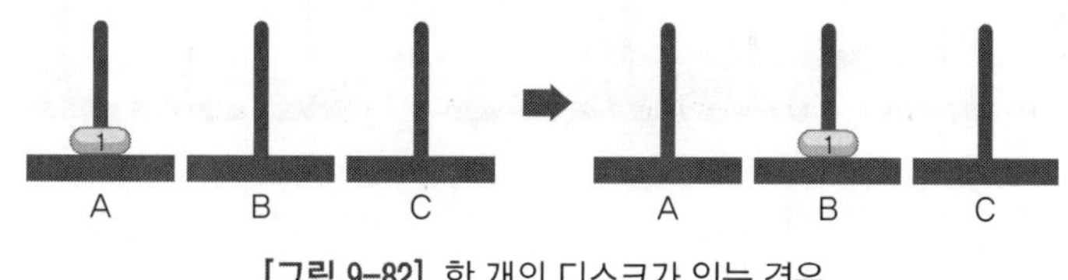

[그림 9-82] 한 개의 디스크가 있는 경우

A에 있는 디스크를 B로 옮긴다. 여기서는 1회의 디스크 이동이 필요하다.

[문제의 단순화] 두 개의 디스크가 있을 때

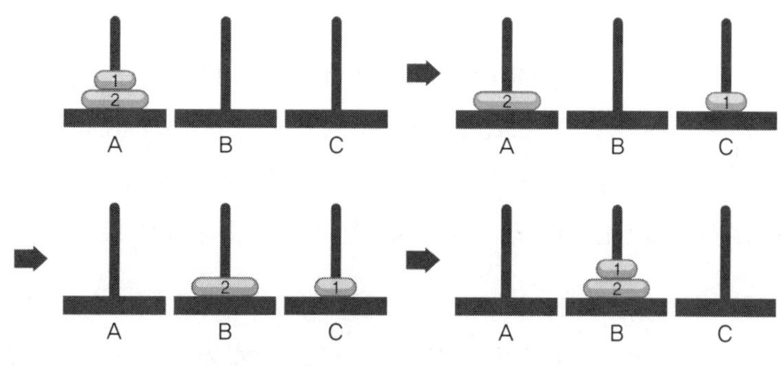

[그림 9-83] 두 개의 디스크가 있는 경우

여기서는 3회의 디스크 이동이 필요하다.

[문제의 단순화] 세 개의 디스크가 있을 때

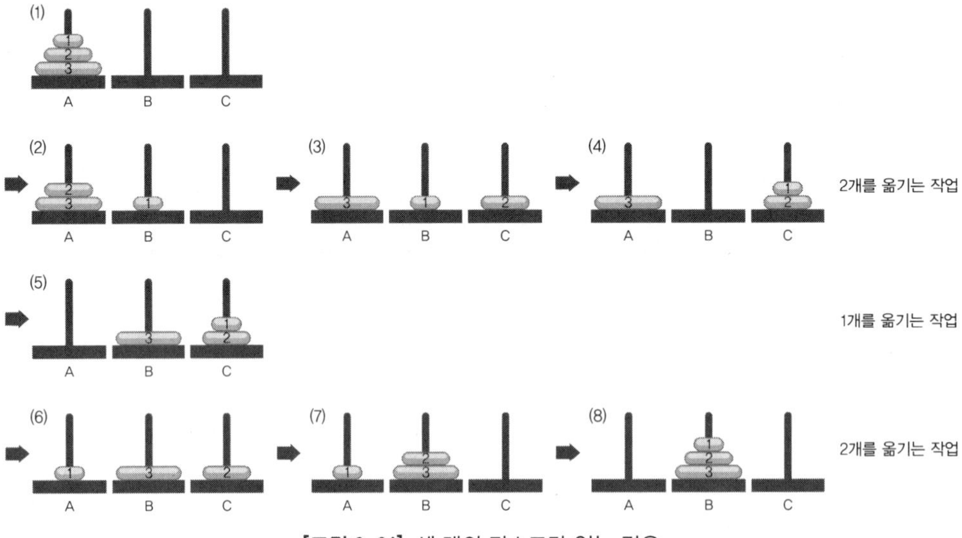

[그림 9-84] 세 개의 디스크가 있는 경우

여기서는 7회의 디스크 이동이 필요하다. ⑵부터 ⑷는 두 개의 디스크1,2를 A로부터 C로 옮기는 작업, ⑸는 A에 있던 디스크3을 B로 옮기는 작업, ⑹부터 ⑻은 두 개의 디스크 1,2를 C에서 B로 옮기는 작업이다. 그래서 전체 세 개의 디스크를 옮기는 작업은 두 개를 옮기는 작업+한 개를 옮기는 작업+두 개를 옮기는 작업으로 구성된다는 것을 알 수 있다.

n개의 디스크를 갖고 있는 하노이 타워로 문제를 일반화시키면 디스크를 옮기는 작업은 ① 디스크 (n−1)개를 A에서 C로 옮기는 작업, ② 디스크 한 개를 A에서 B로 옮기는 작업, ③ 디스크 (n−1)개를 C에서 B로 옮기는 작업으로 구성된다.

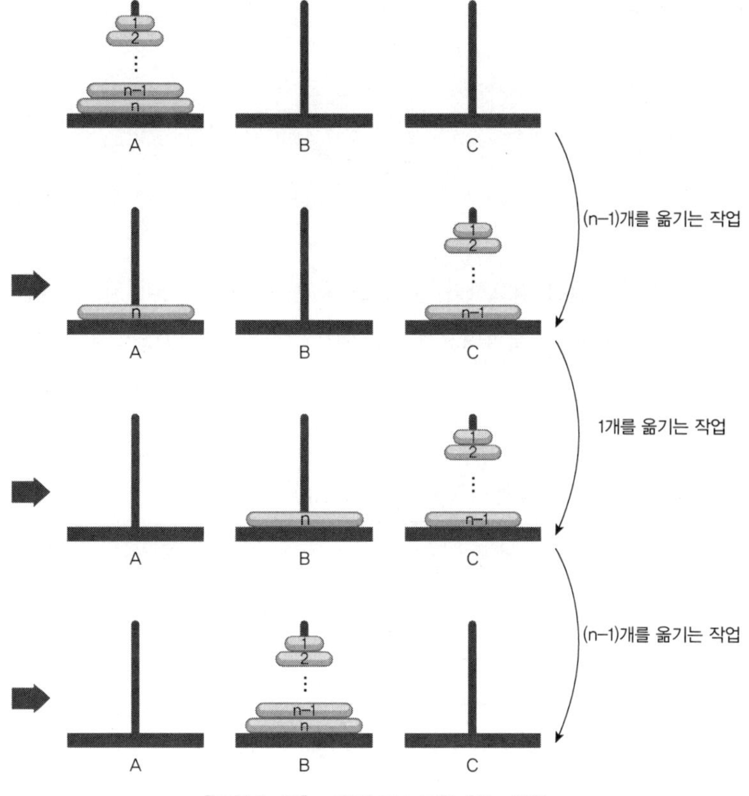

[그림 9-85] n개의 디스크가 있는 경우

문제를 해결하기 위해 디스크를 옮기는 횟수를 계산해보자. n개의 디스크를 옮기는데 필요한 이동 횟수를 T(n)으로 표시한다. T(1)=1, T(2)=3, T(3)=7이므로, 4개의 디스크를 옮길 때의 이동 횟수는 다음과 같다.

$$
\begin{aligned}
T(4) &= T(3)+1+T(3) \\
&= 7+1+7 \\
&= 15
\end{aligned}
$$

이것을 일반화 시키면,

$$T(n) = T(n-1)+1+T(n-1)$$
$$= 2T(n-1)+1$$

여기서 T(1)=1 이라는 조건이 필요하다. T(n)을 풀면, $T(n)=2^n-1$이 된다. 만일 n=30이라면, $T(n)=2^{30}-1 \fallingdotseq 10^9$이 된다. 결과적으로 하노이 타워 문제의 디스크 이동 횟수는 일반화 시키면 다음과 같다.

[표 9-1] 디스크 n개 하노이 타워 문제의 디스크 이동 횟수 T(n)

디스크 개수 n	디스크 이동 횟수 T(n)
1	1
2	3
3	7
4	15
…	…
n	2^n-1

컴퓨터 과학

$$\begin{aligned} T(n) &= 2T(n-1)+1 \\ &= 2(2T(n-2)+1)+1 \\ &= 2^2 T(n-2)+2+1 \\ &= 2^3 T(n-3)+2^2+2+1 \\ &\cdots \\ &= 2^{n-1} T(n-(n-1))+2^{n-2}+2^{n-1}+\cdots+2^2+2+1 \end{aligned}$$

$T(1)=1$ 이므로

$$\begin{aligned} T(n) &= 2^{n-1}+2^{n-2}+2^{n-3}+\cdots+2^2+2+1 \\ &= \frac{2^n-1}{2-1} \\ &= 2^n-1 \text{ 이 된다.} \end{aligned}$$

컴퓨팅 사고력

- 컴퓨팅 사고력 개념
  - 패턴 확인
  - 추상화
  - 알고리즘 설계
  - 데이터 표현
  - 모의실험
  - 자동화
  - 패턴 일반화

- 문제 해결 전략
  - 직접 추론 사용
  - 패턴을 찾는다.
  - 그림을 그린다.
    - 그림을 이용해서 해결을 시도하였다.
  - 단순한 문제 해결 시도
    - 문제를 단순화시켜 문제 해결과정을 설정하였다.
  - 모델 사용
    - n개의 디스크를 갖고 있는 경우의 모델을 정립했다.
  - 창조적 생각

9.7.3 피보나치 수열

재귀를 이용해 정의하는 예로 피보나치(Fibonacci) 수열이 있다고 설명했다. 피보나치 수열을 계산하는 알고리즘을 의사코드로 어떻게 정의하고 그것의 프로그램은 어떻게 구현되는지 설명한다.

피보나치 수열의 정의는 다음과 같다.

```
fib(n)=fib(n-1)+fib(n-2), n≥2, fib(0)=0, fib(1)=1
```

따라서 fib(2)=1, fib(3) = fib(2) + fib(1)=1+1=2가 된다. 즉, 피보나치 수열은 다음과 같다.

```
0, 1, 1, 2, 3, 5, 8, 13, 21, 34, 55, 89, …
```

피보나치 수열의 fib(n)을 계산하는 의사코드는 다음과 같다.

```
fib(n)을 n번째 피보나치 수를 계산하는 함수로 정의
fib(n) {
            만일 n=0 이면 return 0
            만일 n=1 이면 return 1
            만일 n>1
                    return fib(n-1)+fib(n-2)
          }
```

[알고리즘 9-14] 피보나치 수열의 fib(n)을 계산하는 의사코드

여기서 fib(n)을 계산하기 위해 fib(n−1), fib(n−2)를 호출하고 있으므로 재귀를 사용하고 있다. 이 의사코드를 파이썬을 이용하여 프로그램한 것과 fib(6)의 출력이다.

```
def fib(n):
    if n==0:
        return 0
    elif n==1:
        return 1
    else:
        return fib(n-1) + fib(n-2)
n=6
print(fib(n))
```

```
8
>>>
```

[소스코드 9-1] 피보나치 수열의 fib(n)을 계산하는 파이썬 프로그램과 그 결과

여기서 fib(n) = fib(n−1)+fib(n−2)로 정의되고, 이것이 재귀의 성질을 갖는다.

컴퓨팅 사고력

- fib(5)를 계산하기 위해서는 fib(4)와 fib(3)을 호출한다. 그런데 fib(4)를 계산하기 위해서는 fib(3)과 fib(2)를 호출한다. 따라서 fib(5)를 계산하기 위해서는 fib(3)이 두 번 호출된다.
- 컴퓨터는 같은 계산이라는 것을 모르므로, 동일한 연산을 두 번 행한다. 따라서 이러한 방식으로 피보나치 수열을 계산하는 방법은 효율적이지 않다.
- 재귀의 성질을 잘 나타내는 예이다.
- 그래프의 깊이우선검색에서 재귀가 어떻게 사용될 수 있는지 생각해보자.

■ 컴퓨팅 사고력 개념
  - 패턴 확인
  - 알고리즘 설계
  - 패턴 일반화

■ 문제 해결 전략
  - 패턴을 찾는다.
  - 공식 사용
  - 창조적 생각

컴퓨터 과학

- 피보나치 수열을 계산할 때 재귀를 사용하는 방법보다 배열을 이용하는 방법이 더 효율적이다. 다음은 배열을 이용한 피보나치 수열 생성 파이썬 프로그램이다.

```
def fib(n):
    a=[0]*20
    a[1]=1
    print(a[0])
    print(a[1])
    if(n>1):
        for k in range(2,n+1):
            a[k]=a[k-1]+a[k-2]
            print(a[k])
print(fib(10))
```

```
0
1
1
2
3
5
8
13
21
34
55
55
>>>
```

[소스코드 9-2] 배열을 이용한 피보나치 수열 생성 파이썬 프로그램과 그 결과

• 다음은 n!를 재귀적인 방법으로 계산하는 파이썬 프로그램이다.
fact(n) = n×fact(n−1)로 정의되므로, n!=n×(n−1)×(n−2)×⋯×2×1이 된다.

```
def fact(n):
    if n==1:
       return 1
    else:
       return n * fact(n-1)
n=4
print(fact(n))
```

```
24
>>>
```

[소스코드 9-3] n!를 재귀적인 방법으로 계산하는 파이썬 프로그램과 그 결과

컴퓨터 과학

- 재귀는 자신의 정의에 자신을 다시 사용하는 것이다.
- 재귀를 이용하여 함수의 정의를 단순하게 표시할 수 있다.
- 재귀는 하나의 문제 내에 매개변수(파라미터)만 다른 동일한 문제가 있을 때 사용된다.
- 일상생활에서 재귀가 사용되는 경우를 생각해보자
- 일반적으로 프로그램을 단순화 시키고, 이해하기 쉽게 하기 위해 재귀를 사용한다.
- 재귀의 정의에서 초기의 조건을 잘 정의하여야 한다.

9.8 매칭 문제

9.8.1 매칭(matching)

다수의 사람들이 일자리를 찾는 경우, 다수의 사람들이 서로 편하게 생활할 수 있는 룸메이트를 선정하는 경우, 영업사원을 각 대리점에 지정하는 경우 등 각자의 이해관계가 복잡하게 얽혀있는 경우에 전체적인 만족도를 높일 수 있는 방법이 필요하다. 일자리를 찾는 경우 지원자가 선호하는 일자리가 있을 것이고, 또 일자리를 갖고 있는 회사에서 선호하는 지원자가 있을 것이다. 이러한 관계는 복잡하게 연결되어 있으므로 그 관계를 쉽게 표현하는 방법이 필요하게 된다.

그 복잡한 관계를 표현하기 위해 그래프를 사용한다. 관계를 표현한 그래프는 특별한 성질을 갖게 된다. 다음은 두 집단 간의 관계를 나타내는 그래프의 예를 보여주고 있다.

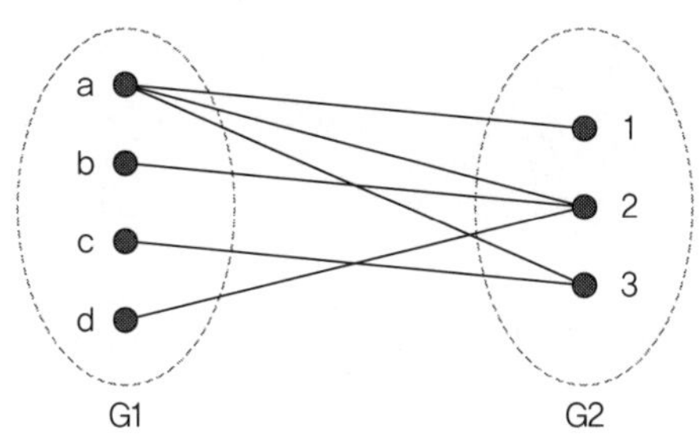

[그림 9-86] 그룹 G1, G2를 구성하는 노드들의 관계를 표시하는 그래프

여기서 원을 이용한 그룹 표시는 노드들의 집단을 구분하기 위한 표식으로만 사용되며, 그래프의 구성 요소는 아니다. 이 그래프의 특성은 노드들은 두 개의 그룹 G1, G2로 나뉘어 있고, 에지들은 두 그룹 간의 노드들 사이에만 존재한다는 것이다. 즉, 에지는 그룹 내의 노드 간에는 존재하지 않는다. 이러한 성질을 만족하는 그래프를 이분그래프(bipartite graph)라고 한다.

이분그래프는 다수의 지원자와 일자리가 서로 선호하는 관계를 표현하는데 사용할 수 있다.

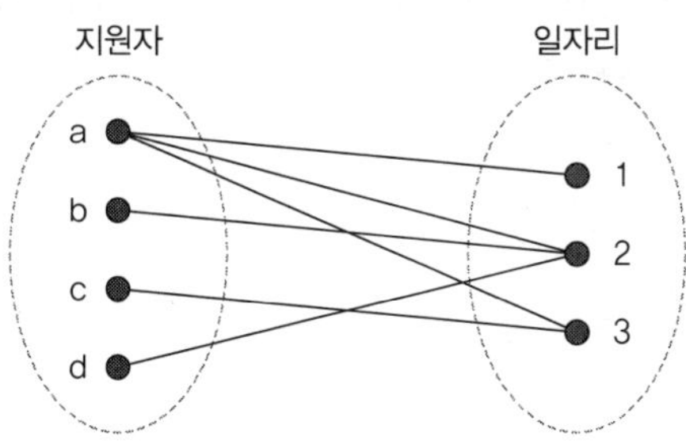

[그림 9-87] 지원자와 일자리의 선호관계

여기서 에지 (a,1)은 지원자 a에게 일자리 1을 배정할 수 있다는 것을 의미한다.

이 그래프를 갖고 다음과 같은 문제를 생각할 수 있다.

> **문제** 최대한 많은 지원자를 취직시켜야 한다. 이때의 취직관계는 어떻게 될까?
>
> **[조건]**
>
> (1) 한 사람은 하나의 일자리만 가능하다.
>
> (2) 한 일자리는 한 사람만 취직시킬 수 있다.

다음 그림에서 지원자 a에게 일자리 2를 배정하였다. 그렇게 되면 어떻게 될까?

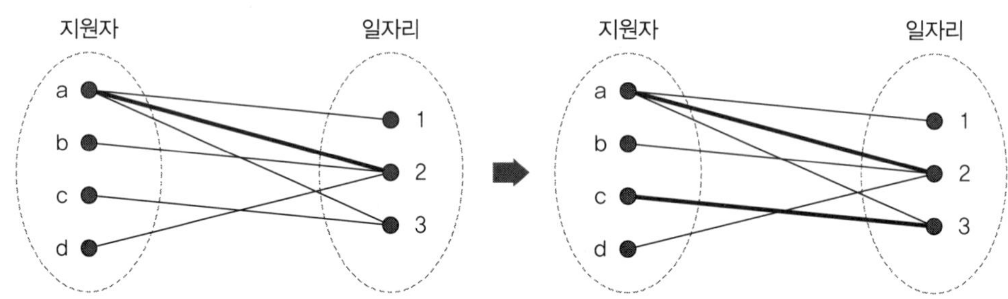

[그림 9-88] 지원자 a에게 일자리 2를 배정

만일 (a,2)가 선택된다면, 지원자 b와 지원자 d는 선택할 일자리가 없다. 또한 일자리 3에는 지원자 c만 배정할 수밖에 없으므로, 최대 2명(a와 c)의 지원자만이 직장을 갖게 된다. 만일 다음 그림에서 (d,2)가 선택된다면 지원자 a와 지원자 c도 일자리를 가질 수 있다. 따라서 최대 3명이 취직이 가능하다.

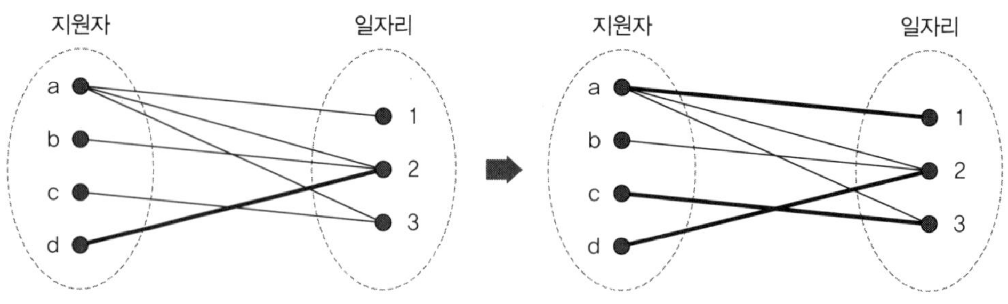

[그림 9-89] 지원자 d에게 일자리 2를 배정

이 예에서 어떻게 일자리를 배정하느냐에 따라 직장을 갖게 되는 사람의 수가 달라진다는 것을 알 수 있다. 이러한 문제를 그래프의 매칭 문제로 정형화시킬 수 있다.

그래프 G에서 매칭 M은 인접하지 않은 에지들의 집합으로 정의된다. 이전 그림에서 M = {(a,1), (c,3), (d,2)}이 된다.

이분그래프가 아닌 일반 그래프에서도 매칭을 동일하게 정의한다. 다음의 그래프는 서로 편한 사람 간의 관계를 에지로 표현한 것이다. 여기서, 2인 1실일 때, 가능한 한 많은 방의 룸메이트를 정하는 문제를 매칭을 찾는 문제로 해결할 수 있다.

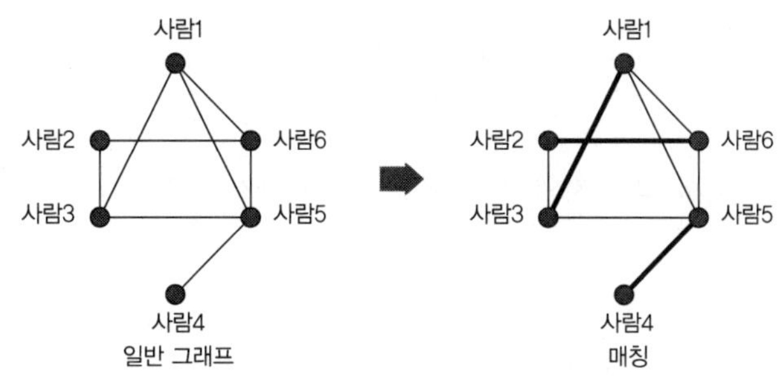

[그림 9-90] 일반 그래프의 매칭

이 그림에서 만일 사람3과 사람5를 룸메이트로 설정한다면, 최대 4명만이 방을 배정받을 수 있게 된다.

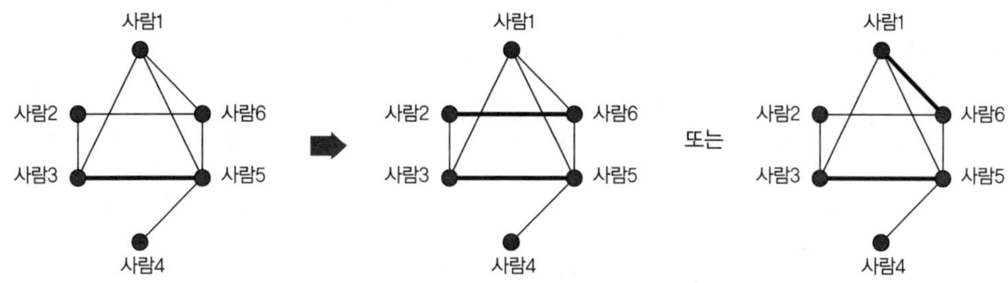

[그림 9-91] 사람3과 사람5가 룸메이트가 될 경우의 매칭

완전이분(complete bipartitie) 그래프 $K_{m,n}$은 한 그룹은 m개 또 다른 그룹은 n개의 노드를 갖고 있고, 각 노드는 다른 그룹의 모든 노드들과 에지로 연결되는 그래프이다. m=n인 완전이분 그래프 $K_{n,n}$은 n!개의 완전(complete) 매칭이 존재한다. 완전 매칭이란 모든 노드들이 매칭에 포함되는 매칭을 말한다.

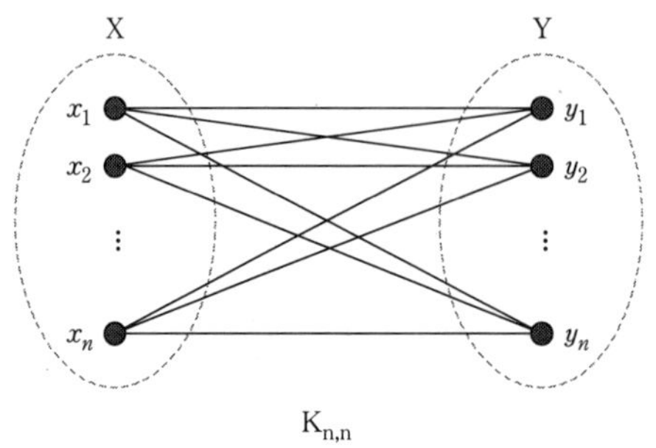

[그림 9-92] 완전이분 그래프

예를 들어 $K_{3,3}$에 대해서 몇 가지의 완전 매칭이 가능한지 살펴보자.

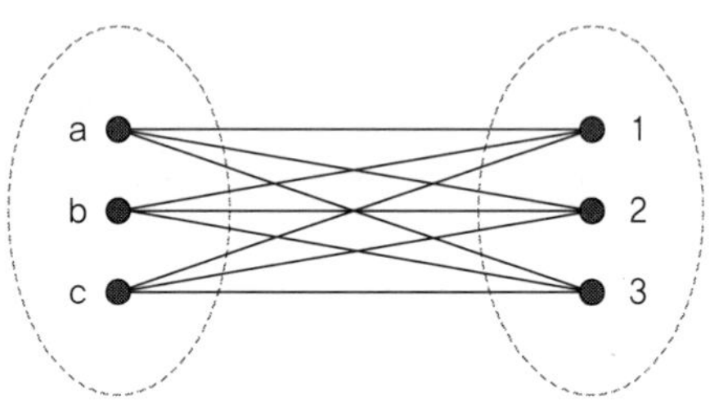

[그림 9-93] 완전이분 그래프 $K_{3,3}$

이 그래프에서 생성할 수 있는 완전 매칭의 종류는 총 3!=6가지가 된다.

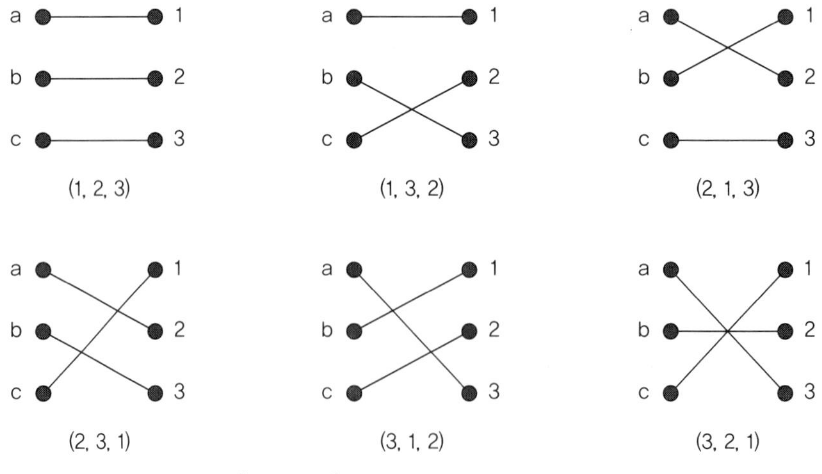

[그림 9-94] 그래프 $K_{3,3}$의 매칭의 종류

여기서 (1, 2, 3)은 노드 a, b, c가 노드 1, 2, 3과 각각 연결된다는 것을 의미한다. 이와 같이 일반적인 그래프에서 매칭의 종류는 많게 된다. 이 중에서 매칭의 크기가 가장 큰 것을 찾는 문제는 가능한 매칭을 단순히 나열하는 방법으로는 해결하기 어렵게 된다.

9.8.2 Maximum 매칭 알고리즘

최대 크기의 매칭을 찾는 알고리즘을 설명하기 위해 몇 가지 정의를 설명한다.

정의 **매칭은 서로 인접하지 않은 에지들의 집합이다. 이 집합의 에지에 속하는 노드를 매칭에 의해 포화된(saturated) 노드, 그 외의 노드를 불포화(unsaturated)된 노드라고 한다.**

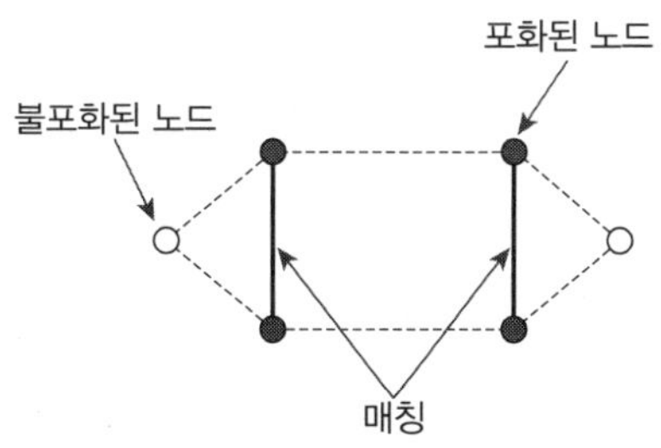

[그림 9-95] 포화된 노드, 불포화된 노드

정의 **모든 노드가 매칭에 포함될 경우 완전(complete) 매칭이라고 한다.**

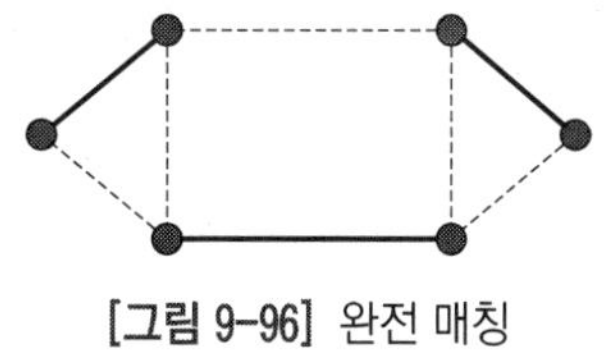

[그림 9-96] 완전 매칭

다음으로 maximum 매칭과 maximal 매칭의 정의를 설명한다. maximum과 maximal의 우리말 번역은 모두 '최대한'이라고 되어 있으므로, 여기서는 영어를 직접 사용하여 구분하기로 한다. maximum 매칭은 최대 크기의 매칭을 말하고, maximal 매칭은 더 이상 크기를 늘릴 수 없는 매칭을 말한다. maximal 매칭은 최대 크기의 매칭이 아닐 수 있다.

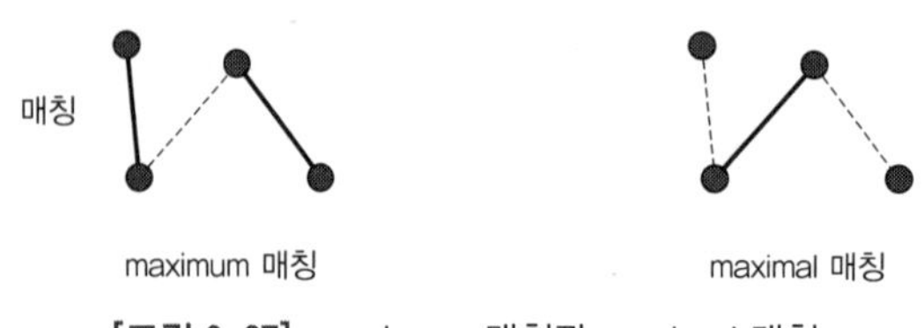

[그림 9-97] maximum 매칭과 maximal 매칭

여기서 진하게 표시된 에지가 매칭에 포함된 에지이다. 이전의 그래프에서 maximal 매칭에서는 왼쪽의 maximum 매칭보다 1개의 에지가 적지만, 더 이상 매칭의 크기를 늘릴 수 없는 상황이라는 것을 알 수 있다. 다음 그림에서 매칭에 속하지 않는 에지를 매칭에 추가할 경우 매칭 성질을 만족할 수 없게 되므로, maximal 매칭의 예가 된다.

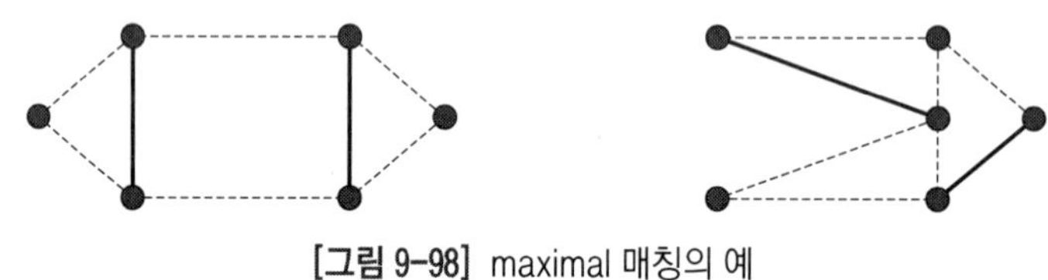

[그림 9-98] maximal 매칭의 예

다음 그림은 maximum 매칭의 예로 maximum 매칭은 그래프가 가질 수 있는 최대 에지수를 갖는 매칭이다.

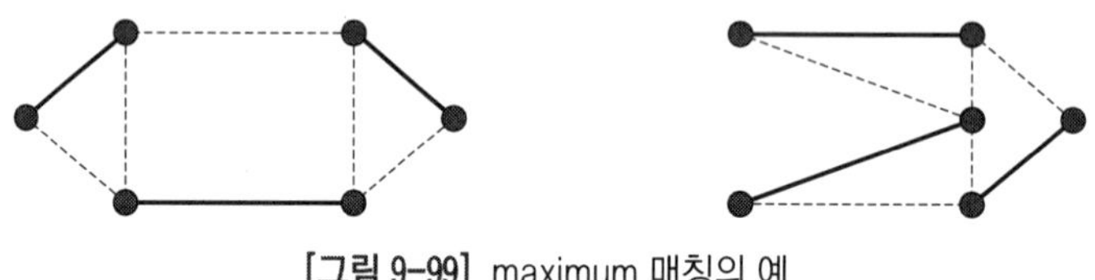

[그림 9-99] maximum 매칭의 예

다음 두 가지는 maximum 매칭과 maximal 매칭의 관계를 요약하고 있다.

- maximum 매칭은 maximal 매칭이다.
- maximal 매칭은 maximum 매칭이 아닐 수 있다.

주어진 매칭 M에 대해 교차경로와 확장경로를 정의한다. 다음에 보여주는 교차경로와 확장경로는 그래프의 일부분을 그린 것이다.

- 교차경로(alternating path)는 매칭에 속하는 에지와 속하지 않는 에지가 교차적으로 있는 경로

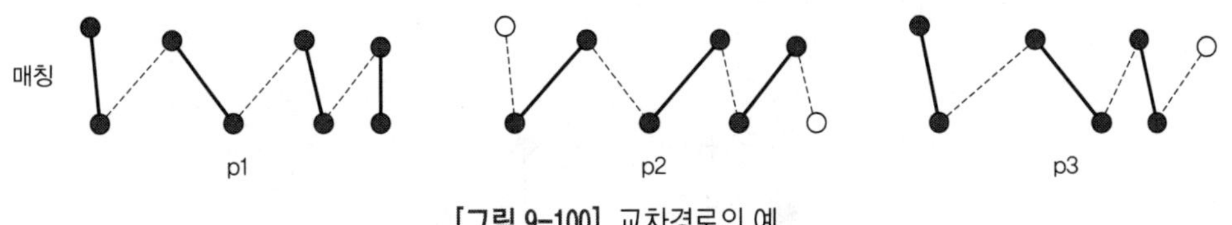

[그림 9-100] 교차경로의 예

여기에 있는 p1, p2, p3는 모두 매칭에 속하는 에지와 속하지 않는 에지가 경로 상에 번갈아 나타나는 경로들이다.

- 확장경로(augmenting path)는 매칭에 속하지 않는 노드로 시작하고 매칭에 속하지 않는 노드로 끝나는 교차경로이다.

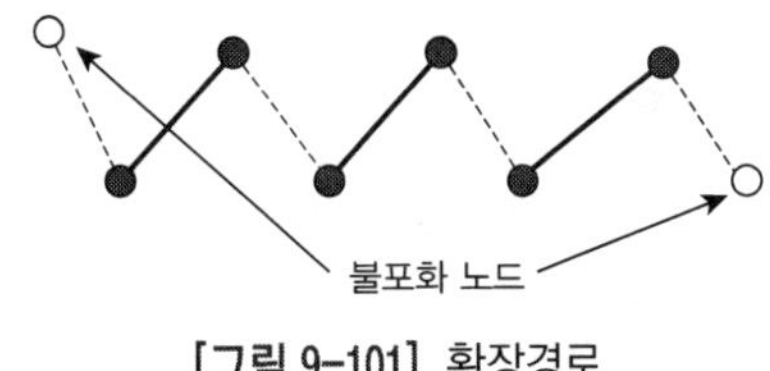

[그림 9-101] 확장경로

그림에서 확장경로의 양 끝은 모두 매칭에 속하지 않는 노드로 구성되어 있다.

이상의 정의들을 이용하여 그래프에서 maximum 매칭을 찾는 알고리즘을 다음과 같이 기술할 수 있다.

maximum 매칭을 찾는 알고리즘

(단계 1) 현재 상태에서 확장경로를 찾는다.

(단계 2)

(단계 2-1) 확장경로가 있으면,
확장경로 상에 있는 현재 매칭에 속하는 에지는 매칭에 속하지 않는 에지로 만들고,
현재 매칭에 속하지 않는 에지는 매칭에 속하는 에지로 만든다. (단계 1)로 간다.

(단계 2-2) 확장경로가 없으면 중지한다. – maximum 매칭을 찾았다.

[알고리즘 9-15] maximum 매칭을 찾는 알고리즘

다음 그래프를 이용하여 maximum 매칭을 구하는 과정을 살펴본다. 그래프의 현재 매칭에 대해 확장경로가 있는지를 확인해보면, 확장경로가 있다는 것을 알 수 있다. 발견한 확장경로 상에 있는 에지에 대해 매칭의 포함관계를 반전시키게 되면, 전체 매칭의 크기가 증가한다.

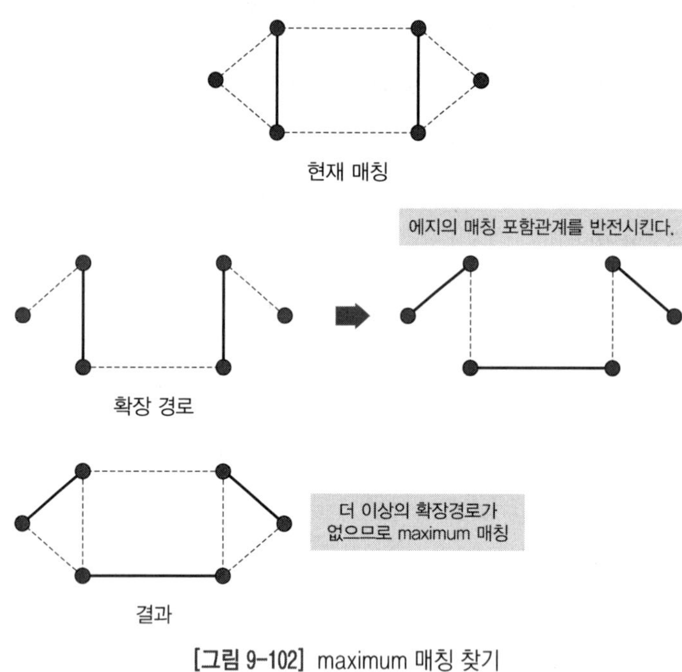

[그림 9-102] maximum 매칭 찾기

더 이상의 확장경로가 없으므로 maximum 매칭을 찾았다.

9.8.3 최대가중치(maximum weighted) 매칭

이전 절에서는 매칭에 속하는 에지의 개수를 최대로 하는 매칭을 찾는 문제를 어떻게 해결할 수 있는지 설명하였다. 본 절에서는 문제가 약간 변형되어, 각 에지에 가중치가 부여되어 있는 그래프에 대해, 매칭에 속한 에지의 가중치의 합이 최대가 되는 매칭을 찾는 문제를 생각해보자. 이러한 문제는 룸메이트를 정할 때, 사람 간의 선호도가 숫자로 표현될 경우에 발생할 수 있다. 이전 절의 maximum 매칭을 찾는 문제는 에지의 가중치가 모두 1인 경우에 해당한다.

다음 그래프에서 maximum 매칭으로는 2개의 에지를 갖는 매칭이 여러 개 존재한다. 그런데 최대가중치를 만드는 매칭은 {(a,b), (c,d)}가 되고, 그 때의 가중치의 합은 9이다.

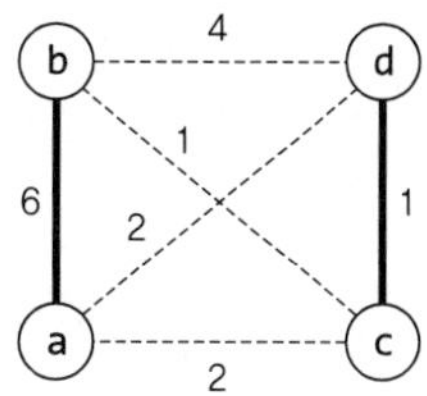

[그림 9-103] 최대가중치의 매칭

또는 최소가중치 매칭 문제도 생각할 수 있다. 이 문제는 작업배정 문제(assignment problem)에서 발생할 수 있다. 다음은 작업자가 수행할 수 있는 작업의 관계를 보여주는 그래프이다.

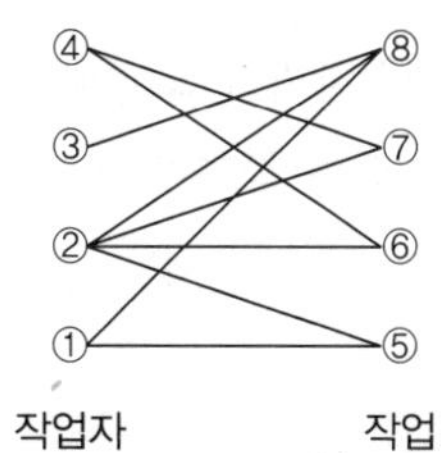

[그림 9-104] 최소가중치 매칭 문제

문제에는 다수의 작업자와 다수의 작업이 있다. 그리고 한 작업자에게 하나의 작업만을 배정한다. 또한 하나의 작업에 한 명의 작업자만을 배정한다. 작업자 i가 작업 j를 수행할 때 비용(cost) C_{ij}가 발생한다고 할 때, 문제는 총비용을 최소로 하는 작업자들의 작업 배정 방법을 찾는 것이다.

여기서는 이와 같이 매칭을 이용하여 문제를 해결할 수 있는 다양한 문제가 존재한다는 것만 설명하고, 문제의 해결 알고리즘은 설명하지 않는다.

컴퓨팅 사고력

- 다양한 경우에 유사한 문제를 발견할 수 있다.
- 사회관계망 SNS에는 사람 간의 관계를 나타내는 많은 노드가 있는 그래프가 있다. 이

러한 관계에 대한 문제의 해법을 제시한다.

- 안정된 결혼 문제(stable marriage problem)도 유사한 문제다.

■ 컴퓨팅 사고력 개념
- 추상화
- 알고리즘 설계

■ 문제해결 전략
- 패턴을 찾는다.
- 그림을 그린다.

9.9 최단경로 찾기

자동차용 내비게이션을 이용하여 목적지까지 도달하는 최단경로를 찾는다든지, 지도에서 길찾기를 하든지 우리는 자주 최단경로를 찾고자 한다. 본 절에서는 최단경로는 어떠한 방법으로 찾는지 설명한다. 먼저 다음과 같은 문제를 생각해보자.

문제 서울에서 출발하여 지도에 표시된 다른 도시들로 가는 최단경로를 찾는다.

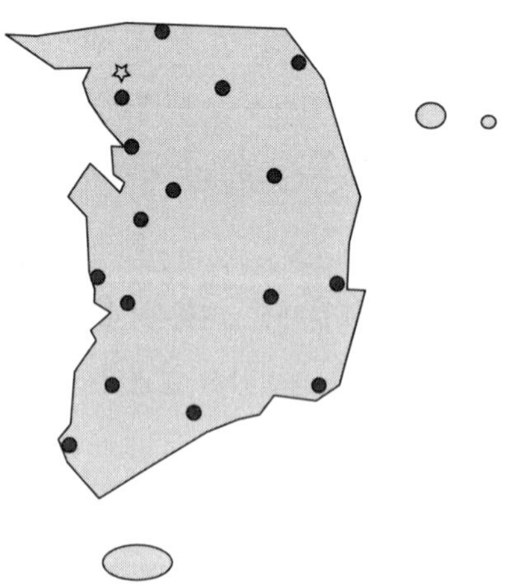

[그림 9-105] 최단경로를 찾는 도시들

각 도시에 노드를 부여하고, 두 도시 간에 있는 길을 에지로 표시하면 다음과 같은 그래프를 얻게 된다.

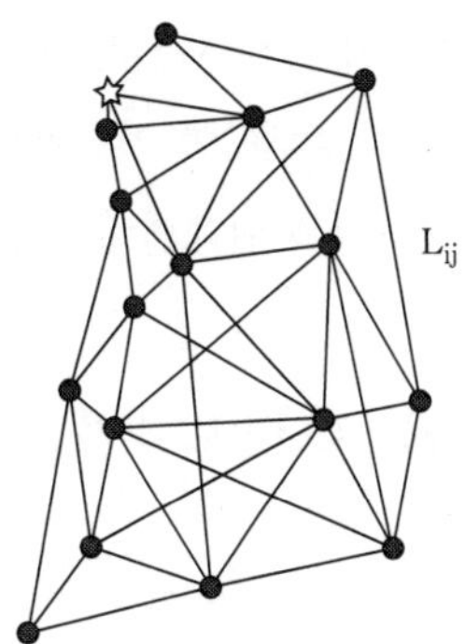

[그림 9-106] 도시와 도시 간의 길을 나타내는 그래프

그래프의 각 에지 (i,j)에는 거리 L_{ij}가 표시되어 있는데 이것은 에지의 가중치가 된다. 이 그래프에 대해 하나의 도시(예를 들어 서울)에서 출발(단일 출발점)할 때 각 도시로 가는 최단경로를 찾는 알고리즘은 다음과 같다. 이 알고리즘은 다익스트라(Dijkstra) 알고리즘으로, 최단경로를 찾는 기본적인 알고리즘 중의 하나이다. 이 알고리즘은 가중치가 있는 방향성(directed) 그래프에서 한 노드 v_1에서 다른 모든 노드로 가는 최단경로를 각각 구한다.

다익스트라 알고리즘:

1. 선정된 에지집합 A:= ϕ
2. 최단거리가 결정된 노드집합 B:= $\{v_1\}$
3. 시작노드를 제외한 모든 노드에 대해 시작노드로부터 각 노드까지의 거리를 각 노드에 박스 내에 표시한다.
4. 최종해답을 얻지 못하는 동안 다음 절차를 계속 반복
   (a) 아직 최단거리가 결정되지 않은 노드에 대해 기록된 거리(박스 내)가 가장 짧은 노드 v를 선택.
   (b) v_1에서 v를 최단거리로 갈 수 있는 경로 상에서 v 직전에 방문하는 노드가 w($\in$B)라고 하자. 노드 v를 B에 추가. v는 최단거리가 결정된 노드가 된다.
   (c) 아크 (w,v)를 A에 추가
   (d) 최단거리가 결정되지 않은 노드에 대해 기록된 거리를 필요할 경우 수정한다.
   (e) B에 모든 노드가 포함되면 종료

[알고리즘 9-16] 다익스트라 알고리즘

이 알고리즘은 매 단계에서 시작노드에서부터 각 노드로 가는 지금까지 계산된 최단거리를 저장하고 있게 된다. 처음에는 시작노드에서 직접 가는 방법으로 결정된 거리가 저장된다. 순차적으로 그 거리가 가장 짧은 노드를 결정하여 경로를 확정하게 된다. 경로가 확정된 노드가 발생할 때마다 아직 확정되지 않는 노드들의 최단거리 값을 필요할 경우 변경하게 된다. 모든 노드들에 대한 시작노드로부터의 거리가 확정되면 알고리즘은 종료하게 된다. 다음 예를 통해 알고리즘의 진행과정을 단계별로 설명한다.

예 **a에서 출발하여 각 노드로 가는 최단경로 찾기**

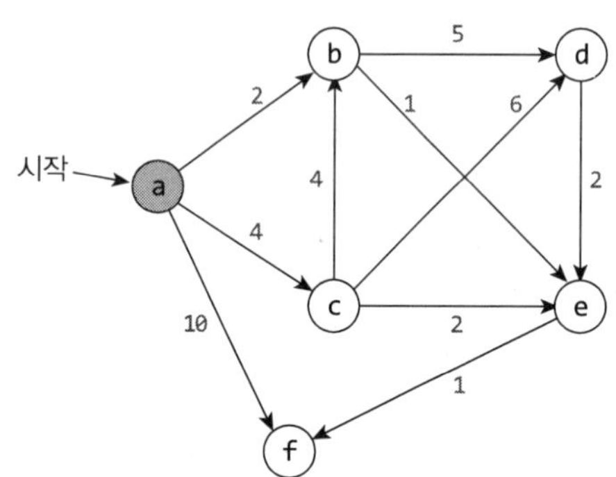

[그림 9-107] 문제의 주어진 그래프

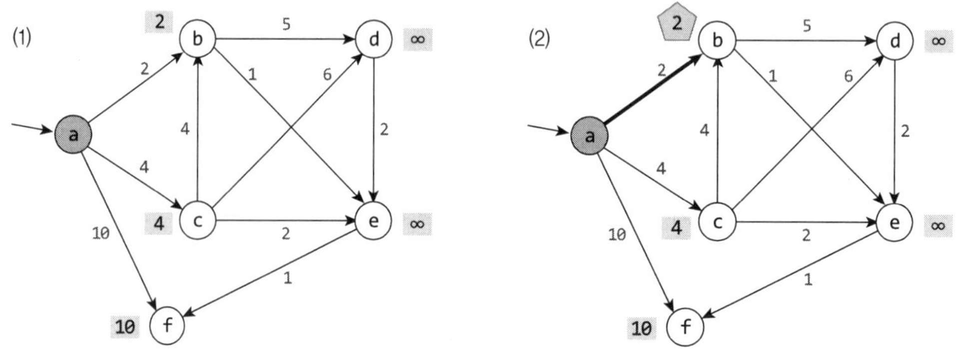

(1) a에서 직접 가는 거리를 박스에 표시하였다. b는 a로부터 길이 2인 아크로 연결되어 있으므로 2로 표시되었고, d와 e인 경우 a에서부터 직접 연결되어 있지 않으므로 ∞로 표시되었다. 초기에 A=ϕ이고 B={a}가 된다.

(2) 박스의 숫자 {2, 4, 10, ∞, ∞} 중 가장 작은 2의 값을 갖는 b를 선정하여 a로부터 b로 가는 경로는 확정되었다. 확정된 거리는 오각형으로 변경한다. A={(a,b)}이고 B={a,b}가 된다.

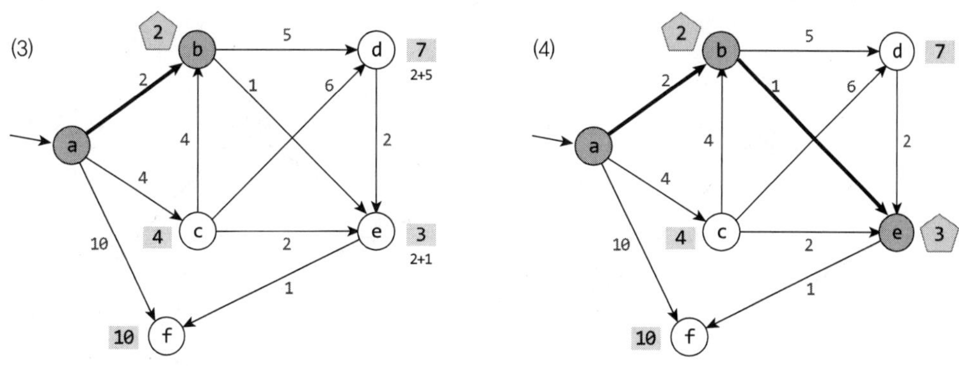

(3) b에서 도달 가능한 노드들(d와 e)의 거리를 수정한다. d로 도달하는 경로가 a-b-d가 되어 d의 값은 ∞로부터 7로 바뀌고, e는 a-b-e가 되어 e의 값은 ∞로부터 3으로 바뀐다.

(4) 박스의 숫자 {3, 4, 7, 10} 중 가장 작은 3의 값을 갖는 e가 선정되어, a로부터 e로 가는 경로가 확정된다. e의 값을 오각형으로 변경하였다. A={(a,b), (b,e)}이고 B={a,b,e}가 된다.

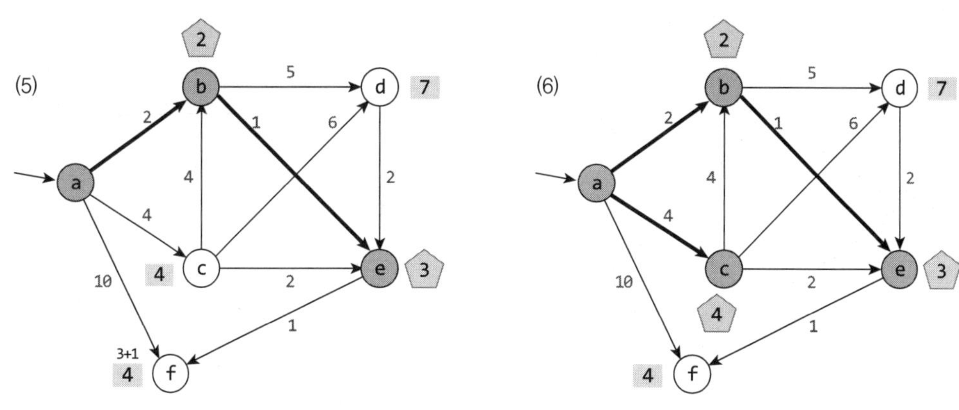

(5) e에서 도달 가능한 노드들의 거리를 변경한다. f인 경우 이전까지는 a로부터 직접 오는 거리가 10이었으나, e를 경유할 경우 3+1이 되어 10보다 짧게 된다. 4로 변경한다.

(6) 박스 {4, 4, 7} 중 가장 작은 값을 갖는 c를 선택한다. 가장 작은 값이 여러 개 있을 경우는 어느 것을 선택하여도 무방하다. 여기서는 노드의 번호가 빠른 순서대로 선택하였다. c로 가는 경로가 확정되고, 그 값을 오각형으로 표시했다. A={(a,b), (b,e), (a,c)}이고 B={a,b,c,e}가 된다.

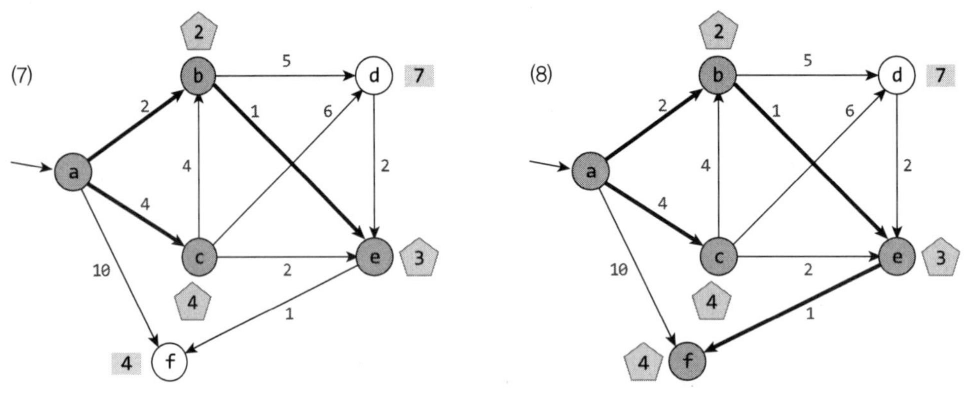

(7) 아직 거리가 확정되지 않는 노드들 중에서 c에서 도달 가능한 노드들의 거리를 수정한다. b와 e는 이미 거리가 확정되었으므로 고려하지 않는다. d인 경우 4+6 (a−c−d) > 2+5 (a−b−d)가 되어 7을 변경하지 않는다.

(8) 박스 {4, 7} 중 가장 작은 값을 갖는 f를 선택한다. A={(a,b), (b,e), (a,c), (e,f)}이고 B={a,b,c,e,f}가 된다.

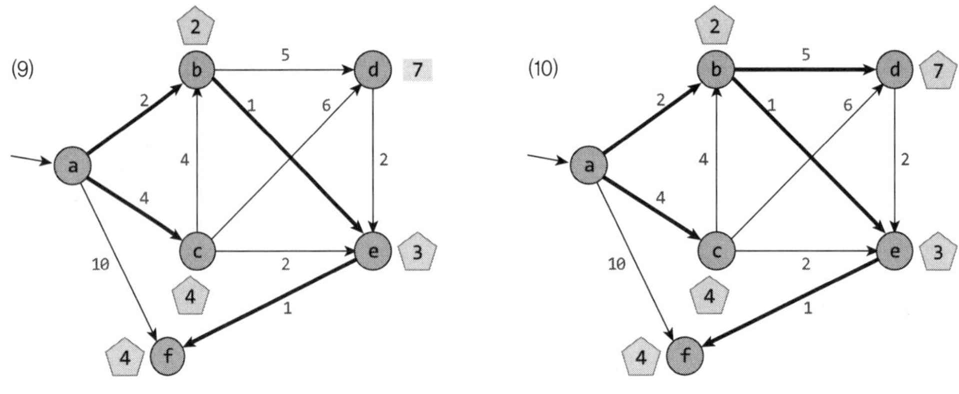

(9) f에서 도달 가능한 노드들이 없으므로 거리의 수정은 없다.

(10) 박스의 숫자는 {7}이 유일하다. d를 선정하고 7을 오각형에 넣는다. 더 이상 거리를 확정할 노드가 없으므로 알고리즘이 종료한다. A={(a,b), (b,e), (a,c), (e,f), (b,d)}이고 B={a,b,c,d,e,f}가 된다.

결과적으로 굵은 선으로 표시된 에지들이 a로부터 각 노드로 가는 최단경로를 표시하고 있다.

컴퓨팅 사고력

- 다양한 경우에 유사한 문제를 발견할 수 있다.
- 내비게이션에서 최단경로를 구하는 문제에 사용된다.
- 이 알고리즘은 아주 단순하면서도 효과적으로 한 지점에서 다른 지점들로의 최단경로를 찾아 준다.
- 단순 거리뿐만 아니라 길 막히는 정도를 고려하여 실제 문제를 해결하므로, 실제 문제는 더 복잡하게 된다.
- 이 알고리즘은 탐욕적(greedy) 알고리즘 방식을 사용하고 있다.

■ 컴퓨팅 사고력 개념
- 추상화
- 알고리즘 설계

■ 문제 해결 전략
- 가능성들을 제거
- 패턴을 찾는다.
- 그림을 그린다.
- 창조적 생각

연습문제

01 15, 8, 21, 1, 36, 29, 9, 7, 11, 19의 데이터를 다음의 정렬 방법을 사용하여 오름차순으로 정렬하라.

(ㄱ) 선택정렬

(ㄴ) 삽입정렬

(ㄷ) 빠른정렬

02 우리나라에서 사용하는 동전을 이용하여 1,768원을 거스름돈으로 주어야 하는 경우를 가정한다. 탐욕적 알고리즘을 사용하여 최소 동전 개수를 결정하라.

03 다음을 되추적 방법으로 탐사하라.

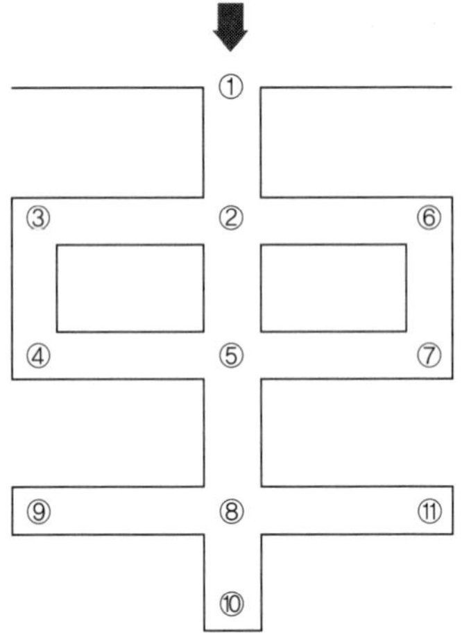

[그림 9-108] 연습문제 미로

04 5-여왕문제를 되추적 방법을 이용해서 해결해 보라.

05 다음 지도에 대해 쾨닉스버그 다리 문제와 같이 추상화시킨 그래프를 생성하고, 한 지점에서 출발하여 모든 다리를 한 번씩만 지나간 후 출발점으로 돌아오는 경로, 즉 오일러 회로가 있는지 확인해보라.

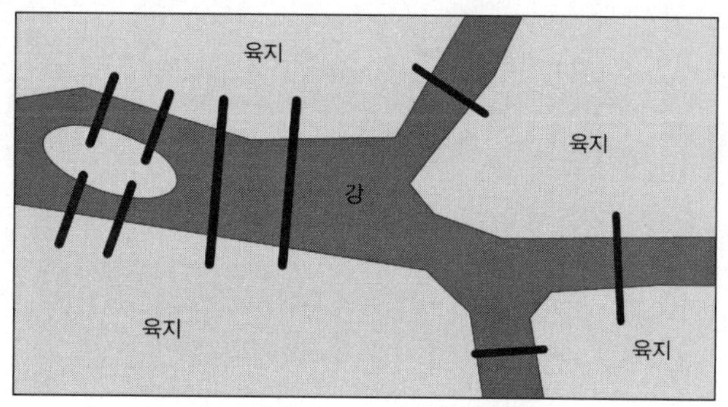

[그림 9-109] 오일러 회로 확인 문제 예

06 다음 그래프의 최소신장트리를 찾아라.

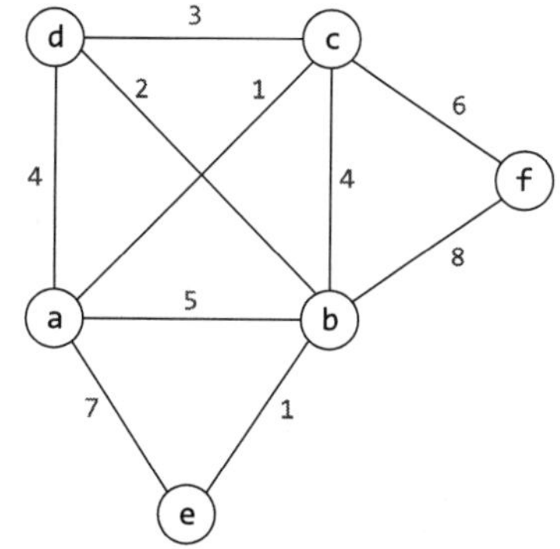

[그림 9-110] 연습문제 그래프

07 다음의 그래프를 이용하여 a로부터 각 노드로 가는 최단경로를 구하라.

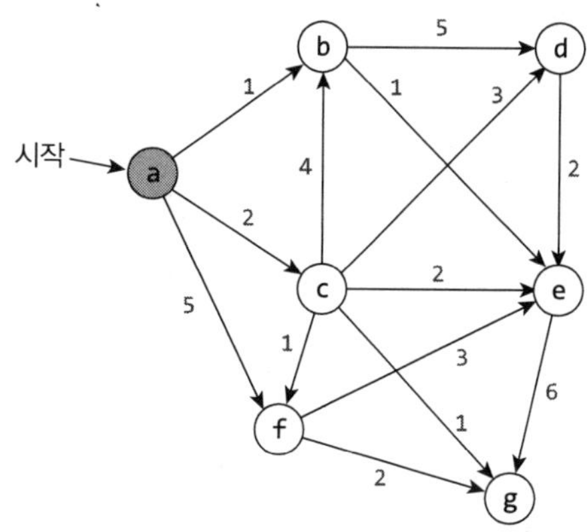

[그림 9-111] 연습문제 그래프

논리적 사고

본 장에서는 컴퓨팅에서 발견되는 논리적인 문제들 중 두 문제를 설명한다. 하나는 두 참여자가 원격으로 하나의 공통 작업을 수행하기 위해 약속하는 방법에서 발생하는 문제이고, 또 하나는 여러 개의 작업이 하나의 자원(resource)을 동시에 요청할 경우에 발생하는 문제이다. 여기서는 문제의 속성이 무엇인지 설명하고, 그 문제에 대한 간단한 해법을 설명한다.

10.1 두 장군의 문제(two generals' problem)

두 장군의 문제는 다음과 같다.

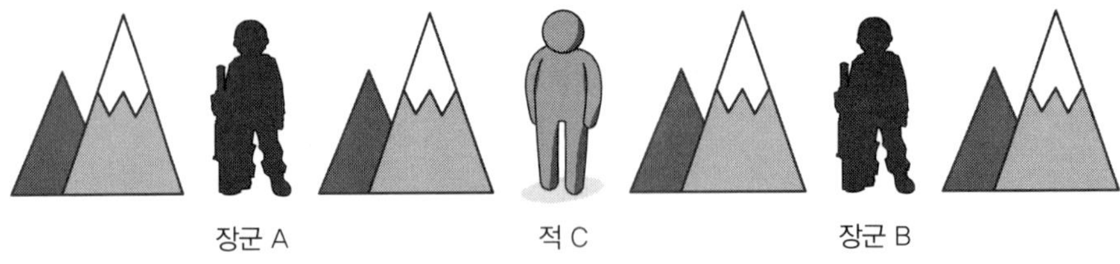

[그림 10-1] 두 장군의 문제

두 장군의 문제 장군 A와 B가 합동작전으로 적군 C를 동시에 공격하려 한다. 동시에 공격해야만 이길 수 있다고 가정한다. A와 B는 공격하는 것에는 동의가 되었고, 언제 공격할지 서로 통신하여야 한다. A와 B 사이에는 높은 산이 있어, 서로 볼 수가 없고, 적당한 통신 수단은 단지 전령(중간에 잡힐 수 있다)을 활용하는 방법밖에 없다. 두 장군이 공격 시간 정보를 공유할 수 있는 방법을 찾아라.

여기서 문제가 간단하지 않는 이유는 두 장군은 상대방이 공격에 대한 정보를 확신하고 있다는 것을 알아야만 공격을 할 수 있기 때문이다. 단순히 전령을 보내 공격 시간을 알려주는 것으로 서로 확신을 가질 수 없는 이유를 설명한다.

전령 D를 이용하여 문서를 전달하게 될 때 다음과 같은 상황을 생각해보자.

(1) A가 전령 D에게 '1월 1일 1시 공격'이라는 문서를 갖고 B에게 가도록 한다.
(2) D는 안전하게 B에게 문서를 전달한다.
(3) B는 공격시간을 알게 된다.
(4) A는 해당일 1시에 공격을 할 수 있을까? 할 수 없다. 왜냐하면, D가 중간에 잡힐 수도 있으므로 B가 문서를 받았는지를 알 수 없기 때문이다.
(5) B가 문서를 받은 사실을 A에게 알리기 위해 다시 D를 A에게 가도록 한다.
(6) 전령 D가 A에게 안전하게 도착한다. D는 B에게 문서를 전달했다고 A에게 보고한다.
(7) A와 B는 1월 1일 1시에 공격을 할 수 있을까? 할 수 없다. 왜냐하면, B가 보낸 D가 중간에 잡힐 수도 있으므로, B가 공격시간을 알고 있다는 사실을 A가 모를 수도 있다고 B는 생각한다.
(8) A가 다시 전령 D에게 B에게 가서 제대로 전달되었다는 것을 알리라고 지시한다.
(9) 계속 반복…
(10) …
(11) A와 B는 영원히 두 공격진이 동일한 시간에 공격할지 확신할 수 없게 된다.

이 문제는 컴퓨터 네트워크의 통신프로토콜에 내포된 문제이다. 두 통신 주체가 동일한 정보를 확신할 수 있느냐의 문제인데, 두 컴퓨터가 불완전한 통신(중간에 데이터 손실)을 이용하여 합의된 작업을 수행하는 데 응용된다. 이 문제에 대한 몇 가지 해결방안이 있다.

해결 방안 1 A는 많은 수의 전령을 동시에 B로 보낸다.

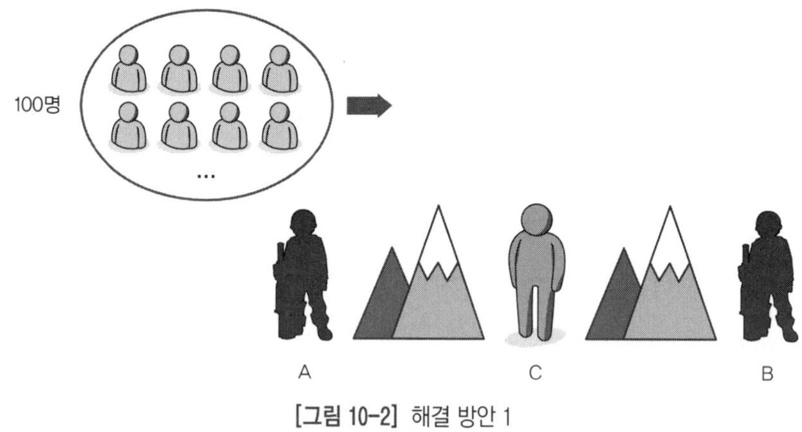

[그림 10-2] 해결 방안 1

예를 들어 A는 100명의 전령을 B에게 보낸다. 그러면 많은 수의 전령이 모두 잡힐 가능성은 매우 적으므로, 적어도 한 명의 전령이 B에 도달할 가능성이 매우 높아지게 된다. A는 100명의 전령을 보낸 후, 공격 준비를 한다. 그리고 B는 한 명의 전령이라도 도착하면, 마찬가지로 공격준비를 한다. 보장은 안 되지만, A와 B는 상대방이 같은 정보를 공유한다는 것을 확신한다.

해결 방안 2 A는 많은 수의 전령을 순차적으로 B에게 보낸다.

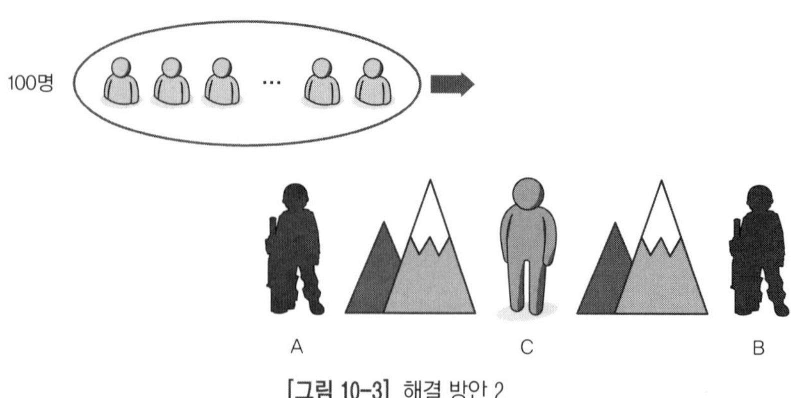

[그림 10-3] 해결 방안 2

예를 들어 A는 100명의 전령을 순차적으로 B에게 보낸다. 그렇게 되면 많은 수의 전령이 모두 잡힐 가능성은 매우 적어진다. B는 도착하는 전령 각각에게 다시 A에 돌아가서 안전하게 B에게 전달했다고 A에게 전하게 한다. 보장은 안 되지만, A와 B는 상대방이 같은 정보를 공유한다는 것을 확신한다.

해결 방안 3 A는 일정한 시간 간격을 두고 전령을 보낸다.

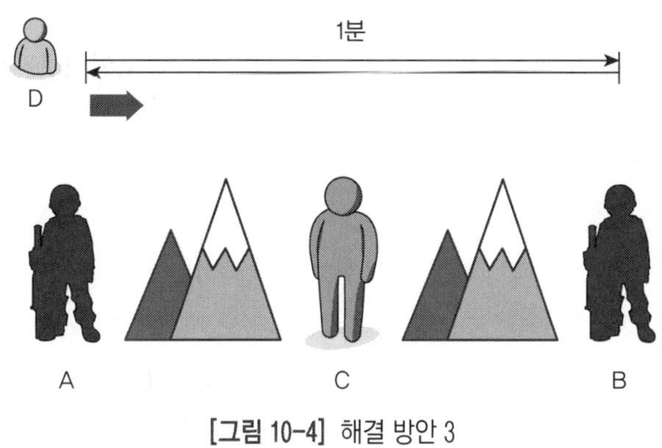

[그림 10-4] 해결 방안 3

A와 B 사이의 전령 이동시간이 1분이라고 가정하자. A는 B에게 전령을 보낸다. B는 메시지를 확인 후 전령을 A로 보낸다. A는 B가 보낸 전령이 일정 시간 내에 도착하지 않을 때만 D를 다시 보낸다. A에게 B의 전령이 도착하면, A는 일정 시간(예: 60분, 미리 A와 B가 동의한 시간) 동안 전령을 보내지 않기로 미리 약속한다.

이러한 규칙을 이용하면 다음과 같은 시나리오가 가능하다.

(1) A는 B에게 D를 보낸다.
(2) B는 D가 도착하면, D를 다시 A에게 보낸다.
　(경우 1) A에게 2분 내에 D가 다시 도착
　　A에게 D가 다시 도착했으므로, A는 60분간 더 이상의 전령을 B에게 보내지 않는다.
　　B는 60분 동안 아무 전령이 안 오는 것을 보고, A에게 전령이 도착했다는 것을 확신한다.

(경우 2) A에게 D가 안 오는 경우

2분이 지났지만 A에게 D가 오지 않는 경우, A는 B에게 전령을 다시 보낸다.

정보가 이동하는 시간을 활용하고 일정 시간 동안 신호가 없는 것을 하나의 신호로 해석하여 문제를 해결하였다.

컴퓨팅 사고력

- 아주 쉬운 문제라고 생각되지만 논리적으로 매우 어려운 문제가 될 수 있다.
- 해결 방안 1, 2, 3을 모의실험을 통해 제대로 작동하는지 확인해보시오.

■ 컴퓨팅 사고력 개념
- 추상화
- 알고리즘 설계
- 모의실험

■ 문제 해결 전략
- 직접 추론 사용
- 잔꾀를 사용

컴퓨터 과학

- 통신을 하는 개체들이 서로 같은 정보를 공유한다는 것을 확신하게 만드는 프로토콜이 필요하다.
- 이를 common knowledge라 한다.
- 이 문제를 two generals' paradox, coordinated attack problem이라고도 한다.

10.2 식사하는 철학자들 문제

다음과 같은 상황을 생각해보자. 자동차에는 연료가 없다고 가정한다. A는 자동차 열쇠를 갖고 있고 B는 연료를 갖고 있다.

[그림 10-5] 자동차 열쇠와 휘발유에 의한 교착상태

A, B는 자동차를 혼자 타고 가려고 하는데, 자신이 갖고 있는 열쇠 또는 휘발유만으로는 자동차를 움직일 수 없다. 그래서 서로 상대방에게 열쇠 또는 연료를 내놓으라고 하고 있다. 만일 이런 상황이 발생하면 영원히 누구도 자동차를 움직일 수 없을 것이다. 이런 상황을 교착상태(deadlock)라고 한다.

또 다른 예를 살펴보자. 다음은 회전교차로(roundabout)의 모습이다.

[그림 10-6] 회전교차로

이러한 회전교차로에서 다음과 같은 상황이 발생하면 어떻게 될까?

[그림 10-7] 회전교차로의 교착상태

회전교차로를 돌아서 나가려는 무늬없는 자동차들을 빗금무늬 차들이 막고 있는 상황이 발생한다면, 모든 자동차들은 움직일 수 없는 상태가 된다. 이러한 상황을 해결하기 위해서는 회전하고 있는 자동차에게 우선권을 부여하여, 새로 진입하는 자동차는 회전하는 자동차가 없을 때만 회전교차로에 진입하는 규칙을 사용하여야 한다.

다음은 일반 교차로에서 교착상태가 발생한 상황이다.

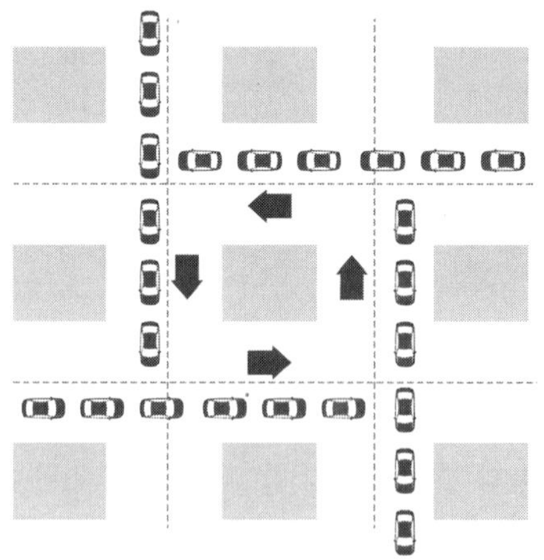

[그림 10-8] 일반 교차로의 교착상태

교차로 교착상태가 발생하지 않도록 미리 방지하는 방법은 교차로를 넘어갈 수 없으면 교차로 내에 진입하지 않는 단순한 규칙을 따르는 것이다.

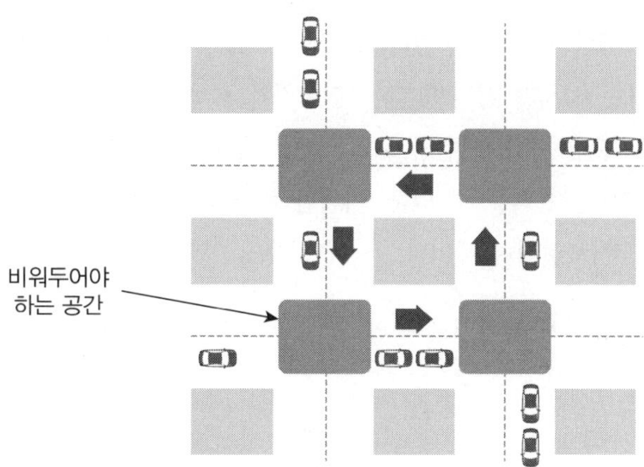

[그림 10-9] 일반 교차로에서 교착상태를 방지하는 방법

지금까지는 일상생활에서 볼 수 있는 교착상태의 예를 설명했다. 다음은 교착상태를 설명하고 그 해결 방법을 연구하는데 사용하는 개념적인 문제를 설명한다. 다음의 문제는 식사하는 철학자들 문제(dining philosophers problem)이다.

[그림 10-10] 식사하는 철학자들 문제

문제의 상황은 다음과 같다. 5명의 철학자들이 원탁에 앉아 있다. 철학자들은 생각하거나 식사를 하고, 그 이외의 활동은 없다고 가정한다. 각 철학자 앞에는 스파게티가 있고, 철학자 사이에는 포크가 한 개씩 있다. 철학자는 자신의 양편에 포크가 있을 때만 두 개의 포크를 이용하여 스파게티를 먹을 수 있다. 하나의 포크는 한 순간에 한 명의 철학자만 사용할 수 있다. 철학자는 식사가 끝나면 다른 철학자가 사용할 수 있도록 두 개의 포크를 내려놓는다. 철학자는 오른쪽 또는 왼쪽 포크를 순서 없이 잡을 수 있다. 스파게티는 무한히 공급되고 철학자도 무한히 먹을 수 있다. 이러한 상황에서 모든 철학자들이 스파게티를 먹을 수 있는 방법을 찾는 것이 문제이다.

만일 모든 철학자가 동시에 자신의 우측에 있는 포크를 집는다면 어떻게 될까?

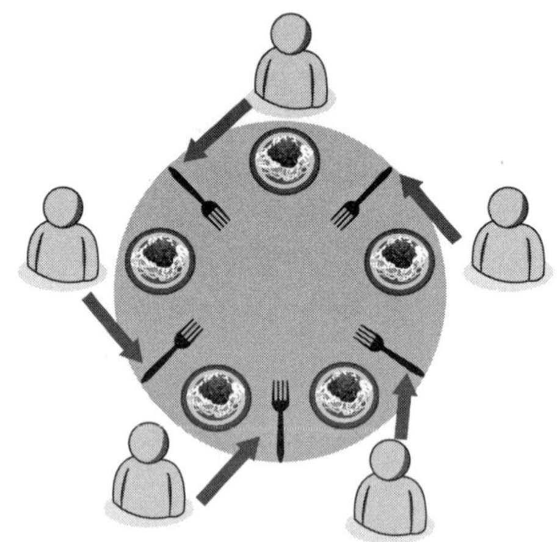

[그림 10-11] 모든 철학자가 오른쪽 포크를 집는 교착상태

모든 철학자가 자신의 오른쪽에 있는 포크를 집는다면, 누구도 두 개의 포크를 집을 수 없어서, 다른 철학자가 포크를 내려놓을 때까지 기다릴 것이다. 그러나 모든 철학자가 같은 상황이므로 모든 철학자는 영원히 식사를 할 수 없는 상황이 발생한다. 또한 그 상황은 영원히 바뀌지 않을 것이다. 이것이 교착상태를 의미한다.

철학자의 양쪽에 있는 포크가 사용 가능할 때만, 하나의 포크를 집을 수 있다고 가정하자. 만일 철학자 A와 C가 번갈아 자신의 오른쪽, 왼쪽에 있는 포크를 동시에 집은 후, 식사하고 생각하는 것을 반복한다면 어떻게 될까?

[그림 10-12] A와 C가 번갈아 자신의 좌우측 포크를 동시에 잡는 상황

이 상황에서는 B가 사용할 수 있는 포크를 기다리느라고 영원히 식사를 할 수 없게 된다. A가 식사할 때는 B의 왼쪽 포크가 사용 불가능상태이고, C가 식사 중일 때는 B의 오른쪽 포크가 사용 불가능상태가 되어, 영원히 두 개의 포크를 사용할 수 없게 된다. 이 상황도 교착상태가 된다. 각자 5명의 철학자가 식사를 할 수 있는 방법을 설계해보라.

이러한 문제는 컴퓨터 시스템에서 하나의 자원(resource)을 여러 장치가 사용하려는 상황에서 발생한다.

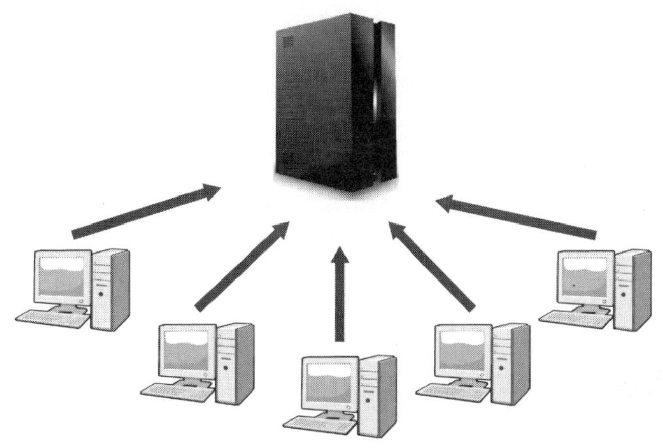
[그림 10-13] 하나의 자원을 공유하는 네트워크 환경

문제를 해결하는 방안은 아니지만 다음과 같은 철학자의 행동 지침을 생각할 수 있다.

(1) 왼쪽 포크가 가용할 때까지 생각한다. 왼쪽 포크를 사용할 수 있으면 집는다.
(2) 오른쪽 포크가 가용할 때까지 생각한다. 오른쪽 포크를 사용할 수 있으면 집는다.
(3) 두 개의 포크를 갖고 있으면 정해진 양만큼 식사한다.
(4) 오른쪽 포크를 내려놓는다.
(5) 왼쪽 포크를 내려놓는다.
(6) 처음부터 다시 진행한다.

이 방법으로도 가능성은 적지만 모든 철학자가 동시에 왼쪽 포크를 집는다면 영원히 식사를 할 수 없다. 식사하는 철학자 문제에 대해서는 다양한 해결 방안이 존재한다.

컴퓨팅 사고력

- 각자 이 문제를 해결할 수 있는 방법을 생각해보자.
- 우리는 일상생활에서 교착 상태에 있는 상황을 쉽게 볼 수 있다.
- 다자 간의 협의에서 자신의 이익을 극대화할 때 비슷한 상황이 발생한다.
- 교착 상태를 해결하기 위해서는 어떻게 해야 할까?

■ 3컴퓨팅 사고력 개념
  - 추상화
  - 알고리즘 설계
  - 모의실험

■ 문제 해결 전략
  - 직접 추론 사용
  - 잔꾀를 사용

컴퓨터 과학

- 다중처리(multiprocessing), 병렬계산(parallel computing), 분산시스템(distributed system)에서 하나의 자원을 여러 개의 장치(device)가 사용할 때 이러한 상황이 발생한다.

- 교착상태 탐지(deadlock detection), 교착상태 방지(deadlock prevention), 교착상태 회피(deadlock avoidance) 등을 통해 교착상태를 해결한다.
- 컴퓨터에서는 운영체제(operating system)가 교착상태의 문제를 해결한다.
- 교착상태는 통신시스템에서도 발생할 수 있다.

Part 04 흥미있는 컴퓨팅 사고력

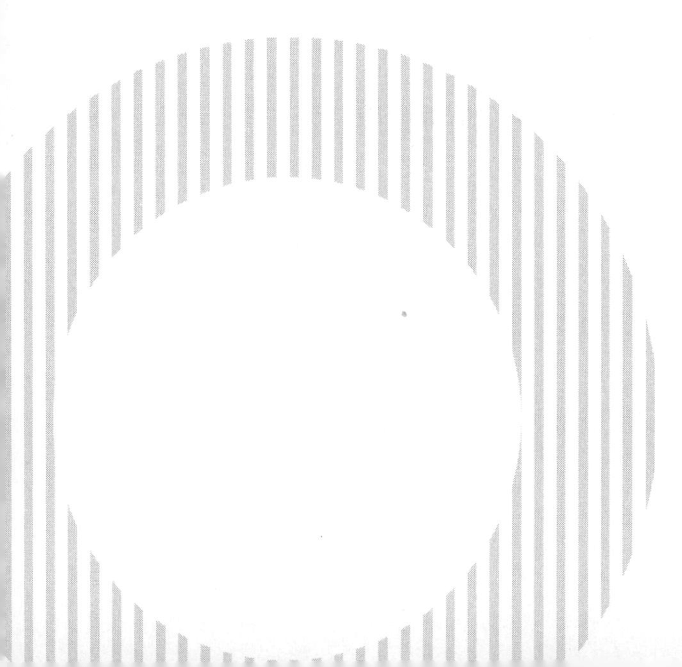

chapter 11

>>>

풀기 어려운 문제

본 장에서는 주위에서 쉽게 발견할 수 있는 문제인데, 컴퓨터로 문제를 해결하려고 할 때 짧은 시간 내에 쉽게 문제를 해결할 수 없는 문제들을 설명한다. 여기서는 문제의 자세한 해법을 설명하기보다는, 문제가 어떻게 정의되는지와 왜 문제의 해결이 어려운지를 위주로 설명한다. 컴퓨터를 이용하여 문제를 해결할 때 모든 문제가 쉽게 해결될 수는 없다는 것을 이해하는 것이 중요하다. 따라서 문제해결을 위해 가능한 한 효과적인 알고리즘을 찾는 것이 매우 중요하다.

본 장에서 다루는 문제는 외판원 문제, 색칠하기 문제, 배낭 문제, 부분집합의 합 문제, 최소지배집합 문제, 최소노드커버 문제들이다.

11.1 외판원 문제(TSP: Traveling Salesperson Problem)

다음과 같은 상황을 가정해보자.

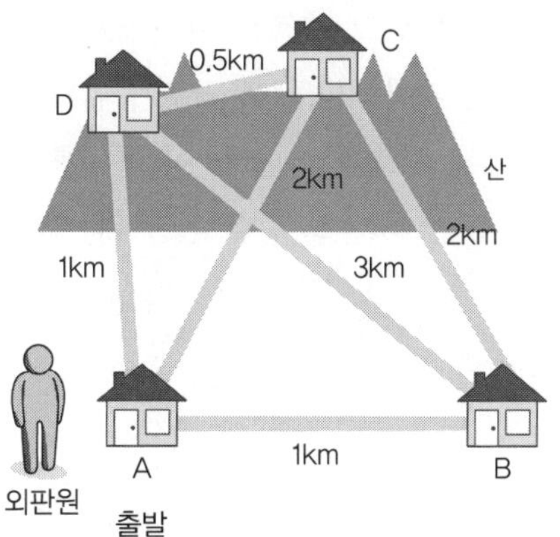

[그림 11-1] 집 간의 거리가 표시되어 있는 네 채의 집

네 채의 집이 있다. 집 A, B는 평지에 있고 집 C, D는 산 위에 있다. 집 사이의 거리가 표시되어 있다. 그런데 산에 올라갈 때는 내려올 때보다 시간이 더 많이 걸린다. 따라서 거리는 같지만 방향이 다르면 집 간에 이동하는데 걸리는 시간이 다를 수 있다. 다음 그림은 방향 별로 이동에 필요한 시간을 표시한 그림이다.

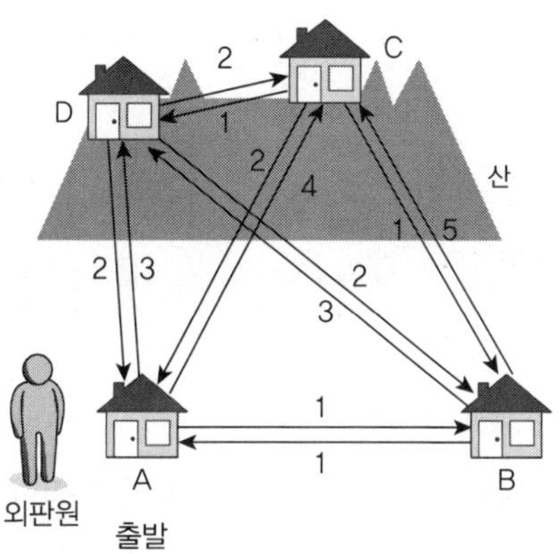

[그림 11-2] 방향 별로 소요 시간을 표시

그러면 외판원 문제는 다음과 같이 기술된다.

> **외판원 문제** 외판원은 출발지점 A에서 출발하여 최소의 시간으로 모든 집을 한 번씩만 방문하고 출발지점으로 돌아오는 경로를 찾는다.

출발 지점으로 돌아오는 경로이므로 그 경로는 사이클(cycle)이 된다. 이 문제에서 찾는 사이클은 한 지점에서 시작하고, 시작 지점에서 경로가 끝나야 하며, 중간에 방문하는 노드들은 모두 한 번씩만 방문하는 경로를 말한다. 이 문제를 그래프로 표시하고, 각 아크(arc)에 가중치를 표시한다. 아크란 두 노드 간을 연결하는 화살표를 말한다.

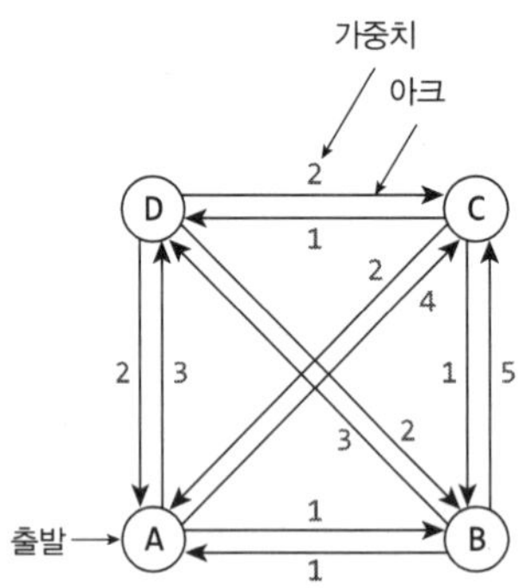

[그림 11-3] 네 채의 집 상황을 표현한 그래프

경로의 가중치는 경로를 이루는 아크의 가중치의 합이다. 예를 들어, 경로가 A-B-C-D-A인 경우 이 경로의 가중치는 1+5+1+2=9가 된다. 문제는 다음과 같이 정형화된다.

> **외판원 문제** 그래프에서 한 노드에서 출발하여 모든 노드를 한 번씩 방문하고 출발 노드로 돌아오는 최소 가중치 사이클을 찾으라.

이 문제에서 찾는 사이클은 문제에 있는 모든 노드를 방문하는 경로이므로, 어느 지점에서 출발하더라도 해는 동일하다. 단, 사이클의 가중치가 동일한 여러 개의 해가 존재할 수 있다. 어떤 노드 간에는 가중치가 무한대일 수 있다. 이 경우는 두 노드 간에는 길이 없다는 것을 의미한다.

예로 든 문제는 A에서 출발한다고 가정한다. 전체 노드 수가 네 개이므로, 가능한 사이클을 모두 확인해서 그 중 가장 짧은 사이클을 찾는 방법으로 쉽게 해를 찾을 수 있다. 가능한 모든 사이클의 개수는 6개가 된다. 그 중 최적해는 A-D-C-B-A가 되고 이 사이클의 가중치는 7이 된다.

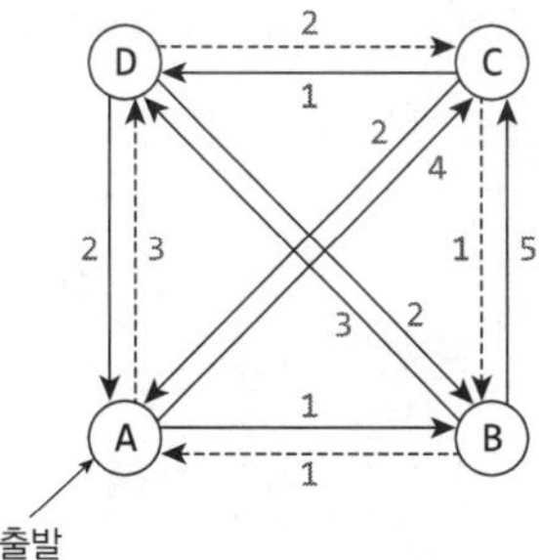

[그림 11-4] 네 채의 집이 있는 외판원 문제의 최적해(점선경로)

노드가 네 개인 이 문제인 경우 가능한 사이클은 다음과 같다.

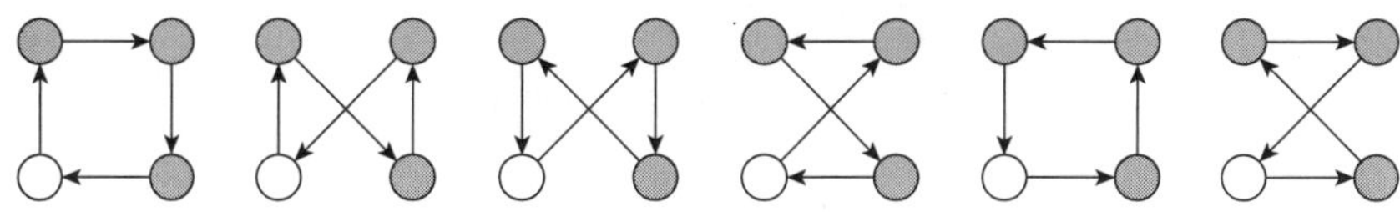

[그림 11-5] 네 개의 노드가 있는 경우 가능한 모든 사이클

가능한 사이클을 노드 이름을 이용해서 표현하면 A–X–X–X–A의 형태가 되고, X의 자리에 B,C,D가 중복 없이 나타날 수 있다. 그러므로 가능한 모든 사이클의 개수는 3!=6가지가 된다. 즉, A에서 다음 지점으로 선택 가능한 지점이 3가지가 되고, 그 다음에 선택 가능한 지점 수는 2가지, 그 다음은 1가지가 되어, 총 가짓수는 3×2×1로 표시된다.

만일 외판원이 방문해야 할 지점의 개수가 늘어나면 어떻게 되는지, 다음의 우리나라 지도를 이용해서 설명한다. 지도에는 15개의 도시가 표시되어 있다.

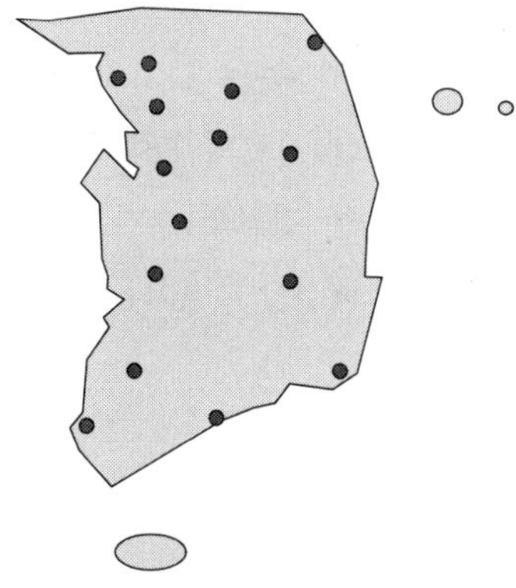

[그림 11-6] 우리나라의 15개 도시를 방문해야 하는 외판원 문제

도시를 노드로 표현하고, 노드 간의 길을 양방향을 나타내는 아크로 표시하면 다음과 같은 그래프로 바뀌게 된다. 이 그래프에서 노드 간의 거리는 표시하지 않았다.

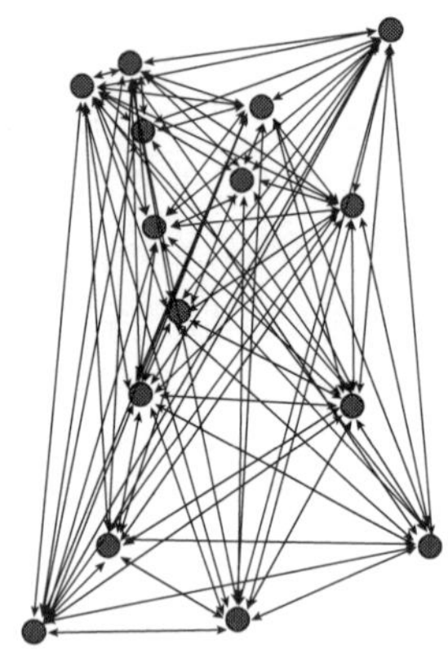

[그림 11-7] 15개 도시의 외판원 문제 그래프

이 그래프에서 볼 수 있는 것처럼 노드의 수가 증가하면, 외판원 문제의 그래프의 복잡도가 증가한다는 것을 알 수 있다. 일반적으로 노드의 수가 n이면 방향을 구분한 아크의 개수는 n(n−1)개가 되어, n의 제곱에 비례하게 된다.

그러면 외판원 문제를 어떻게 해결할 수 있는지 설명한다.

해결 방안 1 **무작정 알고리즘**

모든 가능한 사이클을 생성하여 가중치가 가장 작은 사이클을 선택한다.

위의 집이 네 채인 경우 가능한 사이클의 수는 3×2×1=6가지임을 설명했다. 일반적으로 그래프의 노드 수가 n이면, 모든 가능한 경로의 가짓수는 최대 (n−1)!이 된다. $(n-1)! > 2^{n-1}$이므로, 노드의 수가 증가하면 가능한 경로의 수가 폭발적으로 증가하여, 무작정 알고리즘으로는 외판원 문제를 효과적으로 해결할 수 없다.

해결 방안 2 **(최적해가 아니다.)**

현 지점에서 아직 방문하지 않은 노드들 중 연결된 아크의 가중치가 가장 작은 지점을 선택해서 이동한다(탐욕적 방법).

[해결 방안 2]를 이용하여 예의 문제를 해결한다면 다음과 같은 해를 얻게 된다.

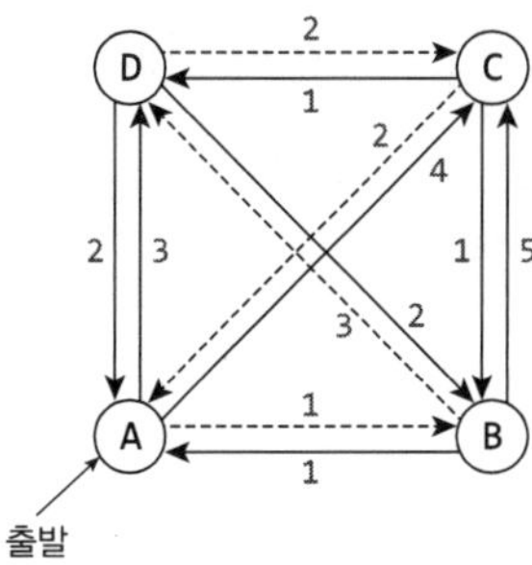

[그림 11-8] 해결 방안 2를 이용한 해(점선경로)

A에서는 A에서 나가는 아크의 길이가 1, 3, 4이므로, 이 중 B로 가는 아크의 가중치가 1로 최소가 된다. 따라서 A에서는 B로 이동한다. 같은 방법으로 B에서는 나가는 아크의 길이가 3, 5이므로 3을 선택하여 D로 이동한다. D에서는 다른 대안이 없으므로 C로 이동하고, 마지막으로 출발점 A로 이동한다. 따라서 최종 경로는 A-B-D-C-A가 되고, 이 사이클의 가중치는 8이 된다. 이미 이 문제의 최적해의 가중치는 7이라는 것을 알고 있으므로, 이 방법으로는 최적해를 찾지 못했다는 것을 알 수 있다.

이것으로 외판원 문제를 해결하기 위해서는 보다 정교한 알고리즘이 필요하다는 것을 알 수 있다.

컴퓨팅 사고력

- 단순해 보이는 문제도 해결하기 매우 어려운 문제인 경우가 많다.
- 외판원 문제와 연관 있는 비행기 일정표, 비행기 승무원 일정표, 기차 일정표, 간호사 일정표 등 일반적인 일정결정문제(scheduling)는 매우 풀기 어려운 문제가 되는 경우가 많다.

- 따라서 최적해(optimal solution)를 찾기보다는 근사해(approximate solution)를 짧은 시간 내에 찾는 방법을 사용하기도 한다.
- 많은 시간(예: 1~2 시간)을 소비하여 최적해를 구하는 것과 짧은 시간(예: 1~2분) 내에 근사해를 찾는 것의 장단점을 생각해보라.

■ 컴퓨팅 사고력 개념
- 추상화
- 알고리즘 설계
- 모의실험

■ 문제해결 전략
- 그림을 그린다.
- 창조적 생각

컴퓨터 과학

- 외판원 문제는 전형적인 풀기 어려운(intractable) 문제이다.
- 이 외에도 많은 문제들이 풀기 어려운 문제의 범주에 속한다.
- 문제의 풀기 어려운 정도는 문제를 해결할 수 있는 다항함수시간(polynomial time) 알고리즘이 있는지, 아직 발견하지 못했는지에 따라 구분된다.
- 외판원 문제의 결정문제(decision problem)는 아직 다항함수시간 알고리즘을 찾지 못하고, 비결정적(nondeterministic) 다항함수시간 알고리즘이 존재하는 NP-complete에 속한다.
- 결정문제는 문제의 답이 예 또는 아니오가 되는 문제 형태를 말한다.

11.2 색칠하기 문제(coloring problem)

11.2.1 지도 칠하기(map coloring)

다음의 우리나라 지도와 서울시 지도에서 도 경계나 구 경계를 나타낼 수 있도록 칠하는 방법은 무엇인가? 경계를 나타내기 위해서는 인접한 지역끼리는 같은 색깔을 사용하면 안 된다.

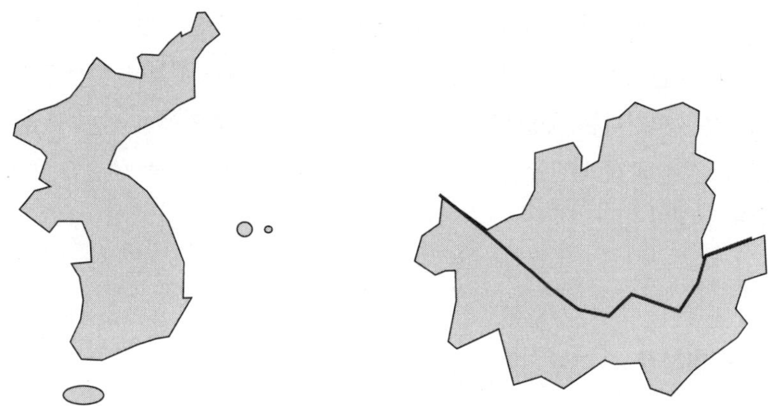

[그림 11-9] 우리나라 지도와 서울시 지도

지도 칠하기(map coloring) 문제는 인접한 지역을 구분하기 위해 최소의 색깔 수를 이용하여 각 지역에 색깔을 할당하는 문제이다. 그런데 4개의 색깔이면 모든 지도에 대해 조건에 맞게 색깔을 할당할 수 있다는 것이 증명되었다. 다음 가상의 지도에 대해 3가지의 색깔을 사용하여 인접한 지역이 서로 다른 색깔이 배정되도록 칠한 예이다. 원 안의 숫자는 색깔의 종류를 나타낸다.

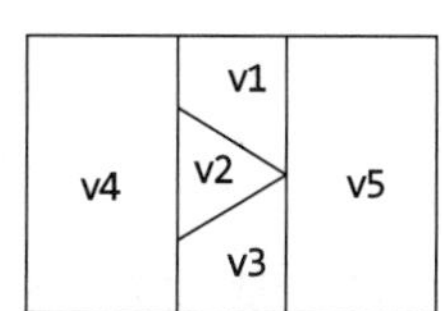

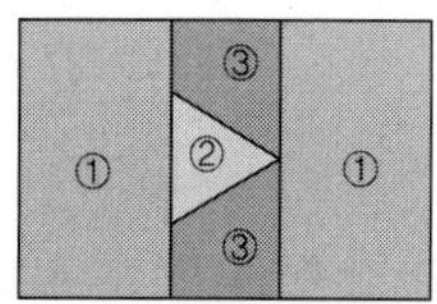

[그림 11-10] 가상의 지도에 대한 3가지 색깔 부여한 결과

다음 그림은 가상의 지도에 대해 최소의 색깔 수를 적용하여 색깔을 할당한 결과를 보여주고 있다.

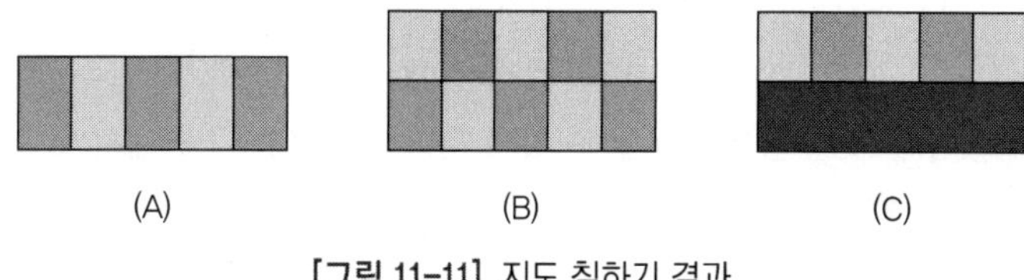

[그림 11-11] 지도 칠하기 결과

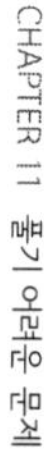

(A)에서는 2가지의 색깔이면 5개의 면(face)을 칠할 수 있고, (B)에서도 2가지의 색깔이면 가능하다. (C)에서는 3가지의 색깔이 필요하다. 복잡한 형태가 된다고 해서 많은 수의 색깔이 필요한 것은 아니라는 것을 알 수 있다. 그런데 지도 칠하기에서 면 수만큼의 색깔이 있으면 항상 조건에 맞게 색칠할 수 있다. 그러나 조건에 맞게 지도를 색칠할 수 있는 최소의 색깔 수에 관심이 있다.

11.2.2 그래프 칠하기

지도는 문제의 변형을 통해 그래프로 변할 수 있다. 다음은 지도를 그래프로 바꾸어가는 과정을 보여주고 있다.

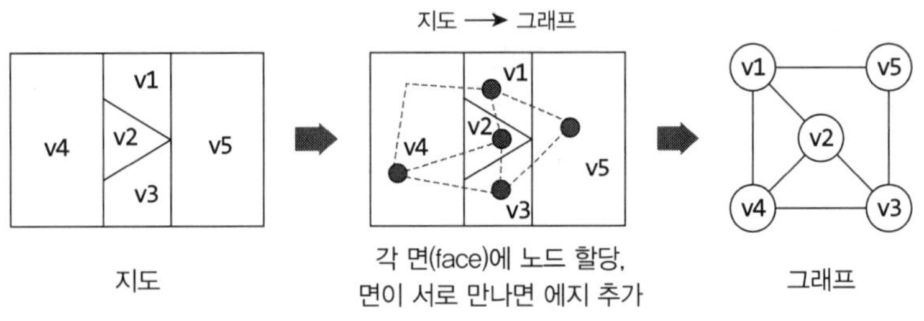

[그림 11-12] 지도를 그래프로 변환하는 과정

먼저 주어진 지도의 각 면에 노드 번호를 부여한다. 다음으로 지도에서 서로 접하고 있는 두 면에 대해 그래프에서 하나의 에지를 생성한다. 예를 들어, 지도에서 v1, v2면이 서로 접하고 있으므로 그래프에서 v1과 v2를 에지로 연결하였다. 이 과정을 거치면 그래프를 얻게 된다. 예에서 지도가 5개의 면을 갖고 있으므로 그래프는 5개의 노드를 갖고 있다.

그래프 칠하기(graph coloring) 문제는 인접하는 노드에 같은 색깔이 할당되지 않도록 노드에 색깔을 할당하는 문제이다. 여기서 인접하는 노드는 하나의 에지의 양편에 있는 노드들을 말한다. 평면 그래프(planar graph)인 경우 모든 그래프 칠하기 문제는 4개의 색깔이면 해결할 수 있다는 것이 증명되었다. 여기서 평면 그래프는 평면에서 에지가 서로 교차하지 않게 그릴 수 있는 그래프를 말한다.

컴퓨터 과학

다음 그림에서 왼쪽에 있는 그래프의 에지는 서로 겹치는 것처럼 보이지만, 오른쪽에 있는 그래프처럼 에지를 이동하여 표현하게 되면, 서로 에지가 겹치지 않게 그릴 수 있다. 따라서 다음 그래프는 평면 그래프이다.

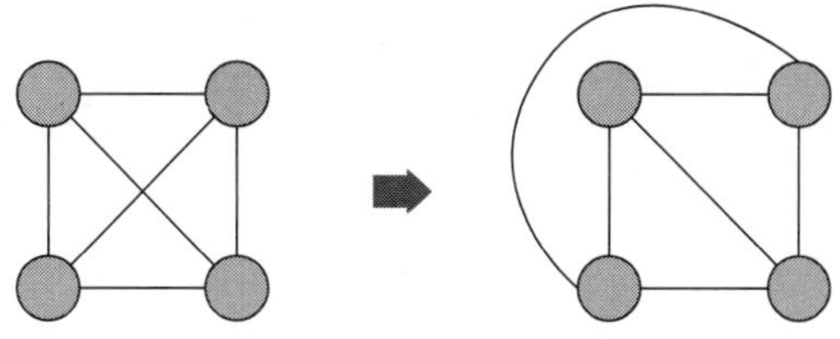

[그림 11-13] 평면 그래프의 예

반면에 다음 그래프는 평면에 에지가 겹치지 않게 그릴 수가 없다. 따라서 이 그래프는 평면 그래프가 아니다.

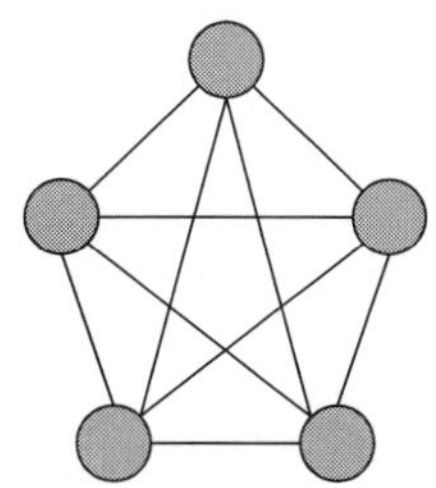

[그림 11-14] 평면 그래프가 아닌 예

지도는 평면에 면을 모두 그릴 수 있고, 그것을 그래프로 표현하게 되면 에지가 서로 겹치지 않게 된다. 따라서 하나의 지도를 그래프로 변환하게 되면 그 그래프는 평면 그래프가 된다. 지도 칠하기 문제와 그래프 칠하기 문제는 동일한 문제가 된다.

다음 그래프에 대해 인접하는 노드에 같은 색깔이 할당되지 되도록 색깔을 할당해보라. 노드 안에 표시된 숫자는 색깔의 종류를 나타낸다.

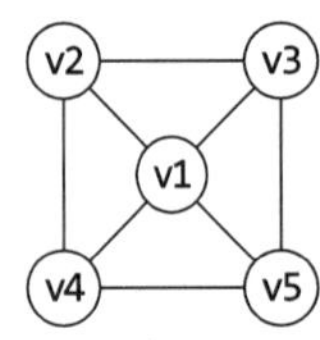

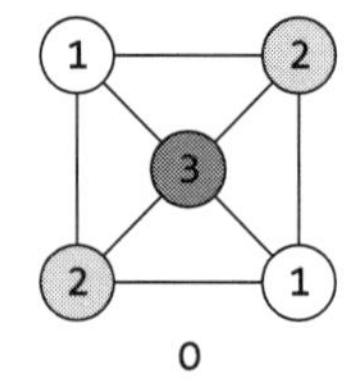

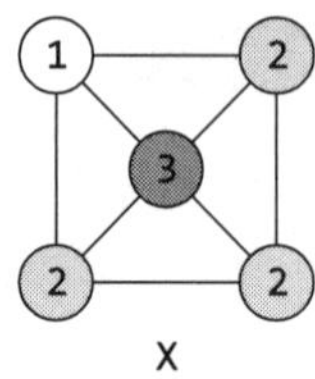

[그림 11-15] 그래프 칠하기 문제의 결과

오른쪽에 있는 색칠하는 방법은 서로 인접한 두 노드가 2번 색을 공유하므로, 적절한 해가 될 수 없다.

11.2.3 m-색깔 칠하기

m-색깔로 칠하기 문제는 다음과 같다.

> 지도 또는 그래프를 m가지 색으로 인접한 지역 또는 노드가 같은 색이 되지 않도록 색칠하는 문제로 칠하는 방법이 있으면 그 방법을 찾거나, 또는 방법이 존재하지 않으면 해가 존재하지 않는다는 것을 답한다.

다음 예의 그래프를 두 개의 색깔로 칠할 수 있는가?

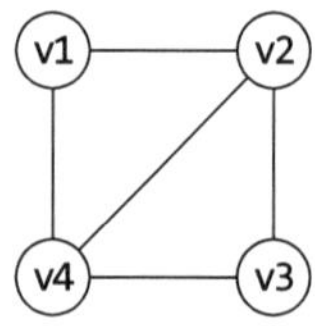

[그림 11-16] m-색깔 칠하기 문제 그래프

이 그래프에서 2가지 색깔로 색칠하기 문제를 풀기는 불가능하다. 그러면 3개의 색깔로 칠할 수 있는가? 3가지 색깔을 사용하면 총 6가지의 해답을 얻을 수 있다. 노드 안에 표시된 숫자는 색깔의 종류를 나타낸다.

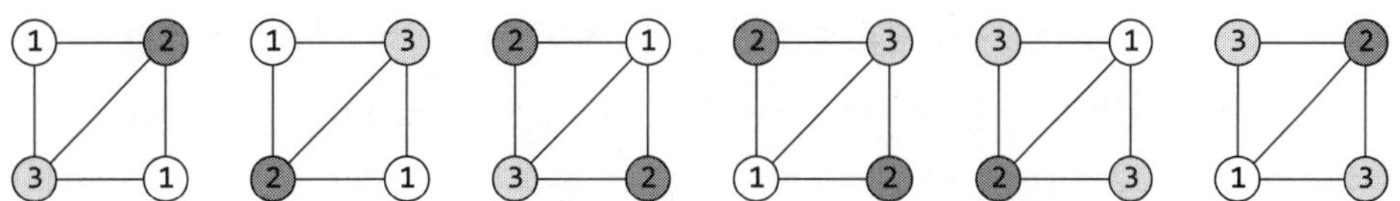

[그림 11-17] 세 개의 색깔을 사용한 그래프 칠하기 경우

그러면 일반적으로 m−색깔 칠하기의 해는 어떤 방법으로 찾을 수 있을까? 먼저 단순한 방법을 설명하고, 되추적 방법을 사용한 방법을 설명한다. 되추적 방법은 CHAPTER 9의 9.4절에서 설명했다.

해결 방안 1 **무작정 알고리즘**

가능한 모든 색을 칠할 수 있는 경우를 생성하여, 이 중 조건에 맞는 색칠방법을 선택한다.

위의 노드가 4개인 그래프 예에서 세 개의 색깔을 사용한다고 하였으므로, 각 노드가 가질 수 있는 색깔의 가짓수는 3가지이다. 따라서 모든 노드를 색칠할 수 있는 경우의 수는 3^4=81가지이다. 81가지 중 해를 찾는다. 위에서 총 81가지의 가능성 중 모두 6가지의 가능한 해가 있음을 설명했다.

그러면 4가지의 색깔을 이용해서 일반적인 그래프의 칠하기 문제를 [해결 방안 1]로 해결할 때 고려해야 할 경우는 어떻게 될까? 노드가 n개인 그래프에서 4개의 색깔을 사용한다고 하면, 모든 노드를 색칠할 수 있는 경우의 수는 4^n가지이다. 모든 평면 그래프(평면 지도)는 4개의 색깔로 칠할 수 있으므로, 색깔을 칠하는 경우의 수는 최대 4^n가지가 된다. 따라서 4^n가지 중에는 적어도 하나의 해가 존재한다. 그러나 이러한 방법은 n이 큰 수일 때 해를 찾는데 많은 시간이 걸리게 된다.

일반적인 그래프에서 칠하기 문제를 해결하기 위해서는 매우 많은 경우를 고려해야 하므로, 현실적으로 문제를 해결할 수 없게 된다. 따라서 보다 효과적인 방법이 필요하다. 되추적 방법을 사용하여 이 문제를 해결할 수 있다.

해결 방안 2 상태공간트리를 이용하여 되추적(backtracking) 방법을 사용한다.

다음은 위의 예 그래프에 대해 되추적 방법을 이용하여 해 공간을 탐색하여 해를 찾은 상태공간트리를 보여주고 있다. 트리의 탐색순서는 깊이우선탐색(depth-first search) 방법을 사용한 결과이다. 노드 안에 있는 숫자는 색깔의 종류를 나타낸다.

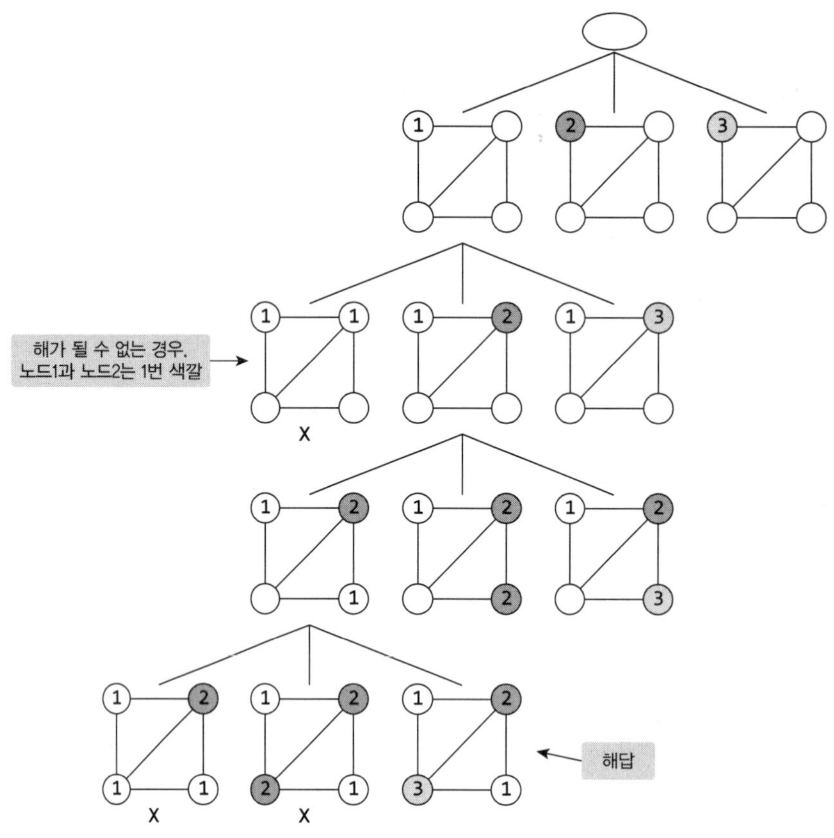

[그림 11-18] 3색-칠하기 문제의 되추적 방법의 상태공간트리와 해

이 상태공간트리를 추상화시키면 다음과 같다. 색깔은 1, 2, 3으로 구분하여, 배정된 색깔은 (노드번호, 색깔)로 표시하여 노드 안에 표시하였다.

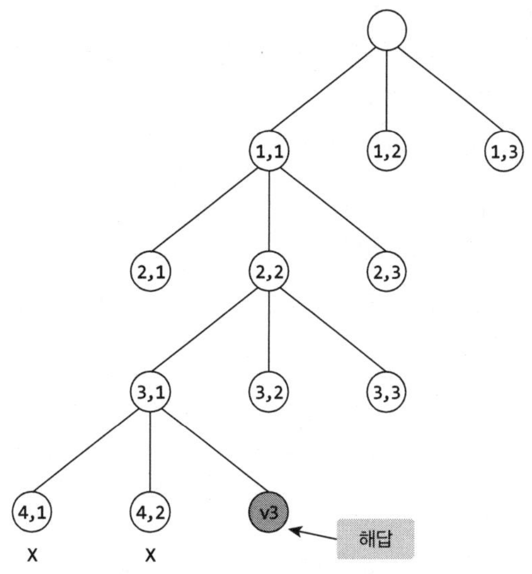

[그림 11-19] 추상화된 3색-칠하기 문제의 되추적 방법의 상태공간트리와 해

v1에 1번 색깔을 부여하고 v2에 1번 색깔을 부여하는 것은 허용되지 않는다. 따라서 상태공간트리에서 v2가 1번 색깔을 갖는 상태 이후는 고려할 필요가 없게 된다. 그림에서 X로 표시되어 그 이하는 고려하지 않음을 표시했다. 이러한 방법으로 모든 경우를 고려하지 않고 효과적으로 해를 찾을 수 있는 것이다. 실제로 이 예에서는 7번째로 방문한 상태(상태공간트리의 노드)에서 해를 찾을 수 있었다. 위 상태공간트리에서 노드를 방문하는 순서는 깊이우선탐색 방법을 사용하여, 노드에서 아래로 이동할 수 있는 한 계속 이동하고, 더 이상 이동할 수 없을 경우에는 위로 한 칸 이동한 후, 오른쪽 노드가 있을 경우 이동하는 방법을 사용한다.

위 그림에서 노드 (3,2)는 트리에는 표시가 되어 있지만, (4,3)의 해를 찾은 후에 방문하는 노드이므로 그 노드의 유효성을 검증하지 않은 상태이므로, X 표시를 하지 않았다.

컴퓨팅 사고력

- 색칠하기 문제도 단순하게 보이지만 해결하기 매우 어려운 문제에 속한다.
- 4개의 색깔이 필요한 지도를 작성해보라.
- 색칠하기 문제는 일정 만들기 문제, 패턴 매칭, 시간표 만들기 등에서 발생한다.

■ 컴퓨팅 사고력 개념

- 추상화
- 알고리즘 설계
- 데이터 표현

■ 문제 해결 전략

- 가능성들을 제거
- 직접 추론 사용
- 그림을 그린다.

컴퓨터 과학

- 색칠하기 문제는 전형적인 풀기 어려운(intractable) 문제이다.
- 이 문제는 NP-complete에 속한다.
- 이 외에도 많은 문제들이 풀기 어려운 문제의 범주에 속한다.

11.3 배낭 문제(knapsack problem)

군인이 배낭에 넣을 물건들을 고르는 상황을 가정해보자. 다양한 물건들이 있고, 각각은 무게가 있고, 효용가치가 주어져 있다고 하자. 배낭에 물건을 잘라서 물건의 일부분을 넣을 수는 없다고 가정한다. 즉, 하나의 물건을 배낭에 넣거나 빼는 것을 선택할 수 있다. 이 군인은 가능한 한 효용가치가 높은 물건들을 많이 배낭에 넣고 싶을 것이다. 그러나 자신이 짊어질 수 있는 배낭 무게는 한정되어 있다. 따라서 군인은 자기가 짊어질 수 있는 한도 내에서 최대한의 효용가치를 만들 수 있는 물건들을 배낭에 넣으려고 할 것이다. 이러한 문제를 0-1 배낭 문제라고 한다. 여기서, 0-1은 물건 하나당 넣지 않거나, 넣는 것을 결정하는 문제라는 것을 의미한다. 즉, 물건의 분할은 허용되지 않는다는 뜻이다.

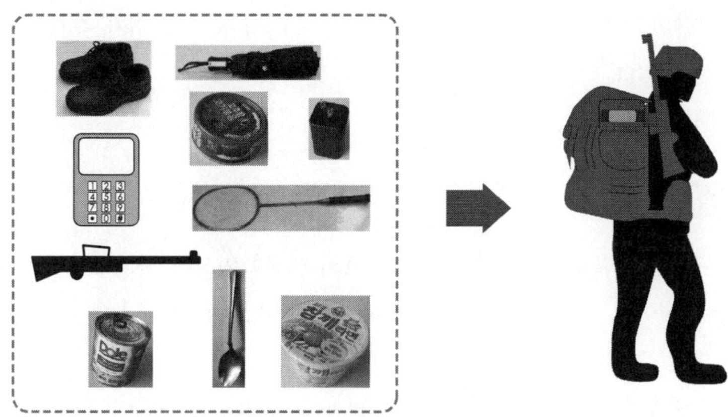

[그림 11-20] 배낭 문제의 상황

예를 들어, 3개의 품목이 있고 배낭 무게의 한도는 40kg이라고 가정하자. 각 품목의 무게와 가치는 다음과 같다.

[표 11-1] 배낭 문제의 예

품목	무게	가치
품목1	30kg	5만원
품목2	20kg	4만원
품목3	15kg	3만원

이 문제의 최적해는 품목2, 품목3을 넣을 때, 총 가치는 7만원이 된다. 그러면 이러한 문제를 어떻게 해결할 수 있는지 살펴본다. 먼저 가장 기본적인 방법으로 가능한 모든 경우를 조사해서 그 중 가장 큰 효용가치를 제공하는 조합을 찾는 방법이 있을 수 있다.

해결 방안 1 무작정 알고리즘

n개의 물건에 대해서 모든 부분집합을 모두 고려한다.

예를 들어, 품목을 a, b, c라고 하면 부분집합은 {a}, {b}, {c}, {a,b}, {a,c}, {b,c}, {a,b,c}가 된다. 아무것도 넣지 않는 경우는 고려 대상에서 제외했다. 그러나 불행하게도 크기가 n인

집합의 부분집합의 수는 ϕ을 포함하여 2^n개이다. 따라서 문제 크기가 증가하면 문제를 풀기가 매우 어렵게 된다.

컴퓨터 과학

- 집합 A의 부분집합을 원소로 갖는 집합을 A의 멱집합이라고 하고 2^A로 표시한다.
- 만일 A={a,b,c}이면 A의 멱집합(power set)은 {ϕ={ },{a},{b},{c},{a,b},{b,c},{a,c},{a,b,c}}가 된다.
- 그리고 A의 멱집합 크기=$|2^A|$=|{ϕ={ },{a},{b},{c},{a,b},{b,c},{a,c},{a,b,c}}|=8=2^3이 된다.
- 집합 A의 크기가 n인 경우 A의 멱집합의 크기는 2^n이다.

해결 방안 2 **탐욕적 방법**

가치가 높은 품목부터 배낭에 넣을 수 있을 때까지 넣는다.

배낭 속의 물건들의 가치를 최대화한다는 생각으로 가치가 높은 물건부터 채운다. 그러나 이 방법도 항상 최적의 해를 제공하는 것은 아니다. 이전의 [표 11-1]의 문제 예에서 배낭 무게의 한도는 40kg이었다. [해결 방안 2]에 의하면 가치가 제일 높은 품목1만을 배낭에 넣을 수 있고, 그 때의 배낭의 총 가치는 5만원, 무게는 30kg이 된다. 따라서 더 이상 물건을 넣을 수 없게 된다. 그러나 최적해는 품목2와 품목3을 넣을 때 총 가치가 7만원이 된다.

또 다른 탐욕적 방법을 생각할 수 있다.

해결 방안 3 **탐욕적 방법**

가벼운 품목부터 배낭에 넣을 수 있을 때까지 배낭에 넣는다.

많은 물건을 넣겠다는 목표로 가벼운 물건부터 선택하여 배낭에 넣는다. 그러나 이 방법도 항상 최적의 해를 제공하는 것은 아니다. 다음 예를 보자. 여기서 배낭 무게의 한도는 20kg이라고 하자.

[표 11-2] [해결 방안 3]을 적용한 문제

품목	무게	가치
품목1	8kg	5만원
품목2	9kg	6만원
품목3	10kg	7만원

[해결 방안 3]을 이용하여 해를 구하면 해는 품목1과 품목2를 배낭에 넣게 된다. 이 때 총 가치는 11만원, 무게는 17kg이 된다. 그러나 최적해는 품목2와 품목3을 넣을 때이고, 이 때 총 가치는 13만원, 무게는 19kg이 된다. 가벼운 물건이 무게에 비해 가치가 없을 때 이 방법으로는 최적해를 찾지 못하게 된다.

또 다른 방법으로 [해결 방안 4]를 생각할 수 있다. 이 방법은 물건의 무게 당 가치를 계산하여, 그 값이 가장 높은 물건부터 우선적으로 채우는 방법이다.

해결 방안 4 **탐욕적 방법**

무게 당 가치가 가장 높은 품목부터 배낭에 넣을 수 있을 때까지 넣는다.

논리적으로 매우 합당한 방법으로 생각되지만, 이 방법도 항상 최적해를 찾는 것은 아니다. 다음과 같은 예를 생각해보자. 여기서 배낭 무게의 한도는 30kg이라고 하자.

[표 11-3] [해결 방안 4]를 적용한 문제

품목	무게	가치	가치/무게
품목1	7kg	56만원	8만원/kg
품목2	10kg	70만원	7만원/kg
품목3	20kg	120만원	6만원/kg

[해결 방안 4]를 이용하여 해를 구하면, 품목1과 품목2를 선정하여 배낭에 들어간 물건들의 총 가치는 126만원이 되고 배낭의 무게는 17kg이 된다. 그러나 최적의 해는 품목2

와 품목3을 배낭에 넣는 것으로 이 때 총 가치는 190만원이 되고 배낭의 무게는 30kg이 된다.

이상에서 설명한 것처럼 무작정 알고리즘(해결 방안 1)으로는 문제를 해결하는 데 많은 시간이 걸리게 되고, 단순한 탐욕적인 방법(해결 방안 2,3,4)으로는 최적해를 못 찾는 경우가 있다는 것을 알 수 있다. 배낭 문제를 해결하는 다양한 방법이 존재하지만, 모두 빠른 시간(다항함수 시간) 내에 문제를 풀 수는 없다.

만일 물건을 배낭에 넣거나 뺄 수만 있다는 조건을 완화해서, 물건을 잘라서 물건의 일부를 배낭에 넣을 수 있다면 이 문제는 어떻게 바뀔까? 완화된 문제는 해결하기가 더 쉬워질 것인가? 또는 더 어려워질 것인가? 다음은 0 또는 1의 조건을 완화한 문제를 해결하는 탐욕적 방법이다.

0-1 조건완화 문제 해결 방안 **탐욕적 방법**

무게 당 가치가 가장 높은 품목부터 배낭에 넣을 수 있을 때까지 넣는다. 더 이상 넣을 수 없을 때, 그 때의 물건은 잘라서 넣는다.

[표 11-3]의 문제에 대한 [0-1 조건완화 문제 해결 방안]을 사용하면 배낭에 품목1(7kg), 품목2(10kg)를 넣고 남은 배낭의 여유 무게인 30kg-17kg=13kg 만큼을 품목3으로 채우게 된다. 따라서 총 가치는 56만원+70만원+120만원×13/20=126만원+78만원=204만원이 된다. 이 가치는 최적이 된다. 결론적으로 0-1 조건을 완화한 문제의 해결 방안으로 사용한 탐욕적인 방법은 항상 최적해를 구할 수 있다. 즉, 0 또는 1의 조건, "각 물건을 안 넣거나/넣거나"의 조건을 완화하면 풀기 쉬운 문제가 된다. 해의 정수형 조건을 완화하여 해가 실수형을 갖게 될 수 있다면, 일반적으로 문제는 쉽게 해결된다.

컴퓨팅 사고력

- 배낭 문제로 표시할 수 있는 실생활의 문제를 생각해보자.
- 배낭 문제도 단순하게 보이지만, 해결하기 매우 어려운 문제에 속한다.
- 외판원 문제와 마찬가지로, 문제 크기가 커질 경우 정확한 해를 찾는데 많은 시간이 소요된다.

- 가치를 최대화하면서, 배낭 무게 한도를 만족해야 하는 문제의 형태는 제한 조건(constraint)을 만족하면서 목적 함수(objective function)를 최대화(또는 최소화)해야 하는 일반적인 최적화(optimization) 문제의 한 형태다.
- 실생활의 최적화 문제는 여러 개의 목적 함수, 여러 개의 제한식을 가질 수 있다.

■ 컴퓨팅 사고력 개념

- 추상화
- 알고리즘 설계
- 데이터 표현

■ 문제 해결 전략

- 추정과 확인
- 가능성들을 제거
- 직접 추론 사용

컴퓨터 과학

- 배낭 문제는 전형적인 풀기 어려운(intractable) 문제이다.
- 이 문제의 결정문제(decision problem)의 형태는 NP-complete에 속한다.
- 이 외에도 많은 문제들이 풀기 어려운 문제의 범주에 속한다.

11.4 부분집합의 합 문제(sum of subset problem)

부분집합의 합 문제는 정수들로 구성된 집합에서 일부 정수들을 모아 그들의 합이 특정 정수 값을 만들어내는 부분집합을 찾는 문제이다. 예를 들어, S={1,3,6,7}이고, 네 개의 숫자들 모두 또는 일부를 이용하여 그 합이 W=4가 되도록 원소들을 선택하는 문제, 즉 S의 부분집합을 찾는 것이다. 이 문제의 답은 {1,3}이 된다.

부분집합의 합 문제

주어진 S = {a_1, a_2, ⋯, a_n}, a_i는 정수, i=1,⋯, n, 정수 W에 대해 P⊆S 인 P를 찾는다. 그런데, P에 속하는 원소의 합이 W가 되어야 한다.

이 문제를 해결하는 가장 간단한 방법은 다음과 같다.

해결 방안 **무작정 알고리즘**

n개의 정수 집합에 대해서 모든 부분집합을 모두 고려한다. 그 부분집합의 원소들의 합을 계산하여 W가 되는지 확인한다.

예를 들어 S={1,3,6,7}라고 하고 합 13이 되는 부분집합을 찾는 문제를 해결해보자. S의 부분집합은 ϕ={ }, {1}, {3}, {6}, {7}, {1,3}, {1,6}, {1,7}, {3,6}, {3,7}, {6,7}, {1,3,6}, {1,6,7}, {1,3,7}, {3,6,7}, {1,3,6,7}이 된다. 각각의 부분집합의 합은 이전의 부분집합의 순서로 0, 1, 3, 6, 7, 4, 7, 8, 9, 10, 13, 10, 14, 11, 16, 17이 된다. 합 13을 만드는 조합은 {6,7}임을 알 수 있다.

이 문제는 원소의 개수가 n일 때, 무작정 알고리즘으로는 2^n가지의 조합을 확인해야 한다. 문제를 해결하는데 지수적인 시간(exponential time)이 필요하다. n이 커짐에 따라 짧은 시간 내에 문제를 해결할 수 없다.

컴퓨팅 사고력

- 부분집합의 합 문제로 표시할 수 있는 실생활의 문제를 생각해보자.
- 부분집합의 합 문제도 단순하게 보이지만, 해결하기 매우 어려운 문제에 속한다.
- 외판원 문제와 마찬가지로 문제 크기가 커질 경우 정확한 해를 찾는데 많은 시간이 소요된다.
- 부분집합의 합이 특정한 값이 되어야 하는 조건은 간단한 조건으로 보이지만, 문제의 해결을 매우 어렵게 한다.

■ 컴퓨팅 사고력 개념

- 추상화
- 데이터의 표현
- 모의실험

■ 문제 해결 전략

- 가능성들을 제거
- 직접 추론 사용
- 단순한 문제 해결 시도

컴퓨터 과학

- 부분집합의 합 문제는 전형적인 풀기 어려운(intractable) 문제이다.
- 이 문제의 결정문제(decision problem)는 NP-complete에 속한다.
- 이 외에도 많은 문제들이 풀기 어려운 문제의 범주에 속한다.

11.5 최소지배집합 문제(minimum dominatimg set problem)

다음과 같이 마을에 집들이 있다. 그리고 집에 설치하는 보안신고장치를 가정한다.

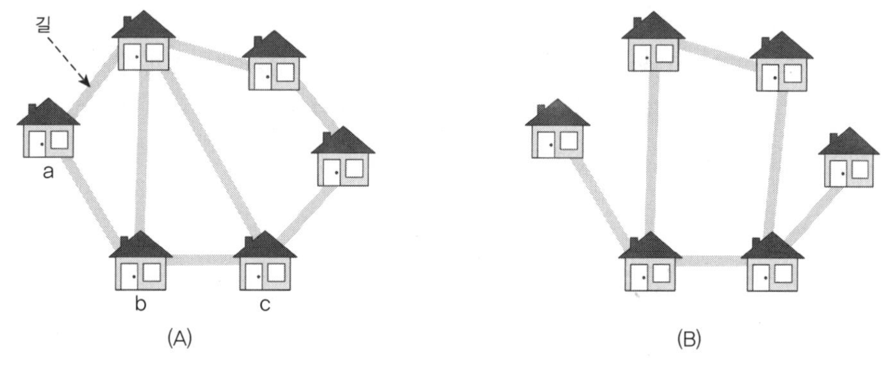

[그림 11-21] 보안신고장치를 설치하는 마을

보안을 위해 각 집은 보안신고장치가 자신의 집에 설치되어 있거나 또는 적어도 하나 이상의 이웃한(adjacent) 집에 보안신고장치가 있어야 한다. 여기서 이웃집이란, 다른 집을 거치지 않고 골목을 통해 바로 도달할 수 있는 집을 의미한다. 예를 들어 (A)에서 a와 b는 서로 이웃집의 관계이고, a와 c는 서로 이웃집이 아니다. 만일 모든 집에 보안신고장치를 설치한다면 문제를 바로 해결할 수 있다. 그러나 보안신고장치를 설치하기 위해서는 비용이 발생하므로 경제적인 설치를 하고자 한다. 즉, 가능한 한 작은 개수의 보안신고장치를 설치하고 보안에 대한 제한 조건을 만족시키려고 한다.

다음 그림에서 (1)처럼 배치한다면 c는 보안신고장치가 있는 이웃집이 없게 된다. f,b,d는 보안신고장치가 있는 이웃집이 있다. (2)는 모든 집이 하나 이상의 이웃집에 보안신고장치가 있다. 따라서 보안장치를 설치하는 문제의 해가 된다.

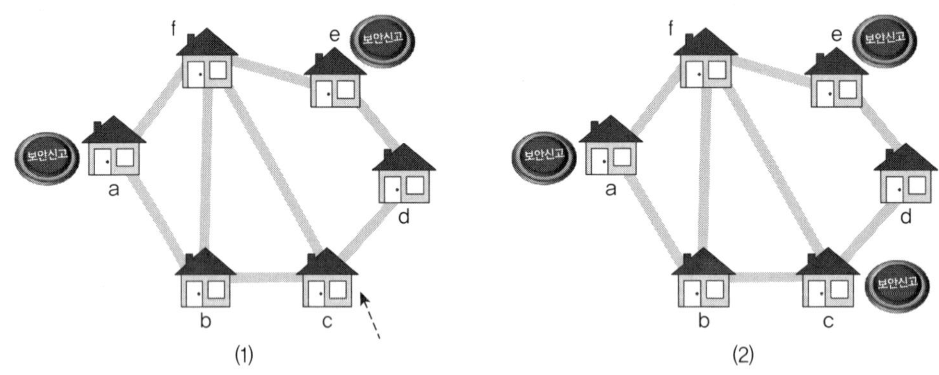

[그림 11-22] (A)의 보안신고장치 설치 예

그렇다면 최소의 보안신고장치 개수는 어떻게 될까? 다음 그림을 보면 2개의 보안신고장치로도 조건을 만족할 수 있다는 것을 알 수 있다. 즉, 2개를 설치하여 모든 집들이 하나 이상의 이웃집에 보안신고장치가 있게 된다.

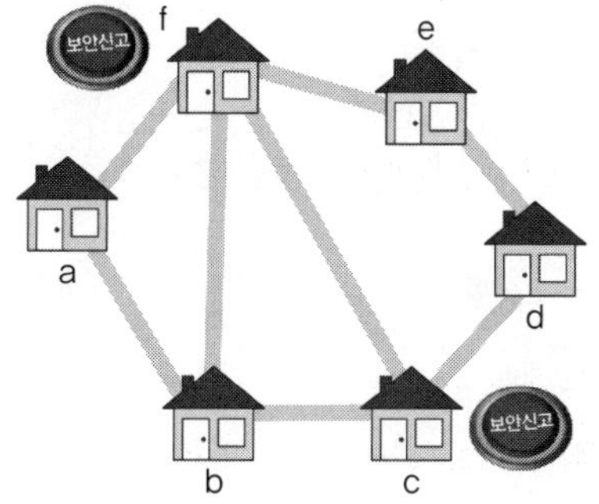

[그림 11-23] 최소의 보안신고장치 설치 안

위의 (B) 마을에 대해서는 어떻게 될까? 1개로는 불가능하고, 최소 2개를 설치해야 조건을 만족한다는 것을 쉽게 확인할 수 있다.

보안신고장치 설치 문제를 추상화시키면 다음과 같이 최소지배집합(minimum dominating set) 문제를 정의할 수 있다. 집은 노드로 표현되고 길은 에지로 표현된다.

최소지배집합(minimum dominating set) 문제

- 그래프의 노드 집합이 V일 때, V의 부분집합 D를 찾는다.
- D 이외의 노드들은 적어도 하나 이상의 D에 있는 노드에 인접하여야 한다. - D는 지배집합(dominating set)
- 집합 D의 크기를 가능한 한 최소로 한다. - minimum dominating set

다음 그림의 (A)에서는 모든 노드가 색깔 노드와 이웃하고 있으므로 색깔이 있는 노드들의 집합 {a,c,e}는 단순히 지배집합이 되고, (B)에서는 모든 노드가 색깔 노드와 이웃하고 있고 색깔이 있는 노드들의 집합 {c,f}는 최소의 개수이므로, {c,f}는 최소지배집합이 된다. 이외에도 {b,e}, {a,d}, {d,f}도 최소지배집합이 된다.

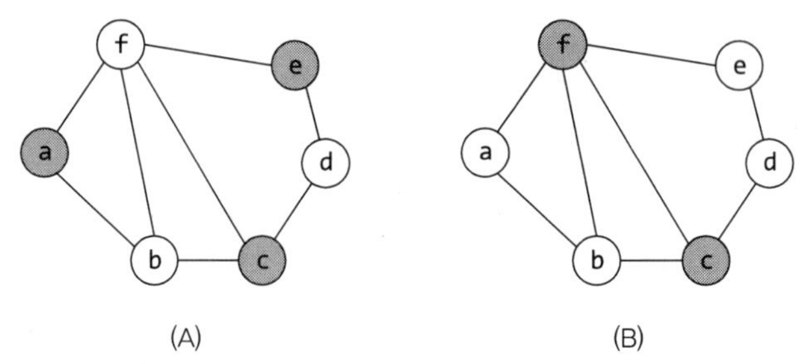

[그림 11-24] (A) {a,c,e}는 지배집합, (B) {c,f}는 최소지배집합

집이 27채가 있는 마을에 대해 다음 그래프로 표현된 문제를 해결해보자. 해를 쉽게 찾을 수 있는가?

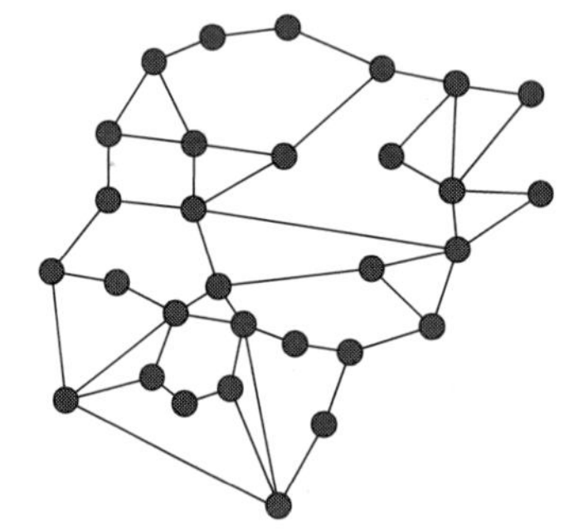

[그림 11-25] 27채의 집이 있는 마을의 그래프

이전의 간단한 예와 달리 문제를 해결하기가 쉽지 않다는 것을 알 수 있다. 그렇다면 이 문제가 쉽게 해결되기 어려운 이유를 다음의 무작정 알고리즘을 통해 설명한다.

해결 방안 **무작정 알고리즘**

(1) 보안신고장치를 1개로 해를 찾아본다. $27={}_{27}C_1$가지

(2) 보안신고장치를 2개로 해를 찾아본다. $27\times26/2={}_{27}C_2$가지

(3) 보안신고장치를 3개로 해를 찾아본다. $27\times26\times25/6={}_{27}C_3$가지

(4) …

- 해를 찾을 때까지 보안신고장치의 개수를 늘리면서 해를 찾는다.

무작정 알고리즘은 먼저 보안신고장치 1개를 각 집에 설치하여 해가 되는지를 확인한다. 집이 27채가 있으므로 가능한 경우의 수는 ${}_{27}C_1$가지가 된다. 만족한 해를 찾을 수 없으면 보안신고장치의 개수를 증가시켜 2대를 이용하여 해를 찾는다. 고려하여야 할 경우의 수는 27채의 집에서 2집을 선택하는 경우의 수이므로, ${}_{27}C_2$가지가 된다. 같은 방법으로 만족하는 해를 찾을 때까지 보안신고장치 개수를 늘리면서 해를 찾는다.

최악인 경우, 장치의 개수를 27개까지 확인해봐야 한다. 따라서 총 확인해봐야 할 경우의 수는 다음과 같다.

$${}_{27}C_1 + {}_{27}C_2 + {}_{27}C_3 + \cdots + {}_{27}C_{27} = 2^{27} - 1 = 134,217,727$$

위와 같이 매우 많은 경우를 고려해야 한다는 것을 알 수 있다. 일반적으로 n채의 집이 있을 때, 최대로 확인해봐야 할 경우의 수는 다음과 같다.

$$2^n - 1$$

n=46 채의 집이 있을 때, 초당 1,000,000개의 경우를 확인할 수 있다고 가정하면, 모든 경우를 확인하는 데는 거의 2년의 시간이 걸린다. 그러므로 이 방법으로는 문제를 현실적으로 해결할 수 없게 된다.

다음은 집이 27채가 있는 마을의 보안신고장치 문제의 해이다. 회색 노드가 보안신고장치가 설치되는 노드를 나타낸다.

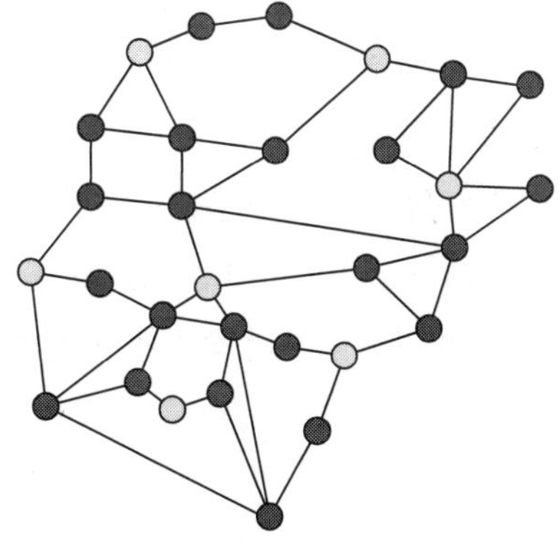

[그림 11-26] 27채의 집이 있는 마을의 보안신고장치 설치 해

컴퓨팅 사고력

- 보안신고장치 설치 문제와 유사한 실생활의 문제를 생각해보자.
- CCTV 설치 문제는 어떻게 될까?
- 보안신고장치 설치 문제도 단순하게 보이지만, 해결하기 매우 어려운 문제에 속한다.
- 외판원 문제와 마찬가지로 문제 크기가 커질 경우 정확한 해를 찾는데 많은 시간이 소요된다.
- 적어도 하나의 이웃집에는 보안신고장치가 있어야 한다는 제한 조건(constraint)을 만족하면서 보안신고장치의 개수(목적 함수: objective function)를 최소로 하는 최적화 문제이다.

■ 컴퓨팅 사고력 개념
- 추상화
- 데이터의 표현
- 모의실험

■ 문제 해결 전략
- 추정과 확인
- 그림을 그린다.

컴퓨터 과학

- 이 문제는 그래프에서 노드들의 부분 집합 D를 구하는 문제이다. D에 포함된 노드를 제외한 모든 노드들은 D에 있는 적어도 하나 이상의 노드와 인접해야 한다. 집합 D를 지배집합(dominating set)이라고 한다.
- 이러한 성질을 만족하는 집합 중 가장 작은 집합을 최소지배집합(minimum dominating set)이라고 하고, 최소지배집합을 찾는 문제를 최소지배집합 문제(minimum dominating set problem)라고 한다.
- 보안신고장치 설치 문제도 전형적인 풀기 어려운(intractable) 문제이다.
- 이 문제의 결정문제(decision problem)의 형태는 NP-complete에 속한다.
- 이 외에도 많은 문제들이 풀기 어려운 문제의 범주에 속한다.

11.6 최소노드커버(minimum node(vertex) cover) 문제

다음과 같은 마을이 있다고 하자.

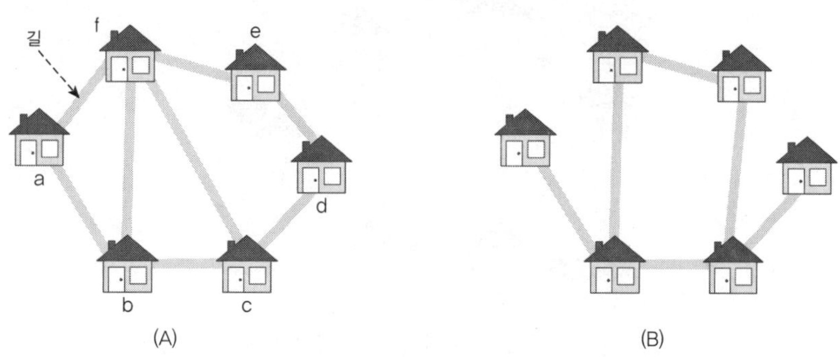

[그림 11-27] CCTV를 설치할 마을

집 사이에는 직선의 길이 있다. 보안을 위해 CCTV를 집에 설치한다. 각 CCTV는 길을 촬영하는데 360도 회전이 가능하다고 하자. 예를 들어, (A)의 a집에 설치된 CCTV는 길 a–b와 a–f의 상황을 촬영할 수 있다. 그러나 길 b–f는 촬영할 수 없고, f집에 설치된 CCTV는 길 a–f, b–f, c–f, e–f를 촬영할 수 있다. 만일 모든 집에 CCTV를 설치한다면 당연히 모든 길을 촬영할 수 있을 것이다. 그러나 비용의 문제가 발생하므로, 마을에서는 모든 길의 상황을 기록할 수 있으면서 최소 개수의 CCTV를 설치하기를 원한다. 어느 집들에 설치해야만 할까?

만일 다음 그림의 (1)처럼 CCTV를 설치한다면 길 b–c는 CCTV가 촬영할 수 없다. (2)처럼 설치한다면 모든 길을 CCTV가 촬영할 수 있다.

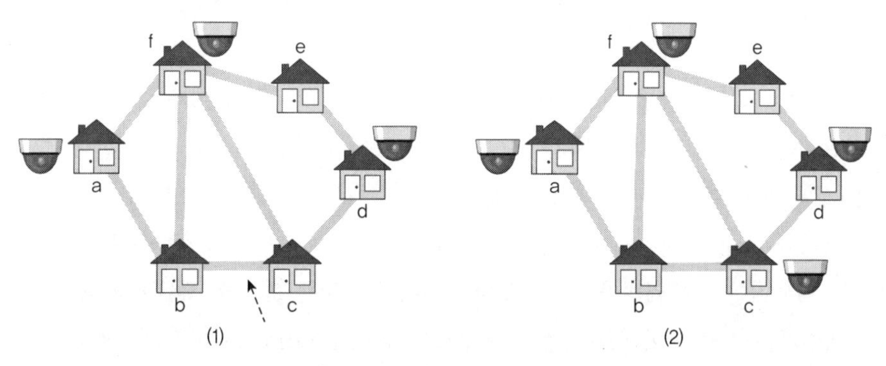

[그림 11-28] CCTV 설치 예

위의 (2)에서는 4개의 CCTV가 설치되었다. 3개의 CCTV를 설치해도 마을의 조건을 만족할 수 있을까? 다음 그림에서 가능하다는 것을 알 수 있다.

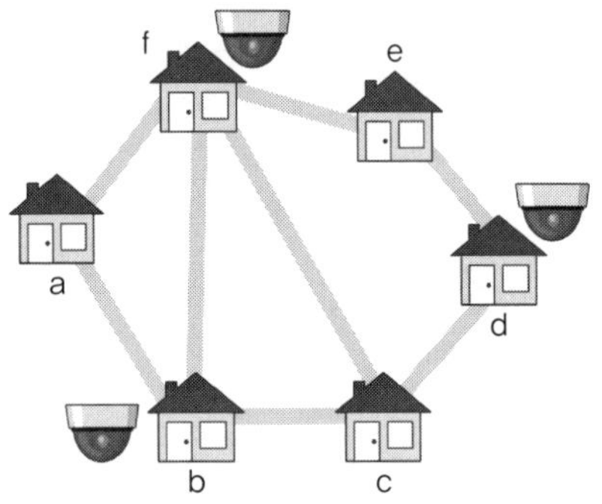

[그림 11-29] (A)에서 3개를 설치한 해

그렇다면 CCTV 2개를 이용하여 조건을 만족할 수 있을까? 2개를 이용해서는 불가능하다. 그러면 [그림 11-27]의 (B) 마을에는 보안을 위해 어떻게 CCTV를 설치하면 될까? CCTV 2개로는 불가능하고, 3개를 설치해야 한다는 것을 쉽게 확인할 수 있다.

이러한 문제를 다음과 같이 정형화시킬 수 있다.

최소노드커버(minimum node(vertex) cover) 문제

- 그래프의 노드 집합이 V일 때, V의 부분집합 D를 찾는다.
- 그래프의 모든 에지들은 적어도 하나 이상의 D에 있는 노드에 접하여야 한다. – D는 노드커버(node(vertex) cover)
- 집합 D의 크기를 가능한 한 최소로 한다. – 최소노드커버(minimum node(vertex) cover)

그래프에 있는 일부 노드를 선정하여 그래프의 모든 에지가 그 노드들 중에 적어도 하나에게 직접 연결되어야 한다는 것이다. 그리고 노드들의 집합을 최소로 해야 한다. 다음 그림에서 (A)는 모든 에지가 색깔 노드에 접하고 있으므로 {a,c,d,f}는 노드커버(node cover 또는 vertex cover)가 된다. (B)에서는 에지 (b,f)가 색깔 노드 어느 것하고도 접하고 있지 않으므로 {a,c,e}는 노드커버가 될 수 없다. (C)에서는 모든 에지가 색깔노드와 접하고 있고, 그 개수가 최소가 되어 {b,d,f}는 최소노드커버(minimum node(또는 vertex) cover)가 된다.

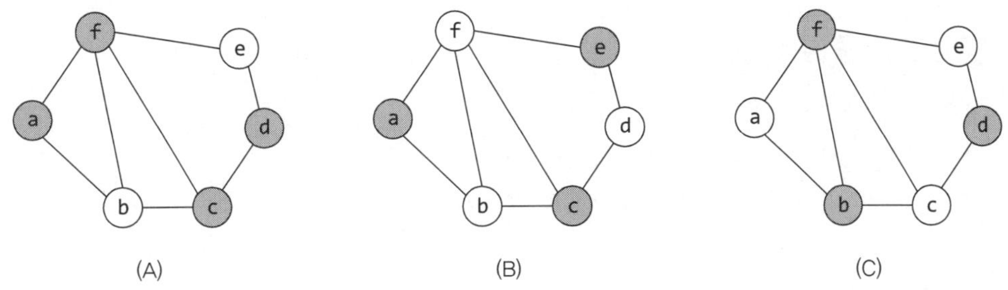

[그림 11-30] (A) {a,c,d,f}는 노드커버, (B) {a,c,e}는 노드커버가 아님, (C) {b,d,f}는 최소노드커버

다음 그림에서 최소노드커버의 크기는 2와 1이 된다.

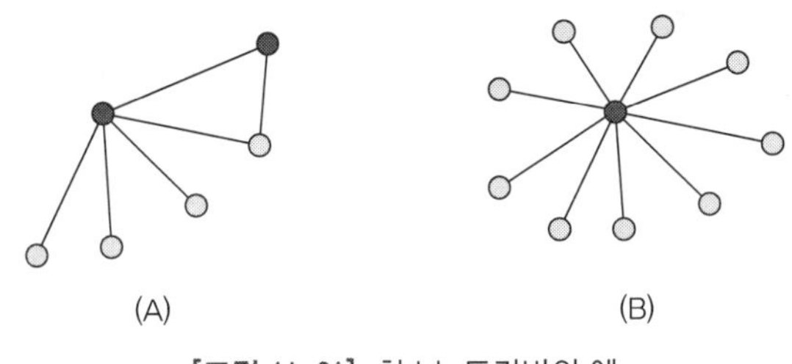

[그림 11-31] 최소노드커버의 예

집이 21채가 있는 다음의 마을에 대해 문제를 해결해보자.

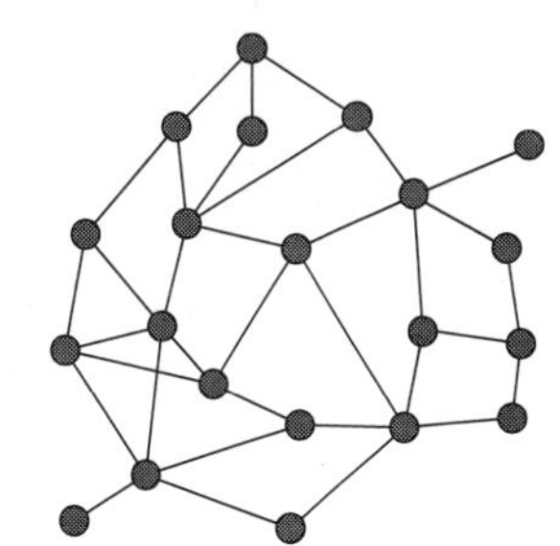

[그림 11-32] 21채의 집이 있는 마을의 그래프

이 그래프에서 최소노드커버의 해를 쉽게 찾을 수 있는가? 해를 쉽게 찾을 수 없을 것이라는 것을 금방 알 수 있다. 그러면 어떤 방법으로 해를 찾을 수 있을까? 여기서는 최소노드커버를 찾는 무작정 알고리즘만을 설명하면서 해를 찾기가 쉽지 않다는 점만 설명하기로 한다.

해결 방안 **무작정 알고리즘**

(1) CCTV를 1개로 해를 찾아본다. $21={}_{21}C_1$가지

(2) CCTV를 2개로 해를 찾아본다. $21\times20/2={}_{21}C_2$가지

(3) CCTV를 3개로 해를 찾아본다. $21\times20\times19/6={}_{21}C_3$가지

(4) …

- 해를 찾을 때까지 CCTV의 개수를 늘리면서 해를 찾는다.

최악인 경우 CCTV 21개까지 확인해봐야 한다. 총 확인해봐야 할 경우의 수는

$$ {}_{21}C_1 + {}_{21}C_2 + {}_{21}C_3 + \cdots + {}_{21}C_{21} = 2^{21} - 1 = 2,097,151 $$

일반적으로 n채의 집이 있을 때, 최대로 확인해봐야 할 경우의 수는 다음과 같다.

$$ 2^n - 1 $$

n=46 채의 집이 있을 때 초당 1,000,000 개의 경우를 확인할 수 있다고 가정하면, 모든 경우를 확인하는 데 거의 2년의 시간이 걸린다. 따라서 노드의 개수가 매우 클 경우 현실적으로 무작정 알고리즘으로 최소노드커버 문제를 해결할 수는 없다.

다음 그림은 집이 21채가 있는 마을 문제의 해를 나타낸다. 회색 노드가 CCTV가 설치될 집이다.

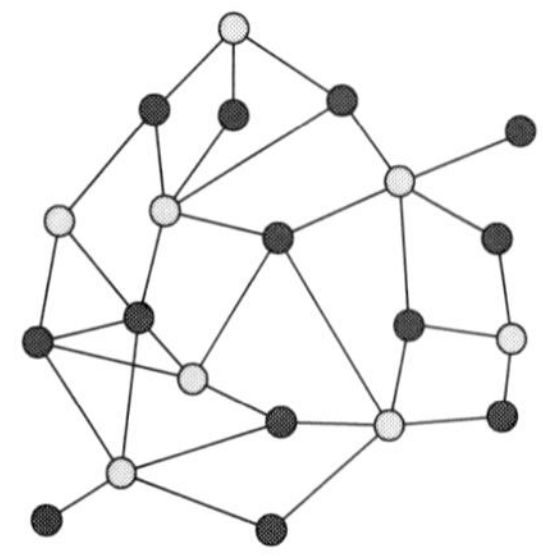

[그림 11-33] 집이 21채가 있는 마을 문제의 해

컴퓨팅 사고력

- CCTV설치 문제도 단순하게 보이지만, 해결하기 매우 어려운 문제에 속한다.
- 외판원 문제와 마찬가지로 문제 크기가 커질 경우 정확한 해를 찾는데 많은 시간이 소요된다.
- 모든 길은 CCTV가 촬영 가능해야 한다는 제한 조건(constraint)을 만족하면서 CCTV의 개수(목적 함수: objective function)를 최소로 하는 최적화 문제이다.

■ 컴퓨팅 사고력 개념
  - 추상화
  - 데이터의 표현
  - 모의실험

■ 문제 해결 전략
  - 추정과 확인
  - 그림을 그린다.

컴퓨터 과학

- 이 문제는 그래프에서 노드들의 부분 집합 D를 구하는 문제이다. 그래프에 있는 모든 에지는 D에 있는 적어도 하나 이상의 노드와 접해야 한다. 집합 D를 노드커버(node cover 또는 vertex cover)라고 한다.
- 이러한 성질을 만족하는 집합 중 가장 작은 집합을 최소노드커버(minimum node(vertex) cover)라고 하고, 이 집합을 찾는 문제를 최소노드커버 문제(minimum node(vertex) cover problem)라고 한다.
- 이 문제의 결정문제(decision problem) 형태는 NP-complete에 속한다.

연습문제

01 다음 지도를 지역을 구분할 수 있도록 색을 칠해 보라.

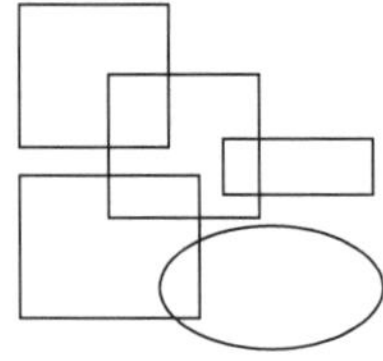

[그림 11-34] 지도 칠하기 연습문제 지도

02 다음 지도를 그래프로 표현하라.

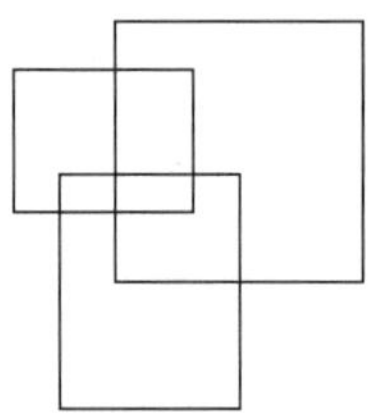

[그림 11-35] 지도를 그래프로 변경하기 연습문제 지도

03 다음의 그래프에 대해 3개의 색깔로 색칠할 수 있는 방법을 상태공간트리를 그려 찾아라.

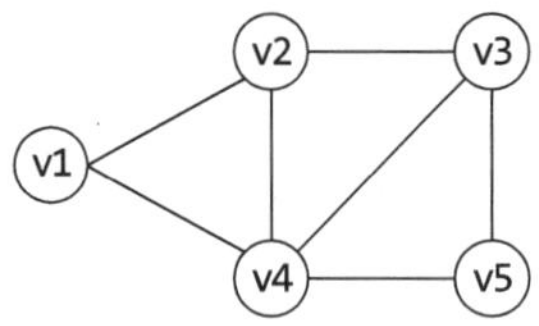

[그림 11-36] 되추적 방법을 이용한 3색-칠하기 문제

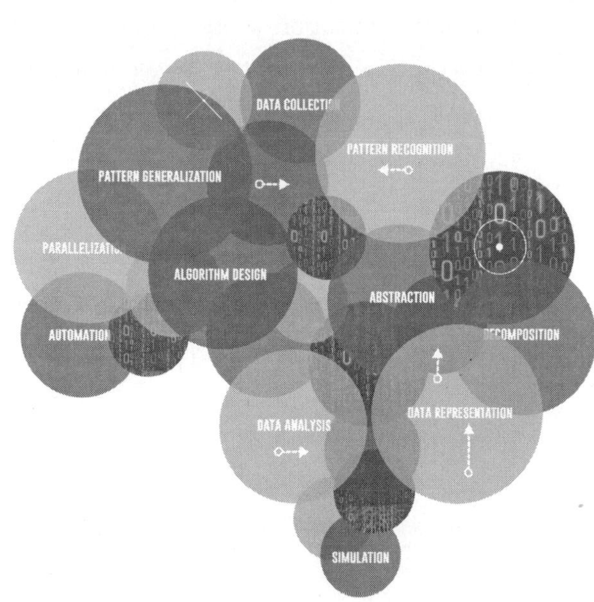
PATTERN RECOGNITION
PATTERN GENERALIZATION
ALGORITHM DESIGN
ABSTRACTION
AUTOMATION
DATA ANALYSIS
DATA REPRESENTATION
SIMULATION

chapter 12

>>>

컴퓨터 보안

컴퓨터를 이용한 업무가 사회, 경제 활동의 대부분을 차지하면서, 컴퓨터 보안에 대한 중요성이 강조되고 있다. 특히 컴퓨터를 이용한 업무는 본질적으로 원격으로 진행하는 것이 대부분이다. 따라서 문서를 보낸 사람이 문서를 작성한 사람과 같은지, 문서가 위·변조 없이 정상적으로 전송되었는지, 원격으로 실제 일어난 일이 정확하게 전달되고 있는지 등의 질문에 명확히 답을 할 수 있어야 안전한 컴퓨터 사용이 보장될 수 있다.
컴퓨팅 시스템에서 필요한 보안기능 네 가지는 다음과 같다.

(1) 기밀성(confidentiality) : 송신자와 수신자 이외에는 전송된 정보를 알 수 없어야 한다.
(2) 인증(authentication) : 정보를 보낸 사람이 진짜 그 사람인지 확인할 수 있어야 한다.
(3) 무결성(integrity) : 전송 도중 정보가 변조되지 않아야 한다.
(4) 부인 방지(non-repudiation) : 정보를 보내거나 받은 사람이 안 보내거나 안 받았다고 거짓말을 할 수 없어야 한다.

본 장에서는 멀리 떨어져 있어서 서로 볼 수 없는 상황에서 어떻게 정보를 신뢰할 수 있는지를 설명한다. 그리고 대칭키와 공개키를 사용하는 방법을 설명한다. 공개키를 이용한 전자서명, 전자인증서 등이 어떤 개념을 사용하여 이루어지는지에 대해 설명한다.

12.1 동전 던지기(coin flip)

다음 그림과 같은 상황을 가정해보자. 강을 사이에 두고 A, B가 멀리 떨어져 있다. A와 B는 일반 전화로만 통신이 가능한데 화상통화가 가능한 전화가 아니라고 가정한다. 두 사람은 저녁식사를 모여 먹기로 한다. A가 동전을 던져 나온 결과를 B가 맞추면, A가 강을 건너고, B가 못 맞추면 B가 강을 건너 저녁을 같이 먹는다. A가 양심적이라면 B가 말하는 결과를 듣고 자신이 이미 갖고 있는 결과를 안 바꾸겠지만, A가 자신의 결과를 거짓으로 바꿀 수도 있다. 이러한 상황을 대비하기 위한 방법이 있어야 한다. 즉, B가 A의 결과를 맞출 때, A가 결과를 나중에 바꾸면 B가 그 사실을 알 수 있어야 한다. 결론적으로 A가 동전을 던진 결과를 B가 믿을 수 있는 방법을 설계하여야 한다.

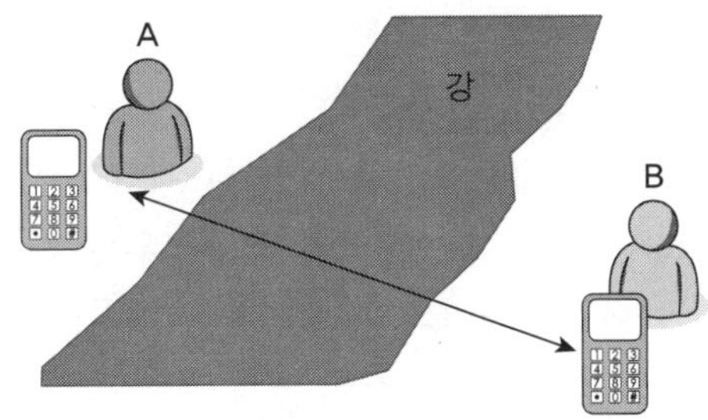

[그림 12-1] 강 양쪽의 두 사람의 동전 던지기 내기

이러한 상황은 일반적으로 인터넷환경에서 원격에서 무슨 일이 벌어졌을 때, 그 사실을 직접 보지 않은 사람도, 그 사실이 정말이라는 것을 확신할 수 있는 방법이 있어야 한다는 것을 의미한다. 결국 이 방법은 발생한 사실을 부인할 수 없는 방법을 제공하게 된다. 이것을 부인 방지(non-repudiation)라고 한다.

동전 던지기 내기가 원만하게 행해지기 위한 방법으로 CHAPTER 11의 11.4절에서 설명한 부분집합의 합(sum of subset) 문제를 이용한다. 부분집합의 합 문제는 주어진 집합에서 특정한 값을 만들어내는 부분집합을 찾는 문제이다.

부분집합의 합 문제

주어진 S = {a_1, a_2, ⋯, a_n}, a_i는 정수, i=1,...,n, 와 정수 W에 대해 P⊆S 인 P를 찾는다. 그런데 P에 속하는 원소의 합이 W가 되어야 한다.

부분집합의 합 문제를 해결하는 단순한 무작정 알고리즘은 가능한 부분집합을 모두 생성하여, 각 부분집합의 합을 확인하여 답을 찾는 것이다. S={a_1,a_2,⋯,a_n}, a_i,i=1,⋯, n는 정수, 일 때, 즉 집합의 원소의 개수가 n일 때, 무작정 알고리즘으로는 2^n가지의 조합을 확인해야 한다. 무작정 알고리즘이 아닌 다른 알고리즘을 이용하더라도 문제를 해결하는 데는 지수적인 시간(exponential time)이 필요하다. 따라서 n이 커짐에 따라 짧은 시간 내에 문제를 해결할 수 없다.

다음으로 CHAPTER 7의 7.6.2에서 설명한 패러티에 대해 간단히 설명한다. 짝수 패러티(even parity)는 0과 1로만 되어 있는 데이터에서 1의 개수가 짝수인 것을 말한다. 예를 들어 1 1 0 1 1은 짝수 패러티이다. 1의 개수가 0개인 경우는 짝수 패러티라고 정의한다. 홀수 패러티(odd parity)는 1의 개수가 홀수인 것으로 1 1 0 1 0은 홀수 패러티이다.

다음은 부분집합의 합 문제를 이용하여 동전 던지기 문제를 해결하는 방법이다.

(단계 1) A는 정수 n개를 이용하여 집합 S를 구성한다. S={a_1,a_2,...,a_n}, a_i,i=1,n는 정수.
A는 n개의 정수 중 일부를 선택한다. 만일 a_i가 선택되면 b_i를 1로 하고, 선택되지 않았으면 b_i=0으로 설정한다. 선택한 정보를 모아 P=b_1b_2⋯b_n, b_i=0 또는 1, i=1,n 으로 표시하고 선택된 정수의 합 W를 계산한다.

(단계 2) A는 S와 W를 B에게 전화로 알려준다.

(단계 3) B는 짝수 패러티 또는 홀수 패러티를 무작위로 선택한 후 A에게 말한다.

(단계 4) A는 A가 생성했던 P의 패러티와 B가 선택한 패러티와 비교한다. 서로 같으면 B가 이긴 것이고, 다르면 A가 이겼다는 것을 B에게 알려준다.

(단계 5) A는 A가 생성했던 P를 B에게 알려준다.

(단계 6) B는 A가 알려 준 P를 이용해서 A가 알려 주었던 결과값 W를 만드는지 확인한다. – A의 초기 선택을 확신할 수 있다.

[알고리즘 12-1] 동전 던지기 문제의 해결 방안

여기서는 실제로 동전을 던지지는 않고, 이진수로 표현된 P의 짝수 패러티 또는 홀수 패러티가 실제적으로 동전을 던져서 나온 앞면/뒷면의 역할을 한다.

다음은 예를 이용하여 해결 방안이 진행하는 과정을 설명한다.

(단계 1) A는 S={1,2,5,8,10}을 생성하고, 원소들 중 2와 10을 선택한다. 따라서 P=(0 1 0 0 1)(짝수 패러티)이 되고 W=12가 된다.

(단계 2) A는 S와 W값을 B에게 전화로 알려준다.

(단계 3) B는 홀수 패러티(parity)를 무작위로 선택한 후 A에게 말한다.

(단계 4) A가 선택했던 P가 짝수 패러티이므로 A가 이긴 것이다. A가 이겼다는 것을 B에게 알려준다.

(단계 5) A는 A가 선택했던 P=(0 1 0 0 1)을 B에게 알려준다.

(단계 6) B는 S와 P를 이용하여 A가 알려 주었던 결과값 W를 생성하는지 확인한다. – 이상이 없음을 알고, 졌다는 사실을 받아들인다.

두 사람이 미리 S와 W를 공유하고 있으므로, B가 맞춘 결과를 A는 나중에 부인할 수 없다(부인방지). 왜냐하면, B는 나중에 A의 입력을 받아 결과를 검증할 수 있기 때문이다.

그리고 B는 A로부터 전화로 받은 W를 이용해서 P를 추정할 수 없어야 한다. W로부터 P를 추정할 수 있다면 항상 B가 이기게 된다. 또한 하나의 W에 대해 여러 개의 P가 가능하다면 A는 B가 결과를 예측하는 것을 보고, A가 선택한 원래의 입력을 다른 것으로 대체할 수가 있다, 즉, A는 게임의 결과를 부인할 수 있다.

예에서는 S에는 원소가 5개만 있으므로 부분집합의 경우의 수는 2^5=32가 된다. 따라서 B는 결과를 보고 32가지의 부분집합을 시도해 보면, 부분집합을 맞출 수 있다. 그러나 원소의 수를 64개로 늘린다면, B가 확인해야 할 부분집합의 경우의 수는 2^{64}가 되므로, 이는 약 10^{19}이 되어 모두 확인하기에는 불가능한 경우의 수가 된다.

그리고 이 문제에서 문제의 크기가 클 경우 W에 대한 합당한 P를 제시할 수 있는 사람은 A밖에 없다. 즉, 다른 사람은 W를 보고 합당한 P를 제시할 수 없다. 이 사실을 이용하여 A의 인증을 할 수 있다(인증).

또 다른 예로 S={13,17,18,19,20,33,35,37,48,59}, W=93이다. 이 문제를 쉽게 해결할 수 있는가? 답은 P=(0 1 0 1 1 0 0 1 0 0) 이다. 만일 또 다른 P가 W=93을 만들어 내면 A는 거짓말을 할 수 있다. 여기서 W=93을 만드는 P는 유일하다.

컴퓨팅 사고력

- 이 방법은 전자서명(digital signature)에서 사용하는 방법의 개념을 설명한다.
- S를 공개하고, 결과(W)를 공개한 후, 선택한 P를 B에게 알려준다면, B는 S와 P를 이용하여 W를 확인한 후, 그 선택은 A가 선택한 것이 맞다는 것을 알게 된다.

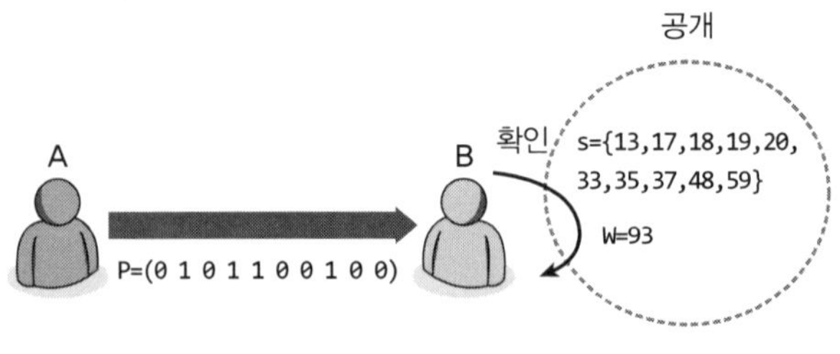

[그림 12-2] 본인 인증 예

이 방법의 개념은 다음과 같다.

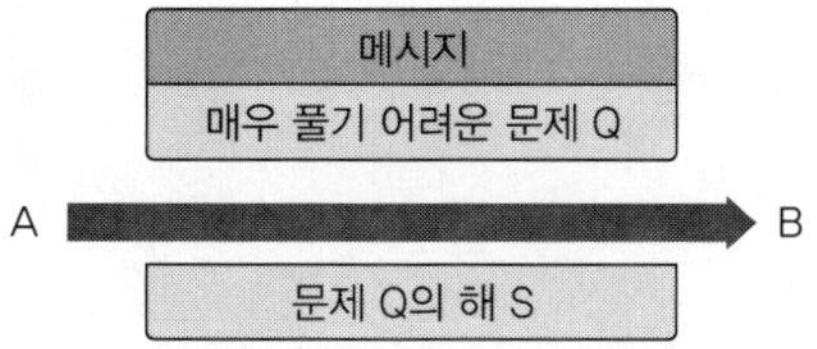

메시지
매우 풀기 어려운 문제 Q
A → B
문제 Q의 해 S

[그림 12-3] 본인 인증 개념

- A는 메시지와 매우 풀기 어려운 문제Q를 B에게 준다.
- A가 Q의 해 S를 B에게 준다.
- B는 A로부터 받은 해 S를 Q에 대입해 보고, 답이 맞으면 메시지가 A로부터 왔다는 것을 확신한다.

■ 컴퓨팅 사고력 개념
- 알고리즘 설계
- 데이터 모음
- 데이터 분석

■ 문제 해결 전략
- 직접 추론 사용
- 모델 사용
- 창조적 생각
- 잔꾀를 사용

12.2 대칭키 암호 방식

다음과 같은 기본적인 보안 문제를 생각해보자.

> **문제** A는 B에게 문서를 보내고자 한다. 그런데 A가 보내는 문서를 중간에 다른 사람이 보더라도, 그 내용을 확인할 수 없도록 암호화하여 보낸다. 문서를 받은 B만 그 내용을 확인할 수 있어야 한다.

[그림 12-4] 암호화와 복호화

그렇게 하기 위해서 A는 평문(plaintext)인 문서를 암호화하여 암호문(ciphertext)을 생성해야 하는데, 이 과정을 암호화(encryption)라고 한다. 암호문은 전송 중간에 누군가가 가로채더라도 그 내용을 읽을 수는 없다. B에게 수신된 암호문은 복호화(decryption) 과정을 거쳐 평문으로 바뀌게 된다. 이 때 암호화 과정과 복호화 과정에 키가 사용되는데, 두 과정에서 동일한 키를 사용하게 될 때 이 방법을 대칭키(symmetric key) 알고리즘이라고 한다.

[그림 12-5] 대칭키를 사용한 암호화와 복호화

이 방법은 키를 취득한 누구든지 내용을 볼 수 있다는 단점이 있다. 대칭키로 다음과 같은 방법이 사용될 수 있다.

이 방법은 배타적 논리합(exclusive or, xor) 연산자를 사용한다. 배타적 논리합 연산자는 두 개의 논리 입력에 대해 두 개 중 하나만이 참(true)일 때만 출력이 참이 되는 연산자이다.

[표 12-1] 배타적 논리합 연산

입력		출력
x	y	x xor y
0	0	0
1	0	1
0	1	1
1	1	0

배타적 논리합 연산을 이용하여 대칭키 알고리즘을 어떻게 만들 수 있는지 다음의 예를 이용하여 설명한다. 송신자가 갖고 있는 평문이 다음과 같다고 하자.

P = 1 0 1 1 0 1

그리고 임의의 키를 다음과 같이 설정한다.

Key = 0 1 1 0 0 0

그리고 P를 Key를 이용하여 암호화하여 암호문 Q를 생성하는데, 이 과정은 P xor Key = Q로 정의한다. 그러면,

Q = P xor Key = 1 1 0 1 0 1

이 되고, Q를 수신자에게 전송한다. 수신자는 받은 암호문을 복호화 해야 하는데, 이 과정은 Q xor Key가 된다. 그러면,

Q xor Key = 1 0 1 1 0 1

이 되어, 원래 송신자가 보냈던 평문 P와 동일한 정보를 얻게 된다.

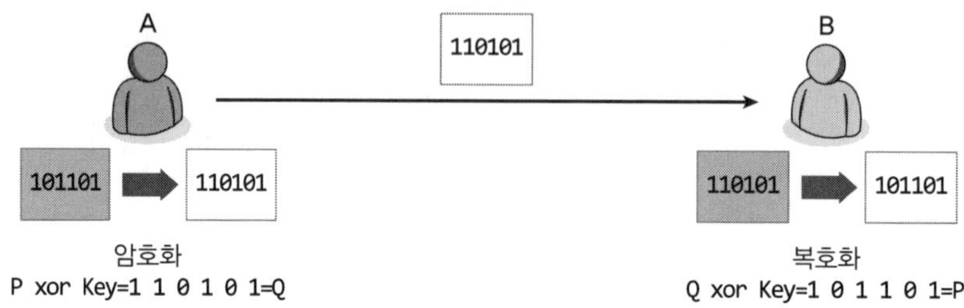

[그림 12-6] 배타적 논리합의 대칭키를 이용한 암호화, 복호화

이 방법은 매우 단순한 방법으로 쉽게 보안이 깨질 수 있으므로 실제로는 보다 정교한 방법이 사용되고 있다.

12.3 공개키 기반 암호화

12.3.1 공개키 암호 방식

대칭키 암호의 문제점은 수신자에게 전달된 키가 쉽게 제3자에게 노출될 수 있다는 점이다. 이러한 단점을 보완하기 위해 공개키 암호가 사용된다. 공개키 암호 방식에서는 공개키(public key)와 개인키(private key) 두 개가 짝을 이루어 사용된다.

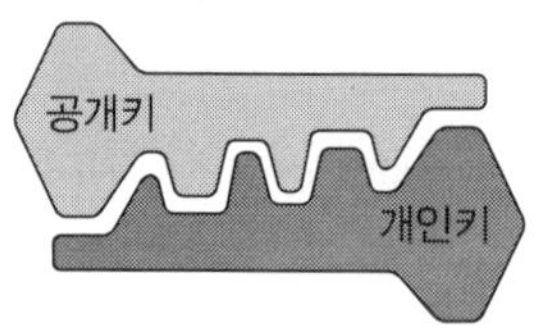

[그림 12-7] 공개키와 개인키

공개키와 개인키 중 하나를 알더라도 짝을 이룬 다른 키를 알아내는 것은 현실적으로 불가능에 가깝다. 또한 암호화와 복호화에 짝을 이룬 공개키와 개인키가 각각 사용된다. 공개키는 일반인들에게 공개되는 키이고, 개인키는 자신만 사용하고 외부에는 공개하지 않는 키이다. 아무도 개인키를 알 수 없다. 공개키로 암호화된 암호는 개인키로만 복호화가 가능

하고, 또는 개인키로 암호화된 암호는 공개키로만 복호화가 가능한 특징이 있다.

다음은 공개키와 개인키를 이용한 암호문 전송 방법이다.

[그림 12-8] 공개키 기반 방식의 암호문 전송 방법

A는 평문을 암호화시켜서 B에게 전송한다. 암호화할 때 B의 공개키를 이용하여 암호화한다. B의 공개키는 외부에 알려져 있다. B는 수신한 암호문을 B의 개인키로 복호화한다. B만이 B의 개인키를 갖고 있으므로, B만이 복호화가 가능하다. 송신 중간에 암호문을 다른 사람이 취득한다고 하고 그 사람이 B의 공개키를 갖고 있다고 하더라도, 그 사람은 문서를 복호화할 수 없다.

12.3.2 전자서명(digital signature)

B가 A로부터 문서를 받았다. B는 이 문서가 정말로 A로부터 왔는지 어떻게 확신할 수 있을까? 만일 종이 문서라고 하면 그 사람의 서명을 확인하고 문서의 진짜 여부를 확인할 수 있다. 그런데 디지털로 되어 있는 파일을 어떻게 그 사람이 진짜로 보낸 것이라고 확신할 수 있을까?

[그림 12-9] 파일을 보낸 사람을 사칭하는 개념

공개키 암호 방식을 이용하여 문서를 보낸 사람을 인증할 수 있는 방법이 있다. 다음 그림은 문서를 보낸 사람을 인증할 수 있는 전자서명을 어떻게 구현할 수 있는지를 보여주고 있다.

[그림 12-10] 공개키 기반 암호를 이용한 전자서명

A는 A의 개인키로 평문을 암호화한 후 암호문을 전송한다. B는 A의 공개키로 암호문을 복호화할 수 있다. 정상적으로 복호화가 된다는 것은 암호문이 A의 개인키로 암호화가 되었다는 것을 의미한다. A만이 A의 개인키를 갖고 있으므로 A가 평문을 암호화하였을 것이고, 이것을 통해 B는 A가 그 문서를 보냈다는 것을 확신할 수 있다. 따라서 A를 인증할 수 있는 것이고, 이것을 A의 전자서명이라고 한다. 이 방법을 통해 부인 방지도 구현할 수 있다. 문서를 A가 보낸 후, 이후에 A는 자신이 문서를 보내지 않았다고 주장할 때, 그 문서의 암호문이 A의 공개키로 복호화 된다는 사실을 이용하여 A만이 그 문서를 보낸 것이 맞다는 것을 주장할 수 있다. 따라서 A는 자신이 문서를 보낸 사실을 부인할 수 없게 된다.

12.3.3 전자인증서(digital certificate)

공개키 기반 방식에도 약간의 단점이 있다. 일반인에게 공개된 A의 공개키가 진짜인지 일반인이 어떻게 확신할 수 있을까? 다른 제 3자가 A의 공개키라고 B에게 보내준 것을 B는 믿을 수 있을까?

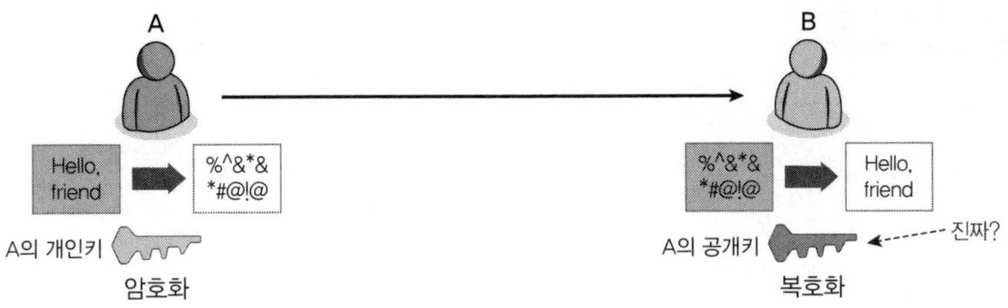

[그림 12-11] A의 공개키가 진짜인지 확인 불가

믿을 수 없을 것이다. 따라서 누군가 공증된 기관이 A의 공개키를 인증해 주어야 한다. 이러한 개념을 전자인증서(digital certificate)로 구현하였다. 전자인증서란 제3의 기관이 인증한 A의 공개키가 된다.

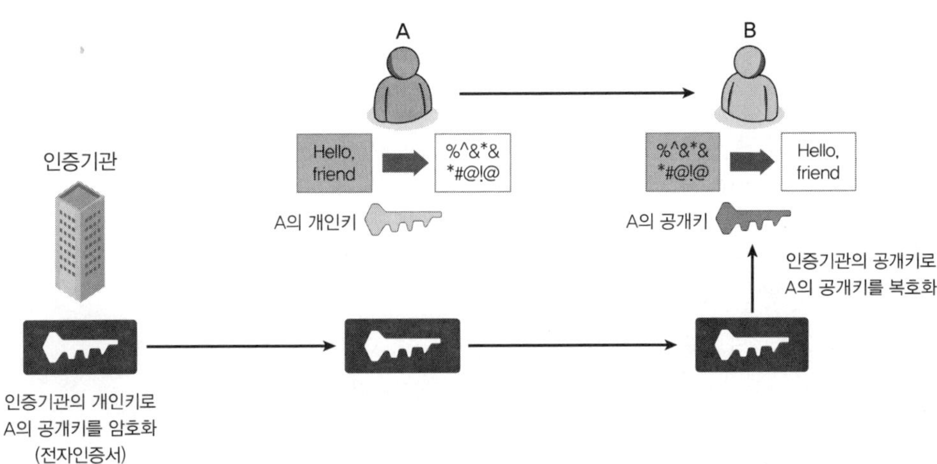

[그림 12-12] 전자인증서 개념

여기서 인증기관은 모든 사람이 믿을 수 있는 기관이라고 가정한다. 인증기관은 개인의 공개키를 예를 들어 휴대폰 인증을 통해 인증한다. 그리고 인증기관의 개인키로 A의 공개키를 암호화하는데, 암호화된 A의 공개키를 전자인증서라고 한다. B는 인증기관의 공개키로 A의 공개키를 복호화한다. 따라서 B는 A의 공개키를 믿을 수 있게 된다. 예로 A는 은행업무를 보는 사람이 될 수 있고, B는 은행인 경우가 된다.

컴퓨팅 사고력

■ 컴퓨팅 사고력 개념

- 알고리즘 설계
- 데이터 분석

■ 문제 해결 전략

- 직접 추론 사용
- 패턴을 찾는다.
- 창조적 생각
- 잔꾀를 사용

찾아보기

ㅅ

ㅇ

ㅈ